Ivan Jablonka
Laëtitia oder das Ende der Mannheit

Ivan Jablonka

Laëtitia
oder
das Ende der Mannheit

Aus dem Französischen
von Claudia Hamm

Matthes & Seitz Berlin

Laetitia est hominis transitio a minore ad majorem perfectionem.

Freude ist des Menschen Übergang von geringerer zu größerer Vollkommenheit.

Spinoza, *Ethik*

Laëtitia Perrais wurde in der Nacht vom 18. auf den 19. Januar 2011 entführt. Sie war achtzehn Jahre alt, Kellnerin und wohnte in Pornic im Departement Loire-Atlantique. Sie führte ein unauffälliges Leben in der Pflegefamilie, in der man sie zusammen mit ihrer Zwillingsschwester untergebracht hatte. Der Mörder wurde zwei Tage später verhaftet, doch es dauerte mehrere Wochen, bis man Laëtitias Leiche fand.

Der Fall bewegte im ganzen Land heftig die Gemüter. Der Präsident der Republik Nicolas Sarkozy kritisierte den Strafvollzug im Fall des Mörders und beschuldigte die Richter diverser »Fehler«, auf die er »Strafen« folgen zu lassen versprach. Seine Worte lösten eine in der Geschichte der Richterschaft beispiellose Streikbewegung aus. Im August 2011 – ein Fall im Fall – wurde ein Ermittlungsverfahren gegen den Pflegevater wegen sexueller Übergriffe auf Laëtitias Schwester eingeleitet. Bis heute weiß man nicht, ob auch Laëtitia Opfer einer Vergewaltigung durch ihren Pflegevater oder ihren Mörder wurde.

Dieser Kriminalfall ist in jeder Hinsicht außergewöhnlich – durch die Schockwelle, die er auslöste, durch sein Echo in Medien und Politik, durch das Aufgebot an Mitteln, um die Leiche zu finden, durch die zwölf Wochen andauernden Ermittlungen, durch den Eingriff des Präsidenten, durch den Streik der Juristen. Es war nicht nur ein Fall, es war eine Staatsaffäre.

Aber was weiß man über Laëtitia, außer dass sie in einer aufsehenerregenden Zeitungsmeldung das Opfer war? Hunderte Artikel und Reportagen haben über sie berichtet, doch nur, um die Nacht ihres Todes und den Prozess zu beschreiben. Ihr Name taucht bei Wikipedia auf, doch nur auf der Seite des Mörders, im Abschnitt »Totschlag von Laëtitia Perrais«. Ausgelöscht durch die Berühmtheit, die sie ungewollt jenem Mann schenkte, der sie umbrachte, wurde sie zur Krönung einer kriminellen Laufbahn, zu einem Highlight in der Ordnung des Bösen.

Der Mörder ermächtigt sich »seines« Opfers: Er nimmt ihm nicht nur das Leben, sondern bestimmt auch dessen Richtung, denn von nun an läuft alles auf die verhängnisvolle Begegnung, das einseitige Räderwerk der Gewalt, die Mordhandlung und die dem Körper zugefügte Erniedrigung hinaus. Der Tod saugt das Gelebte aus ihm heraus.

Ich kenne nicht eine Erzählung eines Verbrechens, die nicht den Mörder auf Kosten des Opfers aufwertete. Der Mörder ist da, um zu gestehen, zu bereuen oder sich aufzublasen. In seinem Prozess ist er der Mittelpunkt, wenn nicht gar der Held. Ich möchte das Gegenteil tun und Frauen und Männer von ihrem Tod befreien, sie dem Verbrechen entreißen, das ihnen das Leben und sogar ihre Menschlichkeit nahm. Nicht ihrer als »Opfer« gedenken, denn das hieße, sie ein weiteres Mal von ihrem Ende her zu sehen, sondern sie wieder in ihrem Leben verankern. Zeugnis für sie ablegen.

Mein Buch wird nur eine Heldin haben: Laëtitia. Das Interesse, das wir ihr entgegenbringen, lässt sie gleichsam zurückkehren und schenkt sie sich selbst und ihrer Würde und Freiheit wieder.

*

Zu ihren Lebzeiten interessierten sich weder Journalisten noch Wissenschaftler und auch keine Politiker für Laëtitia Perrais. Warum ihr also heute ein Buch widmen? Das Schicksal dieser für kurze Zeit berühmten Passantin auf Erden ist seltsam: Für die Augen der Welt wurde sie erst in dem Moment geboren, als sie starb.

Ich möchte zeigen, dass man eine Lokalnachricht über einen Kriminalfall als geschichtlichen Gegenstand untersuchen kann. Eine Lokalnachricht ist niemals nur eine »Nachricht« und niemals nur »lokal«. Im Gegenteil, der Fall Laëtitia zeigt menschliche Tiefe und einen bestimmten Zustand der Gesellschaft: zerrüttete Familien, das stumme Leid von Kindern, Jugendliche, die früh ins Arbeitsleben eintreten, aber auch ein Land zu Beginn des 21. Jahrhunderts, das Frankreich der Armut, Gegenden am Stadtrand, soziale Ungleichheiten. Man stößt auf die Räderwerke der Ermittlung, die Transformationen der Institution Gericht, die Rolle der Medien, die Funktionsweise der Exekutive, ihre Anklagelogik ebenso wie ihre Mitleidsrhetorik. In einer Gesellschaft im Umbruch ist die Lokalnachricht ein Epizentrum.

Doch nicht nur Laëtitias Tod ist von Bedeutung. Auch ihr Leben zählt, weil es eine soziale Tatsache ist. Laëtitia verkörpert zwei Phänomene, die größer sind als sie: die Schutzlosigkeit von Kindern und die Gewalt, der Frauen ausgesetzt sind. Als Laëtitia drei Jahre alt war, vergewaltigte ihr Vater ihre Mutter, später missbrauchte ihr Pflegevater ihre Schwester, sie selbst hat nur achtzehn Jahre gelebt. Diese Dramen erinnern uns daran, dass wir in einer Welt leben, in der Frauen beschimpft, bedrängt, geschlagen, vergewaltigt und getötet werden. Einer Welt, in der Frauen nicht vollständig als Rechtssubjekte gelten. Einer Welt, in der die Opfer auf Aggression und Schläge mit resigniertem Schweigen antworten. Einer geschlossenen Gesellschaft, in der am Ende immer dieselben unterliegen.

Es war nicht vorprogrammiert, dass Laëtitia, diese strahlende, von allen geliebte junge Frau wie Schlachtvieh enden würde. Doch seit ihrer Kindheit wurde sie aus dem Gleichgewicht geworfen, herumgestoßen, vernachlässigt und daran gewöhnt, in Angst zu leben, und dieser lange Prozess der Schwächung wirft sowohl ein Licht auf ihr tragisches Ende als auch auf unsere gesamte Gesellschaft. Um jemanden in Zeiten des Friedens zu zerstören, reicht es nicht, ihn zu töten. Man muss ihn erst in einer Atmosphäre der Gewalt und des Chaos zur Welt kommen lassen, ihn jeder emotionalen Sicherheit berauben, seine Familienzelle zerbrechen, ihn dann bei einem perversen Pflegevater unterbringen, sich dessen nicht bewusst werden und schließlich, wenn alles aus ist, seinen Tod politisch ausbeuten.

Ich muss wohl kaum hinzufügen, dass ich Laëtitia nicht persönlich gekannt habe. Ich bin ihr durch Menschen begegnet, die sie geliebt haben – Eltern, Freunde, Kollegen – oder die die letzten Augenblicke ihres Lebens rekonstruiert haben – Richter, Polizisten, Experten, Anwälte, Journalisten. Meine Untersuchung ist aus ihrer erwachsen. Sie ist eine Meta-Untersuchung, die sich auf die Zuneigung der einen und die Arbeit der anderen gründet. Laëtitias Leben verstehen zu wollen setzt voraus, dass man viele Jahre zurückgeht, in eine Zeit, da nichts sie von anderen Kindern unterschied, aber auch, dass man die Entführung und Tötung nachzeichnet, durch die sie verschwand. Die Geschichte eines Lebens verschränkt mit der Untersuchung eines Verbrechens. Eine Biografie, die sich über den Tod hinaus fortsetzt.

Als misshandeltes Baby, vernachlässigtes Kleinkind, bei Pflegeeltern untergebrachtes Mädchen, schüchterner Teenager und junge Frau auf dem Weg in die Selbstständigkeit hat Laëtitia Perrais nicht gelebt, um zu einem Höhepunkt im Leben ihres Mörders oder einer Rede in der Ära Sarkozy zu werden. Ich stelle mir Laëtitia vor, als sei sie irgendwo anders, zurückgezogen an einem Ort, der ihr gefällt, vor Blicken geschützt. Ich träume nicht von einer Auferstehung der Toten, sondern ich versuche, die vergänglichen Kreise an der Wasseroberfläche nachzuzeichnen, die Menschen bei ihrem plötzlichen Verschwinden hinterlassen.

1
Jessica

Im April 2014, kurz nach dem Prozess des Pflegevaters, schrieb ich Cécile de Oliveira, der Anwältin von Laëtitias Zwillingsschwester Jessica Perrais, folgenden Brief:

»Sehr geehrte Frau de Oliveira,
als Historiker, Schriftsteller und Professor der Universität Paris 13 erlaube ich mir, mich an Sie zu wenden, denn ich möchte ein Buch über Laëtitia Perrais schreiben.
Ihre Geschichte berührt mich aus verschiedenen Gründen: Ich bin selbst Vater von drei Mädchen. Ich habe zum Thema vernachlässigte Kinder, die von ihren Eltern getrennt, in Pflegefamilien untergebracht und manchmal misshandelt werden, geforscht. Und ich habe eine Biografie über meine Großeltern geschrieben, die im Alter von achtundzwanzig und fünfunddreißig Jahren während des Zweiten Weltkriegs ermordet wurden. In diesem Buch habe ich versucht, ihr Leben in seiner Normalität und mit allen Fehlschlägen, Plänen und Hoffnungen nachzuzeichnen, ohne mich ausschließlich von ihrem Tod leiten zu lassen. Herausgekommen ist eine historische Untersuchung und zugleich ein Grabstein zur Erinnerung an zwei Menschen, die in der Blüte ihres Lebens umgebracht wurden.
Dasselbe Gefühl drängt mich dazu, über Laëtitia zu schreiben. Ich möchte gern ihr Leben nachzeichnen, ihren Weg, die Bewährungsproben, die ihr auferlegt wurden, die Zukunft, die sie für sich plante, die Ungerechtigkeit und Grausamkeit eines zerstörten Lebens. Wie im Fall meiner Großeltern geht es mir um eine Hommage, aber auch und vor allem um die Suche nach Gerechtigkeit und Wahrheit.
Ich würde gern wissen, welche Empfindungen und Ratschläge dieses Vorhaben in Ihnen wachruft (mir ist insbesondere be-

wusst, dass Ihnen ein Berufungsprozess bevorsteht). Ich wäre sehr froh, mit Ihnen sprechen und dann in einem zweiten Schritt Jessica mein Vorhaben erklären zu können. Selbstverständlich werde ich mich in ein solches Unternehmen nicht ohne ihre Zustimmung stürzen.

In Bewunderung für den Kampf, den Sie führen, verbleibe ich mit den herzlichsten Grüßen,

Ivan Jablonka«

Nachdem Cécile de Oliveira mich zunächst allein traf, willigte sie ein, mich Jessica vorzustellen, auch wenn diese sehr labil war. Im Alter von acht Jahren war sie von ihren Eltern getrennt und später einer Pflegefamilie zugeteilt worden, wo sie von ihrem Pflegevater sexuell missbraucht wurde. Dann wurde ihre Schwester ermordet.

Juni 2014: Wir befinden uns in der Kanzlei der Rechtsanwältin in Nantes. Die Loire schimmert durch das Laub, das vom geöffneten Fenster eingerahmt wird. Die Vorstellung, auf Jessica zu treffen, schüchtert mich ein, nicht nur, weil mein gesamtes Vorhaben von ihrer Entscheidung abhängt, sondern auch, weil diese junge Frau ein verwaister Zwilling und eine Überlebende ist, die im Alter von zweiundzwanzig Jahren bereits zwei Strafprozesse miterlebt hat: den von Laëtitias Mörder und den ihres Pflegevaters. Bei Letzterem, einem Herrn von vierundsechzig Jahren, hatte sich die ganze Familie hinter ihn gestellt; der Täter verwandelte sich in ein Opfer und Jessica in die eigentlich schuldige Manipulatorin, der es gelungen war, einen etwas naiven Familienvater zu umgarnen. Er wurde zu acht Jahren Gefängnis verurteilt und ging nicht in Berufung. Heute lebt Jessica allein und arbeitet in einer Behördenkantine in Nantes.

Um 16 Uhr trifft sie ein: eine schmale junge Frau mit kurz geschnittenen Haaren, dunklen Leggings und einem schwarzen Blouson, den sie nicht ablegt. Cécile de Oliveira teilt ihr verschiedene Neuigkeiten mit: das Datum des Berufungsprozesses von Laëtitias Mörder und die Entschädigungen, die sie sowohl für den Tod ihrer Schwester als auch für den in ihrer Pflegefamilie erlittenen Missbrauch erhalten soll. Jessica ist schüchtern, beinahe furchtsam, und sie weicht tunlichst meinem Blick aus. Während ihre Anwältin ihr die Abläufe erklärt, bleibt sie stumm, manchmal nickt sie eifrig. Ihr intensiver Blick steht in scharfem Kontrast zu der Ungelenkigkeit eines kleinen Mädchens, das befürchtet, etwas falsch zu machen.

Jessica zieht eine Liste mit Fragen heraus. Muss sie dem ganzen Prozess beiwohnen? Nein, nur ein oder zwei Tage, und auch nicht der Darstellung der »Fakten«. Ist es dann vorbei? Ja, denn wahrscheinlich wird er nicht in Berufung gehen. Ist es normal, dass jemand, der ihr nahesteht, sie ständig fragt, wann sie ihre Entschädigung ausgezahlt bekommt? Cécile de Oliveira wird nervös: »Nein, das ist nicht normal, du musst dich dagegen verwahren!« Schließlich zieht Jessica aus ihrem Rucksack ein Buch, das gerade über ihre Schwester erschienen ist. Es ist ein einziges Lügengespinst, sie ist schockiert.

Cécile de Oliveira stellt mich Jessica vor. Sie mustert mich schweigend. Ich wünschte, meine Gefühle von Freundschaft und Bewunderung könnten wie Wellen direkt von meinem Herzen in ihres schwappen. Aber ich bin gezwungen, ihr mit meinen armseligen Worten und professoralen Sätzen, die ich mir wiederholt im Kopf aufgesagt habe und die umso falscher klingen, mein spezielles Geschichts- und Erinnerungsprojekt darzulegen. Nämlich: Ich möchte gern, dass sie mir von ihren Kindheitserinnerungen erzählt, von den Orten, an denen sie und ihre Schwester gelebt haben, von glücklichen Dingen, von Freundinnen, Spielen, Streitereien oder Spaziergängen am Strand.

Jessica ist einverstanden. Sie ist bereit, mir von Laëtitia zu erzählen, aber nicht von »dem Fall«. An den Gedenkmärschen nimmt sie nicht mehr teil: Sie bringen nichts. Sie fürchtet sich vor jedem 18. und 19. im Monat.

Wir tauschen unsere Handynummern aus. Jessica bedankt sich bei ihrer Anwältin und nimmt etwas gezwungen fröhlich Abschied.

Nach ihrem Aufbruch wirkt das Zimmer leer. Ich fühle mich erdrückt vom Gewicht der Verantwortung, die Jessica mir zugesteht, und mich packt Angst davor, ins Land der toten Kinder zu reisen. Die Schwelle zu ihm liegt offen vor mir: das Fenster, hinter dem das Laub zittert. Dahinter fließt die Loire; in ihren silbrigen Wellen schwimmt die Erinnerung an die 1793 darin ertränkten Männer und Frauen. Meine Untersuchung hat begonnen.*

* Am Ende des Buches finden sich bibliografische Angaben, Landkarten sowie eine Liste der Abkürzungen und verwendeten Pseudonyme.

2

Wo ist Laëtitia?

Mittwoch, 19. Januar 2011

Jessica schließt das Tor und biegt in die Route de la Rogère ein. Es ist 7.15 Uhr, stockfinster und beißend kalt. Wie gewöhnlich ist sie zu früh: Der Schulbus hält um 7.30 Uhr auf der anderen Seite des Kreisverkehrs.

Nach 50 Metern entdeckt sie in der Dunkelheit am Straßenrand einen umgestürzten Motorroller, sie erkennt sofort den ihrer Schwester wieder. Der Scooter liegt auf der Seite, der Sitz ist vereist, Motor und Lichter sind erloschen, der Zündschlüssel steckt. Panisch rennt Jessica ins Haus zurück, wo ihr Pflegevater gerade sein Frühstück beendet:

»P'tit Loup, P'tit Loup, da draußen ist Laëtitias Scooter!«

Gilles Patron zieht sich hastig etwas über und beide stürzen hinaus. Die Straßenbeleuchtung an diesem Teil der Straße ist ausgefallen. Jessica leuchtet mit ihrem Handy den Weg. Neben dem Motorroller liegen schwarze Ballerinas.

»Sind das deine Schuhe?«, fragt Herr Patron.

Nein, es sind die von Laëtitia, sie ist also barfuß unterwegs, mitten im Winter. Herr Patron schreit ihren Namen in die frühmorgendliche Finsternis.

Jessica kommt völlig panisch an der Bushaltestelle an. Sie kann nur drei Brocken stammeln: »Laëtitia, Scooter, Schuhe.« Ihre Freundinnen verstehen kein Wort und sehen sie auf der Rückbank des Busses weinen. Auf Laëtitias Handy meldet sich nur die Mailbox.

Im Schulflur wirft Jessica sich Kévin in die Arme, dem Freund ihrer Schwester. Alle versuchen, Laëtitia auf ihrem Mobiltelefon zu erreichen. Zu Unterrichtsbeginn erklärt Jessica dem Lehrer, sie müsse ihr Handy eingeschaltet lassen.

Frau Patron wiederum läuft zu den Nachbarn und ruft die umliegenden Krankenhäuser in Pornic, Machecoul, Saint-Nazaire, Challans und Nantes an. Niemand hat in der Nacht eine verunglückte junge Frau aufgenommen. Gegen 7.40 Uhr wählt sie die Notrufnummer 17. Die Einsatzzentrale beauftragt die Polizei von Pornic, sich darum zu kümmern. Zehn Minuten später ist eine Streife da.

Um 8.15 Uhr geht die Sonne nicht über einem Verbrechen, sondern über einer Abwesenheit auf. Laëtitias roter Motorroller liegt auf dem Rollsplitt des Seitenstreifens, auf der Straße finden sich Reifenspuren und kleine Plastikscherben. Die Polizisten spannen gelbe Bänder quer über die Straße, der aus Pornic kommende Verkehr wird beim Kreisverkehr gesperrt.

Die benachbarten Häuser, Einfamilienhäuser mit gepflegten Gärten, sind durch einen kleinen, weißen Zaun abgeschirmt. Auf der anderen Seite der Straße beginnen Polizisten die Felder und Brachen zu durchsuchen. Der Morgen ist frostig, das Gras von weißlichem Raureif bedeckt. Die Spürhunde können keine Richtung ausmachen, das heißt, Laëtitia ist von ihrem Unfallort aus nicht irgendwohin gelaufen, sondern wurde direkt von diesem entfernt. Forensiker fotografieren die mit gelben, nummerierten Markierungen gekennzeichneten Spuren. Ein Hubschrauber kreist über der Unfallstelle.

Während der Oberstaatsanwalt in Saint-Nazaire Nachricht von einer »alarmierenden Vermisstenmeldung« erhält, trifft auf der Gendarmerie von Pornic ein Koordinator der kriminaltechnischen Maßnahmen ein. Auf Weisung des Staatsanwalts wird ein Ermittlungsverfahren eingeleitet, das verschiedenen Hypothesen nachgeht: Ausreißen, Selbstmord, Entführung. Die erste Frage: Wer hat Laëtitia zuletzt gesehen?

Herr und Frau Patron tauchen mitten im Unterricht in der Schule auf. Sie nehmen Jessica zur Gendarmerie von Pornic mit, wo die drei die ersten Aussagen machen. Laëtitia und Jessica Perrais sind Zwillinge, achtzehn Jahre alt und seit ihrem achten Lebensjahr Mündel des Jugendamts (ASE) des Departements Loire-Atlantique. Als sie volljährig wurden, beschlossen sie, bei Herrn Patron wohnen zu bleiben, der Pflegevater von Beruf ist und sie seit ihrem dreizehnten Lebensjahr zusammen mit seiner Frau betreut. Sie bewohnen ein schönes Haus an der Route de la Rogère in Pornic.

Jessica macht eine Facharbeiterlehre zur Köchin (CAP cuisine) an der Berufsschule von Machecoul. Laëtitia arbeitet im Hôtel de Nantes, einem drei Kilometer von ihrem Wohnort entfernten Hotel-Restaurant in La Bernerie-en-Retz, und bereitet ihr Diplom zur Restaurantfachfrau (CAP service) in einem Ausbildungszentrum in Saint-Nazaire vor. Ihre Arbeitszeiten im Hôtel de Nantes sind: Mittagsdienst von 11 bis 15 Uhr und Abenddienst von 18.30 Uhr bis 21.30 Uhr, dazwischen eine mehrstündige Pause. Außerhalb ihrer Arbeit führt Laëtitia ein sehr geordnetes Leben: Sie raucht nicht, trinkt nicht, geht wenig aus, fährt mit ihrem Roller nicht zu schnell und setzt immer ihren Helm auf. Sie ist noch nie von zu Hause ausgerissen. All ihre Freunde sind Berufsschüler oder Lehrlinge.

Vier junge Leute aus Laëtitias Umfeld werden von der Polizei vernommen.

Kévin, achtzehn, Berufsschüler

Kévin ist Laëtitias Freund und Berufsschüler in Machecoul. Sie rufen sich mehrmals täglich an. Am Vorabend – Dienstag, den 18. Januar – hat er Laëtitia zweimal am Telefon gehabt.

Der erste Anruf fand gegen 18.30 Uhr statt, als sie ins Hôtel de Nantes zurückkehrte, um vor Schichtbeginn dort zu essen. Kévin ist gerade aus der Schule gekommen, Laëtitia gesteht ihm, sie habe mit Freunden am Strand »braunes Zeug« geraucht. Kévin ist überrascht und verärgert: Laëtitia hat schon einmal mit Freundinnen davon probieren wollen und er es ihr ausgeredet. Sie weiß genau, dass Hasch eine Droge ist, Dreckzeug, das man nicht anrühren soll.

Zweiter Anruf gegen 21.40 Uhr nach Dienstende. Kévin hört jemanden neben ihr flüstern. Wer ist das? »Ein Mann um die dreißig«, erklärt Laëtitia. Die Antwort beruhigt ihn nicht. Sie bittet ihn, sich keine Sorgen zu machen, sie rufe später zurück. Im Laufe des Abends versucht Kévin, sie nochmals zu erreichen. »Nach zehn Anrufen gab ich auf. Vielleicht war sie eingeschlafen.«

Steven, achtzehn, Kochlehrling

Steven arbeitet mit Laëtitia im Hôtel de Nantes. Als er kurz vor 18.30 Uhr von seiner Pause ins Hotel zurückkam, sah er sie mit einem etwa dreißig Jahre alten Mann, einem Herumtreiber mit Ganovenmiene, der ihr in aggressivem Ton nachrief: »Denk dran, heut Abend hol ich dich ab!«

Normalerweise fahren Laëtitia und Steven nach der Arbeit mit ihren Scootern zusammen nach Hause. An diesem Abend weicht sie von ihrer Gewohnheit ab: »Nein, Coco, ich fahre später heim.« Auf dem Rückweg wird Steven von einem weißen Peugeot 106 verfolgt. Das Fahrzeug bleibt eine Weile hinter ihm, dann beschleunigt es, heftet sich an ihn, überholt, bremst ab, damit er einen Vorsprung gewinnt, dann schließt es mit Geblinke und Gehupe wieder auf. Der Wagen drängt ihn nach rechts ab. Steven ist gezwungen, auf dem Seitenstreifen auf der Höhe des McDonald's von Pornic stehen zu bleiben.

Der Fahrer lässt schwer gereizt die Fensterscheibe herunter. Steven erkennt ihn sofort wieder: Es ist der Mann, der mit Laëtitia vorm Hôtel de Nantes stand.

»Wer bist'n du? Wo ist Laëtitia?«

»Sie ist noch auf Arbeit.«

»Will ich auch hoffen!«

Der Mann rast am Steuer seines 106 zurück.

William, achtzehn, Kochlehrling

William ist ein Freund von Laëtitia, ein sowohl einflussreicher Vertrauter als auch abgewiesener Geliebter, eine Art ständiger ritterlicher Begleiter. Sie haben sich im Hôtel de Nantes kennengelernt, wo William ein paar Monate lang in der Küche gearbeitet hat. Den ganzen Tag lang sind sie per Telefon oder SMS in Kontakt gewesen. Insgesamt haben sie zweiundachtzig Nachrichten und Anrufe ausgetauscht.

Gegen 16.30 Uhr erzählt Laëtitia ihm, dass sie mit Kévins bestem Freund geschlafen hat. Sie hat Angst, dass Kévin es ihr übel nimmt, wenn er davon erfährt. Gegen 23 Uhr gesteht sie William, sie habe Alkohol getrunken; sie bereut es und wirkt traurig. Gegen halb eins schickt sie ihm eine SMS: »mus dir etw schlims sagn«. Kurz vor eins schließlich der letzte Anruf: Sie ist vergewaltigt worden. Sie hat spürbar Angst und kann nur stammeln. In der Ferne hört man Musik, vielleicht ein Autoradio. Laëtitia legt auf, weil ihr Akku leer ist, sie will ihn von zu Hause aus zurückrufen.

Antony, neunzehn, Soldat

Antony ist der Sohn von Laëtitias Arbeitgebern, den Eigentümern des Hôtel de Nantes. Er wohnt in einer Einliegerwohnung neben dem Hotel-Restaurant seiner Eltern. Er hat den Abend des 18. Januar damit verbracht, mit Freunden Playstation zu spielen.

Gegen ein Uhr morgens hören sie ein Motorengeräusch und Türenschlagen. Durchs Fenster sieht Antony Laëtitia mit ihrem Helm in der Hand zum offenen Fenster eines weißen Peugeots hingebeugt wütend und erregt mit dem Fahrer sprechen. Die Warnblinker des Autos werfen orangefarbene Blitze an die Hauswände der kleinen, verschlafenen Straße. »Dann wird es laut und ich höre eine Männerstimme und Laëtitia, die etwas erwidert.«

Während Laëtitia mit ihrem Motorroller in Richtung des Rathauses von La Bernerie davonfährt, jagt der 106 »wie wild« die Einbahnstraße entlang, bevor er kehrtmacht und in verbotener Richtung zurückrast.

Die Polizisten erhalten noch weitere beunruhigende Informationen. Ein Arbeiter, der im Hôtel de Nantes logiert und beim Abendessen noch von Laëtitia bedient wurde, erklärt, er habe sie gegen 22.30 Uhr im Barbe Blues gesehen, einem berüchtigten Nachtklub in La Bernerie. Herr Patron und Jessica wiederum hörten zwischen 1 Uhr und 1.30 Uhr auf der Route de la Rogère ein Türenschlagen. Herr Patron lief im Schlafanzug und mit einer Taschenlampe hinaus, konnte aber nichts entdecken. Um 7.15 Uhr morgens fand Jessica dann den Scooter ihrer Schwester.

Der Letzte, der Laëtitia gesehen hat, ist also der Mann mit

dem weißen Peugeot. Mithilfe der verschiedenen Zeugenaussagen können die Polizisten ein Phantombild erstellen: 1,85 Meter groß, braune Haare, athletisch, zurückgegelte Haare und rasierte Schläfen, Lederjacke, Hoodie.

Die Staatsanwaltschaft von Saint-Nazaire leitet Ermittlungen wegen »Entführung und Freiheitsberaubung« ein. Die Gendarmerie des Departements Loire-Atlantique unter Leitung von Oberst Hubscher wird informiert. Die Ermittlungskommission (SR) der Region Pays de la Loire mit Sitz in Angers informiert Oberfeldwebel Frantz Touchais, einen der versiertesten Ermittler der Abteilung »Delikte gegen die Person«. Frantz Touchais befindet sich gerade wegen eines Polizeigewahrsams in Nantes. Er begreift sofort den Ernst der Lage: Laëtitia ist 50 Meter von ihrem Zuhause entfernt verschwunden, wäre sie ausgerissen, hätte sie ihren Scooter genommen, und sie hat keine Schuhe an, obwohl Frost herrscht. »Das riecht schwer nach Entführung.«

Vom Nachmittag an werden Laëtitias Handy und ihre Bankkarte unter Überwachung gestellt. Um ihre Kontakte identifizieren zu können, werden von den Telefongesellschaften die Verbindungsdaten angefordert. Die Steuerprüfung des Finanzamts von Nantes gibt die Kontonummern bekannt, mit denen dieses operiert: Es sind keine Geldbewegungen festzustellen. Gegen 15 Uhr landet ein Flugzeug des Kriminalamts der Nationalgendarmerie IRCGN auf dem regionalen Flugplatz.

Die Gendarmen durchsuchen das Haus von Herrn und Frau Patron. Laëtitias winziges, fensterloses Zimmer ist spartanisch eingerichtet: ein kleines Bett, ein Regal, ein Schrank mit ein paar Kleidungsstücken. Um über ihre DNA zu verfügen, werden Zahn- und Haarbürste versiegelt. In einer Collegetasche aus Jeansstoff finden die Gendarmen drei handgeschriebene Briefe von Laëtitia, in denen sie sich von ihren Angehörigen verabschiedet und ihre letzten Wünsche mitteilt.

Im Hôtel de Nantes, das mitten in La Bernerie liegt, steht der jungen Frau im Obergeschoss ein Zimmer als Umkleideraum zur Verfügung. Dort ist nichts Verdächtiges zu entdecken. Ihre Dienstkleidung liegt sorgfältig ausgebreitet auf dem Bett.

Um 16.53 Uhr berichtet die Webseite von *Ouest-France* von »einer alarmierenden Vermisstenmeldung einer jungen Frau aus La Bernerie-en-Retz«. Anderthalb Stunden später titelt die Agence France Presse (AFP): »Großfahndung nach einer jungen Frau aus Pornic«. La Bernerie, eine kleine Gemeinde von 2500 Einwohnern, gehört zum Großraum Pornic, der etwa 14 000 Bewohner zählt. Wir befinden uns an der Atlantikküste, etwa 50 Kilometer vor Nantes entfernt.

Dank der Zeugenaussagen von Gästen des Barbe Blues und der Zuarbeit der Polizisten aus Nantes kennen die Gendarmen am frühen Abend den Namen des Peugeot-Fahrers. Sein Strafregister ist sieben Seiten lang. Der 106 ist ein gestohlenes Fahrzeug. Die Gendarmen sind in der Zwickmühle: Sollen sie versuchen, den Mann über seine Handys zu orten, oder unverzüglich die Aufenthaltsorte von ihm durchsuchen, deren Adressen man kennt? Einer davon ist das Haus seines Cousins in Le Cassepot bei Arthon-en-Retz, einem Weiler in der Nähe von La Bernerie. Die Gendarmen wissen, dass sich dort ein großes Gelände mit einer Lagerhalle und Wohnwagen befindet und dass der Cousin verreist ist: der beste Ort, um Laëtitia gefangen zu halten.

Die Zeit drängt.

Um 23 Uhr erkunden die Gendarmen Le Cassepot. Das Nest, fünf verlorene Häuser mitten in der Bocage, liegt im Finstern. Es ist eiskalt und vollkommen still. Die Gendarmen schleichen sich lautlos an. Die Häuser haben Lichtanlagen mit Bewegungsmeldern, hinter den Zäunen lauern Wachhunde. In der Befürchtung, entdeckt zu werden, machen die Gendarmen kehrt. Da der Mann bewaffnet ist und wahrscheinlich Laëtitia in seiner Gewalt hat, fordert Oberst Hubscher das Spezialeinsatzkommando der Nationalgendarmerie (GIGN) an.

3

Mutterschaft mit Cutterschnitten

Im Bauch ihrer Mutter waren sie beieinander.

Auf dem Foto, das auf der Geburtsstation aufgenommen wurde, drückt die Mama ihre beiden Neugeborenen an sich. Aufs Kopfkissen gebettet schaut sie mit dem typisch glücklich-erschöpften Lächeln einer Frau in die Kamera, die viele Stunden im Kreißsaal verbracht hat. Auf einem anderen Foto erwischt der Blitz die inzwischen vier Monate alten, überrascht blickenden Babys mit Schnullern im Mund. Mit sieben Monaten sitzt Laëtitia in einem rosa Schlafanzug von Kissen abgestützt da. Jessica, die das Album mit mir durchblättert, erklärt stolz: »Laëtitia hat keine Pausbacken, sie ist schmächtiger. Ich habe diese Pausbacken!«

Die beiden Schwestern wurden am 4. Mai 1992 in Nantes geboren, Jessica um 11.15 Uhr, Laëtitia um 11.16 Uhr. Sie sind zweieiige Zwillinge, haben also die Hälfte der Gene gemeinsam.

Ihre Mutter Sylvie Larcher ist vierundzwanzig Jahre alt. Sie arbeitet als Reinigungskraft beim Schulamt. Der Vater Franck Perrais ist fünfundzwanzig und Kellner. Sie haben sich ein Jahr zuvor kennengelernt und bald schon beschlossen zusammenzuziehen. Franck erinnert sich, beim Ultraschalltermin freudig überrascht gewesen zu sein: »Zwei auf einen Streich, das wird ein Spaß!« Alain Larcher, der Onkel mütterlicherseits und Patenonkel von Laëtitia, behauptet dagegen, die Nachricht einer Zwillingsgeburt sei als Katastrophe empfunden worden. Franck Perrais habe gebrummt: »Eine wäre ja noch o.k., aber was sollen wir mit zwei?« Wenige Tage nach der Geburt erkannte er die Vaterschaft an.

Auch über Laëtitias und Jessicas Kleinkindalter gehen die Ansichten auseinander. In Franck Perrais' Erinnerung ist es eine glückliche Zeit: Die Zwillinge sind unkompliziert, Laëtitia schläft die ganze Zeit, Jessica weint fast nie. Laut Alain Larcher dagegen ist es der Anfang vom Chaos. Der Vater kommt jeden Abend betrunken nach Hause und gibt Mutter und Töchtern die Schuld.

1993 trennen sich die Eltern. Sylvie, die mit den Mädchen allein bleibt, stürzt in eine Depression. Franck besucht sie von Zeit zu Zeit. Er möchte, dass sie wieder zusammenziehen; um ihrer Beziehung noch eine Chance zu geben, willigt sie ein, doch Franck schlägt weiter über die Stränge und wird erneut gewalttätig. Er hasst es, wenn Laëtitia und Jessica auf dem Boden spielen: »Schluss jetzt! Steht auf! Hoch mit euch!« Sylvie geht dazwischen, der Ton wird scharf, und das Ganze endet in einem Ehestreit. Wenn jemand einschreitet, erwidert Franck: »Das sind meine Töchter, mit denen mach ich, was ich will!«

Alain Larcher erinnert sich: Einmal weint Jessica, weil ihre Windel voll ist. Franck reißt sie wütend hoch und wirft sie von einem Sofa über den Couchtisch auf ein anderes. Der Hund, eine große Schäferhündin, stellt sich über sie, um sie zu beschützen. Ein andermal hält Franck Laëtitia an den Trägern ihrer Latzhose aus der dritten Etage ins leere Treppenhaus. Als Alain Larcher die Treppe hinaufkommt, um seine Schwester zu rächen, droht Franck: »Wenn du näher kommst, lass ich los!« Jessica schluchzt und klammert sich an die Beine ihrer Mutter.

Ich befinde mich in Alain Larchers Wohnung in einem Vorort von Nantes. Er hat mich mit seiner Tochter an der Busstation abgeholt. Wir unterhalten uns im Wohnzimmer. Auf dem Kamin steht eine Urne mit der Asche der Hündin. Alain Larcher hat lange als Chefkoch gearbeitet. Die Fotos, die auf dem Computer vorbeiziehen, lassen uns in die Vergangenheit blicken: Ferien in der Bretagne, ein Plastikplanschbecken für die Mädchen, Laëtitia auf dem Rücken einer Kuh thronend. Ein Tannenbäumchen aus grüner Pappe, das Laëtitia und Jessica ihm zu Weihnachten gebastelt haben, mit aufgeklebten Fotos der beiden als Schülerinnen. Alain Larcher hätte seine Patentochter gern auf ihren ersten Schritten ins Erwachsenenleben begleitet, er wäre gern bei ihrer Hochzeit dabei gewesen. Stattdessen hat er Gedenkmärsche organisiert.

Er ist ein großer, athletischer Kerl mit blauen Augen, braunem Haar mit Bürstenschnitt und einem kantigen, verbrauchten, von den Zeiten der Arbeitslosigkeit und den Prüfungen des Lebens gezeichneten Gesicht. Sein schwarzes Hemd steht offen über einer Silberkette. Die Erinnerung an die Szene, in der Franck Laëtitia nur an ihren Latzhosenträgern hielt, treibt dem Koloss Tränen in die Augen.

»Meine Prinzessin hing im Nichts.«

Alain Larcher ist voller Zorn gegen Franck Perrais. Lange vor meinem Besuch hat er sich schon in *Paris Match* darüber ausgelassen: Seine Schwester suchte mit Blutergüssen, blauen Flecken, Schnittwunden und Cutterspuren auf dem ganzen Körper Zuflucht bei ihm. Franck zwang sie zum Sex, auch wenn sie keine Lust hatte. Er schlug seine Töchter. Sylvie wagte ihren Eltern nichts davon zu erzählen, weil diese ihr dringend abgeraten hatten, sich mit ihm zusammenzutun. Außerdem kannte Sylvie sexuelle Gewalt schon aus ihrer Kindheit: Ihr Vater war selbst Alkoholiker und gewalttätig gewesen. Doch schließlich gelang es ihr mit dessen Hilfe, Franck im April 1995 vor die Tür zu setzen.

Laëtitias und Jessicas Unglück begann sehr früh. Ist es möglich, dass ihre Geburt durch eine Vergewaltigung, die sie *in utero* erlebten, ausgelöst wurde? Nachdem sie auf der Welt waren, erfuhren sie die familiäre Gewalt aus der Innenperspektive, denn das Kleinkind lebt nicht getrennt von seiner Mutter. Niemand war zu Hause sicher. »Davor«, erinnert sich Alain Larcher, »ging es meiner Schwester gut: Sie war aktiv, fröhlich und lebenslustig. Wäre sie nicht so misshandelt worden, wäre sie nicht depressiv geworden und die Mädchen wären ihr nie weggenommen worden.« Mehrmals habe er versucht, ihr die Augen zu öffnen, doch sie sei verliebt gewesen; das mit Franck, das sei stärker gewesen als sie, und sie habe mit dem Vater ihrer Töchter leben wollen. Eines Tages passte Alain Larcher seinen Schwager nach Arbeitsschluss in einer Unimensa ab und brach ihm die Nase. »Dann trennte man uns – zum Glück für ihn.«

In der Strafakte von Franck Perrais, die die Oberstaatsanwältin von Nantes mir einzusehen gestattete, steht zu lesen, dass Franck am 16. Oktober 1995 nach Schulschluss seine Töchter abpasste. Er folgte Sylvie und lud sich selbst zu ihr ein. Nachdem die Zwillinge abends im Bett waren, nahm er ihr das Telefon weg, zwang sie, sich auszuziehen, knebelte sie mit einem Geschirrtuch und vergewaltigte sie, bedrohte sie dabei mit einem Cutter und fügte ihr einen drei Zentimeter tiefen Schnitt auf dem Unterarm zu. Eine Woche später wollte er dasselbe tun, doch sie schloss sich auf der Toilette ein und rief von dort um Hilfe. Als die Nachbarn eintrafen, weinte sie.

Mit der Unterstützung ihres Bruders zeigte sie ihn an. Franck Perrais wurde verhaftet und zwei Jahre später, am 16. September 1997, vom Schwurgericht des Departements Loire-Atlantique wegen Vergewaltigung und bewaffnetem Vergewaltigungsversuch verurteilt. Er bekam fünf Jahre Gefängnis, davon zwei auf Bewährung, und sie eine Depression, die mehrere Aufenthalte in der Psychiatrie nötig machten.

*

Ich traf Franck Perrais in der Kanzlei seines Anwalts. Ein kleiner, kompakter, in seinem schwarzen Anzug sehr korrekt aussehender Mann mit Boxernase und blondem Bürstenhaar. Mit seinen Armen und seinem Oberkörper voller Tattoos gibt er den Harten mit dem weichen Herzen. Sein Satzbau ist so strukturlos wie sein Leben, er verwechselt Wörter, die Sätze laufen ins Nirgendwo. Der Zeitarbeitsjobs und Scheinausbildungen müde, macht er sich auf seine Weise nützlich und unterhält eine Internetseite zur Erinnerung an seine Tochter. Unser Treffen kommt ihm wie gerufen: Er war gerade auf der Suche nach einem Schriftsteller.

Franck Perrais wurde 1967 geboren. Er wuchs in Couëron in der Nähe von Nantes mit einer Schwester, seinem Bruder Stéphane und einem zweiten, behinderten Bruder auf. Sein Vater, ein Anstreicher, hatte Alkoholprobleme. Seine Mutter, die als Reinigungskraft in Krankenhäusern gearbeitet hat, glaubt, Franck habe eine schwere Kindheit gehabt, doch er selbst bewahrt diese Zeit in guter Erinnerung. Mit Stéphane klaute er kleine Dinge, rannte den Mädchen nach und spielte mit Winzigkeiten wie Murmeln und Holzstückchen. Mit neun Jahren schickte man ihn auf ein Internat – »weil ich mit der Zunge anssstiesss«, wie er sagt. Dort waren die Erzieher streng: obligatorischer Religionsunterricht, Strafen für alles und nichts. Mit zwölf kam er in eine Sonderpädagogikklasse einer Mittelschule in Nantes. Mit sechzehn begann er eine Anstreicherlehre, dann war er Tischlerlehrling, Konditorlehrling, Mechanikerlehrling, kurz Lehrling im Lehrlingsein, bevor er »Kellner in der Spitzengastronomie« in einem Restaurant an der Küste wurde. Danach häuften sich die Zeitarbeitsverträge.

Sein Bruder Stéphane wurde in einem Heim untergebracht. Er hatte von sich aus die Sozialstelle aufgesucht, und eines schönen Tages wurden die Eltern durch Erzieher ersetzt. Für Stéphane war Franck ein guter Vater: »Wir machten Fahrradausflüge mit den Kindern. Mein Bruder nahm seine Töchter mit auf sein Rad, eine vorn, eine hinten. Wir picknickten und spielten Fußball. Ich sehe das breite Lachen der Mädchen auf dem Fahrrad noch vor mir.«

Franck Perrais ist ein vom Leben gebeutelter Mensch und wenig gebildet, reizbar und gewalttätig, doch ich habe die Überzeugung gewonnen, dass er seine Töchter geliebt hat, zumindest nach einer gewissen Zeit. Er hat nie den Kontakt zu ihnen abgebrochen, hat stets von seinem Umgangsrecht Gebrauch gemacht und immer Unterhalt gezahlt. Er betonte schon vor zwanzig Jahren und beteuert es noch einmal mir gegenüber: »Ich liebe meine Töchter, ich bete sie an.« Heute erkundigt er sich bei Jessica, wie es ihr geht, macht ihr kleine Geschenke und ist für sie da, wenn sie das Bedürfnis hat, ans Grab ihrer Schwester nach La Bernerie zu fahren.

Umgekehrt weiß ich nicht, ob man sagen kann, er habe ihre Mutter geliebt. Man müsste sich über die Bedeutung von Worten wie »Liebe«, »Zusammenleben«, »gegenseitiger Beistand« verständigen, doch im Blick von Sylvie Larcher liegt heute eine ungeheure, tief verwurzelte Angst, die mehr sagt als alle Berichte über Gewalt an Frauen. Angst vor dem Vater, der trinkt und schlägt, Angst vor Männern, die einen aufschlitzen, die sich anmaßen, einen wie Eigentum zu behandeln, die in einen eindringen, wann es ihnen passt, aber auch Angst vor anderen, Angst vor den Behörden, Angst vor der Welt – eine Mischung aus Schockstarre und Wartezustand, die die Gestalt eines unbewegten Lächelns angenommen hat und die Befürchtung spiegelt, etwas falsch zu machen, die stumme, eilfertige Anstrengung, den anderen nicht zu verärgern.

Alain Larcher erzählt auch, seine Schwester habe allem zugestimmt, doch er sei nicht sicher, ob sie sich wirklich darüber im Klaren gewesen sei. Was nicht verwundere, bei all den Medikamenten, die sie einnehme. Sie lasse sich ein Bad ein, gehe inzwischen den Hund ausführen, und bei ihrer Rückkehr stehe die Feuerwehr da wegen der Überschwemmung.

*

Während des Ancien Régime und im 19. Jahrhundert wurde sexuelle Gewalt mit großer Nachsicht behandelt. Der Mann zeigte lediglich sein Begehren, die Frau reizte ihn dazu. Diese Umkehr von Schuld beruht auf einem Werturteil, welches das »schwache Geschlecht« dem starken und die »bessere Hälfte« dem »ganzen Wesen« unterordnet. Innerhalb einer Paarbeziehung ist allein schon der Begriff sexuelle Gewalt widersinnig. Nach dem napoleonischen Zivilgesetz schuldet die Frau ihrem Mann »Gehorsam«. Es ist selbstverständlich, dass die sexuellen Bedürfnisse des Ehemanns ein Ventil finden müssen. Der Sex, den dieser in der Hochzeitsnacht seiner jungfräulichen, unerfahrenen jungen Ehefrau auferlegt, ist eine Pflichterfahrung. Gewalt gehört zu den Rechten des Mannes.

Erst sehr spät – in Frankreich, den Niederlanden, der Schweiz und England Anfang der 1990er Jahre – hat die Rechtsprechung Frauen gestattet, ihre Partner wegen sexueller Gewalt anzuzeigen. In Frankreich wird eine Vergewaltigung (die als Akt der Penetration unter Gewaltanwendung, Bedrohung oder durch Überrumpelung definiert ist) seit 2006 von Gesetzes wegen als besonders schwer behandelt, wenn sie vom Ehemann oder Partner verübt wird. Doch innerhalb einer Beziehung gibt es eine breite Palette verschiedenster Gewalttätigkeiten, deren Ziel die Dominierung oder Unterwerfung des anderen ist: wiederholte Beleidigungen,

Einschüchterungsversuche, Belästigung, Erpressung auf Gefühlsebene, psychologischer Druck, Drohungen im Hinblick auf die Kinder, erzwungene sexuelle Kontakte, Ohrfeigen, Schläge, Misshandlungen und so weiter.

Nach der Staatlichen Umfrage zu Gewalt an Frauen in Frankreich aus dem Jahr 2000 geben fast 10 Prozent der in einer Beziehung lebenden Frauen an, im vorangegangenen Jahr psychologische, verbale, körperliche oder sexuelle Gewalt erlitten zu haben. Junge Frauen (von zwanzig bis vierundzwanzig Jahren) sind deutlich häufiger betroffen als ältere. Die Hälfte der missbrauchten Frauen wurde dabei von ihrem Partner oder einem Ex-Partner vergewaltigt und dieser nur selten angezeigt und noch seltener gerichtlich verfolgt. Alle sozialen Klassen sind betroffen, doch eine 1996 unter Allgemeinmedizinern im Departement Loire-Atlantique durchgeführte Befragung macht bei der Hälfte der Fälle eine prekäre Arbeitssituation und bei mehr als 90 Prozent Alkoholismus verantwortlich.

Inwieweit hat Franck Perrais die Mutter seiner Töchter zugrundegerichtet? Sylvie Larcher starb eine Art psychischen Tod. Andere Frauen starben ganz. Pro Jahr sind es in Frankreich mehr als hundert: erwürgte oder erschossene Mütter, mit Faustschlägen getötete Ex-Freundinnen, die vorher Zielscheibe Dutzender beleidigender, zu jeder Tages- und Nachtzeit versendeter SMS geworden waren, Frauen, die erstochen wurden, weil sie eine sexuelle Beziehung verweigerten. Manche dieser Fälle landen auf dem Schreibtisch von Jessicas Anwältin Cécile de Oliveira.

*

Das Schwurgericht des Departements Loire-Atlantique hat seinen Sitz im Landgericht (TGI) von Nantes und dort in einem Saal von recht bescheidener Größe, aber mit einer Decke von sieben oder acht Metern Höhe. In diesem von den roten Steinplatten an den Wänden getönten Lichtwürfel habe ich Cécile de Oliveira mehrmals am Werk gesehen. Die schwarze Robe ersetzte (oder überdeckte vielmehr) Jeans und geblümtes Oberteil. Cécile de Oliveira hört zu, macht sich Notizen, fragt und hält schließlich ihr Plädoyer. Wenn sie einen Nebenkläger vertritt, versucht sie in ihrem Kontakt zum Angeklagten eine Art moralischen Vertrag zu schließen, um gemeinsam zur Wahrheit zu finden. Ist das nicht möglich, bringt sie ihn mit unpassenden Fragen aus dem Konzept, die das Gespräch in eine unerwartete Richtung lenken und Umwege nehmen, um am Ende besser informiert auf die Straftat zurückzukommen.

Heute ist Bernard an der Reihe. Er ist angeklagt, eine Kollegin mit einem Schraubenzieher erstochen zu haben. Motiv: enttäuschte Liebe. Das Opfer wurde in Blut badend im Technikraum der Firma gefunden. Bernards Auto war von oben bis unten gereinigt worden, doch die Polizisten überprüften es mit Bluestar, einem Mittel, das abgewischte Blutspuren sichtbar macht, und auf dem Gaspedal wurden welche gefunden. Auf der Anklagebank hinter Glas wartet brav ein Mann um die vierzig in Anzug, mit gesenktem Kopf und sanftem, harmlosem Aussehen. Bernard ist Informatik-, Musik- und Filmliebhaber und ein einsamer, verschlossener Mann. Sein Papa habe ihn immer gedrängt, mehr hinauszugehen.

Von Prozessbeginn an antwortet er ausweichend und behauptet, sich an nichts erinnern zu können. Unablässig beteuert er, er habe es vergessen, er wisse nichts mehr, er habe einen »Blackout« – bis Cécile de Oliveira, die die Familie des Opfers vertritt, sich vor ihn hinstellt. Die Szene wird in der *Ouest-France* vom 25. Juni 2014 geschildert, die ich bei meiner Ankunft am Bahnhof von Nantes kaufte:

»Wo haben Sie Ihre Turnschuhe mit all dem Blut denn hingetan?«

Das Publikum hört Bernard brummeln:

»In einen Mülleimer.«

Cécile de Oliveira ermutigt ihn, weiterzusprechen:

»Ich bin mir sicher, Sie können die ganze Szene schildern.«

Sie fragt ihn sanft, ob er sich verlassen gefühlt habe, als seine Kollegin den Kontakt zu ihm abbrach, weil er »zu sehr zur Klette« geworden war, ob er von jenem Tag an in seinem Leben wohl nichts mehr gehabt habe als seine Mutter, seinen Vater und die Religion. Bernard bricht ein:

»Wir standen uns in diesem Raum gegenüber. Ich höre noch ihre schrecklichen Schreie.«

Eine halbe Stunde lang ist Cécile de Oliveira Geburtshelferin seines grauenhaften Geständnisses.

4
Le Cassepot

Von Beginn an empfiehlt mir Cécile de Oliveira (die ich auch einfach Cécile nennen könnte, denn wir sind schnell Freunde geworden), den Tatort aufzusuchen. Sie bietet mir an, mich mit dem Auto hinzubringen.

Es ist Juli 2014, ein strahlender Tag. Während der Fahrt sprechen wir über den Anwaltsberuf. Zu Beginn der Laufbahn muss man einen Eid ablegen: »Ich schwöre, meine Pflichten in Würde, gewissenhaft, unabhängig, redlich und mit Menschlichkeit zu erfüllen.« Ihre einzige schlaflose Nacht war die vor einer Hauptverhandlung, in der ihr Mandant entweder freigesprochen oder zu einer schweren Strafe verurteilt werden sollte. Nachdem er in letzter Minute seine Schuld gestanden hatte, bekam er achtundzwanzig Jahre. Innerhalb weniger Stunden war über ein Menschenleben entschieden worden.

In erster Instanz wurde Laëtitias Mörder zu einer lebenslänglichen Gefängnisstrafe von zweiundzwanzig Jahren ohne Haftminderung mit anschließender Sicherungsverwahrung verurteilt – eine unter Nicolas Sarkozy eingeführte Kombination von Strafe und Maßregel, die erlaubt, dem eigentlich entlassbaren Gefangenen weiterhin die Freiheit zu entziehen, wenn er immer noch als gefährlich gilt. Das ist eine der schwersten Strafen, die man im französischen Recht verhängen kann, da gewissermaßen erst die Sicherungsverwahrung eine wirklich lebenslange Haft garantiert.

Cécile de Oliveira macht sich wegen des Berufungsprozesses, der im Herbst 2014 in Rennes stattfinden soll, keine Sorgen. Sie wäre sogar erleichtert, wenn Meilhon weniger bekäme, zum Beispiel lebenslänglich ohne Sicherungsverwahrung oder nur dreißig Jahre mit möglicher Haftminderung. Das überrascht mich.

»Doch«, sagt sie, »die Leute müssen irgendwann wieder heraus. Er ist kein Monster oder Verrückter, sondern nur ein armes Schwein, das ein schreckliches Verbrechen begangen hat. Das Ganze war ihm nicht vorbestimmt.«

Im Übrigen hätte sie ihn gern verteidigt und auf das Badinter-Prinzip plädiert, denn jeder Mensch habe das Recht, verteidigt zu werden, und zwar gut, selbst ein Terrorist oder Kinderschänder. Die Idee der Sicherungsverwahrung widert Cécile de Oliveira an, weil diese die Haft nicht von einer ungesetzlichen Tat abhängig macht, sondern davon, wie Experten eine Persönlichkeit beurteilen.

Wir erreichen La Bernerie, einen kleinen, jetzt, in der Sommerzeit, überfüllten Badeort am Atlantik. Wir fahren an der kleinen Kirche vorbei, in der drei Jahre zuvor, am 25. Juni 2011, die Totenmesse für Laëtitia stattfand. Das Barbe Blues, die berüchtigte Bar, in der sie nach ihrem Dienst gesehen wurde, hat seinen Namen geändert. Man könnte meinen, die Bar ziehe den Horror geradezu an: Im Februar 2011 wurde ihr früherer Besitzer verurteilt, weil er seine Lebensgefährtin erwürgt, zerstückelt und in zwei Koffern ins Wasser geworfen hatte.

Wir essen im Hôtel de Nantes zu Mittag. Die Fassade ist kanariengelb gestrichen und mit blauen Vordächern bestückt. Der Speisesaal ist ein großer, angenehmer Raum mit etwa fünfzehn Tischen, gefliestem Boden und einer ausgesucht kitschigen Dekoration: einem Laute spielenden Engel, leeren Vogelkäfigen, einem Poster zu Ehren von »PARIS« mit einem Eiffelturm anstelle des »I«, einem kubanisch anmutenden Poster mit einer auf weißen Holzplanken liegenden Zigarre. Das Hotel-Restaurant veranstaltet Karaoke-Abende. Auf jedem Tisch verkündet ein Schildchen: »Hier im Hôtel de Nantes wird in der Nebensaison jeden Samstagabend ohne Aufschlag und ohne Mäßigung getanzt.« Die papierenen Tischsets sind mit einer Landkarte der Île d'Yeu und touristischen Attraktionen, Fährverbindungen und Werbekampagnen bedruckt.

Frau Deslandes, die Wirtin und ehemalige Chefin von Laëtitia, serviert uns Crêpes. Dann sagt sie halb jammernd, halb belehrend:

»Wir sind von fliegenden Ameisen belagert. Da wird es gewittern.«

»Das kann gut sein«, amüsiert sich Cécile de Oliveira.

Das Hôtel de Nantes ist ganzjährig in Betrieb. Laëtitia war hier seit dem Sommer 2010 Kellnerin. Im Winter, in der Nebensaison, serviert man »Handwerkermenüs«, mehrgängige Gerichte zu sieben oder acht Euro für die Arbeiter auf den Baustellen der zu renovierenden und zu restaurierenden Häuser, von denen es in dieser Gegend nur so wimmelt. Sie wohnen im Hôtel de Nantes, bis die Arbeiten abgeschlossen sind. Auch am letzten Tag ihres Lebens hat Laëtitia Handwerkermenüs serviert.

Am Dienstag, den 18. Januar 2011, war der Badeort wie ausgestorben. Nur das Hôtel de Nantes, das Barbe Blues und ein paar Läden waren geöffnet. Wie die Fotos von Laëtitia beweisen, die man auf dem Mobiltelefon ihres Mörders fand, war es ein klarer Wintertag. Heute ist La Bernerie von einer Unmenge von Urlaubern bevölkert. Unter Fahnen, die im Wind flattern, warten Strandsegler und Katamarane. Kleine und Große schmoren am Strand in der Sonne.

Wir steigen zum Friedhof hinauf, einem höher gelegenen, sandigen Gelände. Der rosa Marmor ist mit Blumen und Grabplatten bedeckt.

Laëtitia Perrais, 1992–2011

Die parallel zur Küste verlaufende Route de la Rogère durchquert eine sich zwischen Kreisverkehren und Werbetafeln erstreckende Gegend von Einfamilienhäusern. Dort wohnen Herr und Frau Patron, dort hat Laëtitia mit ihrer Schwester gelebt, dort wurde sie in der Nacht vom 18. auf den 19. Januar 2011 gegen ein Uhr morgens entführt.

Auf Landstraßen fahren wir nach Le Cassepot. Cassepot, »Topfzerschlager«: ein so vulgärer wie beunruhigender, célinesker Name wie Casse-pipe: Lebensgefahr, Pfeifenbrecher, Krieg; oder Casse-tête: Geduldsspiel, Kopfnuss, Totschläger. Cécile de Oliveira biegt in einen Feldweg ein, dann stellt sie den Motor ab. Hinter dem Tor erstreckt sich ein Gelände voller Autowracks, schwarzer, öliger Motoren, Hohlblocksteine, Bauschutt, Schrottteile, alter, auf dem Rücken liegender Kühlschränke – eine Art Freiluftwerkstatt auf der grünen Wiese. Eine Brücke mit Kette und Flaschenzug dient dazu, die Autowracks anzuheben, um sie auseinanderzunehmen. Auf der rechten Seite steht eine Lagerhalle. Im hinteren Teil des Gartens, an der dichten Baumreihe, die das Gelände einschließt, erkennt man einen Hühnerstall und zwei Wohnwagen.

Eine Frau hängt gerade Wäsche auf. Als ich sie anspreche – eine bescheidene Frau mit breitem Lächeln –, erzähle ich ihr, ich schriebe über »die kleine Laëtitia«. Sie vergewissert sich, dass ich kein Journalist bin. Dann beginnen wir ein Gespräch: Ihr Mann, der Cousin des Mörders, ist Schrotthändler. Er klappert die Müllplätze ab, sieht sich dort nach Autos um, zerschneidet sie dann und verkauft den Schrott an ein Recyclingunternehmen in der Vendée: Kupfer, Messing, Alu. Die Geschichte hat ihr Leben aus der Bahn geworfen. Zur Tatzeit waren sie zum Skifahren in den Pyrenäen, 900 Kilometer von hier entfernt. Eine Nachbarin erzählte ihnen, Gendarmen seien bei ihnen gewesen und hätten alles durchsucht. Bei ihrer Rückkehr war ihr Haus dann versiegelt. Mit ihren drei Kindern mussten sie sich an verschiedenen Orten durchwohnen, obwohl sie weiter Miete zahlten. Schließlich erlaubte man ihnen zurückzukommen. Eines Tages sind die Kinder trotz der Siegel in den Wohnwagen gegangen, um sich dort verbotenerweise Bonbons zu holen.

*

Donnerstag, 20. Januar 2011

Es ist 4.30 Uhr am Morgen. Die Bocage ist über Nacht vereist. Die Männer der GIGN verteilen sich lautlos im Weiler Le Cassepot. Sie kennen sich bestens aus: Der Bürgermeister von Arthon-en-Retz muss ihnen mitten in der Nacht Einblick ins Grundbuch gewährt haben. Sie steigen übers Tor, verteilen sich im Gelände, schleichen wie Schatten an den Mauern entlang. Der Verdächtige wurde nicht im Wohnwagen geortet, wo er gewöhnlich schläft, sondern im Erdgeschoss des Hauses.

Als die Gendarmen der Eliteeinheit die Tür aufsprengen, trifft die Keramikpatrone, die zufällig in den Wohnraum geschleudert wird, den Mann direkt am Kopf. Da er mit blutüberströmter Stirn bewusstlos auf dem Wohnzimmersofa liegt, kann er weder verhört noch in Polizeigewahrsam genommen werden. Der Arzt der GIGN leistet erste Hilfe, dann wird er ins Krankenhaus von Saint-Nazaire eingeliefert.

Die erste Bestandsaufnahme des Orts ergibt: Der weiße Peugeot 106 ist vor der Lagerhalle abgestellt. Im Wohnwagen werden ein 22lr-Karabiner und etwa dreißig Handys gefunden, ebenso 700 Gramm Haschisch. Aber keine Laëtitia.

Die Fahndung beginnt nach Schneckenhaustaktik: Ausgehend von Le Cassepot wird der Suchradius spiralförmig erweitert.

Die Erfassung der Fingerabdrücke bestätigt die Identität des Mannes: Es handelt sich um Tony Meilhon, geboren am 14. August 1979, Schrotthändler, wegen verschiedener Delikte und Straftaten dreizehn Mal verurteilt. Bei seiner Entlassung aus dem Krankenhaus gegen 11.30 Uhr wird er in Polizeigewahrsam genommen und über seine Rechte belehrt. Er antwortet:

»Nehmen Sie doch gleich Ihre 9-mm, dann sind wir schneller fertig.«

Meilhon wird auf die Gendarmerie von Pornic gebracht. In Anbetracht seines Strafregisters wirkt er erstaunlich wenig nervös.

Mai 1996: Verurteilung zu drei Monaten Gefängnis auf Bewährung wegen Diebstahls. Da die Bewährung nach einigen Monaten widerrufen wird, wird der sechzehnjährige Meilhon zum ersten Mal in seinem Leben eingesperrt.

April 1997: vier Monate Gefängnis wegen Diebstahls. Er vergewaltigt seinen Mithäftling mit einem Besen. Der Mitgefangene hatte seine eigene Schwester missbraucht und Meilhon wollte »das Mädchen rächen«.

März 1998: sechs Monate Gefängnis wegen Gemeinschaftsdiebstahls.

März 2001: Verurteilung zu fünf Jahren Gefängnis durch das Jugendgericht des Departements Loire-Atlantique wegen der Vergewaltigung seines Mithälftlings (Meilhon war seit August 1999 in Untersuchungshaft gewesen).

August 2003: Raubüberfall auf drei Geschäfte mit Strumpfmaske, Tränengasspray und Pistole, um seinen Drogenkonsum zu finanzieren. Mehrere hundert Euro Beute. Vorläufige Festnahme.

Juni 2005: Verurteilung zu sechs Jahren Gefängnis durch das Schwurgericht von Loire-Atlantique. Seine Haft ist mit Zwischenfällen gespickt: Drohungen gegen das Wachpersonal, Anbau von Cannabis auf dem Zellenfenster, Eskapaden mit seiner Freundin im Besucherraum. Er ist Räuber und Raubein zugleich; man »respektiert« ihn.

Juni 2009: ein Jahr Gefängnis, davon sechs Monate auf Bewährung, wegen wiederholter Richterbeleidigung und -bedrohung.

Februar 2010: Entlassung. Als Postanschrift wählt Meilhon das Sozialhilfezentrum von Nantes. Seine Schwägerin, die allein mit ihren Kindern in einer Sozialwohnung lebt (weil Meilhons Bruder seinerseits im Gefängnis sitzt), nimmt sich seiner an.

Während des Polizeigewahrsams argumentieren die Gendarmen nicht schlüssig. Einerseits täuschen sie Gleichgültigkeit vor: »Du kriegst sowieso lebenslänglich, uns ist egal, ob wir sie finden.« Andererseits drängen sie darauf, dass er gesteht, wohin er die junge Frau gebracht hat. Auf der Videoaufnahme des Verhörs erkennt man, dass Meilhon sich irgendwann denkt: »Okay, es reicht.« Er schweigt, schaut weg. Als die Gendarmen ihn mit dem Szenario »Vergewaltigung, Entführung, Totschlag« konfrontieren, lächelt er. Ab und zu lässt er fallen: »ist mir egal«, »keine Ahnung« oder »ich hab sowieso nur noch ein paar Stunden«. Er verweigert die Nahrungsaufnahme und jegliche Unterschrift.

Von der Keramikpatrone verletzt und von den Ermittlern unter Druck gesetzt, fühlt Meilhon sich auch in seiner Ganovenehre gekränkt. Während des ersten Prozesses gibt er zu: »Ich war darauf gefasst, dass die Bullen kommen, aber nicht so schnell.«

Kurz nach 13.30 Uhr bilanziert die AFP: »Neben der GIGN sind vierzig Gendarmen für den Fahndungseinsatz und fünfundzwanzig Ermittler für Untersuchungen und Vernehmungen bereitgestellt worden.« Der Artikel ist mit dem Kürzel »axt« signiert, es steht für Alexandra Turcat, die seit gut zwanzig Jahren

Journalistin bei der AFP ist und ebenfalls eine Freundin werden wird. Wohnungen von Mitgliedern aus Meilhons Umfeld werden durchsucht, vor allem die seiner Ex-Freundin in einer Trabantenstadt von Nantes. Während die Gendarmen mit Unterstützung von Hundeführern, Tauchern und einem Hubschrauber die Gegend um Le Cassepot durchkämmen, verteilen sich die Techniker der Spurensicherung im Haus des Cousins. Männerkleidung wird beschlagnahmt. In der Mitte des Gartens wird unter einem als Grill dienenden Einkaufswagen eine gelöschte Feuerstelle gefunden. Der Kofferraum des Peugeots ist voller getrockneten Bluts. Es ist viel Blut, zu viel.

Um 17 Uhr gibt Florence Lecoq, Oberstaatsanwältin in Saint-Nazaire, auf einer Pressekonferenz ausweichend und optimistisch bekannt: »Wir haben keinerlei Hinweise darauf, ob sie noch lebt oder nicht.« Da man lieber auf die Entführungsthese setzt, wird »bis zum Beweis des Gegenteils« davon ausgegangen, dass Laëtitia am Leben ist.

Oberfeldwebel Frantz Touchais, der »Mister Schwerverbrechen« der SR von Angers, trifft in Begleitung seines Mitarbeiters, eines Profilers, bei der Gendarmerie von Pornic ein. Während seine Kollegen Meilhon vernehmen, ziehen sich die beiden in ein Büro zurück: »Wir kauen alles durch, was man bisher weiß, und versuchen zu verstehen, was passiert ist. Die Handys von Meilhon und Laëtitia haben sich beide um Mitternacht ins Netz von Arthon-en-Retz eingewählt. Das heißt, er hat das Mädel mit nach Le Cassepot genommen.«

Am späten Nachmittag bricht Meilhon auf der Gendarmerie von Pornic endlich sein Schweigen.

Am Dienstag, den 18. Januar 2011, habe er beim Verlassen eines Wettbüros in La Bernerie Laëtitia gesehen, die er im Sommer zuvor kennengelernt habe. Sie seien am Strand spazieren gegangen, wo sie Hasch geraucht hätten. Laëtitia sei guter Laune gewesen. Er habe sie auf ein Glas ins Barbe Blues eingeladen. Als sie gegen 18.30 Uhr zu ihrem Dienst ins Hôtel de Nantes zurückkehrte, habe er sich aufgemacht, um ihr im Leclerc von Pornic ein Paar Handschuhe zu kaufen. Nach ihrem Schichtende gegen 22 Uhr seien sie noch einmal ins Barbe Blues gegangen, dann, nach einem Streit zwischen zwei Gästen, in eine Lounge-Bar in Pornic, das Key46. Auf dem Weg dorthin hätten sie auf der Kühlerhaube des Wagens einvernehmlichen Sex gehabt. Gegen 1 Uhr morgens sei Laëtitia mit ihrem Scooter nach Hause gefahren, habe aber die Handschuhe vergessen. Als er ihr nachgefahren sei, um sie ihr zu bringen, habe er sie versehentlich angefahren. Er habe einen Aufprall gehört, das Auto sei vorn angehoben worden. Der Scooter habe auf dem Boden gelegen und Laëtitia sich nicht mehr gerührt. Nachdem er den Körper in den Kofferraum geladen habe, sei er zu seinem Cousin nach Le Cassepot gefahren. Mit blutüberströmten Händen habe er sie in der Lagerhalle auf ein Brett gelegt, um zu sehen, was mit ihr los sei. Dann sei »der Teufel los« gewesen: In Panik habe er die Leiche von der Saint-Nazaire-Brücke in die Loire geworfen.

Seine Version lässt die Ermittler skeptisch zurück – außer in einem Punkt: Laëtitia ist tot.

Um 20 Uhr wird die Nachrichtensendung von TF1 mit einer »alarmierenden Vermisstenmeldung« von einem achtzehnjährigen Mädchen aus dem Raum Pornic eröffnet. Ein Verdächtiger sei festgenommen worden.

5

Papa in der Ecke

Nach Franck Perrais' Inhaftierung im November 1995 leben die Zwillinge bei ihrer Mutter in Nantes. Jessicas erste Erinnerungen: kalte Duschen, wenn sie einen Trotzanfall hat, Schläge mit dem Kochlöffel auf den Hintern, wenn sie etwas Dummes angestellt hat. In ihrem Fotoalbum sieht man die Zwillinge auf einer Wippe, Alain Larchers Schäferhund neben dem Sofa, eine Geburtstagstorte, die beiden beim Ostereiersuchen im Garten der Großeltern. Laëtitia und Jessica sind genau gleich frisiert und angezogen: Zöpfe und eine orangefarbene Daunenjacke. Ihre Mama ist ebenfalls auf dem Foto zu sehen.

»War Ihre Mutter zärtlich?«

Jessica lächelt:

»So würde ich es nicht nennen …«

Sylvie Larcher geht gern tanzen, an solchen Tagen hütet eine Freundin ihre Töchter. Manchmal dreht sie durch. Dann kommt es vor, dass sie Gegenstände zerschlägt oder den Fahrstuhl blockiert. Die Mädchen träumen schlecht wegen ihres Vaters. Manchmal schlafen sie zu dritt in einem Bett. Im Januar 1996 erklärt Frau Larcher den Psychologen: »Ich habe Albträume. Darin habe ich vor allem Angst, dass Laëtitia von ihrem Vater umgebracht wird, weil er sie nicht liebt.«

Als ihre Mutter schließlich wegen Depressionen in die Psychiatrie eingewiesen wird, ziehen die Zwillinge zu Frau Perrais, ihrer Großmutter väterlicherseits, ins Randviertel Petite Sensive im Norden von Nantes. Wir befinden uns in den Jahren 1996 bis 1997, die Mädchen sind vier beziehungsweise fünf Jahre alt. Man erzählt ihnen, ihr Papa sei »in die Ecke gestellt« worden, doch Jessica weiß, die Rede ist vom Gefängnis. Die Treffen im Besucherraum, die Gitterstäbe, die Käfige, in die man die Leute steckt, versetzen das Mädchen in Angst und Schrecken, und es klammert sich an seine Oma. Laëtitia dagegen behauptet, sich an nichts zu erinnern.

Ihre unterschiedlichen Charaktere beginnen sich abzuzeichnen. Laëtitia ist schmächtig und schwächlich. Wenn sie nicht greint, zieht sie sich schweigend zurück. Sie ist die Kleine, die man nicht weiter beachtet. Jessica kümmert sich um sie und beschützt sie: Sie ist die Mutter ihrer Schwester.

Laut Franck und Stéphane Perrais sind die beiden Mädchen bei ihrer Oma glücklich. Vor dem Wohnblock spielen sie Ball oder Verstecken oder rutschen. Die Erwachsenen behalten sie vom Fenster der Wohnung aus im Auge. Doch laut Alain Larcher hat die Oma nicht mehr alle Sinne beisammen, oft vergisst sie sich und brüllt herum. Die Mädchen sagen: »Wenn Oma uns da abreibt, tut sie uns weh.« Zumindest gehen sie regelmäßig in die Schule.

*

Nantes, Juli 2014. Bevor ich mit Cécile de Oliveira nach Le Cassepot fahre, treffe ich Jessica noch einmal zu einem Gespräch. Wir setzen uns in ein Café im Stadtzentrum. Ich schlage vor, dass wir uns duzen, sie ist einverstanden, siezt mich aber weiter, wie in einer Komödie.

Jessica hat diese Woche Ferien. Sie nutzt sie, um morgens auszuschlafen. Nachmittags zieht sie mit einer Freundin in der Stadt herum. Sie begleiten deren Vater, der seinen Lebensunterhalt als Feuerschlucker verdient. Irgendwie sind sie stolz auf sein Talent und seine Künstlerfreiheit.

Am Montag beginnt für Jessica die Arbeit wieder. In der Betriebskantine ist sie dafür zuständig, die Speisen in die Auslage und das Geschirr in die Spülmaschine zu stellen. Manchmal hilft sie auch bei der Zubereitung des Gemüses mit: Karotten müssen geschält, Tomaten in Scheiben und Gurken in Würfel geschnitten werden. Die Atmosphäre ist gut. Manchmal scherzen ihre Kolleginnen freundschaftlich: »He, Jessica, heut Mittag gibt's Miesmuscheln!« Ihr Chef lässt sie früher gehen, wenn sie zu ihrer Anwältin oder

Psychologin muss. Die Kantine wird von Büromenschen, Beamten und Polizisten genutzt.

»Da fällt mir ein«, sagt sie plötzlich, »als ich vor Kurzem die Kartons von meiner Schwester aufgemacht habe, habe ich an Sie gedacht. Da war das T-Shirt vom Gedenkmarsch mit drin, das wir Herrn Sarkozy geschenkt haben. Manchmal ziehe ich Sachen von ihr an. Sie sind zwar alt, aber ich habe zu jedem Stück Erinnerungen. Das mag ich.«

Jessica hat mir ein kleines, schwarzes Oberteil mitgebracht mit zwei Kordeln, die man vorn zusammenbindet.

»Das hat sie oft angezogen, wenn sie ausgegangen ist. Es riecht noch nach ihr.«

»Was ist das für ein Geruch?«

»Es ist einfach ihr Duft, ein ganz besonderer, frischer Geruch, den man gern riecht. Er ist immer noch da, auch wenn er schon lang in den Kartons eingeschlossen ist. Er riecht nach ihrem Leben.«

Jessica hat verschiedene Gerüche in ihren Kartons ausgemacht: den von Laëtitia, ihren eigenen, den ihrer Wäsche und, vermischt mit den Gerüchen ihrer beider Leben, den von Herrn Patron, »ein muffiger Geruch nach alter Mann«.

Jessica begleitet mich zur Kanzlei von Cécile de Oliveira, aber sie will nicht mit hinauf. Ich sehe ihr nach, wie sie sich mit ihrem Rucksack entfernt: eine einfache junge Frau in der Stadt.

Während unserer »Meilhon-Tour« zwischen La Bernerie und Le Cassepot erzählte ich Cécile de Oliveira, ich würde für Jessica gern einen Text schreiben, damit sie beim Berufungsprozess nicht sprachlos dastehe und, durch den Mörder ihrer Schwester eingeschüchtert, darauf reduziert sei, vor ihm zu weinen. Cécile de Oliveira erwiderte, das sei keine gute Idee, Jessica äußere sich nicht in Worten, sondern in Haltungen: Reserviertheit, Freundlichkeit, der Fähigkeit zuzuhören, der Pflege des Grabs ihrer Schwester. Und manchmal spreche ihr Körper für sie: durch Schmerzen oder Hautausschläge.

Worte müssen Jessica immer mehr oder weniger abgerungen werden, durch Erzieher, Polizisten, Richter, Journalisten. Diese Worte, die ich meinerseits sorgfältig sammle, sind die ihren und auch wieder nicht. Manchmal formulieren sie kurz und bündig komplizierte, persönliche Dinge, manchmal sind sie von anderen Quellen gespeist: den Ratschlägen ihrer Anwältin oder ihres Vormunds, einem Gerichtsurteil oder einer Fernsehreportage; dann fließen sie als Rinnsal durch sie hindurch, ohne sie zu berühren.

Immer ist es Jessica, die etwas gefragt wird. Sie selbst erhebt selten die Stimme: Das Wort haben die anderen. Deshalb wird unser Gespräch schleppend, sobald ich aufhöre, es zu nähren. Aber ich bin gern in ihrer Nähe: Die Zeit geht dahin, ohne anderes Ziel als die Freude am Zusammensein, und diese Beinaheleere ist Fülle für mich. Worte klingen falsch, wenn sie diesen offenen Raum besetzen sollen. Wir können Laëtitia nur umringen, sie streifen und einfassen; unsere Worte ähneln dann jenen Schmuckstücken, die untergegangene Zivilisationen überdauern. Nichts sagt mehr über sie als ihre pinkfarbene Tunika, ihr leichter, frischer Geruch, ihr Mofahelm mit dem blau-weißen Rankenmuster, ihre Halskette mit dem kleinen Metallherz, das an einem zusätzlichen Kettchen hängt. Jessica hat sie einmal auf der Arbeit getragen. Ihre Kollegen bemerkten sie sofort. »Oh, die ist aber hübsch, woher hast du die?« Die Komplimente haben sie gefreut.

Ein andermal, im September, blätterten wir ihr armseliges, zu drei Vierteln leeres Fotoalbum durch, eine Sammlung von nach einem Schiffbruch zusammengetragenen Trümmern. Jessica besitzt so viele Fotos von ihrer Kindheit, wie ich von meinen Töchtern in einem Monat schieße. Das Gespräch dreht sich um ihre Ähnlichkeit mit Laëtitia: »Na, was glauben Sie, ist das sie oder bin ich das?« Doch sie sind kaum zu verwechseln: Laëtitia ist zarter, sie schaut verwunderter.

6

»Ein letztes Fünkchen Hoffnung«

Freitag, 21. Januar 2011

Die Ortschaft Le Cassepot wird von den Technikern des IRCGN gründlichst durchkämmt. In Wohnwagen, Haus und Lagerhalle finden sie Fasern, Haare, Fingerabdrücke, verdächtige Spuren auf Wänden, Boden und Bettlaken. Auf der Suche nach jedem noch so kleinen Blutstropfen sprühen sie sämtliche Oberflächen mit Bluestar ein. Als sie die Asche des Lagerfeuers in der Mitte des Gartens durchsieben, finden sie eine Messerklinge, eine Zange, eine Geflügelschere, eine Metallsäge und kleine Überbleibsel, die Jeansnieten, Haken eines BHs, der Verschluss eines Helmriemens oder ein Ohrring sein könnten, alle durchgeglüht. Die Untersuchung wird durch die Anwesenheit des Rottweilers von Meilhons Cousin auf dem Gelände verzögert. Ein Nachbar erklärt sich bereit, ihn vorübergehend bei sich aufzunehmen.

Der gestohlene Peugeot 106, mit dem Meilhon herumfährt, ist ein einziger Mülleimer: Der Boden des Fahrzeugs ist übersät mit Pommes frites, Bananen- und Pistazienschalen und Kronkorken, die Ablagen in den Türen und das Handschuhfach quellen über von benutzten Taschentüchern, Küchenpapier und Bündeln von Rapido-Wettscheinen. Die Sitzbezüge sind zerschlissen. Die Autogurte der Vordersitze wurden zerschnitten und dann wieder zusammengeknotet.

Mehrere Details ziehen die Aufmerksamkeit der Ermittler auf sich. Die rechte Seite des Stoßfängers hat einen Sprung, und die Farbe ist abgeplatzt. Auf dem rechten Frontscheinwerfer finden sich Kratzspuren und Reste einer roten Substanz. Die Rückbank fehlt; man wird sie später mit einem kleinen Blutfleck im Laderaum eines Citroën-Kastenwagens wiederfinden, der als rollende Müllkippe dient. Der Kofferraum ist so überzogen von trockenem Blut, als habe man es literweise vergossen.

Die dunkle, feuchte, nach Benzin stinkende Lagerhalle ist mit bunt zusammengewürfeltem Ramsch des Cousins vollgestopft: Möbel aus kaputtem Furnierholz, halb leere, von Fließspuren fleckige Kanister, ein Meter hohe Plastikmülleimer, platte Reifen voller Schlamm, Gasflaschen, Plastikwannen, Kisten, Drahtgitter. Ein chaotisches, desolates Universum, aus dem Metallskelette, eine verrostete Seilwinde, ein auseinandergenommener Buggy und der Rest eines Anhängers herausragen.

Eine große Wasserpfütze steht unter dem Buggy, was darauf hindeuten könnte, dass der Ort gereinigt wurde oder vom Keller her feucht geworden ist. An zwei Stellen wird Blut gefunden: auf einer Plastikkiste und an einem mahagonifarbenen Möbel. Beim ersten Prozess fragt der Vorsitzende Richter einen der Ermittler:

»Sie sprechen von Blutspuren auf einem Möbel im hinteren Teil der Halle von Le Cassepot. Sie nennen sie ›Spritzer‹. Können Sie etwas dazu sagen?«

»Es sind Tröpfchenspuren, das Blut ist nicht heruntergelaufen. Es muss bei einem Stoß oder einem Schnitt daraufgespritzt sein.«

Mithilfe einer Spezialkamera stellen die Gendarmen die Lagerhalle in einem dreidimensionalen Modell nach. Nach Abschluss der Durchsuchung werden etwa dreißig sichergestellte und versiegelte Beweisstücke ans IRCGN geschickt.

Zur selben Zeit wird die Route de la Rogère in Pornic begutachtet. Über der Stelle, wo der Scooter liegt, werden zwei Zelte aufgestellt und mit einer schwarzen Plane bedeckt, um völlige Dunkelheit zu erzeugen. Das Bluestar bringt keinerlei Blutspuren zutage: Nach ihrem Sturz vom Scooter hat Laëtitia also nicht geblutet.

Die Techniker sammeln die Plastikscherben sowie die Farb- und Gummireste ein und versiegeln sie. Auf dem Asphalt entdecken sie parallel zu den Reifenspuren eine lange Kratzspur. Die Ermittler wenden den Scooter um. Die gesamte rechte Seite der Karosserie ist zerkratzt. Auf der linken ist die Verkleidung an einer Stelle aufgeplatzt. Der Ständer ist gebrochen, doch die Scheinwerfer vorn und hinten sind intakt.

Kein Blut, ein fast unbeschadeter Scooter, unversehrte Scheinwerfer und Rückspiegel: Dem allgemeinen Eindruck nach kann der Aufprall nicht besonders heftig gewesen sein.

Im Helmfach unter dem Rollersitz finden die Gendarmen ein Schloss, ein neues Paar Handschuhe mit Etikett, eine Mappe mit Fahrzeugpapieren, einen Sanitäterausweis, einen 20-Euro-Schein und ein Post-it mit den Worten

IM UNKLÜKSFAL BENACRITIGN

und drei Telefonnummern: die Festnetznummer von Herrn und Frau Patron und ihre jeweiligen Handynummern, dazu ihre Adresse in der Route de la Rogère in Pornic.

Um 20 Uhr beginnen die Abendnachrichten von TF1 erneut mit dem Verschwinden der »weiterhin unauffindbaren« Laëtitia. Florence Lecoq, Oberstaatsanwältin in Saint-Nazaire, erklärt mit verschlossener Miene: »Wenn es noch ein letztes Fünkchen Hoffnung gibt – lasst es uns bewahren.«

In Le Cassepot ist es dunkel geworden. Die Ränder der Schlammpfützen frieren langsam ein. Die Äste der Bäume ragen über Lagerhalle und Wohnwagen in den Himmel. Die Spurensicherung bleibt bis spät in die Nacht beschäftigt.

7

Eine Kindheit ohne Worte

In ihrer Kindheit gibt es kein strukturierendes Element. Alles ist Verlust und Orientierungslosigkeit. Laëtitias und Jessicas Geschichte ist verbeult durch Schläge, Stöße, Erschütterungen und Stürze, nach denen sie sich nur erheben, um wieder zu fallen. Ihre ersten Jahre waren eine einzige Folge von unbegreiflichen Umbrüchen. Man erklärte ihnen weder die Ursachen für ihre mehrfachen Umzüge noch die Gründe, weswegen Mama im Krankenhaus war und Papa »in der Ecke« stehen musste. Man sprach einfach nicht mit ihnen. In Geneviève Bessons Studie zu den Sozialeinrichtungen des Departements Eure wird die Aussage eines in der Kindheit misshandelten Erwachsenen zitiert: »Man muss ein Kind nicht gegen eine Wand werfen, um es zu zerstören. [...] Man klemmt das Fläschchen am Bettchen ein und lässt das Kind allein trinken, man schaut es nicht an, spricht nicht mit ihm, das Kind existiert nicht. [...] So ›zerbricht‹ etwas in ihm, für immer.«

Alle Erzieher und Psychologen wiesen auf Laëtitias Schwierigkeit hin, sich in Worten auszudrücken. Jessica ergänzt: Laëtitia sagte zu allem, sie könne sich an nichts erinnern. Ihre kindlichen Traumata verschwanden aus ihrem Gedächtnis. Sie verdrängte und verbarg eine Vergangenheit, die nichts Gutes in ihr wachrief. Die vom Familienrichter angeforderten Gutachten beschreiben das »Profil eines vernachlässigten Kindes« und die »affektiven und intellektuellen Unzulänglichkeiten« eines »äußerst verunsicherten« Mädchens. Mit acht Jahren besitzt sie die kognitiven Fähigkeiten einer Fünfjährigen.

Doch auch wenn man noch so viele wohlmeinende Tests durchführt, Laëtitias Gekritzel analysiert und das kleine Mädchen auf der Wechsler-Skala verortet, so wird man doch nur eine Erwachsenendiagnose erstellt und kein Gespür für ihr inneres Zerbrechen bekommen haben. Die quasi unmögliche Frage lautet also: Welche bleibenden Risse hat ihre frühe Kindheit in ihr hinterlassen, wenn man weiß, dass sie – just aufgrund ihres Alters und ihrer Traumata – keine Mittel hatte, um diese zu benennen? Welche Gedanken gab es hinter der »mangelnden Fähigkeit, Dinge zu verbalisieren«, hinter der Verdrängung und dem Vergessen?

Ich habe Bücher dazu gelesen. In der Nachfolge von John Bowlby, der Ende der 1960er Jahre die Bindungstheorie entwickelte, schreibt der Kinderpsychiater Maurice Berger, ein Kind müsse eine Beziehung zu einem »verlässlichen, vertrauenswürdigen, vorhersehbaren und für Gespräche offenen« Erwachsenen eingehen können, »der fähig ist, dessen Bedürfnisse zu verstehen und dessen Spannungen abzubauen«. Ohne einen solchen »Caregiver« (oder »Aufmerksamkeitsgeber«) keine affektive Sicherheit, kein Vertrauen, keine Verankerung und entsprechend keine Bereitschaft, die Welt entdecken zu wollen. Man hat beobachtet, dass ein Kleinkind, das Zeuge von innerfamiliärer Gewalt wurde, besonders anfällig dafür ist, einzunässen, ängstliches oder aggressives Verhalten und posttraumatische Belastungsstörungen zu entwickeln und in seiner intellektuellen und Sprachentwicklung zurückzubleiben. Verletzbarkeit wird früh zu einem Muster.

Ich habe Fachbegriffe und wissenschaftliche Ausdrücke gelernt, doch ich würde umgekehrt gern die Ungewissheit, die Undeutlichkeit, die Neigung zum Vergessen und das Gefühl von Ohnmacht und Nichtverstandenwerden wiederfinden, die im Geist eines Kindes herumschwirren – bei Laëtitia, Jessica oder dem Kleinkind, das wir selbst einmal waren.

In *Kaltblütig*, dem »Tatsachenroman« von Truman Capote, erzählt der Mörder, er habe gesehen, wie sein Vater seine Mutter schlug:

> »Ich hatte schreckliche Angst, meine Geschwister nicht minder. Ich weinte. Ich hatte solche Angst, weil ich dachte, mein Vater würde mir wehtun und weil er meine Mutter schlug. Ich begriff nicht wirklich, warum er sie schlug, hatte aber das Gefühl, dass sie etwas furchtbar Schlimmes getan haben musste.«

In ihrer Studie *Warum tust du mir das an?* zitiert Marie-France Hirigoyen folgende Aussage eines Erwachsenen: »Oft wurde ich nachts von den Schreien und Schlägen wach [...]. Wenn man in seiner Kindheit Gewalt erlebt hat, ist das wie eine Muttersprache, die einem beigebracht wurde.«

Die Welt der Gewalt zehrte die Worte auf. Diese Worte möchte ich Laëtitia zurückgeben. Für diese Prinzessin müsste man einen *Kleinen Prinzen* schreiben, in dem das Gewicht und der Ernst der Erwachsenen keinen Platz haben dürften.

»Papa schlägt Mama
Mama weint
Papa wurde in die Ecke gestellt
Ich bin schuld
Ich will nicht ins Gefängnis
Mama ist weg
Kommen Papa und Mama wieder?«

Das ist nur halb erfunden. Ende 2014 – wir saßen nach einem Spaziergang über einen kleinen Weihnachtsmarkt in einem Café im Warmen – dachte Jessica laut zurück: »Mein Vater schlug meine Mutter ins Gesicht. Meine Mutter weinte und wir konnten ihr nicht helfen, sonst wären wir selbst dran gewesen.«

Andere Worte eines Kindes, die mir ein Anwalt weitergab: In einer kleinen Stadt bringt ein Mann seine Frau mit mehreren Messerstichen vor den Augen ihrer dreijährigen und ihrer achtzehn Monate alten Tochter um. Er lässt die beiden mit der Leiche allein, um sich ein Alibi zu verschaffen, dann ruft er tief besorgt die Gendarmerie an wegen eines aus dem Ruder gelaufenen Einbruchs bei ihm zu Hause. Unterdessen legt sich die Dreijährige aus Zorn, dass ihre Mutter sich nicht regt, auf ihren Leib, rüttelt und schüttelt sie, und als sie nicht mehr weiß, was sie machen soll, läuft sie blutüberströmt auf die Straße, geht 200 Meter und trifft auf eine Passantin, die entsetzt die Polizei ruft. Als diese das Mädchen aufsammelt, erklärt es: »Papa hat Mama rot gemacht.«

Wie oft hat Laëtitia rund um sich, unter sich, in sich Leere empfunden? Zu behaupten, ihr Leben sei ein Trümmerfeld, träfe es nicht, denn bevor es Trümmer geben kann, muss etwas erbaut worden sein. Doch Laëtitia konnte nichts aufbauen, man hat sie systematisch daran gehindert. Babys werfen gern bunte Würfel um, die man vor ihnen auftürmt. In Laëtitias Fall waren es die Erwachsenen, die den kleinen Turm immer wieder umstießen. Jedes Mal bemühten sie sich nach Kräften, Tabula rasa zu machen. Am Ende stand noch immer nichts da, und Laëtitia gab auf.

Als Baby verlor sie an Gewicht, schaltete ab, schlief immer mehr; sie zog sich von der Sinnlosigkeit zurück, in der sie keinen Platz für sich fand. Als kleines Mädchen war sie schüchtern, gehemmt und empfindlich; abgespalten von sich selbst, schaute sie der Gewalt und den Misshandlungen, die sie erlitt, gewissermaßen zu. Sie wurde umso mehr vernachlässigt, als sie nichts einforderte, und man tröstete sie umso weniger, als sie passiv blieb und an ihrem eigenen Leben nicht teilzuhaben schien. All diese unerklärlichen Dinge, die Schreie, Schläge, Tränen, Veränderungen, Gleichgültigkeiten, ließen in ihr monströse Grundüberzeugungen, im hintersten Winkel ihres Seins eingenistete Wahrheiten heranwachsen, bis sie gar zum Stoff wurden, aus dem sie gemacht war:

»Papa hat recht
Papa hat recht, sonst schlägt er zu
Papa hat immer recht, sonst bringt er Mama um
Männer haben immer recht, sonst bringen sie uns um«

Wenn Mama vor Schmerz schrie oder vor Kummer weinte, schlossen die Zwillinge daraus, sie folge damit nur ihrer Natur. Diese Traumata bereiteten gewissermaßen den Boden für alles Spätere. In diesem Sinn kann man von Schicksalen sprechen, von Leben, die auf Gewalt und Unterwerfung geeicht sind. Auch heute noch hat Jessica Angst vor ihrem Vater. Damals jedoch beschützte sie ihre Schwester.

*

Manche Spezialisten behaupten, Zwillinge lebten bis zum Alter von zwei Jahren in einer »Einheitsidentität«. Zwischen zwei und sechs träten sie in eine »Phase der gegenseitigen Ergänzung« ein, die sich in einer Entwicklung in ständigen Gegensätzen äußere: Wenn der eine unruhig ist, ist der andere ruhig, wenn die eine schweigt, ist die andere gesprächig, der eine dominiert, die andere lässt dominieren und so weiter. Im Schulalter und während der Pubertät machten sich Zwillinge voneinander unabhängig, auch wenn Erziehung oder besondere Umstände die Phase der Einheitsidentität manchmal bis ins Erwachsenenalter verlängerten.

In jedem Fall bleibt ein Zwilling ein lebenslanger Begleiter. Man liebt sich, geht einander auf die Nerven, kennt sich in- und auswendig. Diese Beziehung ist stärker als jede Liebesbeziehung. Was ist ein Partner gegen einen Zwilling? In *Olivier* spricht Jérôme Garcin den kleinen Jungen an, der mit sechs Jahren von einem Auto überfahren wurde: »Den eigenen Zwillingsbruder zu überleben ist Betrug. Warum ich und nicht du?« In einem Artikel des *Nouvel Observateur* vom Februar 2015 über zwei an Mukoviszidose erkrankte Zwillinge erklärt einer der beiden: »Es gibt so vieles, das ich mir ohne ihn nicht vorstellen kann. Nicht einmal einen simplen Geburtstag: Es ist nicht mein Geburtstag, sondern unserer. Diesen Tag ohne ihn zu feiern wäre, als würde ich nur ein halbes Leben feiern.«

Als Laëtitia und Jessica klein waren, sahen sie sich so ähnlich, dass die Leute sie verwechselten. Sie hatten die Gabe, genau zum selben Zeitpunkt dasselbe zu tun, zum Beispiel zu gähnen. Sie stritten sich als Unzertrennliche. Franck Perrais bestätigt: »Erst hieß es: ›Meine Schwester nervt mich‹, dann: ›Wo ist meine Schwester?‹« Als Heranwachsende entwickelten sie schließlich ihre eigenen Charaktere. Diesen Prozess des einander ergänzenden Verschiedenwerdens verfestigten Erwachsene zu einem schematischen Gegensatz: Im Nachhinein beteuern alle, Jessica sei die Beherrschende, die Beschützerin, die Mama gewesen und Laëtitia die Beherrschte, die kleine Heulsuse, die Memme – oder »pignouse« wie man in Westfrankreich sagt.

Das also ist das strukturierende Element ihrer Kindheit: Zwillinge zu sein. Zu den ersten Dingen, die Jessica mir erzählte, gehörten die Sätze: »Ich habe meine Schwester nie verlassen. Meinen Vater ja, meine Mutter ja, aber Laëtitia nie.« Heute ist diese Bespiegelung hinfällig geworden: Es gibt nur noch ein unvollständiges Leben.

8

Entführung mit Todesfolge

Freitag, 21. Januar 2011

Während die Forensiker des IRCGN die Ortschaft Le Cassepot durchkämmen und von der Saint-Nazaire-Brücke aus den Suchradius flussauf- und -abwärts festlegen, verkündet Europe 1 morgens, eine zweite Person sei als Augenzeuge – nicht als Mittäter – in Polizeigewahrsam genommen worden. Die von »Ermittlerkreisen« bestätigte Information wird gegen Mittag von der AFP übernommen.

Es handelt sich um Bertier, einen ehemaligen Mithäftling von Meilhon. Am Mittwoch, den 19. Januar, hat Meilhon ihn am frühen Nachmittag auf dem Parkplatz des Einkaufszentrums Atlantis am Stadtrand von Nantes getroffen. Ein paar Tage zuvor waren sie zusammen bei einer Solarzellenfirma eingebrochen. Meilhon hatte Bertier vorgeschlagen, seine 60 Kilo Kupfer für ihn mitabzusetzen, nun schuldete er ihm seinen Anteil.

Als Meilhon zum Treffen kommt, ist er bleich und zappelig, als hätte er gekokst, seine Hände sind dreckig und die Schuhe voller Erde. Er schaut ständig nach rechts, links, hinter sich. Bertier hat ihn noch nie in einem solchen Zustand gesehen, »auf Speed, voll gestört«.

Auf der von den Gendarmen beschlagnahmten Aufzeichnung der Videoüberwachung sieht man die beiden auf dem Parkplatz an einem Schaufenster des Einkaufszentrums entlanglaufen. Ein dritter Mann, ein Freund, der Bertier zum Treffen begleitet, folgt ihnen mit etwas Abstand, ohne sich in ihr Gespräch zu mischen.

»Also«, sagt Bertier, »wie machen wir das jetzt mit der Kohle?«

»Ich hab ein fettes Problem«, antwortet Meilhon.

Jetzt hat er eine Ausrede gefunden, um ihn nicht auszahlen zu müssen, denkt sich Bertier.

»Ich hab Mist gebaut. Ich hab einen Typen auf einem Scooter

umgefahren. Als ich aus dem Auto gestiegen bin, hat er sich nicht mehr bewegt.«

Bertier wirft einen Blick auf den wenige Meter entfernt parkenden Peugeot.

»Das Auto ist okay«, fährt Meilhon fort. »Ich hab ihn in den Kofferraum getan. Ich hab ihn zerteilt. Die Leiche ist in den Mülltonnen da.«

Hinter dem Auto, neben einer Rolle Gitterdraht, sind zwei große, schwarze Plastikmülltonnen zu sehen, die so ineinandergestapelt sind, dass sie die Decke berühren. Die Rückbank des Autos ist herausgenommen. Meilhon steht nicht im Ruf, Witze zu machen; Bertier beschleicht ein mulmiges Gefühl.

Bevor sich Meilhon bleich und nervös davonmacht, händigt er seinem Kumpel einen Handyakku aus und bittet ihn, diesen zu entsorgen. Bertier folgt seiner Aufforderung in einer Parkplatzecke.

*

Die genetischen Untersuchungen bestätigen: Das im Peugeot entdeckte Blut stammt von Laëtitia. Auch wenn der Gendarmeriesprecher für die Region Pays de la Loire es nicht offiziell bestätigt, ist die Phase des eigentlichen Fahndungseinsatzes beendet. Es geht nicht mehr darum, eine junge Frau zu finden, sondern eine Leiche. Ein Kofferraum voller Blut, Schneidwerkzeuge in der Feuerstelle, das Gespräch auf dem Atlantis-Parkplatz: Aus der »alarmierenden Vermisstenmeldung« wird eine »Entführung mit anschließendem Totschlag«. Die gefundenen Hinweise decken sich mit den Zeugenaussagen von Steven, Antony und William über eine Verfolgungsjagd mit dem Peugeot, eine wütende Laëtitia in der kleinen Straße hinter dem Hôtel de Nantes und den Anruf um 1 Uhr morgens, bei dem sie von Vergewaltigung spricht.

In den Räumen der Gendarmerie von Pornic analysieren die Ermittler Meilhons Version. Da der Zusammenprall von Peugeot und Scooter nicht besonders heftig gewesen sei, könne Laëtitia nicht daran verblutet sein, halten sie ihm vor.

»Weiß nicht mehr«, antwortet Meilhon ausweichend, »ich sag gar nichts mehr.«

Konfrontiert mit seinen Ungereimtheiten, setzt er auf Selbstmorddrohung:

»Man wird geboren, um Jäger oder Gejagter zu sein; ich bin ein Jäger. Bringen Sie mich zurück ins Gefängnis. Sie sprechen mit einem Toten.«

Die Gendarmen zeigen ihm ein Foto von Laëtitia. Er legt es mit hängenden Schultern auf den Tisch zurück.

»Geben Sie mir Ihre Knarre.«

Er weigert sich, das Protokoll zu unterschreiben.

Tatsächlich befindet sich Meilhon in einer Machtposition. Am ersten Tag seiner Festnahme stellt man ihm dreiundsechzig Fragen. Er beantwortet nicht eine, doch seitdem weiß er, was die Ermittler gegen ihn in der Hand haben; während der Pause denkt er nach, dann liefert er seine Version ab. Achtundvierzig weitere Fragen am zweiten Tag gestatten ihm, seine Darstellung zu präzisieren, schließlich ist er mit den Abläufen im Polizeigewahrsam vertraut. Solange Laëtitia nicht gefunden ist, ist die von ihm vertretene Version – ein tödlicher Verkehrsunfall – sowohl möglich als auch unüberprüfbar. Keine Geständnisse, keine Leiche. Noch ist nichts *bewiesen*.

Dennoch genügen die Indizien der Ermittler, um bis zum Auftauchen neuer belastender oder entlastender Elemente von einer vorsätzlichen Tötung auszugehen.

Samstag, 22. Januar 2011

Angesichts der Untersuchungsergebnisse gibt die Staatsanwaltschaft Saint-Nazaire den Fall an die für Kriminalfälle zuständige Staatsanwaltschaft von Nantes ab. Xavier Ronsin, Oberstaatsanwalt in Nantes, ist am Zug. Bei der Übernahme des Verfahrens analysiert er den Fall und verfasst für den Ermittlungsrichter einen »Antrag auf Einleitung des Ermittlungsverfahrens« mit einem Vorschlag, wie die Fakten zu bewerten seien. Der Fall geht an den an diesem Tag diensthabenden Ermittlungsrichter Pierre-François Martinot.

Da Meilhons Polizeigewahrsam um 11.30 Uhr endet, wird er von der Gendarmerie von Pornic ins Gericht von Nantes überstellt, wo gegen ihn ermittelt werden soll. Seine Eskorte besteht aus drei Pkws und sechs Motorradfahrern, die zur Überwachungs- und Eingreiftruppe der Gendarmerie (PSIG) gehören. Dutzende von Journalisten, Sonderberichterstattern, Fotografen und Kameramännern warten ungeduldig vor dem Justizpalast. Mit einer Decke über dem Kopf steigt Meilhon aus dem Transporter.

Während Meilhon in einer Zelle des Gerichtsgebäudes auf seine Vorführung wartet, beginnt er gegen 15.30 Uhr in seinem Ärger über das herrschende Rauchverbot aus voller Kehle zu singen. Als die Gendarmen den Text hören, ziehen sie ihre Handys heraus und nehmen ihn auf. Sein obszöner Sprechgesang, während dessen er immer wieder in höhnisches Gelächter ausbricht, wird später während des Prozesses bei Totenstille abgespielt werden:

»Ihr werdet sie nicht finden, oh, wie schade!
Laëtitia-aa-aa
Da, wo du bist, wird kein Bulle dich finden.
Wenn sie wüssten, wo ich dich versteck,
aber sie werden es nicht erfahren, nicht mal deine Eltern.
Oh-oh-oh Laëtitia-aa
Was hat sie gestöhnt, was war sie geil!
Fünfzig Jahre Knast, ich lach mich schlapp …«

Seine Worte hallen durch den ganzen Flur, und Meilhon brüllt auch noch, als der Ermittlungsrichter in Begleitung der Gendarmerieoberste und des Ermittlungsleiters eintrifft.

In seinem Büro setzt sich der fünfunddreißigjährige Ermittlungsrichter am TGI Nantes Pierre-François Martinot dem einunddreißigjährigen vorbestraften Schrotthändler Tony Meilhon gegenüber. Frustriert über den dreifachen Entzug von Tabak, Alkohol und Drogen und ausgelaugt von mehreren schlaflosen Nächten und seinen achtundvierzig Stunden Polizeigewahrsam gibt sich Meilhon feindselig und aggressiv. Er verweigert den Beistand eines

Pflichtverteidigers, unterschreibt kein einziges Dokument und plädiert weiter auf Verkehrsunfall und Trunkenheit am Steuer: Er habe die Leiche loswerden wollen und kopflos reagiert.

Martinot leitet ein Ermittlungsverfahren wegen »Entführung oder Freiheitsberaubung mit Todesfolge bei Strafrückfälligkeit« gegen ihn ein. Daraufhin wird er in der Strafvollzugsanstalt von Vezin-le-Coquet in der Nähe von Rennes inhaftiert. Außerdem ermittelt man wegen Vergewaltigung gegen Unbekannt. Am Abend veröffentlicht Xavier Ronsin eine Bekanntmachung unter der Überschrift »Verschwinden und wahrscheinliches Ableben von Laëtitia«.

Ronsins Abteilung (das, was man »die Staatsanwaltschaft« nennt) sitzt im Nordflügel des Gerichtsgebäudes im vierten Stock, nur wenige Meter von Martinots Büro entfernt. Ronsin und Martinot kennen sich nur flüchtig und siezen sich, doch der Respekt, den sie einander entgegenbringen, und das Gefühl, demselben Team anzugehören, machen ihre Beziehung kollegial. Bevor der Oberstaatsanwalt irgendeine Neuigkeit über den Fall an die Öffentlichkeit gibt, holt er stets die Meinung des jungen Ermittlungsrichters ein: »Was meinen Sie dazu? Für die Außenkommunikation würde ich Folgendes vorschlagen …« und so weiter. Da er die Arbeit der Justiz in Echtzeit begleitet, ermöglicht der Oberstaatsanwalt als Schutzschild dem Ermittlungsrichter, sich auf seine Arbeit zu konzentrieren, ohne diese kommentieren oder rechtfertigen zu müssen.

Der Ermittlungsrichter, der einer Formulierung von Robert Badinter zufolge »Kommissar Maigret und Salomo zugleich« ist, verantwortet und überwacht die Ermittlungen. Er ordnet Maßnahmen wie Telefonüberwachung an, lässt Gutachten erstellen, bestätigt die Zielsetzungen und leitet Schiedsverfahren; ihm erstatten Gendarmen oder Polizisten Bericht, die er per Ersuchen in die Ermittlungen einschaltet und an die er damit seine Befugnisse delegiert. Da Martinot ahnt, dass der Fall sich in ein politisch-juristisches Wespennest verwandeln wird, und er nicht weiß, wie sich Staatsanwaltschaft, Rechtsanwälte und Nebenkläger positionieren werden, bittet er den Gerichtspräsidenten, ihm einen erfahreneren Kollegen zur Seite zu stellen.

Dieser Kollege wird Frédéric Desaunettes sein: Erst in Dijon und dann in Nantes im Amt, hat er schon in verschiedenen heiklen Fällen ermittelt, zum Beispiel im Fall Rezala, dem »Zugkiller«, der im Jahr 1999 vermutlich drei Frauen umgebracht hat, oder im Fall Iseni, der angeklagt war, 2007 eine junge Verkäuferin im Atlantis-Einkaufszentrum entführt und getötet zu haben. Ein weiterer Vorteil: Richter Desaunettes kennt Meilhon bereits, er hat schon die Ermittlung zu seinen drei Raubüberfällen 2003 geleitet.

Das Ermittlungsersuchen wird sowohl an den Gendarmerieverbund von Loire-Atlantique als auch an die Ermittlungskommission SR der Pays de la Loire mit Sitz in Angers gerichtet. Der aus lokalen Gendarmen und Ermittlern der SR bestehende »Stab Laëtitia« wird von der Gendarmerie Pornic aus koordiniert. Oberfeldwebel Frantz Touchais von der SR Angers wird der Ermittlungsleiter. Er wird mit seinen Kollegen anderthalb Jahre lang in einem Mobilheim in Pornic leben, während sein eigentlicher Wohnort 150 Kilometer von dort entfernt liegt. In den ersten drei Wochen fährt er kein einziges Mal nach Hause, danach kommt er nur an den Wochenenden heim. Nach seiner Aussage vor dem Schwurgericht gesteht er mir: »Pornic im Winter, das ist nicht lustig. Eine Ermittlung wie diese kostet enorm viel Familienzeit.« Eine erfolgreiche Ermittlung setzt eine fest zusammengeschweißte Belegschaft voraus, Teamgeist, harte Arbeit und den übermäßigen Einsatz von jedem – kurz, viele Opfer seitens der Experten, aber auch (und vielleicht vor allem) seitens der Ehepartner und Kinder.

Martinot/Touchais: so jedenfalls heißt bis zum Ende das treibende Duo der Ermittlung.

*

Die Supermärkte der Gegend erhalten die Anweisung, ihre Videoaufzeichnungen vom 14. bis 20. Januar 2011 aufzubewahren. An der Saint-Nazaire-Brücke gibt es keine Videoüberwachung: Der Verkehr wird von einem Mitarbeiter live beaufsichtigt, aber nur von 6 bis 21 Uhr. Die Fahndung zu Fuß, zu Wasser und aus der Luft sowohl vor Ort als auch in Pornic, La Bernerie, Le Cassepot und an der Loire-Mündung bleibt erfolglos. »Wenn sie wüssten, wo ich dich verstecke«, hat Meilhon in der Zelle des Justizpalasts gegrölt.

Auf Betreiben von Laëtitias und Jessicas Pflegemutter Frau Patron erstellen die Gendarmen eine Personenbeschreibung der jungen Frau: 1,64 Meter groß, 46 Kilo, lange, braune Haare, braune Augen, bekleidet mit einer hellblauen Jeans, einer pinkfarbenen, weiß geblümten Tunika und einer dunklen Jacke mit Kunstpelz an Kragen und Ärmeln. Im Laufe des Wochenendes füllen sich die Ladenschaufenster der gesamten Gegend mit Zeugenaufrufen.

LAËTITIA
Am 18. Januar 2011 in Pornic verschwunden
Zögern Sie nicht, erleichtern Sie Ihr Gewissen!
Helfen Sie uns, sie wiederzufinden!

Am unteren Blattrand steht die Telefonnummer der Gendarmerie von Pornic. Der vorletzte, in sehr kleine Buchstaben gesetzte Satz scheint sich wie ein geflüsterter Hinweis an mögliche Komplizen zu richten, während der letzte Aufruf »uns« meint, die Mitbürger, Nachbarn, ohnmächtigen Zeugen, die bereit sind, sich an den Suchaktionen und anderen Solidaritätsbekundungen zu beteiligen.

Auf dem Schwarz-Weiß-Foto lächelt Laëtitia uns offen an. Ich weiß nicht, wer dieses Porträt gemacht hat, ich habe Jessica nicht zu fragen gewagt. Ist es ein zweckentfremdetes Familienfoto, ein Passbild für irgendeinen Ausweis, eines ihrer Sternchen-Selfies, die sie auf ihrer Facebook-Seite postete? Jedenfalls hat wohl niemand geahnt, dass es dereinst zu einer Ikone des Entsetzens und Mitleids auf einem Zeugenaufruf werden würde.

9
Zwei Mädchen vor Gericht

Von 1996 bis 1997, während der Haft ihres Vaters und des Krankenhausaufenthalts ihrer Mutter, leben Laëtitia und Jessica bei ihrer Oma Perrais. Zwischen zwei Psychiatrieaufenthalten versucht Sylvie Larcher, sich selbst um ihre Töchter zu kümmern. Am Ende wird sie entmündigt. Franck Perrais schreibt aus seiner Zelle an den Richter, um ihm seine Besorgnis mitzuteilen.

Januar 1997: »Frau Perrais bittet um Hilfe zur Erziehung.«

Was bedeutet dieser Satz in der Akte der Zwillinge, die heute beim Conseil général des Departements Loire-Atlantique aufbewahrt wird? Entweder hat Frau Larcher von sich aus das sozialmedizinische Zentrum des Stadtteils Beaujoire aufgesucht oder Nachbarn haben den Sozialbehörden des Departements einen Hinweis gegeben und diese die »dringende Information« weitergeleitet. Für eine solche Maßnahme muss heute wie vor zwanzig Jahren ein ganzes Bündel von Auffälligkeiten zusammenkommen wie wiederholtes Fehlen in der Schule oder, umgekehrt, Kinder, die nach dem Unterricht nicht abgeholt werden, die zu Hause vergessen werden oder spätabends allein im Treppenhaus spielen, kleine, nicht versorgte Wehwehchen, schlecht gepflegte Zähne, mangelnde Hygiene, Schreie hinter der Tür oder Ähnliches.

Daraufhin wird eine häusliche Erziehungshilfe bereitgestellt. Der Service social de protection de l'enfance, ein ans Departement gebundener Sozialdienst für Jugendschutz mit Sitz in Nantes, stellt eine »fehlende Anpassungsfähigkeit an die Mutterrolle« fest, das heißt einen mangelhaften erzieherischen Rahmen. Im Februar 1997 wird dieser Hinweis an die Staatsanwaltschaft von Nantes weitergeleitet, was darauf hindeutet, dass die Situation als ziemlich gravierend beurteilt wird.

Grob gesagt können Sozialbehörden auf zwei verschiedene Arten einschreiten: administrativ, indem sie Eltern Hilfe gewähren, die diese beantragt haben, oder juristisch, indem sie das »gefährdete« Kind ohne Zustimmung der Eltern schützen. Diese zweite Maßnahme, die vom Familienrichter angeordnet werden muss, ist durch den Artikel 375 des französischen Code civil geregelt; er erlaubt, eine »Erziehungshilfe ohne Herausnahme des Kindes aus der Familie« (AEMO) am Wohnort der Eltern aufzuerlegen oder aber, als äußerste Maßnahme, ihnen das Kind wegzunehmen und es in einem Heim oder bei einer Pflegefamilie unterzubringen.

Der Artikel 375 beherrscht uns seit zwei Jahrhunderten. Unter Napoleon erlaubte er einem Vater, sein Kind einsperren zu lassen, wenn dieses ihm »gravierende Anlässe zur Unzufriedenheit« gegeben hatte: Es ist die väterliche Korrekturmaßnahme, die den »Lettre de cachet«, den geheimen königlichen Haftbefehl des Ancien Régime, beerbt. 1958 führte eine Verordnung den Begriff »Gefahr« ein – ausschlaggebend sind also nicht mehr die Probleme, die das Kind in der eigenen Familie verursacht, sondern die Gefahren, die es dort in seiner Gesundheit, Sicherheit oder moralischen Entwicklung beeinträchtigen könnten.

Die späteren Fassungen des Code civil haben dem Artikel 375 seine folgenschwere, faszinierende Logik nicht genommen: Als Schlüssel, der die Tür zur Heimstatt öffnet, verleiht er dem Staat das Recht, sich des Kindes zu bemächtigen. In guten Zeiten heißt das: Eine demokratische Gesellschaft hat die Möglichkeit, die Verletzlichsten zu schützen, selbst vor den eigenen Eltern. In schlechten: Es ist einfach, ein minderjähriges Kind für »gefährdet« zu erklären und es von einer Erziehung abzuschneiden, die man ablehnt, um es dorthin zu schicken, wo es die gerade herrschenden Bedürfnisse oder Utopien gern haben wollen. Seit mehr als zwei Jahrhunderten vereinen die wenigen Sätze des Artikels 375 Millionen von Notlagen und Universen von Unglück auf sich.

Im Fall von Laëtitia und Jessica wird ein Familienrichter bestimmt, der von nun an entscheidet: Wir wechseln in die juristische Sphäre. Die Maschine setzt sich in Gang: »psychologische Untersuchung« der Kinder, »psychiatrische Begutachtung« der Mutter, »Analyse des Umfelds«. Ergebnis: »große Probleme«.

Am 1. Dezember 1997 ordnet das Familiengericht von Nantes eine AEMO-Maßnahme zugunsten von Laëtitia und Jessica an: Ein Angestellter des Service social de protection de l'enfance kommt regelmäßig zu Sylvie Larcher nach Hause, um sie bei der Erziehungsarbeit zu unterstützen und zu prüfen, ob diese den fünfjährigen Mädchen gerecht wird.

Ende 1998, Franck Perrais ist auf Bewährung aus dem Gefängnis entlassen worden, stellt der Sozialarbeiter fest, dass die wegen Wahnvorstellungen in die Psychiatrie eingewiesene Frau Larcher sich unmöglich um ihre Töchter kümmern kann. Im April 1999 wird die AEMO-Maßnahme verlängert, jedoch am Wohnort des Vaters, mit einem Besuchsrecht für die Mutter. Dass Franck Perrais das Sorgerecht für seine Kinder erhält, liegt nicht an seiner persönlichen Eignung, sondern daran, dass ihre Mutter psychisch zerstört ist. Die Zwillinge sind fast sieben. Der verständnisvolle, umsichtige Familienrichter warnt Franck, er müsse dringend zusehen, eine Wohnung und Arbeit zu finden und sich angemessen um die Mädchen zu kümmern.

»Eines Tages«, erinnert sich Jessica, »befestigten ein paar Männer ein Vorhängeschloss an unserer Tür und wir waren gezwungen, draußen oder in irgendwelchen Kellern zu leben.« Franck Perrais schläft mit seinen Töchtern auf der Straße oder vertraut sie Bekannten oder Leuten aus der Nachbarschaft an. Nach und nach stellt er sich der Herausforderung und findet eine richtige Wohnung und einen Job als Auslieferer. Die Wohnung, die er in einem kleinen Sozialbau in Dervallières westlich von Nantes mietet, ist winzig. Seine Arbeitszeiten wechseln ständig. Da er sehr früh morgens oder sehr spät abends unterwegs ist, sind Laëtitia und Jessica oft allein zu Hause. »Wir haben geschlafen oder sind wach geblieben und haben gewartet.« Die Mädchen haben Angst vor der Flamme des Boilers, die sich regelmäßig mit einem dumpfen Knall selbst entzündet.

Soziale Präkarität, finanzielle Probleme, winzige Wohnung, unmögliche Arbeitszeiten: Franck Perrais rackert sich ab. Er hält die von der Sozialpädagogin festgelegten Zeiten ein und organisiert sein Leben so, dass die Mädchen wegen seiner beruflichen Zwänge nicht zu sehr leiden müssen. Wenn er um fünf Uhr morgens das Haus verlässt, steht das Frühstück fertig da, man muss es nur noch in der Mikrowelle aufwärmen; eine Nachbarin kommt herauf, um zu helfen, dass alles gut läuft. Die Mädchen gehen allein in die Schule. Manchmal versäumen sie den Unterricht und verbringen den ganzen Tag allein zu Haus, bei jedem Boilerknallen zucken sie zusammen.

Sie wiederholen die erste Klasse. Eines Nachts steigt Franck Perrais in Unterhosen die Treppe hinunter und kommt mit blutender Faust zurück: ein Streit unter Nachbarn. Jessica sagt: »Erst haben wir bei meiner Mutter gelebt, dann bei meinem Vater, aber bei keinem war es besser.« Laut Franck Perrais schirmt Jessica ihn vor anderen ab und will ihn für sich allein haben. Wenn Frauen sich für ihn interessieren, wirft sie sich dazwischen: »Ich bin hier die Mama!« Laëtitia ist zurückgezogener, sie spielt für sich allein mit einer Playmobil-Figur und einer kleinen Kiste.

Im Jahr 2000 sind die Zwillinge in der Schule in großem Rückstand. Beide leiden emotional und seelisch. Mit acht Jahren haben sie noch keine Grundkenntnisse im Lesen, Schreiben und Rechnen. Franck Perrais instrumentalisiert seine Töchter und versucht, sie im Streit mit ihrer Mutter zu Verbündeten zu machen. Jessica beklagt sich bei der Sozialpädagogin: »Papa hindert uns daran, Mama zu sehen.« Laëtitia legt nach: »Papa haut uns, wenn wir von Mama reden. Papa sagt, sie gehört ins Gefängnis, weil sie gemein ist.« Nach drei Jahren muss man zugeben, dass die AEMO-Maßnahme nichts gefruchtet hat.

Am 23. November 2000 erschüttert ein neues Akronym das Leben der Zwillinge: OPP, »Ordonnance de placement provisoire«, heißt eine Anordnung zur vorübergehenden Heimunterbringung, unterschrieben vom Familienrichter. »In Anbetracht der Tatsache, dass umfängliches Schulversagen zu befürchten steht, [...] und der unruhige familiäre Kontext ihre Konzentration beeinträchtigt«, werden sie in Obhut des Jugendamts gegeben. Franck Perrais und Sylvie Larcher verlieren Teile der Personensorge, andere Elternrechte dagegen dürfen sie behalten (Sorge in Ausbildungsangelegenheiten, Entscheidungen über Auslandsreisen, medizinische

Operationen und so weiter). Das Jugendamt schlägt vor, der Richter ordnet an. Kraft Artikel 375ff. des Code civil werden Laëtitia und Jessica in einem Heim untergebracht.

Warum erst ein Heim und nicht gleich eine Pflegefamilie? Weil das für die Kinder weniger traumatisierend ist, weil sich die Eltern weniger verdrängt fühlen, weil ein Heim mit einem Team von ausgebildeten Spezialisten arbeitet.

*

Meldung, Sozialdienste, Familienrichter, Erziehungshilfe, Fremdunterbringung, Heim: Aus Sicht des Jugendamts sind Laëtitia und Jessica ein klassischer, wenn nicht gar banaler Fall. Zwischen dem ersten Einschreiten durch den Familienrichter 1997 und ihrer Ankunft im Heim im Jahr 2001 ist eine wachsende Einflussnahme der öffentlichen Hand, eine Zunahme an Schutzmaßnahmen und eine schrittweise Trennung von den Eltern zu beobachten. Sobald sich die Situation verschlechtert, das heißt, sobald das Scheitern einer Maßnahme festgestellt wird, wird die nächste angeordnet.

Auf dem Papier gibt es nichts zu beanstanden: Ein Richter nimmt Eltern, die ihren Pflichten nicht nachkommen, die Töchter weg. Mädchen, die durch Keller mitgeschleift werden, die den ganzen Tag allein zu Hause gelassen werden, die bei Streitereien zwischen Erwachsenen als Geißel genommen werden, die, einfach gesagt, mit acht Jahren noch nicht lesen und schreiben können, das ist nicht hinzunehmen. Auch wenn der Gesetzgeber noch so sehr zu berücksichtigen vorschreibt, dass Minderjährige zuvorderst Kinder ihrer Eltern sind und eine Heimunterbringung kein Selbstzweck ist, kann das Gemeinwesen einen bestimmten Grad an Vernachlässigung und Verantwortungslosigkeit nicht hinnehmen.

Eine Psychologin des Jugendamts erinnert sich an die erste Teamsitzung im Januar 2001, die die Zwillinge zum Thema hatte:

> »Vor der Heimunterbringung waren sich die Experten mit Blick auf den Vater nicht einig, ob diese angebracht sei oder nicht.

> Doch zwei Kinder mit einem solchen Wissensrückstand, das war besorgniserregend! Die beiden waren normal intelligente Mädchen, doch sie wurden am Lernen gehindert. Es ging nicht um mangelnde Intelligenz oder einen niedrigen IQ, sondern ihr Familienumfeld war schädlich für sie. Ihre Welt war zu chaotisch, deshalb aktivierten sie Schutzmechanismen.«

Doch sieht man näher hin, stellt man fest, dass der gesellschaftliche Schutz von Kindern, sei er auch noch so nötig, selbst eine gewisse Brutalität birgt. Jessica hatte, schon lange bevor sie ihre Schwester verlor, mit Richtern zu tun. In einem Alter, in dem man mit Puppen spielt, wurden beide von Unbekannten angehört und unter die Lupe genommen, waren sie Gegenstand psychologischer oder sozialmedizinischer Gutachten. Und das hörte nie wieder auf. Die Maßnahmen der Jugendhilfe taten den Kleinen gut, doch sie erschütterten zugleich ihr Vertrauen in die Großen. Die Welt ist nicht stimmig, die Erwachsenen sind sich nicht einig, Papa und Mama benehmen sich schlecht.

Wie im 19. Jahrhundert trifft man auf ein unüberbrückbares Unverständnis zwischen den (oft den Unterschichten entstammenden) Familien und den Sozialbehörden. Bei den Perrais herrscht noch heute das Gefühl vor, ungerecht behandelt worden zu sein. Franck ist überzeugt, immer regelkonform gehandelt zu haben: Er hat den Anordnungen der Sozialpädagogen Folge geleistet, hat eine Wohnung gesucht und von morgens bis abends geschuftet; trotzdem hat man ihm seine Töchter weggenommen. Ein Dolchstoß in den Rücken. Die Mädchen waren glücklich bei ihm. Das Jugendamt hat drei Opfer hervorgebracht.

Wenn Franck Perrais damals über die Trennung von seinen Kindern sprach, war er voller Zorn. Er konnte die Gründe für die Heimunterbringung nicht nachvollziehen: Wie hatte die Justiz ihm mehr als ein Jahr lang seine Töchter anvertrauen können, obwohl er gerade erst wegen einer Straftat aus dem Gefängnis gekommen war, und nahm sie ihm dann wieder weg, nur weil sie nicht gut in der Schule waren? Heute, in der Kanzlei seines Anwalts, erklärt er mir seine Sicht der Dinge so: »Ihre Mutter hatte mich wegen des Besuchsrechts vor Gericht gebracht. Der Richter hatte mir das Sorgerecht erteilt. Aber die Mutter hatte die Sozialbehörden und den Conseil général hinter sich. Ich hatte das Sorgerecht, doch durch die Sozialbehörden wurde ich überwacht.« Wie ihre Kinder begreifen auch die Eltern nicht so recht, wie ihnen geschieht. Aber sie haben das Wichtigste verstanden: »Ich hätte sie gern behalten, aber ich durfte nicht.«

Hat die Justiz »gefährdete« Kinder einmal weggenommen, gibt sie sie nicht wieder zurück. Die Vorstellung, die Eltern seien entbehrlich, bleibt im Reptilienhirn der Institutionen haften. Delphine Perrais, die Tante der Zwillinge, nimmt es mit einer Mischung aus Wut und Resignation zur Kenntnis: »Man spricht von ›vorübergehender Unterbringung‹, aber die Familien bekommen ihre Kinder nie wieder. Das ist sehr traurig, aber es ist immer so.« Die Sozialbehörden antworten darauf: Nein, der Weg der Fürsorge-Kinder ist ganz im Gegenteil von zahlreichen Hin und Hers zwischen Familie, Fremdunterbringung, Rückkehr in die Familie, neuerlicher Fremdunterbringung und so weiter geprägt, da die Justiz und die Institutionen die Familienbindung um jeden Preis erhalten wollen. Gegenwärtige Überlegungen (der Gouttenoire-Bericht oder die Arbeiten der Abgeordneten Dini und Meunier) behandeln übrigens genau diese Problematik der fehlenden Stabilität. Unversöhnliche Sichtweisen.

Am 9. Januar 2001 verlassen Laëtitia und Jessica zum ersten Mal in ihrem Leben Nantes. Sie fahren nach Paimbœuf, einer kleinen Stadt an den Ufern der Loire.

10

Ein besonderer Tag

Dank der Zeugenaussagen, der Einzelverbindungsnachweise und der Überwachungsvideos rekonstruieren die Ermittler schrittweise Laëtitias letzten Lebenstag.

Dienstag, 18. Januar 2011

Gegen 10.30 Uhr verlässt Laëtitia das Haus der Patrons. Die Fahrt zwischen der Route de la Rogère in Pornic und dem Hôtel de Nantes in La Bernerie dauert mit dem Scooter weniger als fünf Minuten.

Laëtitia isst im Hôtel de Nantes zu Mittag, danach macht sie ihre Mittagsschicht.

Ihre Nachmittagspause verbringt sie in Begleitung von Jonathan, den sie im zweiten Berufsschuljahr in Machecoul kennengelernt hat. Auch wenn sie sich etwas aus den Augen verloren haben, schreiben sie sich weiter regelmäßig SMS und haben sich am Morgen für 15 Uhr verabredet. Der Aussage des jungen Mannes zufolge holte er Laëtitia nach der Arbeit auf dem Parkplatz gegenüber dem Rathaus von La Bernerie ab. Sie drehten eine Runde mit seinem Auto, dann stellte er es an einem ruhigen Ort auf dem Weg zur Mülldeponie ab. Sie plauderten ein bisschen, dann entgleiste das Gespräch; sie küssten sich und hatten im Auto Sex. Gleich darauf kamen die Gewissensbisse, denn Jonathan, der selbst in einer Beziehung lebt, ist kein Geringerer als der beste Freund von Kévin, Laëtitias Freund.

Gegen 15.30 Uhr kündigt Laëtitia Frau Patron per SMS an: »bleibe in la bern«.

Um 16.06 Uhr erhält Laëtitia einen Anruf ihrer Freundin Lydia. Bis zu ihrer nächsten Schicht geht sie hinunter an den Strand. Sie ist überwältigt und glücklich. Laut Lydia »spürte man, dass es ihr gut ging«.

Um 16.28 Uhr ruft Laëtitia William an, ihren Vertrauten und schüchternen Verehrer. Sie gesteht ihm, gerade Kévin betrogen zu haben.

Laëtitia ist mit Meilhon am Strand. Es ist kalt, aber der Himmel ist klar und die Sonne scheint. Meilhon gibt ihr einen Joint zu rauchen und fotografiert sie mit seinem Handy (die Fotos werden später auf der Memory Card des Geräts gefunden).

Gegen 17.30 Uhr betreten Meilhon und Laëtitia das Barbe Blues. Meilhon stellt sie dem Kellner sowie Gérald und Cléo vor, zwei Bekannten, die an der Bar ein Glas trinken. Laëtitia sagt dem Paar schüchtern Guten Tag. Gérald nimmt sich Meilhon zur Seite, die sei doch viel zu jung; Meilhon erwidert, sie sei neunzehn und arbeite im Hôtel de Nantes. Sie setzen sich nach hinten in eine Ecke. Meilhon trinkt Amaretto, Laëtitia eine Cola Light. Er fotografiert sie mit seinem Handy.

Gegen 18.20 Uhr ist Laëtitia für die Abendschicht zurück. Ihre Chefs Herr und Frau Deslandes, die gerade mit dem Auto ankommen, sehen sie in der kleinen Straße, in der ihr Sohn wohnt, vor der Garage ihres Hôtel-Restaurants in den Armen von Meilhon. Peinlich berührt löst sich Laëtitia sofort aus seiner Umschlingung. Neben Meilhon wirkt das junge Mädchen wie ein dürres Zweiglein.

Frau Deslandes steigt aus dem Auto, um das Tor zu öffnen. Sie schiebt den ersten Flügel auf. Bevor auch der zweite offen steht, schlägt der erste wieder zu, also macht sie sich noch einmal an den ersten, doch dabei geht der zweite wieder zu und so weiter. Laëtitia lacht. Meilhon hält einen der Torflügel fest, damit das Auto in die Garage fahren kann.

»Das ist ein Privatgrundstück«, sagt Frau Deslandes. »Hier können Sie nicht bleiben.«

»Sie haben ein sehr gutes Restaurant«, antwortet Meilhon. »Man isst gut bei Ihnen.«

»Wir kennen uns nicht, aber Sie haben recht, man isst gut bei mir.«

Nach den Chefs im Auto kommt der Kochlehrling Steven auf seinem Scooter an. Er hört Meilhon Laëtitia nachrufen: »Denk dran, heut Abend hol ich dich ab!«

Laëtitia geht ins Obergeschoss, um sich umzuziehen. Um 18.26 Uhr ruft sie Kévin an. Sie gesteht ihm, am Strand Shit geraucht, aber nicht, ihn mit Jonathan betrogen zu haben.

Steven, Antony und Laëtitia essen im Hôtel de Nantes zu Abend. Sie wirkt bedrückt. Sie fragt Steven, ob er schon einmal etwas mit seiner Freundin gemacht habe, was sie nicht habe machen wollen.

Laëtitia bedient die Gäste: Handwerker, die in der Nähe des Rathauses ein Gebäude isolieren. Als Steven bei Schichtende gegen 21.30 Uhr wie gewohnt vorschlägt, auf sie zu warten, lehnt sie ab: »Nein, Coco, ich fahre später heim.« Sie unterschreibt ihre Zeitkarte und trägt für den nächsten Morgen schon im Voraus »11 Uhr« ein.

Um 21.41 Uhr ruft sie von unterwegs Kévin an. Sie berichtet ihm, sie habe einen etwa dreißigjährigen Mann kennengelernt. Kévin antwortet: »Tja, pass auf.«

Laëtitia und Meilhon gehen noch einmal ins Barbe Blues, sie sitzen an einem Tisch am Ende der Bar. Er schenkt ihr ein Paar Handschuhe, das er im Leclerc in Pornic für sie gekauft hat. Loulou, ein einarmiger Kumpel von Meilhon, begrüßt Laëtitia, die ihm »sehr jung« erscheint, um die sechzehn.

»Was willst du denn mit so einer Kleinen, bist du verrückt geworden?«

Sie sei volljährig und freiwillig da, erwidert Meilhon.

In der Bar kippen etwa fünfzehn Stammgäste Bier um Bier herunter und spielen Tischkicker. Laëtitia fühlt sich unwohl, klamm und verloren inmitten dieser Säufer. Zwischen Gérald und einem angetrunkenen Gast, der Cléo anbaggert, bricht ein Streit los. Meilhon geht dazwischen, der Ton wird scharf, man schubst sich hin und her, Gläser fallen herunter und zerbrechen, alle werden ausfällig. Laëtitia schluchzt schockiert in einer Ecke der Bar.

Gegen 23 Uhr sind Meilhon und Laëtitia im Key46, einer Lounge-Bar neben dem Kasino von Pornic gegenüber dem Jachthafen. Meilhon bestellt zwei Glas Champagner. Laëtitia wirkt nervös und angespannt. Während er am Quai raucht, bleibt sie allein in der Bar und tippt auf ihr Handy ein. Sie erhält einen Anruf von William und erzählt ihm: »Ich habe Alkohol getrunken. Das war nicht gut.« Meilhon kommt zurück. Bevor er noch einmal zum Rauchen hinausgeht, ruft er dem Barmann zu: »Schenk uns noch mal zwei Gläser nach.«

Auf den Überwachungskameras des Kasinos von Pornic sieht man, wie um 23.30 Uhr ein weißer Peugeot 106 den Parkplatz am Meer verlässt.

Mittwoch, 19. Januar 2011

Während der Fahrt schreiben sich Laëtitia und William SMS. Der Peugeot erreicht Le Cassepot, Meilhon stellt den Wagen auf dem Gelände seines Cousins ab. Um 0.13 Uhr brechen Laëtitias Nachrichten ab.

Gegen halb eins wird die Unterhaltung per SMS wieder aufgenommen.

0.35 Uhr, *Laëtitia*: ruf d gleic an, mus d etw schlims sagn
0.36 Uhr, *William*: weis d frd bescheit? zviel gtrunkn gkozt
0.38 Uhr, *Laëtitia*: nn kS wart 10 min
0.42 Uhr, *William*: so schlim?
0.43 Uhr, *Laëtitia*: +

0.43 Uhr, *William*: sag shon
0.44 Uhr, *Laëtitia*: wart
0.46 Uhr, *William*: hst d m d frd schlus gem od gest d m 2 männern gleichztg
0.47 Uhr, *Laëtitia*: nn, schlimer

Meilhon setzt Laëtitia in der kleinen Straße hinterm Hôtel de Nantes ab, wo Antony sie vom Fenster seiner Einliegerwohnung aus bemerkt. Sie faucht Meilhon an, der noch am Steuer des Peugeots sitzt.

Um 0.58 Uhr steht Laëtitia neben ihrem Scooter und ruft William an: Sie erzählt ihm, sie sei vergewaltigt worden.

Das Barbe Blues schließt gerade. Der Kellner sowie Loulou, Patrick und Jeff, alle drei ehemalige Mithäftlinge von Meilhon, sehen einen weißen Peugeot mit 80 bis 100 km/h ohne Licht auf der Straße im schlafenden La Bernerie hin und her rasen. Einer von ihnen schreit: »Wer ist denn *der* Irre?«, doch alle wissen, es ist Meilhon.

Um 1.04 Uhr schickt William Laëtitia eine SMS. Das Handy der jungen Frau wählt sich ein letztes Mal in die Funkzelle von Pornic ein.

Zwischen 1 Uhr und 1.30 Uhr morgens werden Jessica und eine Nachbarin von einem Türenschlagen auf der Route de la Rogère geweckt. Herr Patron, der auf Laëtitias Rückkehr wartet, denkt sofort an einen Diebstahl auf seiner Baustelle. Er läuft im Schlafanzug mit einer Taschenlampe hinaus, sieht aber nicht den umgeworfenen Scooter am Straßenrand.

Patrick und Jeff fahren Richtung Pornic. Als sie um 1.10 Uhr die Route de la Rogère entlangkommen, bemerken sie das brennende Rücklicht eines umgefallenen Motorrollers am Straßenrand.

Um 4.17 Uhr schickt Meilhon Laëtitia eine SMS: »Tut leid wg heut abend hatte ein glas zv getrunken. Normalerws bin ich nihct so, so aufdringlich. Entschuldige! Ich kan warten wi du gebeten hast. Hofe du bist gut nach hause gekommen und behälst die schönen mommente v heute in erinerung. love Tony«

*

Aus den Vernehmungen ergibt sich, dass Laëtitia eine sowohl zurückhaltende als auch lebhafte junge Frau ist, die mit ihrer Ausbildung im Gastgewerbe glücklich ist. Ihr Gehalt wird auf ein Konto überwiesen, das sie fast nicht anrührt. Sie besitzt nichts außer ihrer Kleidung, einem Handy und einem Scooter. Wenn sie ausgeht, was sie selten tut, dann im Umkreis von La Bernerie. Sie kommuniziert mit ihren Freunden per Telefon, SMS oder Facebook.

Die drei in ihrem Zimmer gefundenen Briefe legen nahe, dass sie Selbstmordgedanken hegte. Die Schriftstücke lassen Frantz Touchais keine Ruhe. Es gibt keine Erklärung für sie: Laëtitia wird von allen als glückliche junge Frau beschrieben, die von Herrn und Frau Patron, einem Vorzeigeehepaar, das man nur bewundern kann, aus ihrem Unglück errettet wurde und die im Berufsleben, das sie für sich gewählt hat, aufblüht. Die drei Briefe sind Teile, die nicht ins Puzzle passen.

Nach und nach entdecken die Ermittler Unebenheiten im Leben der jungen Frau. Ihr Pflegevater Herr Patron übte zwanghaft Kontrolle über sie aus. Seit November 2010, das heißt drei Monate vor ihrem Tod, soll Laëtitia verändert gewirkt haben: Sie war trauriger und verschlossener als sonst und erzählte Menschen, die ihr nahestanden, sie wolle weg von den Patrons.

Dann kam der 18. Januar 2011.

Für Laëtitia war es ein besonderer Tag. Um 15.30 Uhr schlief sie mit dem besten Freund ihres Freundes. Um 18.30 Uhr lag sie bei ihrer Rückkehr zur Arbeit in den Armen eines finster aussehenden Mannes, den sie kaum kannte. Um 21.30 Uhr ging sie zu einer Verabredung, die dieser Mann in herrischem Ton für sie festgelegt hatte. Der Sex ohne Zukunft in einem Auto, der Joint am Strand, der Flirt mit einem viel älteren Unbekannten, die Kneipentour mitten in der Woche, der Champagner und der Ausflug nach Le Cassepot, diese Exzesse passen nicht zur Persönlichkeit dieses achtzehnjährigen Mädchens, das gerade erst die Pubertät hinter sich hat, so wenig draufgängerisch und so wenig extrovertiert ist, hart arbeitet, nicht raucht und niemals trinkt. Irgendetwas läuft nicht rund.

Mehrere Fragen bleiben offen.

Wo, wie und warum wurde Laëtitia getötet?

Was passierte in Le Cassepot zwischen 0.13 Uhr und 0.35 Uhr, in der Zeit, da der SMS-Austausch mit William unterbrochen war? Gibt es einen Zusammenhang zwischen diesem plötzlichen Schweigen und dem, was sie als »etw schlims« bezeichnet und gleich darauf erlebt zu haben behauptet?

Was hat die Hin- und Herraserei des Peugeots vorm Barbe Blues um 1 Uhr morgens zu bedeuten?

Warum blieb Laëtitia so lange in Meilhons Begleitung? Sie folgte dieser zwielichtigen, aufdringlichen Gestalt fünf Mal: an den Strand, um 17.30 Uhr ins Barbe Blues, um 22 Uhr ins Barbe Blues, ins Key46 und nach Mitternacht sogar in seinen Schlupfwinkel in Le Cassepot. Den ganzen Tag lang blinkte die Gefahr wie rotes Licht vor Laëtitias Augen. Doch statt zurückzurudern, ließ sie sich immer weiter in die Spirale treiben: Sie trank und rauchte mit Meilhon, wartete nach der Arbeit brav auf ihn, stieg in seinen vermüllten Peugeot und fuhr mitten in der Nacht mit zu ihm. War es Unreife, Leichtsinn, Todessehnsucht?

Da Meilhon sich weigert, mit den Gendarmen zusammenzuarbeiten, gibt es nur zwei Wege, um Antworten auf diese Fragen zu finden: Laëtitia aufspüren, indem man die Umgebung durchkämmt, also mithilfe einer polizeilichen Suche, oder Laëtitia aufspüren, indem man ihre Vergangenheit erforscht, das heißt mithilfe einer Untersuchung ihres Lebens.

11

Das Haus »mit schrägem Dach«

Im Januar 2001 ziehen die achtjährige Laëtitia und Jessica ins Kinderheim La Providence von Paimbœuf. Sie werden nie wieder bei ihren Eltern wohnen. In diesem Sinn, und auch wenn die ihren sie gern behalten hätten, treten sie der riesigen Geschwisterschar der Verlassenen bei, der Kinder »ohne Familie« – ein jahrhundertealtes Drama, dessen Schlüsselwörter Gewalt und Einsamkeit heißen.

Das Aussetzen von Kindern, im 18. Jahrhundert als eine Art nachgeburtliche Verhütung praktiziert, wird mit der industriellen Revolution zu einer Facette der sozialen Frage, zur Hintertür, durch die junge Frauen ihre Anstellung behalten und Armut überleben können. Die steigende Anzahl an Findelkindern, vergessenen Babys, kleinen Bettlern, kindlichen Prostituierten und in den Straßen herumirrenden Jugendlichen stellt letztlich auch Philanthropen und Pädagogen vor ein Problem: Ein Kind, das zum Opfer wurde, ist potentiell auch ein Kind, das zum Täter wird. Was soll man mit ihm tun?

Man hat die Wahl zwischen Pflegefamilie auf dem Land oder Waisenhaus in der Stadt. Eine ländliche Kate ist ein idealer Rahmen für die kleinen Vernachlässigten, doch es ist nicht leicht, die Bauern davon zu überzeugen. Eine Einrichtung für gemeinschaftliche Erziehung erscheint erst einmal zweckmäßig, um ganze Kohorten von Not leidenden Kindern aufzunehmen, doch die Pflegeheime, Agraranstalten, Industrieschulen und anderen Waisenhäuser verderben mehr, als dass sie retten – wenn sie sich nicht überhaupt als Sterbeanstalten entpuppen.

In der ersten Hälfte des 19. Jahrhunderts wird eine vermittelnde Lösung erprobt. Sie besteht darin, eine begrenzte Anzahl von (verwaisten, armen oder straffällig gewordenen) Kindern in einer Einrichtung von menschlicher Größe auf dem Land aufzunehmen, wo ihnen eine religiöse und arbeitsame Atmosphäre die

Besserung ermöglichen soll. Die landwirtschaftliche Wehrli-Schule in Hofwyl in der Schweiz, das Rauhe Haus in der Nähe von Hamburg, die Strafkolonie von Mettray im Val de Loire sind Institutionen des »kollektiv-familiären« Typs, die aus einzelnen Pavillons, kleinen Gärten, Alleen und Feldern rund um einen Glockenturm bestehen und die Effizienz der Institution mit der Nestwärme der Heimunterbringung zu verbinden versuchen.

Als der Leiter der Einrichtung, die heute das Kinderheim von Paimbœuf verwaltet, mir enthusiastisch versicherte, Laëtitia und Jessica seien in »einem echten Haus mit schrägem Dach« aufgewachsen, begriff ich, dass diese Utopie noch nicht gestorben ist.

*

Die Wohltätigkeitseinrichtung La Providence wurde 1824 auf Initiative einiger Damen der guten Gesellschaft von Paimbœuf gegründet, einem hübschen Städtchen, das an der Stelle erbaut wurde, wo die Loiremündung sich wie ein Lächeln aufzieht. Das Haus nahm Waisenkinder und arme junge Mädchen auf, um sie unter der Ägide von etwa zwanzig Krankenschwestern in die christliche Religion einzuweisen. 1865 ziehen die Filles de la Sagesse dank einer frommen Spende in ein großes Gebäude am Quai Éole am Loireufer um. Ein Jahrhundert später arbeitet die Einrichtung, die inzwischen gemischtgeschlechtlich und laizistisch ist, partnerschaftlich mit der DDASS Loire-Atlantique zusammen und nimmt Kinder auf, die auf Beschluss des Conseil général oder des Gerichts in einem Heim untergebracht werden sollen.

Mittlerweile ist La Providence in Les Éolides umbenannt worden, doch als Laëtitia und Jessica 2001 aus der Großstadt in den kleinen, pittoresken Hafenort kamen und damit der strukturlosen Zuneigung und den Konflikten der Erwachsenen entflohen und in einen von Kindheitsexperten geschaffenen Rahmen schlüpften, lernten sie den Ort noch unter seinem religiösen Namen kennen. Und tatsächlich handelt die erste Erinnerung, von der mir Jessica erzählt, von Milch und Zucker und der Süße einer wiedergefundenen Kindheit: »Paimbœuf, das sind eher gute Erinnerungen. Wir mochten besonders die Milchsuppe, die besteht aus Milch mit Zucker. Wir wollten immer Nachschlag haben!« Die zweite Erinnerung wirkt ebenso glücklich: Mit zehn oder elf Jahren spielte Laëtitia im Flur Fangen, dabei stürzte sie kopfüber und brach sich die Schneidezähne an den Kanten ab. »Erst hat sie geweint, doch dann hat sie sich totgelacht! Der Zahnarzt hat ihr kleine Stücke Zahnersatz angeklebt.« Wenn sie lächelte, konnte man es ahnen, denn Zähne sind weiß, Verbundstoffe aus Harz dagegen leicht gräulich.

Mich beklemmen diese Erinnerungen. Ich habe das unbestimmte Gefühl, dass sie weniger auf Kinderfreuden als auf Labilität hindeuten, auf die Gebrochenheit von Menschen und die Zerbrechlichkeit von Körpern, die es nicht gewohnt sind, sicher, unversehrt und satt zu sein. Die Tatsache, dass Jessica von alldem lachend erzählen kann, ist sicher positiv. Denn als zehn Jahre nach diesen Vorfällen Laëtitias Leiche identifiziert werden sollte, wurden ihre abgebrochenen Schneidezähne, über die man im Heim La Providence noch bittersüß gelacht hatte, in einem zahnmedizinischen Gutachten zum Beweis.

Unter seinem »schrägen Dach« beherbergt das Haus etwa dreißig Kinder, die in drei Gruppen aufgeteilt sind (die Kleinen, Mittleren und Großen) und von einem Direktor, einem leitenden Pädagogen, mehreren Erziehern, zwei Psychologen, Reinigungskräften, Wäschefrauen und einem Koch betreut werden – es sind fast ebenso viele Erwachsene wie Kinder da. Die Schlafräume befinden sich in der oberen Etage und sind mit einfachen oder Doppelstockbetten ausgestattet. Bis zum Alter von acht Jahren schlafen die Kleinen in einem Gemeinschaftsraum, die Mittleren, wie Laëtitia und Jessica, teilen sich zu dritt ein Zimmer. Durch den Gartenzaun blickt man auf eine baumbestandene Allee und dahinter auf die hier schon salzige, gewaltige Loire und ihre Trichtermündung.

Auch wenn sie nicht im selben Zimmer untergebracht sind, verbringen die sich immer stärker unterscheidenden, aber weiterhin ergänzenden Zwillingsschwestern ihre gesamte Zeit miteinander. Laëtitia ist schmächtig, sehr zurückgezogen und labil. In ihrer Abkapselung wird sie kaum wahrgenommen, außer wenn sie nicht essen mag oder sich verletzt. Man stellt fest, dass sie untergewichtig ist und für ihr Alter sehr viel weint, tagsüber wegen kleiner Wehwehchen, nachts wegen Albträumen. Bericht der Erzieher: »Anschmiegsam, nahe am Wasser gebaut, isst wie ein Spatz.« Man beobachtet, dass es ihr schwerfällt zu essen, zu lernen und einzuschlafen, aber auch sich zu behaupten und zu sagen, was sie denkt, oder sich zu widersetzen. Sie schafft es nicht, sich zwischen den verschiedenen vom Heim angebotenen Aktivitäten wie Musik, Singen oder Schwimmbadbesuch zu entscheiden. Am Ende ist sie nirgends angemeldet und klagt, die Einzige in ihrer Gruppe zu sein, die nirgendwo dabei ist. Ihr Betreuer beim Jugendamt gibt ihr den Spitznamen »Little«, weil sie kleiner ist als ihre Zwillingsschwester.

Jessica, die mit Judo begonnen hat, ist das Sprachrohr für beide und geht in ihrer Rolle als Beschützerin völlig auf. Vielleicht schickt der Leiter sie deshalb nicht in dieselbe Schule: Laëtitia besucht die Privatschule Sacré-Cœur, Jessica die Louis-Pergaud-Schule. »Im Heim haben sie uns ziemlich viel beigebracht«, zieht Jessica Bilanz. »Eigentlich bin ich ganz zufrieden.«

Als Franck Perrais zum ersten Mal nach La Providence kam – »La Résidence«, wie er den Ort nannte –, war er außer sich vor Wut und kurz davor, alles zusammenzuschlagen. Der pädagogische Leiter, ein breitschultriger Mann, begrüßte ihn gemeinsam mit anderen Mitarbeitern in seinem Büro. Dort erklärte er ihm, er respektiere ihn als Vater, aber er habe die juristische Pflicht, seine Töchter aufzunehmen, und Franck müsse seinerseits das Gesetz respektieren.

Franck Perrais hat das Recht, seine Töchter jeden zweiten Sonntag von 10 bis 12 Uhr zu besuchen. An diesen Tagen gibt er sich als Kuschelpapa: Er bringt kleine Geschenke mit und hört aufmerksam zu – auch wenn er Jessica mehr Anerkennung zollt als Laëtitia. Nach dem ersten Hallo gehen sie im benachbarten kleinen Park spazieren, zu anderem fehlt die Zeit. Laëtitia und Jessica sind gesund, gut erzogen, höflich und fröhlich. »Es war ein gutes Heim«, gibt Stéphane Perrais zu. »Ich kann das beurteilen, ich hab so einige kennengelernt!«

Die anderthalbstündigen Treffen mit Sylvie Larcher alle zwei Wochen in den Räumlichkeiten des Jugendamts dagegen verlaufen weniger gut. Manchmal gibt sie nicht Bescheid, wenn sie wieder ins Krankenhaus eingeliefert wurde, und Laëtitia und Jessica finden nach einer langen Taxifahrt bei ihrer Verabredung niemanden vor. Sie erklärt im Beisein ihrer Töchter, sie gebe niemandem ihre Telefonnummer aus Angst, »abgehört« zu werden. Im Dezember 2001 notiert ein Erzieher des Jugendamts:

> »Frau Larcher erträgt es nicht, wenn die Mädchen miteinander spielen und lachen: Sie weist sie in Anwesenheit des Sozialarbeiters ständig zurecht, um sich in der Rolle der ›guten Mutter‹ zu beweisen. Sie sagt, man werfe ihr vor, keine Autorität über ihre Töchter zu haben, und beginnt, von früher zu sprechen, von Zeiten, als die Mädchen noch bei ihr lebten. Diese Erzählungen sind für die Kinder schwer zu ertragen, besonders für Laëtitia, die als ›die Gemeine‹ beschrieben wird. [...]
> Frau Larcher hat ein Gesellschaftsspiel mitgebracht, was von Aufmerksamkeit zeugt. Dennoch kann sie sich nicht verkneifen, unangenehme Botschaften an ihre Töchter einzustreuen, man solle dies oder jenes nicht tun, Subtext: ›du hast keine Ahnung, du schaffst es nicht‹. Laëtitia wird von ihrer Mutter als labil beschrieben: ›du kommst nach mir, du bist genauso labil wie ich‹. Solche Bemerkungen der Mutter sind für Laëtitia schwer zu ertragen, sie versucht, ihre Tränen zurückzuhalten.«

Über die Ursächlichkeit sollte man sich nicht täuschen. Nicht weil Laëtitia »labil« ist, identifiziert sich ihre Mutter mit ihr, sondern umgekehrt. Unter den Eltern sind die Rollen klar verteilt: ein bedrohlicher Vater, eine vor Angst gelähmte Mutter. Im Zwillingsduo, das Laëtitia und Jessica bilden, wurde eine zum designierten Opfer, während die andere, die die Achtung ihrer Eltern genoss, alle Lebensenergie auf sich vereinte. Man setzt nicht auf »die Schwache«, die »wie Mama« ist.

Alain Larcher wiederum freut sich, dass seine Nichten im Heim endlich in Sicherheit sind. Weihnachten wird in der Familie gefeiert. 2004 erhalten Laëtitia und Jessica die Erlaubnis, jedes dritte Wochenende bei ihrem Vater zu verbringen – tatsächlich verbringen sie es bei ihrem Onkel Stéphane Perrais in Nantes. Mit ihren Cousins spielen sie auf der Straße vor dem Wohnblock mit Puppen und Puppengeschirr Streit. Bei Stéphane und Delphine Perrais' Hochzeit stritten sie darum, wer den Hochzeitsstrauß und die Schleppe der Braut tragen dürfe.

*

Läuse. Daran erinnern sich alle: Franck Perrais und seine neue Freundin, aber auch Frau Patron, die die Mädchen im Jahr 2005 bei sich aufnimmt. Jedes Mal, wenn die Zwillinge zu ihrer Familie kommen, müssen sie mit Läusemittel behandelt werden. Beim Haarewaschen fallen Hunderte von Läusen und Nissen ins Waschbecken, selbst bei kurzen Haaren. Niemandem gelingt es, ihrer Herr zu werden. Franck Perrais überlegt sogar, »die Hygiene« ins Heim zu schicken.

Doch Läuse, diese Plagegeister aller Kindergemeinschaften, diese krallenbewehrten Tierchen, die fast sympathisch sind, so sehr stehen sie für Kindheit, Schule und das Alter von Zöpfen und kurzen Hosen, Läuse symbolisieren für mich etwas ganz anderes: eine Bedrohung, die man nicht loswird, ein noch unsichtbares Übel, das die Mädchen befallen hat.

12

Die Nahestehenden und die Näherkommenden

Alle Laëtitia Nahestehenden wissen noch, was sie am Mittwoch, den 19. Januar 2011 getan haben, als sie von ihrem Verschwinden erfuhren.

Als Jessica zu ihrer Bushaltestelle an der Route de la Rogère geht, entdeckt sie den umgefallenen Scooter ihrer Schwester. Sie erlebt die Szene jedes Mal wieder, wenn sie davon erzählt: die Dunkelheit, die Kälte, den Schock, die Panik, das Nachhauserennen. Danach blieb sie zuversichtlich. Sie zählte die Stunden.

Frau Patron liegt noch im Bett. Ihr Mann stürzt ins Zimmer und zieht sich hastig an. Sie springt aus dem Bett, ruft alle Krankenhäuser der Gegend an und alarmiert die Gendarmerie. Dann heißt es Warten. Sie glaubte bis zum Ende, Laëtitia sei am Leben und würde irgendwo gefangen gehalten. Als Meilhon verhaftet wurde, dachte sie: »Oh Gott, jetzt kann er ihr nichts mehr zu essen bringen!«

Ihr Freund Kévin: »Am Mittwochmorgen – das werde ich nie vergessen – wirft sich Jessica mir im Schulflur weinend in die Arme. Sie hat Laëtitias umgefallenen Scooter gefunden und daneben ihre Schuhe. Sie fragt mich, ob ich irgendetwas wisse.«

Franck Perrais macht in Nantes gerade eine Ausbildung zum Fernfahrer. Der Conseil général ruft ihn auf dem Handy an: »Bitte kommen Sie zu uns.« Als er eintrifft, erfährt er: »Ihre Tochter wurde entführt.« Franck Perrais jagt mit 150 km/h nach Pornic. Dort prüfen die Ermittler, was er zur Tatzeit gemacht hat. Als er die Gendarmerie verlässt, weiß niemand der anwesenden Journalisten, dass er der Vater ist. Lautstark erklärt er: »Ich hab ein Alibi, klar?«

Frau Laviolette, Laëtitias Betreuerin beim Jugendamt, berichtet: »Ich hatte an diesem Tag frei. Eine Kollegin rief mich an: ›Ein Mädchen von dir ist abgehauen.‹ Ich wusste sofort, dass etwas Schlimmeres passiert sein musste. Ausreißen, das war nicht Laëtitias Art. Außerdem: Dass jemand wegläuft, ist zu banal, als dass einer uns deswegen an einem freien Tag anrufen würde. In so einem Fall besprechen sich die Kollegen direkt mit der Polizei und der Pflegefamilie. Außerdem waren es die Gendarmen, also die Kripo.«

Im Mai 2013 erklärt Frau Deslandes, die Wirtin des Hôtel de Nantes und ehemalige Chefin von Laëtitia, vor dem Schwurgericht des Departements Loire-Atlantique:

> »Sie hat mich mehrere Male gefragt, ob sie im Hotel schlafen kann.
> Ich habe jedes Mal gesagt: ›Nein, du kannst nicht hier schlafen, du wohnst nur 500 Meter entfernt!‹
> Sie hat zu mir gesagt: ›Irgendwann gehe ich weg.‹
> Sie sagte: ›Irgendwann wirst du noch von mir reden hören.‹
> Sie sagte: ›Du hast mir Tanzen beigebracht. Und ich habe geputzt.‹
> An diesem Dienstag kam sie von ihrer Schulwoche zurück, ich hatte sie acht Tage lang nicht gesehen.
> Sie trug ihr pelzbesetztes Mäntelchen und Ballerinas.
> Am Abend schloss ich das Tor.
> ›Komisch‹, sagte ich, ›Laëtitias Scooter steht noch draußen.‹
> Wir dachten, sie hatte eine Panne oder hat sich nach Hause bringen lassen.
> In der Nacht war Antony bei sich zu Haus. Er meinte: ›Um eins stand Laëtis Scooter immer noch auf der Straße.‹
> Am nächsten Tag erzählte der Briefträger: ›Am Kreisel ist ein Kind umgefahren worden.‹
> Mein Mann und ich riefen: ›Laëtitia!‹«

Delphine Perrais bereitet den Geburtstag ihrer Tochter vor, sie wird am 20. Januar 2011 zehn Jahre alt. Die Feier fällt auf den

Tag von Meilhons Verhaftung. »Wir wussten nicht, ob Laëtitia noch am Leben war, wir wussten überhaupt nichts. Wir versuchten unsere Töchter daran zu hindern, Fernsehen zu schauen. Auf den Straßen, in den Tabakläden, überall hing das Foto ihrer Cousine. Sie fragten mich: ›Warum ist Laëtitia auf dem Foto da?‹«

*

Laëtitia Perrais würde es ohne die Medien und ohne die Schockwelle, die bis in die letzten Winkel des Landes rollte, nicht geben. Die zig Millionen Menschen, die noch nie zuvor von ihr gehört hatten, erfuhren erst zum Zeitpunkt ihres Todes von ihrer Existenz. Das Fernsehen, das Radio, die Presse und das Internet schufen eine paradoxe Figur, die da ist, weil sie nicht da ist, die lebt, weil sie gestorben ist.

In diesem Sinn stellten die Gedenkmärsche Ende Januar 2011 mehr dar als einen Akt der Solidarität: Sie erlaubten den Menschen, eine persönliche Beziehung zu dem »Mädchen aus Pornic« aufzubauen. Einem Spendenaufruf zur Bekämpfung einer Krankheit ähnlich erzeugten die wortlosen Umzüge eine Gefühlsübertragung. Mit einer weißen Rose oder einem Foto von Laëtitia mitzulaufen, dabei zu sein, aber auch die Nachrichten zu verfolgen, den Angehörigen und Freunden von ganzem Herzen beizustehen und ihre Angst zu teilen sind verschiedene Weisen, sich Laëtitia *zu nähern*. Für all diese »entfernt« Nahestehenden ist nicht das Datum der Entführung von besonderer Bedeutung, sondern die Gedenkmärsche sind es: Mitgefühl ist auch eine Art Entlastung von den eigenen Gefühlen.

Im 19. Jahrhundert glaubte man, »Grausamkeiten gegen Kinder« seien die Folge von Armut und Elend. Heute drückt sich in der universellen Ablehnung von sexueller Gewalt an Minderjährigen der Konsens einer vom Klassenkampf befreiten Gesellschaft aus. Der »Gedenkmarsch«, der zum ersten Mal Mitte der 1990er Jahre als Reaktion auf den Fall Dutroux in Belgien auftauchte, ist eine Demonstration ohne die Charakteristika einer Demonstration, ein Umzug ohne Rufe, Slogans und Forderungen, die Versammlung eines verletzten Familienvolks, das durch die Sakralisierung des kindlichen Opfers und die Ablehnung politischer Apparate seinen Zusammenhalt wiederherstellt.

Doch wo soll man sich treffen? Wo in sich kehren, wenn der Leichnam fehlt? Am Montag, den 24. Januar 2011, sechs Tage nach der Entführung, versammeln sich dreihundert Menschen an der Saint-Nazaire-Brücke, von der aus Laëtitias Leiche ins Wasser geworfen worden sein soll. Die Patrons, Jessica und die Perrais laufen am Kopf des Zugs, hinter ihnen ein Spruchband: »Familien und Angehörige in Wut«. Der Zeugenaufruf wird an Autofahrer verteilt. Ein Schild erklärt: »Wir sind für dich da.« Sämtliche Medien sind dabei.

Am Abend widmet die Nachrichtensendung von TF1 dem Marsch eine lange Reportage. Man sieht die trauernden Menschen vorbeiziehen und hört die Angehörigen über ihre Wut sprechen, woraufhin die Moderatorin Erstaunen äußert, dass ein Intensivtäter wie Meilhon nach seiner Entlassung aus dem Gefängnis nicht überwacht worden sei. Das Ganze ist nahe an der Polemik, und der Präsident der Republik lässt ebendieser gleich am nächsten Tag, am Dienstag, den 25. Januar, in seiner Rede in Saint-Nazaire freien Lauf. Diese Politisierung ist umso erstaunlicher, als sie sich auf eine Emotion stützt, die sich als apolitisch versteht. Geschickte Vereinnahmung oder Erfüllung öffentlicher Erwartungen?

13
Zeichnungen

In La Providence in Paimbœuf »läuft alles gut«. Doch ich möchte die Jahre 2001 bis 2005 unter einer anderen Fragestellung angehen: Wie hat die erzieherische, psychologische und medizinische Betreuung in einem Alter, da man grundlegende Dinge lernt, die Persönlichkeit der Zwillinge beeinflusst?

Wenn ein Kind verwahrlost in ein Heim kommt, schickt man es zum Arzt und zum Zahnarzt, um eine allgemeine Diagnose des Gesundheitszustands zu stellen, die, wenn nötig, durch Befunde von Kieferorthopäden, Augenarzt und Logopäden ergänzt wird. »Mit acht Jahren habe ich zum ersten Mal meine Krankenversicherungskarte gesehen«, erinnert sich Jessica stolz. Da sie weitsichtig ist, bekommt sie eine Brille.

Die Zwillinge sind jetzt fleißige Schülerinnen, doch ihr Wissensstand bleibt niedrig. Sie kommen im Unterricht nicht nach und verstehen nicht, was sie lesen. Es wäre gut, wenn sie das zweite Schuljahr wiederholten, doch das geht nicht wegen ihres Alters. Während Laëtitia also in die dritte Klasse versetzt wird, schickt man Jessica in eine Integrationsklasse (CLAD) mit geringer Schüleranzahl. Diese Übergangsmaßnahme zur Aufholung des Lernniveaus im Rahmen eines speziellen Hilfsnetzwerks für Schüler mit Lernschwierigkeiten ist ein Erbe der »Sonderschulklassen« für »zurückgebliebene« Kinder – um das stigmatisierende Vokabular des letzten Jahrhunderts zu benutzen –, die mit dem Gesetz von 1909 in Reaktion auf die Studien von Bourneville, Binet und Simon eingeführt wurden.

Nachdem Jessica die CLAD-Klasse absolviert hat, kehrt sie in eine normale dritte Klasse zurück. Im Vergleich zu Laëtitia ist sie nun ein Jahr im Rückstand, doch Laëtitia, die eigentlich in die vierte Klasse versetzt wurde, verbringt ihre Vormittage weiter mit den Drittklässlern. Als Jessica in die vierte kommt, wird Laëtitia dennoch in die fünfte derselben öffentlichen Schule versetzt. Donnerstags haben sie eine Chorstunde gemeinsam. 2004 überspringt Jessica die fünfte Klasse und wird im Collège Louise-Michel in Paimbœuf zusammen mit ihrer Schwester in die sechste eingeschult. Nun besuchen sie dieselbe Klasse.

Eine der großen Veränderungen dieser Zeit neben dem Gemeinschaftsleben im Heim ist das Angebot einer therapeutischen Betreuung. Dafür ist Frau Carr zuständig, eine Psychologin, die in Paimbœuf praktiziert. Jessica sind diese Sitzungen wichtig: Als energiegeladenes, wortreiches Mädchen fällt es ihr leicht, über ihren Vater und ihre Mutter zu sprechen, sie hinterfragt ihre weibliche Identität und ergreift das Wort wie ein Instrument zur Befreiung. Laëtitia dagegen sieht keinen Sinn in diesen Therapiestunden. Die seltenen Male, die sie hingeht, macht sie die ganze Zeit den Mund nicht auf oder zeichnet still vor sich hin. Jessica ist fähig zu sagen: »Mein Papa ist kein richtiger Papa«, doch Laëtitia bleibt stumm. Wenn man nachbohrt, weicht sie aus. Zu den Gewaltszenen sagt sie: »Ich kann mich nicht erinnern, ich war zu klein, außerdem habe ich geschlafen.« Tatsächlich besitzt Frau Carr zwei Schachteln Archivmaterial zu Jessica, zu Laëtitia dagegen nur eine ganz flache. Die kleine Little ist durchsichtig geworden.

Im Umfeld ihrer weniger gehemmten, unbekümmerteren Freundinnen reifen die beiden Mädchen heran. Sie bringen sich bei Gruppenaktivitäten, Spielen und im Unterricht ein. Die Schule öffnet ihnen den Geist. Das Heim gibt Orientierung und ein Gefühl von Sicherheit. Sie sind nun in der Lage, anderen Kindern oder Erwachsenen zu widersprechen. Jessica, die Bewegungs- und Sportspiele mag, mischt sich leicht auch unter Jungen. Bei einem Zelturlaub in den großen Ferien verteidigt sie Laëtitia gegen einen Jungen, der diese belästigt. Der Junge schlägt ihr auf die Nase, Ergebnis: Nasenbeinbruch. Laëtitia dagegen wird meist kaum bemerkt, gleichwohl braucht sie Aufmerksamkeit und Zuneigung. »Seit einiger Zeit versucht sie zaghaft, sich bemerkbar zu machen und zu Wort zu melden«, notieren die Erzieher. »Unter großem Vorbehalt äußert sie ein, zwei Wünsche.« Wenn sie am Wochenende zu ihrem

Vater fahren, nehmen sie für den Fall, dass es Probleme gibt, die Telefonnummer der Sozialstelle mit.

In La Providence machten die Schwestern auf ihre ganze Umgebung großen Eindruck. Hübsch, gewinnend, folgsam und respektvoll nutzten sie alles, was dieses Haus ihnen bot – Schutz, Stabilität, aber auch Ausflüge und sportliche Aktivitäten –, während andere Kinder wegliefen oder sich beleidigend oder aggressiv verhielten.

Als Laëtitia sieben Jahre später vermisst wird, erinnern sich die Heimerzieherinnen nicht an den IQ des Mädchens, sondern an ihre Freundlichkeit, ihre Lebensfreude, ihre Ausdauer und die enormen Fortschritte, die sie in wenigen Jahren gemacht hat.

*

Laëtitia ist ein charmantes Mädchen, das niemandem Probleme bereitet, doch in ihrer glatten Persönlichkeit zeigen sich Risse.

Zunächst einmal ist sie ein Kind, das sowohl unter Druck gesetzt als auch vernachlässigt wird. »Sie war Linkshänderin«, erzählt Jessica, »doch man zwang sie, mit rechts zu schreiben. Am Ende konnte sie es mit beiden Händen.« Diese Kompetenz, aber auch ihr Schweigen und ihre Ablehnung einer Therapie, könnte man als heimlichen Widerstand, als Trotz im Leid, als wortlosen Protest deuten.

Zweitens erkennt Franck Perrais die Vorteile der Heimunterbringung nicht an, er fühlt sich ausgeschlossen, als sei ihm die Vaterschaft abgesprochen worden. Laëtitia und Jessica spüren, dass die Erzieher sich gut um sie kümmern, aber dass Papa mit dem Umzug nicht einverstanden ist. Nach der Formulierung des Psychologen Gregory Bateson erzeugt diese Situation ein Doublebind, das heißt eine widersprüchliche Botschaft, in der man sich gefangen und zwischen zwei Treuebeziehungen, zwei Zuneigungen hin- und hergerissen fühlt – und im Fall der beiden Mädchen umso mehr, als Sylvie Larcher sie nicht mehr besucht und nicht mehr anruft. Ihre Abwesenheit verunsichert sie nachhaltig.

Wie die Kinder der öffentlichen Fürsorge im 19. Jahrhundert, die zwischen ihren Eltern, ihrer Pflegefamilie und den vermittelnden

Beamten hin- und hergerissen waren, müssen Laëtitia und Jessica mehreren, oft miteinander konkurrierenden erwachsenen Autoritäten die Treue halten. Daraus ergeben sich nicht etwa Freiräume oder Schlupflöcher, in die das Kind flüchten könnte, sondern Loyalitätskonflikte. Laëtitias Schweigen kann man insofern auch als massive Verdrängung und unaussprechliche Furcht interpretieren. Sprechen heißt Schmerz bereiten, heißt, den Vater und die Familiengeheimnisse verraten. Erzählen heißt, die Bedrohung wieder heraufbeschwören. Besser, man stopft alles in sich hinein. Laëtitia ist nicht zart wie Zigarettenpapier, sondern schwer wie ein Felsbrocken. Nur weil sie wenig sagt, hat sie nicht nichts zu sagen, im Gegenteil.

Schließlich entwickelt sie psycholinguistische Störungen. Sie zeigt Anzeichen von Dyslexie. Wenn sie zu schnell oder zu aufgeregt spricht, beginnt sie zu stottern: »Das war ihr peinlich«, erinnert sich Jessica, »also sagte sie gar nichts mehr. Dann bat man sie, das Ganze zu wiederholen, oder riet ihr: ›Sag es ganz langsam‹, aber da war nichts mehr zu machen.«

Ihre Rechtschreibung wiederum ist ein einziges Gedicht. Es gibt nicht einen, der ihr nahestand, der mir nicht davon erzählt hätte, und zwar immer mit Wohlwollen, wie von einem charmanten Tick. Selbst die mit schlechter Rechtschreibung amüsierten sich, dass die von Laëtitia noch schlechter war. Zum Geburtstag schenkte Laëtitia Herrn und Frau Patron Pralinen; eine kleine Nachricht verkündete, sie seien »im Kultschank«. Eine Kollegin berichtet:

> »Sie war ein zierliches, nettes Mädchen, das immer gelächelt hat, sie war ein Jahr älter als ich. Auf Arbeit hat jeder gedacht, es wäre umgekehrt, komisch. Mit ihren Rechtschreibfehlern hat sie mich zum Lachen gebracht: Auf die Bestellungen, die sie in die Küche schickte, schrieb sie ›Zirtonne‹ statt ›Zitrone‹. Vor Kurzem hab ich mit meinen Eltern noch darüber gelacht.«

Eine Erzieherin Laëtitias zeigte mir Zeichnungen von ihr, die sie in einer Schachtel aufbewahrt hat. Ich will nicht den Küchenpsychologen spielen und auch nicht den Kongressanalytiker, ich möchte einfach nur beschreiben, welche Gefühle diese Zeichnungen in mir ausgelöst haben:

2002, am Vorabend ihres zehnten Geburtstags: Eine weinende Sonne erleuchtet unförmige Frauen und einen Hauswürfel mit dreieckigem Dach. Die Tür ist mit einem riesigen lila Riegel verschlossen. Mama ist etwas, worauf man einschlagen kann, bis es keine Kontur mehr hat. Laëtitia ist ein Haus, dessen Türen und Fensterläden verschlossen sind; die Schlüssel sind verloren.

2003, sie ist elf. Ein rotes, zerstückeltes Männlein mit riesigen Händen, viereckigen Beinen und unförmigem Kopf ohne Gesicht. Laëtitia hat zum Zeichnen einen dicken Holzbleistift benutzt, ohne die Hand abzustützen: Die Linie ist zitterig, das Männchen unvollständig und ungeschickt ausgemalt.

2003, »Papas Zuhause«. In einer oberen Ecke des Blatts mischen sich Sonnenstrahlen in den Schornsteinrauch. Das Haus ist voller Treppen, die sich in alle Richtungen kreuzen, und kleiner Vierecke, die wie Miniaturhäuser aussehen. Die Tür ist verriegelt. Vor dem Haus warten ein Mann und ein kleines Mädchen, als hätten sie sich ausgeschlossen.

Noch eine Zeichnung, ohne Datum. Ein Baum aus einem einfarbigen, braunen Stamm und acht Linien, die die Äste darstellen. Kein Grün, keine Blätter, kein Leben, keine Energie.

*

Das Gemeinschaftsleben von Paimbœuf passt eher zu jüngeren Mädchen als zu Teenagern, die ein Zimmer, einen Schreibtisch und eine gewisse Intimität brauchen. Wie motiviert die Erzieher auch immer sein mögen, sie können keine wirklichen Vertrauenspersonen werden. Das ist die Grenze der Erziehung in »Häusern mit schrägem Dach«.

Kurz vor ihrem dreizehnten Geburtstag werden Laëtitia und Jessica von der Belegschaft gefragt, ob sie zu ihrem Vater zurückkehren möchten. Antwort von beiden: »Mmmh …« Sie haben immer noch Angst vor seiner latenten Gewalt. Am Ende entscheiden sie sich für eine Pflegefamilie.

Im Frühjahr 2005 werden die Zwillinge probeweise übers Wochenende zu Gilles und Michelle Patron geschickt, die in einem schönen, geräumigen, für zwei große Mädchen idealen Haus in Pornic leben. Die Aufenthalte bei den Patrons laufen gut; die Mädchen freuen sich darauf und leben sich schnell ein. Herr und Frau Patron nennen sie »die Unzertrennlichen«, wie die gleichnamigen kleinen Papageien, denn sie stecken die ganze Zeit zusammen. Als man Franck Perrais' Stellungnahme einholt, äußert er sich auch diesmal ablehnend. Da er jedoch begreift, dass seine Meinung nicht maßgeblich sein wird, verlangt er zumindest Garantien in Bezug auf die Pflegefamilie, mit der er einen direkten Austausch pflegen möchte. Er bittet die Sozialbehörden, seine aktuellen Schwierigkeiten nicht als endgültig anzusehen: Seine Situation wird sich bessern, und bald wird er in der Lage sein, seine Töchter wieder zu sich zu nehmen.

Am 15. April 2005 ordnet der Familienrichter eine erneute Fremdunterbringung von Laëtitia und Jessica an und verlegt ihren Wohnort zu Herrn und Frau Patron in die Route de la Rogère in Pornic. Am 4. Mai feiern sie dort ihren dreizehnten Geburtstag.

Auf dem Foto, das ich von Frau Patron erhalte, sieht man die beiden am Tisch vor einem Geburtstagskuchen, wenige Sekunden vor dem Ausblasen der Kerzen. Im Hintergrund eine Anrichte, ein Kamin, ein Sofa, Familienfotos an der Wand. Jessica lächelt schüchtern. Laëtitia sitzt steif auf ihrem Stuhl und hat ein ausdrucksloses Gesicht und weit aufgerissene Augen. Ihr halblanges Haar ist braun oder vielmehr hellbraun. Laëtitia ist zehn Zentimeter kleiner als ihre Schwester. Über ihrem Pullover tragen beide gut sichtbar eine Kette aus Perlen und Muscheln. Auf dem Foto herrscht eine befremdliche, traurige Atmosphäre. Und doch will es das Gegenteil vermitteln: kaum angekommen und schon umhegt und gepflegt.

14

Geburt einer Nachricht

Menschen sterben heutzutage im Krankenhaus, manchmal auch zu Hause in ihrem Bett. Ob sie dabei allein oder umgeben von Angehörigen sind, ihr Sterben ist ein privates Drama, ein Unglück, das zur Intimsphäre der Familie gehört. Laëtitia dagegen starb öffentlich.

Ihr Tod war ein Medienereignis. Ihre Eltern verfolgten die Ermittlungen im Fernsehen. Ihre Angehörigen weinten vor jedermanns Augen, umgeben von Dutzenden von Nachbarn, Tausenden von anonymen Menschen und Millionen von Fernsehzuschauern. Journalisten luden sich selbst zu den Gedenkmärschen und zur Trauerfeier ein. Fernsehkanäle analysierten teils in ernster, bedrückter, teils in voyeuristischer, beängstigender Weise ihre Persönlichkeit und interpretierten ihr Ende.

Während der Gedenkmärsche im Januar 2011 auf der Saint-Nazaire-Brücke, in La Bernerie, Nantes oder im Juni 2011 in der Kirche kreisten laut Alain Larcher Journalisten »wie Aasgeier« um das Geschehen: Sie waren überall, auf der Straße, in den Gärten, auf den Dächern, und streckten erschütterten Angehörigen Mikros vor die Nase, trotzten ihnen Kindheitserinnerungen oder -fotos ab, brachen Blitzlichtgewitter los und gesellten sich in Horden den Momenten der Andacht zu.

Für Frau Patron waren die Medienleute »grauenhaft«. Wie konnte man so grausam und gefühllos sein? Den ganzen Tag parkten Sendewagen mit Parabolantennen vor ihrem Haus. Journalisten sprangen über ihr Gartentor. Am Ende gab Frau Patron ihnen Fotos von Laëtitia, »damit sie abhauten«. Diese Fotos gerieten an die Öffentlichkeit, und heute bringt jede Internetrecherche ein Dutzend davon zutage, nicht eingerechnet die zahllosen Reportagen über Gedenkmärsche, Beerdigung und Prozess. Eine Zeitung veröffentlichte gar eine Fotomontage, in der Laëtitia mit sonnendurchflutetem Haar, lachenden Augen und rosigen Wangen neben ihrem Mörder stand, dessen Konterfei zusätzlich als Medaillon abgedruckt war. Diese Öffentlichkeit raubte den Angehörigen Laëtitia und machte ihren Schmerz noch unerträglicher und ihre Trauer noch unmöglicher.

Doch man kann diese Medialisierung auch als eine Art Abschied, als Hommage der Menge, als Ausdruck jener Trauer und Rebellion betrachten, die jeder in seinem tiefsten Inneren empfand. Das ganze Land weinte um Laëtitia. Ein Sonderberichterstatter bei ihrer Beerdigung war die Garantie, dass jeder Fernsehzuschauer im Herzen und im Geist eine Rose auf Laëtitias Sarg legen konnte. So wurde der »Fall Laëtitia« geschaffen, eines der grauenhaftesten »Faits divers« zu Beginn des 21. Jahrhunderts.

IN PORNIC WÄCHST DIE SORGE UM LAËTITIA
(*Ouest-France*, 21. Januar 2011)

PORNIC: IMMER NOCH KEINE SPUR VON LAËTITIA
»Laëtitia war den Polizeibehörden nicht bekannt und wird als sozial gut integriert beschrieben. ›Laëtitia ist sehr nett. Sie wirkte glücklich‹, bestätigte eine Nachbarin der jungen Frau.«
(*Paris Match*, 21. Januar 2011)

ANGEHÖRIGE SCHWEBEN IN ANGST
»Das Warten. Das endlose und beängstigende Warten, ohne irgendetwas tun zu können. Gestern verbrachten Laëtitias Angehörige einen weiteren harten Tag in der Erwartung irgendeiner Nachricht. ›Meine Liebste, ich will, dass du zurückkommst. Ich liebe dich, du fehlst mir so‹, schrieb Kévin am Montag auf Laëtitias Facebook-Seite. Dass Laëtitia wiederkehre, so lautete gestern Abend der sehnlichste Wunsch ihrer ganzen Familie und all der anonymen Beteiligten, die von diesem Drama schockiert sind.«
(*Le Parisien*, 22. Januar 2011)

EINE FAMILIE IN ANGST UND SCHRECKEN
»So lautet die Schlagzeile an diesem Sonntagabend. Natürlich werden auch wir uns tief bewegt nach Pornic begeben. Wie Sie

heute sehen werden, hat Laëtitias Pflegefamilie ihr Schweigen gebrochen. Sie spricht von ihrem unerträglichen Warten. Seit fünf Tagen fehlt jede Spur von der jungen Frau.«
(France 2, 20-Uhr-Nachrichten, 23. Januar 2011)

Diese Medienwelle ist Hommage an das Opfer, Mitläufertum mit Konkurrenzmedien und erbitterter Wettbewerb in einem: Es ist das »Rennen um die Nachricht«. Doch auch wenn alle zur gleichen Zeit vom Gleichen sprechen, kämpfen nicht alle Journalisten gegeneinander, es kann auch Solidarität unter Kollegen geben. Direkte Konkurrenz gibt es unter den Radiosendern mit großer Reichweite tatsächlich nur zwischen Europe 1 und RTL und unter den 24-Stunden-Sendern zwischen BFM TV und i-Télé.

Die sich vor der Gendarmerie von Pornic drängelnden Kameramänner und Fotografen, die Sonderberichterstatter bei den Prozessen von Meilhon und Patron, die zwischen 2011 und 2015 zu Hunderten entstandenen Artikel und Reportagen lassen vergessen, dass es eigentlich nur eine Handvoll Journalisten war, die den Fall von Tag zu Tag verfolgte. Und diesen voran ein Quartett: Patrice Gabard, der für den Nordwesten Frankreichs zuständige RTL-Reporter, Anne Patinec vom Internetradio France Bleu Loire Océan, Jean-Michel de Cazes, Korrespondent von i-Télé Nantes sowie Alexandra Turcat vom AFP-Büro Nantes, zuständig für die Regionen Loire-Atlantique und Vendée.

Alexandra Turcat lerne ich durch Cécile de Oliveira am Rande von Meilhons Berufungsprozess in Rennes kennen, über den gleich am ersten Verhandlungstag wegen eines Juristenstreiks berichtet wird. Einige Wochen später suche ich sie auf. Als geschiedene Mutter von vier Kindern ist sie gerade Redaktionsleiterin des AFP-Büros in Rennes geworden. Ich bitte sie, mir von »ihrem« Fall Laëtitia zu erzählen. Zur Zeit der Nachricht war sie »Stringerin«, das heißt, sie musste alles abdecken, was in ihren Regionen Loire-Atlantique und Vendée passierte: offizielle Besuche, soziale Bewegungen, Sportveranstaltungen, Naturkatastrophen und, natürlich, Lokalnachrichten. Kurz: eine Dauersonderberichterstatterin.

»Am Mittwoch, den 19. Januar 2011, war ich im Büro in Nantes. An diesem Tag wurde noch eine weitere Person vermisst gemeldet, aber wir gaben die Nachricht nicht raus. Vermisste, die Selbstmord begangen haben oder von irgendwo weggelaufen sind, gibt es fast täglich. Bei der Meldung aus Pornic sehe ich jedoch, dass ein anderes Medienunternehmen die Nachricht verbreitet. Ich mache einen Anruf, und eine Quelle sagt mir: ›Die ist wirklich übel.‹ Ich rufe in unserem Büro in Rennes an: ›Ich hab da eine Vermisste.‹ Sie: ›Geben wir nicht raus.‹ Ich: ›Doch, die hier müsst ihr nehmen.‹ Ich kriege grünes Licht für eine kleine Agenturmeldung von drei Absätzen.

Patrice Gabard und Anne Patinec sind ab dem 19. abends vor Ort. Sie berichten mir von La Bernerie: ›Ein echt düsterer Ort.‹ Im Barbe Blues wurden sie von Kumpels von Meilhon angepöbelt. Alle fragen sich dasselbe: rausgeben oder nicht. Doch alle haben denselben Wink erhalten: Diese Geschichte ist leider richtig krass. Am 20. fahre ich selbst hin. Auf dem Weg überholt mich ein Wagen von RTL. Darin Patrice Gabard. Er sagt mir am Telefon: ›Bleib hinter mir, ich zeig dir wohin.‹ Auf der Straße, die bei den Patrons vorbeiführt, fahren wir direkt nach La Bernerie. ›Siehst du, da, am Boden? Da ist sie umgefallen.‹ Ich bemerke gleich, dass das Letzte, was sie gesehen hat, das Tor zu ihrem Zuhause gewesen sein muss. Meine Chefin: ›Ich will dir ja keinen Druck machen, aber du bist die einzige Lokalnachricht in Frankreich.‹ Ich weiß, ich darf es nicht verbocken. Im Laufe des Tages kocht das Ganze hoch. Unser Pariser Büro gibt eine vorläufige Festnahme bekannt. Ich werde angerufen: ›Kannst du das prüfen?‹

›Nein, kann nicht sein, er ist noch im Krankenhaus.‹

Von Kollegen erfahre ich, dass er seit 11.30 Uhr in der Gendarmerie von Pornic in Gewahrsam ist.

Vor Ort sieht man nichts. Es gibt viel Hin und Her, Gerüchte und Informationen über die laufenden Hausdurchsuchungen, aber wir haben keinen Zugang zu den Verhörprotokollen, die sich fröhlich nach Paris verflüchtigen.

Am 20. sind schon wirklich viele da, überall Sendewagen von Fernsehkanälen. Der Fall kommt ins Rollen. Die Nachrichtensender stocken ihre Teams auf das Dreifache auf, damit die offizielle Berichterstattung weiterläuft und gleichzeitig Nachforschungen vor Ort angestellt werden können: Das Telefonverzeichnis wird auf die Namen der Angehörigen durchsucht, man bemüht sich, den Vater, die Mutter oder den Schwager zu erreichen und die Geschichte von Opfer und Täter weiter zurückzuverfolgen. Ich bleibe allein vor Ort – mit Unterstützung der Gesellschaftsredaktion in Paris und der Hilfe des AFP-Büros Rennes, dem ich nach und nach alle Details diktiere, die ich in Erfahrung bringe. Am 21. lässt die Staatsanwaltschaft die Info raus, dass es übermäßig viel Blut im Auto gibt. Sie ist tot, und das ändert für uns vieles. Zu Beginn war der Druck umso größer, als man die Hoffnung hatte, sie lebend wiederzufinden. Jetzt scheint der Fall abgeschlossen: Das Mädchen ist tot, der Typ im Knast. Es gibt keine Spannung mehr, die Luft müsste rausgehen. Aber sie geht nicht raus!«

Als der Fall Laëtitia am 19. Januar 2011 öffentlich wurde, konnte sich kein Journalist vorstellen, dass er bis Ende Februar, das heißt sechs Wochen lang, die Titelseiten besetzen und bis August immer wieder aufflammen würde. In der Flut von Informationen, die jeden Tag, jede Stunde und jede Minute hereingespült werden, ist eine solche Dauer äußerst ungewöhnlich. Rein medial nutzte sich Laëtitia nicht ab. Zum Vergleich: Der Fall Dupont de Ligonnès im April 2011 – ein fünffacher Mord in einer Familie aus Nantes mit einem verdächtigen, flüchtigen Vater – »hielt sich« in der Nonstop-Berichterstattung nur zehn Tage.

*

Journalisten werden manchmal für Zyniker gehalten, für Aasgeier und Quotenjäger ohne Gewissen und Gesetz, doch es ist ihr Beruf zu informieren, weil jeder Bürger wissen möchte, was um ihn herum passiert. Um diesem Bedürfnis und Recht zu entsprechen, stellt der Journalist Nachforschungen an, die sich auf verschiedene Quellen stützen – Interviews oder Protokolle, Beobachtungen oder Berichte, amtliche Meldungen oder halbamtliche Auskünfte –, genau wie ein Historiker, nur dass Letzterer die Herkunft seiner Informationen preisgeben sollte. Sein Material sollte so eindeutig und öffentlich zugänglich wie möglich sein, während ein Journalist jede Quelle »bearbeiten« kann, sofern sie ihm nur nützliche Informationen verschafft. Bevor beide mit dem Schreiben beginnen, sind sie gehalten, die Fakten zu prüfen, abzugleichen und zu ordnen. Im Rahmen dieses Buchs habe ich mit Zeugen gesprochen und Akten durchgesehen und die Auskünfte durch Informationen ergänzt, die in den nachfolgenden Prozessen auftauchten.

Die Arbeit eines Journalisten ist untrennbar mit seinen mehr oder weniger streng gehüteten, mehr oder weniger geheimen Quellen verbunden. Wenn die Akteure nicht offen sprechen dürfen, erhält man die Information nach dem Prinzip »eine Hand wäscht die andere«: durch »undichte Stellen«. Doch auch wenn es zutrifft, dass das Recht auf Information durch den Gemeinnutzen legitimiert ist, so beruht die Ausübung von Demokratie doch auf einer Straftat: der Verletzung des Ermittlungsgeheimnisses.

Im Fall Laëtitia hatten die Leaks System. Alexandra Turcat, seit zwanzig Jahren für die AFP tätig und davon fünf im Ressort Politik, skizziert mir grob eine Theorie:

> »Vor Ort gibt es wenige undichte Stellen. Fast alles, was durchsickert, kommt von oben, aus Paris. Es gibt nur vertikale Leaks. Im Fall Laëtitia, der von der Staatsmacht instrumentalisiert wurde, sind die Informationen nach oben und unten extrem schnell weitergegeben worden, innerhalb von wenigen Minuten.
>
> Wenn wir die Quellen kontaktieren, entscheiden diese, ob sie uns vertrauen oder nicht. Bei einem Fall, der die Gesprächspartner berührt, sprudelt es: Da haben die Leute das Bedürfnis zu reden. Aber die Info fließt nicht wegen der schönen Augen einer Journalistin. Nicht eine Info wird zufällig oder aus purer Nettigkeit gegeben. Eine Quelle ist jemand, der aus

politischen oder strategischen, aber manchmal auch aus moralischen Gründen will, dass die Info öffentlich wird. Es gibt den Mythos des investigativen Journalisten, es gibt die Recherchen und die Berufsrisiken, doch Watergate, das war vor allem jemand, der Nixons Kopf rollen sehen wollte, deshalb hat er die Info durchgestochen.«

Von Anfang an sickerten Martinots Ermittlungsergebnisse an verschiedensten Stellen durch. Wie konnte das passieren? Die Frage ist nicht besonders sinnvoll: Die Information steigt die hierarchische Leiter kontinuierlich bis in die Ministerien hinauf, dabei bekommen viele Leute Hinweise mit, die unter das »Ermittlungsgeheimnis« fallen. Zuarbeiter, Angestellte der Präfektur oder des Polizeikommissariats, untere Chargen der Gendarmerie, hohe Beamte, Kanzleien, Minister, alle haben ein Interesse zu reden, und eine Information bleibt dementsprechend niemals lange geheim. Die Journalisten bemühen sich daraufhin, sie vom Oberstaatsanwalt »bestätigen zu lassen«.

Der Staatsanwalt ist tatsächlich der Einzige, der befugt ist, das Ermittlungsgeheimnis zu verletzen: Der Artikel 11 der Strafprozessordnung gestattet ihm, unter Wahrung der Unschuldsvermutung »objektive, aus dem Prozess gewonnene Ergebnisse« öffentlich zu machen. Vor dreißig Jahren hatte der Staatsanwalt dabei keine anderen Gesprächspartner als die Lokaljournalisten und die Mitarbeiter der Presseagentur; heute, in Zeiten des Internets und der 24-Stunden-Sender, wird er zu jeder Tages- und Nachtzeit von allen Seiten per E-Mail und Mobiltelefon bestürmt.

Xavier Ronsin, der Oberstaatsanwalt von Nantes, hat sich eine Google-Alert-Funktion eingerichtet, um in Echtzeit verfolgen zu können, was gerade durchsickert. Mit einer unanfechtbaren Stellungnahme aus klar identifizierter Quelle reagiert er auf Ungenauigkeiten, Gerüchte, falsche Wahrheiten und Fantastereien, das heißt auf Destabilisierungsstrategien: Zwischen Geheimnislosigkeit und Phrasendrescherei gibt es immer eine Grauzone. Neu für diese Zeit jedenfalls ist: Ronsin kommuniziert mit sämtlichen Journalisten per E-Mail und stellt damit alle auf eine Stufe, den Journalisten von BFM TV, der vorm Gericht campiert, ebenso wie den Korrespondenten von *Ouest-France*. Die Jagd nach dem Exklusivbericht ist damit ausgebremst.

*

Warum interessierten sich Journalisten überhaupt für Laëtitia, warum machten sie eine öffentliche Person aus ihr? Zahlreiche Opfer hatten nicht dieses, wenn ich so sagen darf, Glück.

Im Jahr 2013 verschwindet in Vritz im Departement Loire-Atlantique eine Frau. Ihr Mann gibt sofort eine Suchmeldung heraus, hängt an allen möglichen Ecken Anschläge auf, läuft an der Spitze eines Zugs von 700 Menschen, organisiert eine Demonstration vor der Gendarmerie, damit diese ihre Fahndung verstärke. Drei Tage später wird mitten im Wald im Kofferraum des ausgebrannten Fahrzeugs der Frau eine Leiche gefunden. Es handelt sich um die Ehefrau – die man nur mit Mühe identifizieren kann, so zerstört ist ihr Körper, einschließlich der DNA und der Zähne. Der Mann bricht zusammen, lässt seine Frau in ihrem Hochzeitskleid beerdigen, nimmt sich einen Anwalt, wird zum Nebenkläger. Frantz Touchais und seine Kollegen brauchen acht Monate, um ihn zu stellen: Während des Polizeigewahrsams gestehen er und seine Geliebte, die Ehefrau in eine Falle gelockt, mit einem Holzscheit erschlagen und dann einen machiavellistischen Plan ausgeheckt zu haben, um die Tat wie einen Meuchelmord aussehen zu lassen.

Auf diesen Mord, der schon einem (kleinen) Fall Landru nahekommt, wurde kaum jemand aufmerksam. Schlechtes Timing: Der Fall zieht sich monatelang hin. Schlechter Ort: Er fand an der Grenze zweier Departements statt. »Da die Leiche im Departement Maine-et-Loire gefunden wurde, also außerhalb meines Zuständigkeitsbereichs«, erklärt Alexandra Turcat, »hatte ich bis zur Anklage des Mannes keinen Zugang zur Ermittlung.« Schlechte Soziologie: Ein etwas hinterwäldlerischer Fall vom Lande. Kurz, die arme Frau starb weder zur rechten Zeit noch am richtigen Ort noch auf eine medienwirksame Weise.

Da umgekehrt die meisten landesweiten Medien des französischen Nordwestens in Nantes sitzen (und nicht in Rennes oder Brest), wird ein Fall, der im Departement Loire-Atlantique passiert, tendenziell eher groß behandelt. In weniger als zwei Stunden können alle Printmedien, Agenturen sowie Radio- und Fernsehsender mit geringem Kostenaufwand vor Ort sein, zumal die Korrespondenten bewusst oder unbewusst die Neigung haben, über das zu berichten, was vor ihrer Haustür passiert. Zudem fällt das Storytelling im Fall Laëtitia besonders leicht: ein »Engel« in den Fängen eines »Monsters«, eine »Unschuldige«, die von einem »Verrückten« ermordet wird, zwei Figuren, die – immer wieder – zu einem obszönen Paar vereint werden, bei dem der Tod Opfer und Mörder untrennbar verbindet. Von der Spannung, die die Vermisstenmeldung und dann die Unauffindbarkeit der Leiche erzeugen, über die schnelle Politisierung des Falls bis hin zu den in Tränen aufgelösten Familien eine leicht zu konsumierende Geschichte.

Es gibt lokale Leichen, totgeborene Horrorgeschichten, kleine, profillose Meldungen, und es gibt Fälle, die »ziehen«. Wie gerät eine Kurzmeldung, die in der Abendzeitung zerstreut überflogen wird, zu einem landesweiten Drama, das wochenlang sämtliche Medien beschäftigt?

Nachrichten über Kriminalfälle zeigen sich oder entstehen im öffentlichen Bewusstsein, weil sie sich an der Schnittstelle einer Geschichte, der Medienöffentlichkeit, des persönlichen Empfindens und des politischen Kontexts bewegen. Es sind die »harten Fälle« in der Nachfolge der *Histoires mémorables et tragiques* von François de Rosset, die 1614 kurz vor dem Auftauchen der Massenpresse die Gemüter mit Erzählungen voller »Sex and Crime« erhitzten und verstörten: grauenvolle Verbrechen, blutrünstige Racheakte, Vergiftungen, Vergewaltigungen, Brandstiftungen, denen man in seinem Sessel beiwohnte. Doch anders, als man denken könnte, schmeicheln solche barocken Schreckensszenarien weniger der Perversität des Lesers, als dass sie ihn kathartisch läutern: Sie helfen ihm, die Traumata seiner Zeit zu verarbeiten und den Tod zu zähmen.

15
Eine Pflegefamilie

Am 31. März 2015 traf ich Michelle Patron bei ihr zu Hause. Sie holte mich am Bahnhof von Pornic ab und stellte mir gleich im Auto zwei Fragen, die sie und ihre Kinder quälten: Warum ich dieses Buch schriebe? Was ich von ihnen hielte?

Die Route de la Rogère ist links von Feldern und Bauland gesäumt und rechts von säuberlich geschnittenen Hecken, die adrette Einfamilienhäuser und Gärtchen einfrieden. Dort begannen vor vier Jahren die Ermittlungen. Der kleine weiße Zaun steht immer noch da, doch die Blumen wurden längst entfernt und der Straßenrand neu hergerichtet.

Auch wenn ihre Kinder längst aus dem Haus sind, wohnt Frau Patron doch nicht allein: Gaël, der zur selben Zeit wie die Zwillinge bei den Patrons untergebracht war, lebt mit seinem kleinen Sohn in einem der Zimmer.

Bevor Frau Patron mir dieses dreistündige Interview gewährte, musste sie erst ihre Vorbehalte überwinden. Am Ende gab sie mir die Adresse ihres Mannes und seine Häftlingsnummer. In der Haftanstalt nimmt er an der Töpferwerkstatt, der Informatikwerkstatt (ohne Internet) und einer katholischen Gesprächsgruppe teil. Ihm ist gestattet, mit seiner Frau und seinen Kindern zu telefonieren.

Man betritt das Haus über eine einladende Veranda, die auch zu Wohnzimmer und Küche führt. Im Wohnzimmer das Ledersofa, in dem Laëtitia so viel Zeit vor dem Fernseher verbracht hat, auf den Regalen Nippes und eingerahmte Fotos. In der Küche Möbel im normannischen Stil und ein ovaler Tisch, an dem die Familie abends zusammen aß. Ein Flur führt zum ehemaligen Zimmer der Mädchen (heute das von Gaël) und zum Bad. Über einen anderen Flur auf der Verandaseite hat man Zutritt zum Schlafzimmer der Eheleute und zum »Durchgangszimmer«, in dem die Kinder schliefen, die übers Wochenende oder für kurze Aufenthalte zugewiesen worden waren. Das Zimmer der Zwillinge und das von Herrn und Frau Patron liegt straßenseitig. Hinter dem Haus erstreckt sich ein Garten, der durch einen Zaun von einem anderen Grundstück getrennt ist, das ebenfalls den Patrons gehört.

»Sie schienen sich zu freuen, uns kennenzulernen, und für uns war es auch so. Sie waren die ersten Kinder, die ich sofort ihre Koffer abstellen sah.

Bei ihrer Ankunft hier bei uns war Jessica sehr verwirrt, sie hatte Panikattacken und sagte: ›Ich kann nicht mehr atmen, ich habe Schmerzen in der Brust.‹ Von Anfang an erzählte sie von sich, ununterbrochen. Sie konnte frei sprechen. Laëtitia dagegen war sehr verschlossen. Sie offenbarte sich nicht. Sie war ein kleines Persönchen, das sein Leid verbarg. Sie lebte in der Verdrängung, sie wollte nicht zugeben, dass sie von ihrem Papa misshandelt worden war.

Beide waren höflich und im umfassenden Sinn wohlerzogen. Das Heim hatte gute Arbeit geleistet. Was allerdings die Hygiene angeht ... Als sie ankamen, waren sie voller Läuse. Wir haben ein Jahr gebraucht, um sie endlich loszuwerden. Laëtitia musste beim Friseur ein Lichtbad nehmen, das war radikal.

Fünf Jahre lang hatten sie ein gemeinsames Zimmer mit Doppelstockbett. Sie waren von Anfang an sehr anhänglich. Wir konnten nirgendwohin gehen, ohne sie mitzunehmen. Sie hatten keinerlei Freiheitsdrang, eher fürchteten sie sich, allein zu bleiben. Sie waren ziemlich ängstlich, sie hatten Angst vor der Außenwelt. Hier waren sie in Sicherheit. Unsere Kinder betrachteten sie als kleine Schwestern. Wenn es zu Weihnachten Hummer für uns gab, gab es auch für sie welchen. Sie bekamen nicht weniger als die anderen, nur weil sie Pflegekinder waren. Als wir einmal im Restaurant waren, sagte ich zu meiner Mutter: ›Ich zahle für die Mädchen.‹ Und meine Mutter antwortete: ›Kommt nicht infrage!‹

Unsere Spitznamen stammen von Laëtitia. ›Papa‹ oder ›Mama‹, das ging nicht. ›Onkel‹ oder ›Tante‹, das war zu kindisch. ›Mimi‹

passte ganz gut, das war so ähnlich wie ›Omi‹. Und Gilles wurde zu ›Gilou‹, ›Tilou‹ und dann ›P'tit Loup‹.«

*

Laëtitia und Jessica haben in der Familie Patron einen festen Platz. Sie finden dort Fürsorge, Aufmerksamkeit und einen erzieherischen Rahmen. Man feiert ihren Geburtstag und fährt mit ihnen in den Urlaub. Beide stehen den Kindern und Enkeln der Patrons sehr nahe, vor allem Maelys und Anaé, die acht und zehn Jahre jünger sind als sie. Sie bereiten einander Kuchen, Geschenke, Überraschungen.

Ein neues Leben beginnt: Sie werden nicht nur Teil einer echten Familienstruktur, sondern erweitern auch ihren Horizont. Ausflüge zum Venusmuschelnsammeln, Bastelnachmittage, Reisen in die Savoyen, Wohnmobilferien im Departement Lot, Wintersport in Super-Besse und in den Pyrenäen, humanitäre Aktionen an der Seite von Herrn Patrons Schwester, all diese neuen Aktivitäten sind gleichbedeutend mit Entdeckungen und Erfahrungen. Laëtitia lernt Skifahren und liebt es, die schwarzen Pisten hinunterzusausen. Jessica meldet sich beim Leichtathletikverein von Pornic an.

Am 7. Juli 2007 – einem legendären Datum mit seiner dreifachen Sieben – sind sie bei der Hochzeit des Sohns der mit den Patrons eng befreundeten Ermonts in der Haute-Savoie dabei. In familiärer Atmosphäre, umgeben von lachenden Menschen, bringt Frau Patron ihnen bei, wie man Madison tanzt. Im Sommer 2008 fährt Laëtitia ins Ferienlager »Reiten und Forschen«, wo sie dem Team bei der Betreuung der Kleinen hilft.

Die Erziehung der Zwillinge gehorcht endlich einigen Grundregeln: höflich sprechen, den Tisch decken und abräumen, seine Hausaufgaben machen, sich waschen, nicht zu spät ins Bett gehen. Jessica erwähnte es jedes Mal, wenn unser Gespräch auf die Patrons fiel: Sie waren echte Eltern, sie haben sie wirklich erzogen, sie haben ihnen alles beigebracht, »und Laëtitia würde dasselbe sagen«.

Frau Patron gab mir ein undatiertes Briefchen von Laëtitia zu lesen:

Ihr seit mein kleinr Sonnenstral.
Auch wen ich es manch mal nich zeig.
Ihr seit die Werme der Welt die euch ein
Und jeder mans Glük
Ihr schenkt eure ganse Fräude und das leben
Dankt euch
Irgendwan bekomt ihr den dank für oier
Müen die euch anders gemaht haben als di andern
Danke. Laëtitia

Als sie mit knapp dreizehn bei den Patrons eintreffen, können sie nicht lesen. Sie können das Geschriebene zwar entziffern, aber verstehen nichts. Frau Patron, eine pensionierte Lehrerin, geht die Hausaufgaben mit ihnen durch, gibt ihnen Sprachübungen auf und lässt sie alles noch einmal wiederholen, bis sie ihre Lektion gelernt haben. Wegen ihrer Schwierigkeiten verlangt Jessica nach viel Nachhilfe, Laëtitia dagegen hat nicht denselben Wissensdrang: »Ich kann lesen, Mimi, mach dir keine Sorgen.« Laëtitia ist bequemer und verschlossener, hat aber auch die lebhaftere Intelligenz, sodass sie gute Noten in der Schule bekommt, »ohne sich verrückt zu machen«.

Als die Zwillinge im Frühjahr 2005 bei Herrn und Frau Patron eintreffen, besuchen sie noch das Collège Louise-Michel in Paimbœuf. Sie gehen in die sechste Klasse im SEGPA-Profil, einem Zweig mit geringer Klassenstärke und reduzierten Anforderungen für Schüler mit Lernschwierigkeiten vor der Aufnahme einer Facharbeiterausbildung (CAP). Die Lehrer unterrichten alle Fächer, wie in der Grundschule. Die Näh-, Maurer- oder Verkauf-und-Vertrieb-Werkstätten bereiten auf zukünftige Berufe vor.

Fleißig, brav und fröhlich, wie sie sind, beteiligen sich die Perrais-Schwestern an allem gern. Wenn der Lehrer einen Schüler bestimmen muss, um während seiner Abwesenheit auf die Klasse aufzupassen, wählt er immer Laëtitia. Herr und Frau Patron besuchen die Elternversammlungen und Zeugnisausgaben, immer werden ihr sehr gute Leistungen attestiert. Mit dem schulischen Erfolg der Mädchen nehmen die Patrons es sehr genau, sie wachen darüber und engagieren sich dafür mehr als die meisten anderen Eltern. In der Schule sprechen Laëtitia und Jessica von Herrn Patron wie von einem Vater. Zu Hause nennen sie ihn »P'tit Loup«.

Da sie an ihrer Schule in Paimbœuf sehr hingen, baten die Zwillinge, auch nach ihrem Umzug nach Pornic dort bleiben zu dürfen. Laëtitia begegnet dort ihren beiden besten Freunden: Lola, ein gleichaltriges Mädchen, das bei einer Pflegefamilie in La Bernerie untergebracht ist, und Fabian, ein Junge, der drei Jahre jünger ist als sie. Morgens holt der Minibus sie an der Haltestelle am Kreisverkehr der Route de la Rogère ab. Er hält in Moutiers, Chéméré (wo Fabian zusteigt) und in Frossay. Wenn der Minibus bei der Schule eintrifft, sind sie zu sechst. Laëtitia und Fabian sitzen immer ganz hinten und kichern und glucksen. Als Laëtitia in der achten Klasse war, küsste sie auf dieser Rückbank zum ersten Mal einen Jungen.

Als Fabian Laëtitia kennenlernte, war sie in der neunten und er in der sechsten. Sie nahm ihn sofort unter ihre Fittiche: Sie fragte ihn nach seinem Namen, gewann sein Vertrauen und erklärte ihm, dass die sechste so schlimm nicht sei. Sie sahen sich jeden Morgen und jeden Abend. Die Busfreundschaft wurde zu einer Freundschaft fürs Leben, die »große Schwester« und der »kleine Bruder«. Einmal schenkte Laëtitia ihm den Abzug eines Fotos von sich.

Tagsüber während des Unterrichts oder abends zu Hause schreiben sie sich Briefe, die sie sich im Bus dann übergeben. Laëtitia macht viele Rechtschreibfehler. Manchmal muss Fabian sie am nächsten Morgen fragen, was sie eigentlich sagen wollte. Sie hat eine bestimmte Art, ihre Briefe zu falten: einmal in der Mitte, dann noch einmal, wobei sie eine Hälfte des Vierecks zu einem Dreieck abknickt, das sieht hübsch aus. Sie beendet ihre Briefe mit einem großgeschriebenen S als Initial für mehrere Worte zugleich:

Saftiger
Super
Schmatzer

Fabian brachte mir das Heft mit, in dem er seit ihrem Tod mit ihr spricht:

> »Huhu, Schwesterlein. Ich hoffe, es geht dir gut dort oben. Ich hier unten auf Erden bin traurig.
>
> Warum bin ich an diesem Tag nicht auf die Idee gekommen, dich zu besuchen?
> Warum habe ich nicht gemerkt, dass es dir schlecht ging?
>
> Ruhe in Frieden, kleiner Engel.«

Dass die Beziehung zwischen Laëtitia und Fabian mich rührt, liegt weniger an der Reinheit beider Gefühle, sondern an dem Beschützerinstinkt, den sie sichtbar macht. Als Baby und kleines Mädchen ist Laëtitia selbst nicht umsorgt worden. Von daher weiß sie, dass »die Kleinen« das Bedürfnis haben, beruhigt zu werden, und genau dieses Bedürfnis stillt sie in diesem Minibus, sobald sie den ängstlichen Sechstklässler sieht.

Ich sage mir: Man kann doch nur jemanden beschützen, wenn man sich selbst sicher fühlt. Haben Laëtitia und Jessica endlich einen sicheren Hafen gefunden?

16

In Schlamm und Sumpf

Während des ersten Meilhon-Prozesses erklärte ein Gendarm: »Es ging darum, mit ihm ins Gespräch zu kommen. Das haben wir nicht geschafft. Ich habe schon erlebt, dass jemand so hartnäckig schweigt, aber nicht so lange. Normalerweise spucken die Leute irgendwann aus, was sie auf dem Herzen haben. In diesem Fall spürte man, dass da nichts auszurichten war.«

Die Suche nach dem Leichnam zieht sich über den ganzen restlichen Januar 2011 hin. Nach Meilhons Verhaftung erstreckt sich der Fahndungsbereich von La Bernerie bis nach Le Cassepot, von der Küste bis zur Bocage. Dutzende von Gendarmen durchkämmen dürre Baumgruppen, gefrorene Gräben, Hohlwege, vereiste Grassenken und Wälder, über denen eine dichte Nebeldecke hängt. Spürhunde schnüffeln den Boden ab. Taucher durchsuchen die Teiche und Wasserlöcher der Gegend. Ein Hubschrauber fliegt die Gegend um Arthon-en-Retz ab.

Am Sonntag, den 23. Januar, entdeckt ein Landwirt in der Nähe von Le Cassepot eine Grube, die auf einem seiner Flurstücke ausgehoben wurde. Das Loch ist 1,50 Meter lang, 50 Zentimeter breit und 40 Zentimeter tief. Offensichtlich hat Meilhon versucht, die Leiche zu vergraben, bevor er wegen des harten Winterbodens aufgab. Anfang Januar ist auf einem Weg zu diesem Stück Land ein im Schlamm feststeckender Renault Trafic entdeckt worden. Die Ermittlung ergibt, dass der Transporter der Solarzellenfirma gehört, die von Meilhon und Bertier ausgeraubt wurde.

Meilhons erste Erklärungen während des Polizeigewahrsams führen die Ermittler zur Saint-Nazaire-Brücke und zur Loire. Ein Hubschrauber fliegt den Fluss auf der Höhe von Corsept, Paimbœuf und Couëron ab. Ein Boot der Gendarmerie lässt ein bei der Schweizer Armee ausgeliehenes Ultraschall-Ortungsgerät zu Wasser. Es wird durch die eisigen Fluten der Flussmündung und des Canal de la Martinière gezogen; mit seiner Hilfe werden drei oder vier Leichen aus früheren Mordfällen gefunden. Von Nantes bis Pornic werden Taucher der Wasserschutz- und Marinebrigaden mobilisiert. Flussabwärts umfasst das Fahndungsgebiet die gesamte Küste, das heißt Strände, Muschelbänke, Klippen, Sandbänke und Inseln von Saint-Marc-sur-Mer über Saint-Brévin bis La Roussellerie. Junge Mädchen aus La Bernerie, die sich über eine Facebook-Seite verabredet haben, laufen in Warnwesten den menschenleeren, windigen Strand auf der Suche nach ihrer Freundin ab. Das Meer schäumt wie wild, aber es spuckt nichts aus.

Im Hinterland werden sämtliche Hinweise verfolgt: Weiher und Pfützen, aber auch herumliegende Unterwäsche, Blutspuren auf einer Brücke, anonyme Anrufe. Einmal fahren Franck Perrais, Stéphane und Delphine in ein Dorf in der Nähe von Arthon-en-Retz, nachdem eine Hellseherin beteuert hat, Laëtitia befinde sich dort an einem Seeufer in der Nähe eines verlassenen Bauernhofs. Die ganze Nacht lang suchen die Perrais und die Dorfbewohner mit Taschenlampen die Umgebung ab. Der Hinweis wird später noch einmal von den Gendarmen geprüft. Franck Perrais sagt dazu: »Ich wollte meine Tochter um jeden Preis und mit allen Mitteln finden, aber ich hatte Angst, in welchem Zustand ich sie sehen würde, wenn ich sie wirklich gefunden hätte.«

Die von den Ermittlern für Laëtitia eingesetzten Mittel waren im Gegensatz zu denen für andere Vermisste gewaltig; die Fahndung erstreckte sich von den ersten Stunden an auf das gesamte Departement Loire-Atlantique. Oberst Hubscher, der Kommandant des Gendarmerieverbunds Loire-Atlantique, spielte bei dieser Mobilmachung eine entscheidende Rolle.

Die »Kommandozentrale Ermittlung« wird im Versammlungsraum der Gendarmerie von Pornic eingerichtet. Dort findet man fortan den Ermittlungsleiter, den Fallanalytiker, den Koordinator der kriminaltechnischen Maßnahmen sowie den Kommandanten der SR Angers, der fast täglich vor Ort ist. Zu viert stehen sie dem »Ermittlungsstab Laëtitia« vor, der aus siebzig hauptberuflich beschäftigten Männern und Frauen besteht, nicht eingerechnet die zwei Hundertschaften von Bereitschaftspolizisten, die in die Fahndung vor Ort eingebunden sind. Während des gesamten Jahres 2011 ist dieser Stab mit nie weniger als fünfundzwanzig Ermittlern besetzt: In Anbetracht der Personalstärke der Gendarmerie ist das enorm. Einen Ermittlungsstab mehr als vier Monate aufrechtzuerhalten grenzt fast schon an eine Heldentat.

Frantz Touchais leitet diese Ermittlung. Es ist eine Gemeinschaftsarbeit, bei der alle Beteiligten in ständigem Dialog stehen, doch sie ist hierarchisch organisiert. Jeder Teamleiter erstattet Frantz Touchais Bericht von den Ermittlungsergebnissen in seinem Zuständigkeitsbereich: Meilhons Beziehungen, Laëtitias Leben, Vernehmungen, Ingewahrsamnahmen, Hausdurchsuchungen, Hausbesuche in La Bernerie auf der Suche nach Zeugen und Indizien, Fahrzeuge der Kriminaltechnik, Auswertung von Telefon- und Bankdaten des Opfers, des Verdächtigen und ihres jeweiligen Umfelds, die Orte, wo Meilhon die Leiche versteckt haben könnte … Jeden Tag schaffen die Teams Informationen herbei, die analysiert und ins Gesamtbild integriert werden müssen. An einem Freitagnachmittag fällt das Internetsystem aus: Es war nicht dafür konzipiert, von so vielen Leuten benutzt zu werden. Die Marine erklärt sich bereit, mit einem Hubschrauber Notfalltechniker zu schicken, um den Ermittlern mit einer Satellitenverbindung aus der Patsche zu helfen.

Frantz Touchais erinnert sich noch sehr genau an diese Zeit:

> »Das sind sehr lange Tage und sehr lange, intensive Wochen. Ich bin für die Verteilung der Arbeit zuständig. Es gibt mehrere Arbeitsbereiche mit Verantwortlichen für jeden Bereich. Gibt es Komplizen oder nicht? Außerdem haben wir die Kleine noch nicht gefunden.
> Ein Foto von Laëtitia hängt an der Wand der Ermittlungszentrale. Dieses Foto ist der rote Faden, das verbindende Element. Die Leute dürfen sich nicht einen Tag lang fragen, was sie da eigentlich machen.
> Vor dem Gendarmerieposten von Pornic stehen Dutzende von Journalisten und Fahrzeuge mit Parabolantennen, RTL, Europe 1, BFM TV.

Wir schlafen kaum. Das bisschen Zeit, das wir zur Erholung haben, verbringen wir damit, weiter nachzudenken. Abends sprechen wir in unserem Mobilhome darüber, und wenn wir schlafen gehen, denken wir immer noch darüber nach.«

*

Eine durchgefrorene Horde von Journalisten begleitet die Suchaktionen auf den Feldern und rund um Le Cassepot. Ihre Artikel und Reportagen erscheinen mit Bildern von Armeeangehörigen, die die Landschaft durchkämmen, Tauchern, die aus einem Fluss steigen, Beamten vor der Gendarmerie von Pornic, der dick eingemummten Menschenmenge bei den Gedenkmärschen, dem an allen Schaufenstern der Region plakatierten Zeugenaufruf.

Zwischen dem 19. und 31. Januar 2011 verfasst Alexandra Turcat etwa hundert Eilmeldungen. Auf eine AFP-Meldung wird enorm oft zurückgegriffen, zwischen dreißig und vierzig Mal täglich: durch die landesweite Presse, die Regionalpresse, Tageszeitungen, Wochenzeitungen, Internetseiten der Fernseh- und Radiosender, Nachrichtenportale und so weiter.

LEICHE NOCH IMMER NICHT GEFUNDEN – SUCHE GEHT WEITER
(AFP, 23. Januar 2011)

FAHNDUNG GEHT AM MONTAG AN MEHREREN ORTEN WEITER
(AFP, 24. Januar 2011)

LAËTITIA WEITER UNAUFFINDBAR
(AFP, 27. Januar 2011)

In den Medien mit ununterbrochenem Informationsfluss muss etwas passieren, selbst wenn nichts passiert. Von daher die leere, angsteinflößende Litanei: Laëtitia bleibt »unauffindbar«. Gleichzeitig ist die Anwesenheit der Journalisten vor Ort unverzichtbar: Jemand muss die Atmosphäre einfangen, beschreiben, was man sieht, Angehörige treffen, die Informationen abgleichen. Ganze

Tage verbringt man im Schlamm und in einer feuchten Kälte, die bis in die Knochen kriecht, und schaut den Gendarmen zu, wie sie Hecken absuchen und zu Land und zu Wasser alle Hebel in Bewegung setzen. Man verharrt bis zur Dämmerung in Le Cassepot und zittert seelisch wie körperlich, so verflucht erscheint dieser Ort.

Anders als man denken könnte, sind es intensive Tage, in denen Stress, Kälte und Erschöpfung alle Energien aufzehren. Abends trifft man sich mit Kollegen zwischen Jugendlichen aus der Gegend im McDonald's oder im Kasino von Pornic gegenüber dem Jachthafen. Man hat das Bedürfnis zusammenzusein, entspannt vor einer heißen Tasse Tee, und geht die Ereignisse des Tages noch einmal durch, doch so wie Schuhe und Hosenbeine vom Schlamm besudelt sind, kleben einem der Winter, der Nieselregen und die düstere Atmosphäre an der Haut. Gegen 19 Uhr nimmt man das Auto, fährt im Dunklen 50 Kilometer nach Hause und trifft seine Kinder gerade noch rechtzeitig an, um ihnen im Bett eine Geschichte vorzulesen. In der Sicherheit eines Zuhauses wird man wieder zum liebevollen Elternteil, doch man bleibt in Alarmbereitschaft, bleibt ein von Bildern des Todes und der Angst der Angehörigen heimgesuchter Journalist, Reporter, Sonderberichterstatter, Kameramann, Fotograf. Es ist schwierig, das eigene Umfeld daran teilhaben zu lassen. Und so behält man alles für sich, das gehört zum Beruf.

Da alle Suchaktionen vergeblich bleiben, entscheidet sich Frantz Touchais für eine subtilere Methode. Mithilfe von Meilhons Angehörigen wird man erraten müssen, wo er die Leiche versteckt hat. Im Jargon der Kriminalisten heißt das: »die Fahndung an den Ermittlungen des Gerichts ausrichten«.

17

Herr Patron

Als ich die Ermittlungsrichterin des Falls Patron interviewte, erklärte sie mir: »Ich schließe nicht aus, dass es eine Art Zuneigung zu den Zwillingen gegeben hat. Sie haben möglicherweise schöne, gemeinschaftliche Momente erlebt und zusammen Gesellschaftsspiele gespielt. Die menschliche Natur ist komplex. Keiner ist ausschließlich ein Dreckskerl, das ist ja das Schlimme.«

*

Gilles Patron wurde 1950 in La Montagne bei Nantes geboren. Nach einer Lehre als Kupferschmied und einem Diplom, das einem technischen Abitur gleichkommt, beginnt er seine Berufslaufbahn als Arbeiter und dann Buchhalter in der Schiffbaudirektion von Indret, einem Unternehmen, das auf Entwicklung und Wartung von Kriegsschiffen und U-Booten spezialisiert ist. Auf seinen Wunsch hin wird er nach Tahiti versetzt, wohin er Anfang der 1990er Jahre auch seine Familie mitnimmt. Er hat drei Kinder (zwei Mädchen und einen Jungen) und den Ruf eines Schürzenjägers. Zurück im Mutterland fällt er einer Entlassungswelle zum Opfer. Als Arbeitsloser beschließt er 1995 mit fünfundvierzig Jahren, »assistant familial«, das heißt zugelassener Pflegevater, zu werden: Von da an nimmt er Kinder auf, die Pflegefamilien zugeteilt wurden.

Als Angestellter des Conseil général des Departements Loire-Atlantique, der ihm auch die Zulassung erteilt hat, besteht seine Aufgabe darin, »die Gesundheit, Sicherheit und Entfaltung von Minderjährigen und jungen Erwachsenen von unter einundzwanzig Jahren« sicherzustellen. Konkret heißt das – wie bei allen Pflegefamilien seit dem 19. Jahrhundert –, die Kinder »als guter Familienvater« zuverlässig und zugeneigt aufzuziehen und ihnen in ihrem Alltagsleben und ihrer Ausbildung Orientierung zu bieten. Ist er ein »Kindheitsexperte«, ein »Erzieher« oder ein »Pflegevater«, wenn man berücksichtigt, dass die meisten der bei ihm untergebrachten Kinder noch ihre leiblichen Eltern haben? In jedem Fall ist seine Position zwiespältig, denn einerseits soll er Entscheidungen treffen, die die Gesamtexistenz und sogar sehr persönliche Angelegenheiten des Kindes betreffen – Hausregeln, Uhrzeiten, Ordnung im Zimmer, schulischer Fleiß, Nutzung von Internet und Smartphone, das Ausgehen mit Freunden und gegebenenfalls Strafen –, und doch besitzt er keine elterliche Autorität und ist verpflichtet, den Sozialpädagoginnen im Jugendamt regelmäßig Bericht zu erstatten.

Herr Patron ist ein dynamischer Mann und in zahlreichen Bereichen aktiv. Er war Gymnastik- und Fußballtrainer, Präsident des Judoklubs und Vormund alter Menschen. Im Rahmen seiner Tätigkeit als Pflegevater ist er Abgeordneter des Pflegefamilienverbands des Pays de Retz. Als guter Heimwerker hat er sein Haus in Pornic selbst restauriert, Garagen angebaut, ein weiteres Gebäude hergerichtet, das er mietet, und seinen Kindern geholfen, ihre eigenen Häuser zu renovieren. Von eigenen Händen baut er ein weiteres Haus an der Route de la Rogère, zwei Hausnummern von seinem entfernt.

Insgesamt haben Herr und Frau Patron sechs Kinder dauerhaft und fünfundfünfzig vorübergehend für ein Wochenende oder in den Ferien bei sich aufgenommen. Manche haben als Erwachsene zeitweise noch einmal bei ihnen gewohnt, wenn es ihnen schlecht ging. Der erste der sechs, Jérôme, hat sechs Jahre bei ihnen verbracht. Er ist Bäcker geworden und zieht allein seine kleine Tochter groß. Arnaud, der im Alter von acht bis elf bei ihnen wohnte, kam Sonntagabends immer völlig aufgelöst zurück: »Mama hat mich gehauen.« Die ganze Woche lang freute er sich auf das Wochenende: »Mama ändert sich, sie haut mich nicht mehr.« Doch am nächsten Wochenende prügelte sie ihn fleißig wieder, mit einer Strickmaschinenstange. Nach drei Jahren zog er zu ihr zurück. Die Patrons hatten ihm einen Kassettenrekorder geschenkt. Als seine Mutter ihn abholen kam, warf sie das Gerät in den Kofferraum ihres Autos: »Das ist eingezogen, klar? Eingezogen!« Schließlich brach Arnaud ihr bei einem Streit ein Bein. Heute ist er arbeitslos und lebt in einem Wiedereingliederungsheim. Jeden Samstag geht er zu seiner Mutter, um für sie zu putzen.

Zwischen 2001 und 2004 hatten Herr und Frau Patron Clémentine bei sich, ein etwa zehnjähriges Mädchen. Im Jahr darauf kamen Laëtitia und Jessica aus dem Heim von Paimbœuf. Und ein paar Jahre später nahmen sie noch Gaël auf.

Diejenigen, die Herrn Patron schätzen, sagen, er sei ein Anführer, ein energischer, offener, fleißiger und entschlossener Mann, der sich für das Gemeinschaftsleben engagiert und jederzeit bereit ist zu helfen. Jene, die er zur Weißglut bringt, sprechen von einem völlig von sich selbst eingenommenen, sturen Besserwisser mit einem hornochsengroßen Ego, der ständig seine Frau abwertet.

Mit Laëtitia und Jessica ist er sehr streng und fährt jene Prinzipien, Werte und den Rahmen auf, die sie ihr Leben lang vermisst haben. Gleichwohl ist seine Erziehung nicht ohne Zuneigung: Mit dreizehn oder vierzehn setzen sie sich bei »P'tit Loup« auf den Schoß (wie auch auf den von »Mimi«, Frau Patron). Er spielt eine große Rolle in ihrem Leben: Er kontrolliert ihre Hausaufgaben, Schulzeugnisse und Bankauszüge, verbietet ihnen auszugehen, ruft Laëtitia ständig an, wenn sie mit ihrem Freund zusammen ist, verlangt, dass Jessica sofort nach dem Leichtathletiktraining nach Hause kommt, und kümmert sich persönlich um ihre Aufwärmübungen vor den Wettkämpfen. Herr Patron befiehlt und ist nicht gewohnt, auf Widerstand zu stoßen. Als Laëtitia eines Nachmittags zu spät nach Hause kommt, nimmt er ihr den Scooter weg. Jessica beauftragt er, Laëtitia und Gaël zu überwachen: Ihre kleine Liebelei soll schon im Keim erstickt werden.

Jessica: »Für die Regeln war der Herr im Haus zuständig. Er war der Chef. Seine Frau hatte nichts zu sagen. Man durfte bloß nichts Gegenteiliges tun oder sagen! Das habe ich auch nie getan, das durfte man nicht! Laëtitia war da unabhängiger.«

Für die Zwillinge ist Herr Patron nie ein »Erzieher« gewesen. Er war sofort ein »Pflegevater«, fast ein Adoptivvater, der Chefkontrolleur und Gewissenslenker mit all den Pflichten und

Vorrechten, die diese Funktion mit sich bringt. Seine Beziehungen zu denen, die berechtigterweise nach der Legitimation für seinen autoritären Stil fragen – Franck Perrais, die Verantwortlichen vom Jugendamt, doch auch die Ermittlungsrichterin – sind spannungsreich. Er verachtet die andere, weniger gefragte Pflegefamilie der Gegend, in der Laëtitias Schulfreundin Lola aufwächst. Seine Überzeugung, den Vater zu verkörpern – und zwar einen Mustervater –, speist sich aus einem Gefühl von Allmacht und sozialer Überlegenheit, die es darauf anlegt, zum einen die Versäumnisse der Eltern und zum anderen die Inkompetenz der Sozialpädagoginnen herauszustellen.

*

Laëtitias und Jessicas Vater und beide Onkel waren in ihrem Verhältnis zu Herrn Patron damals hin- und hergerissen: Dankbarkeit und eine gewisse Bewunderung mischten sich mit der Bitterkeit, aus dem Leben der Mädchen verdrängt zu werden wie entfernte Verwandte, die man nach und nach vergisst. Doch selbst heute noch gibt Alain Larcher zu, der Mann habe bei ihrer ersten Begegnung auf dem Parkplatz des McDonald's von Pornic – zu der er seine Eltern mitgenommen hatte, damit sie ihre Enkelinnen sähen – großen Eindruck auf ihn gemacht.

> »Patron war ein außergewöhnlicher Pflegevater. Meine Eltern haben ihn zu sich nach Nantes eingeladen, das war ein großer Vertrauensbeweis. Man konnte auf ihn, seine Haltung und seine Lebensweise nur stolz sein und froh, an ihn geraten zu sein, und genauso war es mit Frau Patron. Sie behandelten die Mädchen wie ihre eigenen Kinder.«

Franck Perrais hat ausschließlich mit Herrn Patron zu tun, der die amtliche Zulassung besitzt, allerdings weiß er nicht, wo er wohnt. Er würde gern sehen, wo seine Töchter leben, doch Herr Patron ist dagegen.

»Er war es, an den ich mich wendete. Er behandelte mich korrekt und sprach anständig mit mir. Wenn ich die Mädchen mit nach Nantes nahm, fragte ich sie: ›Und, Mädels, läuft alles rund?‹, und sie sagten: ›Ja, alles gut.‹«

Da Franck Perrais' und Sylvie Larchers Lage problematisch bleibt, beschließt der Richter, die familiären Bindungen zu lockern. Jedes Elternteil sieht seine Töchter nur noch jeden dritten Samstag, Hin- und Rückreise zwischen Pornic und Nantes eingeschlossen. Auch wenn die Zwillinge um die Depression ihrer Mutter wissen, leiden sie darunter. Wenn Franck Perrais an der Reihe ist, holt er die Mädchen auf dem Parkplatz des McDonald's von Pornic um 10 Uhr ab. Da er sie um 18 Uhr zurückbringen muss, können sie nichts Größeres unternehmen: Entweder machen sie nach einem Mittagessen im McDonald's eine Spritztour mit dem Auto, einen Schaufensterbummel im Einkaufszentrum Atlantis oder sie verbringen die Zeit bei Stéphane und Delphine in Malakoff, einem Arbeiterviertel von Nantes. Auf jeden Fall muss man alles vorausplanen und ständig auf die Uhr schauen. »Wir waren immer froh, wenn wir unseren Vater sahen. Es war zwar nie für lang, aber immerhin«, sagt Jessica. Obwohl die Großeltern Larcher verschiedenste Schritte unternehmen, Anträge schreiben und Formulare ausfüllen, dürfen sie ihre Enkelinnen doch nur zwei, drei Stunden im Monat sehen.

Auch Herrn Patrons Einstellung trägt dazu bei, die Familienbindung zu beschneiden. Franck Perrais fühlt sich abgeurteilt und auf Distanz gehalten. Wenn er seine Töchter anruft, wird das Telefon auf Lautsprecher gestellt und Herr Patron bleibt in der Nähe. Es ist schwierig, unter solchen Bedingungen etwas zu sagen wie »ich hab dich lieb«. Wenn Herr Patron Laëtitia und Jessica zu ihrer Mutter nach Nantes fährt (weil Frau Larcher kein Auto hat), wartet er den ganzen Tag vor dem Gebäude in seinem Wagen. Um ihm nicht zu begegnen, steigen Mutter und Töchter im Untergeschoss aus dem Fahrstuhl und gehen an der Müllsammelstelle und den Kellern vorbei in den Hof, wo sie sich auf der Rutsche vergnügen.

Den Perrais bleiben manche Momente als Beleidigungen in Erinnerung. Als Delphine 2005 zur Geburt ihres Kindes an einem Samstag im Kreißsaal liegt, warten die Zwillinge mit ihrem Vater und ihrem Onkel in der Wohnung in Malakoff vorfreudig und aufgeregt auf die Geburt. Doch der Nachmittag nähert sich seinem Ende, ohne dass das Baby da ist, und Franck Perrais muss sie nach Pornic zurückbringen. Laëtitia und Jessica protestieren schwer enttäuscht, doch sie haben keine Wahl. Nach einer Stunde Fahrt werden sie auf dem Parkplatz vor dem McDonald's Herrn Patron übergeben. Sie haben den ganzen Tag lang gewartet und die Geburt ihrer kleinen Cousine um eine knappe Stunde verpasst. Doch Herr Patron ist keiner, der Kompromisse macht.

Ein anderer Samstag im Jahr 2006. Es ist Winter, und es schneit heftig. Die Mädchen, jetzt schon Teenager, haben aus Kartons Schlitten gebaut. Die Flocken fallen und der Abend bricht herein, es ist Zeit, zurück nach Pornic zu fahren. Doch die Straßen sind stark verschneit und es ist gefährlich, bei diesem Wetter zu fahren. Franck Perrais ruft Herrn Patron an, um ihn zu fragen, ob die Mädchen ausnahmsweise bei ihrem Onkel übernachten dürfen.

»Ausgeschlossen.«

Schließlich fahren Laëtitia und Jessica mit zwei Polizisten nach Hause. Es ist so spät und es herrscht ein solcher Schneesturm, dass sie die Nacht im Heim von Bouguenais verbringen müssen. Als Herr Patron sie am nächsten Morgen dort abholen kommt, empfangen ihn die Mädchen mit einer erbitterten Schneeschlacht.

Doch gab es für Herrn Patron nicht Grund genug, Franck Perrais zu misstrauen? Er hat den Auftrag, die Mädchen nicht ihrem Vater zu überlassen, wenn dieser nach Alkohol riecht. »Einmal ist das passiert«, erinnert sich Jessica. »Ich war traurig. Wir waren dreizehn, vierzehn Jahre alt.« Manche Samstagabende kommen sie zurück und berichten: »Wir haben unten auf dem Parkplatz gespielt, und Papa und Onkel haben oben in der Wohnung Bier getrunken.« Manchmal legt Franck Perrais spaßeshalber die Handbremse ein, um das Auto zum Schleudern zu bringen, und erzählt, eine Katze sei über die Straße gelaufen. An einem Samstagabend lässt er auf dem Parkplatz von Bouaye Jessica ans Steuer. Um einen Zusammenprall mit einem parkenden Fahrzeug zu verhindern, muss er eine Vollbremsung mit der Handbremse machen; das Auto stoppt brutal ab, Laëtitia auf dem Hintersitz ist kreidebleich. Tagsüber spielen sie »wie man klaut, ohne sich etwas anmerken zu lassen«, und stellen sich vor, sich in einem Supermarkt irgendeinen Gegenstand zu schnappen, ohne vom Ladendetektiv oder den Kameras entdeckt zu werden. Nach dieser Episode setzt der Familienrichter das Besuchsrecht für einige Zeit aus.

Die Art, wie Franck Perrais seine soziale Unterlegenheit bestätigt und seiner Disqualifikation als Vater recht gibt, macht mich melancholisch und erscheint mir wie ein Paradebeispiel für die Idee des Determinismus, wie eine verdiente Ungerechtigkeit, eine Strafe, die einen Schuldigen trifft, der zu klein für sie ist. Durch seinen Alkoholismus und seine Verantwortungslosigkeit hat er den Familienrichter, das Jugendamt und die Patrons gegen sich aufgebracht, das heißt die richterliche Gewalt, den Sozialstaat und das Volk der »braven Leute«. Für sie ist er immer im Unrecht – man möchte deswegen fast Sympathie für ihn empfinden.

Im Jahr 2008 wird die Vormundschaft des Jugendamts für die Zwillinge bis zu ihrer Volljährigkeit verlängert. Franck Perrais muss mit einem Satz von 100 Euro pro Monat und Kind zu ihrem Unterhalt beitragen. Mit sechzehn fahren sie allein mit dem Zug nach Nantes, um ihre Mutter zu besuchen. Doch als sie ankommen, stehen sie vor verschlossener Tür: Sylvie Larcher wurde in die Psychiatrie eingewiesen und hat niemandem Bescheid gesagt.

*

Dass Herr Patron beim Conseil général angestellt ist und der Aufsicht der Sozialpädagoginnen des Jugendamts untersteht, heißt nicht, dass er in gutem Einvernehmen mit ihnen zusammenarbeitet. Schlechte Verhältnisse dieser Art kann man schon im 19. Jahrhundert beobachten.

Die »Ansprechpartnerinnen« von Laëtitia und Jessica unterstehen der Außenstelle des Jugendamts bei der Délégation de la solidarité in Pornic, in der alle Sozialdienste des Conseil général für das Pays de Retz zu finden sind. Frau Laviolette, die die beiden ab 2008 betreut, trifft sie etwa einmal im Monat. Im Vergleich zum täglichen Engagement der Patrons ist das wenig, gleichwohl ermöglichen diese regelmäßigen Treffen Klarstellungen und Gespräche zu Berufswahl, Geld, Gesundheit, Verhütung und so weiter. Die verminderte Präsenz des Jugendamts erklärt sich aus der Tatsache, dass die Sozialpädagogen von dringenderen Fällen absorbiert sind: Jugendlichen, die die Schule hinschmeißen, abhauen, klauen, Drogen nehmen oder sich ritzen. Im Vergleich dazu sind die Perrais-Schwestern Erfolgsmodelle.

Frau Laviolettes Gefühle gegenüber Herrn Patron sind zwiespältig. Auf der einen Seite wird ihr die Arbeit erschwert, denn er will alles kontrollieren. Er kann nicht einen Ratschlag annehmen. Er ist sich seiner Sache stets hundertprozentig sicher und kritisiert immer schneller alle anderen, als dass er sich selbst infrage stellt. Wenn eine Sozialarbeiterin eine Initiative ergreift, die ihm nicht passt, sagt er ihr das ganz fröhlich ins Gesicht und vereitelt dann systematisch den Plan. Als Frau Laviolettes Vorgängerin fordert, die Zwillinge sollten ins Ferienlager fahren, um Neues kennenzulernen und Freunde zu finden, arrangiert Herr Patron es so, dass Laëtitia die Älteste in ihrer Gruppe ist. Enttäuscht kommt sie zurück und mault: »Er will, dass ich immer nur mit den Kleinen zusammen bin.« Jessica dagegen steht vollständig unter Herrn Patrons Einfluss; selbst Laëtitia meint, sie hänge ihm an den Lippen. Innerhalb weniger Monate hat er eine unverhältnismäßig große Rolle im Leben der Zwillinge eingenommen. Im Team erzählt man sich, sie seien »patronisiert«. Patronisieren heißt: einen Mechanismus der Einflussnahme auf Kinder in der Entwicklung etablieren.

Andererseits scheinen Laëtitia und Jessica einen strukturierenden Rahmen gefunden zu haben, in dem sie glücklich und ausgeglichen sind und sich zurechtfinden. Wenn Frau Laviolette sie zu Hause besucht und feststellt, wie gut sie in die Familie integriert sind, fährt sie erleichtert zurück: »Den Mädchen geht's gut, sie kommen voran.« Zu anderen Gelegenheiten sagt sie sich auf dem Heimweg besorgt: »So geht das nicht, sie müssen ihr eigenes Leben

leben können, wir müssen eine andere Lösung finden.« Doch diese Zweifel betreffen allein die Selbstständigkeit der Zwillinge. Zu keiner Zeit denkt Frau Laviolette an sexuelle Gewalt. Bei Patrons Prozess 2014 fragt die Verteidigung, warum der Conseil général aus der Tatsache, dass die Mädchen »patronisiert« waren, nicht die Schlussfolgerungen gezogen hat, die sich einem dabei aufdrängen.

War Herr Patron ein Ersatzvater oder ein missbrauchender Pflegevater? War seine Wachsamkeit berechtigt oder war es die Eifersucht eines Liebhabers? War seine Strenge beruhigend und entwurzelten Teenagern förderlich oder war sie Tyrannei gegen Minderjährige?

18
Ein »mehrfach rückfälliger Sexualstraftäter«

Martinot hatte richtiggelegen: Der Fall Laëtitia verwandelt sich in eine politisch-juristische Schlammschlacht. Das enorme Presseecho, die Emotion im ganzen Land, die Gedenkmärsche und die Suche nach der Leiche nähren Sicherheitsdiskurse. Jeder geht davon aus, dass Laëtitia von einem mehrfach rückfälligen Sexualverbrecher vergewaltigt und ermordet wurde. Schnell herrscht die Vorstellung vor, die Justiz habe bei der Überwachung Meilhons geschlampt. Vom 22. Januar 2011 an, dem Tag seiner Festnahme und der Einleitung des Ermittlungsverfahrens, treffen mehrfach Beamte der Dienststelle für die Überprüfung der Strafvollzugsverwaltung in Loire-Atlantique ein.

Die Politisierung der Lokalnachricht geht von der Staatsspitze aus. Am 25. Januar verlangt Nicolas Sarkozy beim wöchentlichen gemeinsamen Frühstück der Regierungsparteiführung im Élysée-Palast von Regierung und Parlamentariern, »sehr schnell« Maßnahmen zur Überwachung von Sexualstraftätern zu ergreifen. Er fordert ein Gesetz, um diese nach ihrer Entlassung aus dem Gefängnis zum Tragen einer elektronischen Fußfessel verpflichten zu können. Am Nachmittag erklärt er bei einem Besuch der Schiffswerft Saint-Nazaire zu Beginn seiner Rede zum gerade ausgehandelten Verkauf von Mistral-Hubschrauberträgern an Russland: »Eine Wiederholungstat ist keine Fügung des Schicksals, und ich gebe mich nicht mit einer Ermittlung ohne Folgen zufrieden. [...] Wir brauchen Entscheidungen und nicht Kommissionen, die über solche nachdenken. Es hat schon zu viele Fälle wie diesen gegeben.« Am nächsten Tag spricht der Präsident die Tragödie noch einmal im Ministerrat an, danach präsidiert er im Élysée eine Sitzung zum Thema Strafrückfälligkeit, der auch Justizminister Michel Mercier und Innenminister Brice Hortefeux beiwohnen.

Nicolas Sarkozy hat oft eine Zeitungsnachricht zum Vorwand genommen, um eine Verschärfung des Strafrechts zu fordern – und durchzusetzen. Im September 2003 erklärt er als Innenminister zu einem Serienvergewaltiger: »Im Namen welchen Prinzips dürfen Monster [...] in freier Wildbahn ausgesetzt werden, ohne dass man weiß, wo sie sind?« Im Juni 2005 greift er während des Kampfs um das höchste Staatsamt sowohl den mutmaßlichen Mörder der Joggerin Nelly Crémel als auch den Richter an, der »es gewagt hat, ein solches Monster in die Freiheit zu entlassen«; im Herbst wird ein Gesetz verabschiedet, das den Begriff der Strafrückfälligkeit erweitert, die Bewährungszeit herab- und die Dauer der Sicherheitsverwahrung heraufsetzt. Im Mai 2006 nimmt er nach dem Mord an zwei Kindern seinen Kampf gegen rückfällige Sexualstraftäter erneut auf und schlägt vor, frühere Verurteilungen sollten länger dokumentiert bleiben.

Das Dati-Gesetz vom 10. August 2007, das am Vorabend der Präsidentschaftswahl verabschiedet wird, führt »Mindeststrafen« ein: Im Wiederholungsfall begangene Verbrechen und Straftaten sollen mit Strafen über einem bestimmten Mindestmaß geahndet werden (beim zweiten Delikt darf der Richter noch davon abweichen). Wenige Tage später kündigt Sarkozy als Reaktion auf die Vergewaltigung des kleinen Enis durch einen rückfälligen Pädophilen die Gründung einer geschlossenen psychiatrischen Anstalt für Sexualverbrecher und die Aufhebung von Strafmilderungen an. Die Anfang 2008 eingeführte Sicherheitsverwahrung erlaubt, einem als gefährlich eingestuften Gefangenen nach dem Verbüßen seiner Haftstrafe weiterhin die Freiheit zu entziehen, wobei diese Maßnahme endlos oft verlängert werden kann.

Eine Nachricht – eine öffentliche Reaktion. Auf jedes Verbrechen ein Gesetz. Ein Mord »beweist« die Lücken im bestehenden Strafsystem; das Gesetz, das daraufhin erlassen wird, soll alle zukünftigen Verbrechen »abdecken«. Nicolas Sarkozy sieht sich nicht nur als Superpräsident, sondern auch als Menschenretter.

Die Folgen: Diese Gesetze schreiben sich langfristig in politische und strafrechtliche Überlegungen ein. Das Guigou-Gesetz von 1998 zu Sexualstraftaten stellt die der staatlichen Gerichtsbarkeit unterworfene Person bei Wiederholungsgefahr zur Verhinderung von Rückfälligkeit unter Führungsaufsicht. Das Gesetz von 2007 zu den Mindeststrafen schließt an die Perben-Gesetze von 2002 bis 2004 zu kleinen und mittelschweren Straftaten an. Der Generalstaatsanwalt des Kassationsgerichtshofs Jean-François Burgelin empfiehlt in einem Bericht von 2005, für gefährliche Straftäter geschlossene forensische Zentren zu schaffen, die halb Psychiatrie, halb Gefängnis sind. Nicolas Sarkozy befürwortet seit Anfang der 2000er Jahre Mindeststrafen; 2007 sind sie bei seiner Präsidentschaftskandidatur Teil des Wahlprogramms.

Diese Interventionen zeugen nicht nur von Nicolas Sarkozys persönlicher Sensibilität für dieses Thema, sondern auch von einem neuen Führungsstil. Direkter und einfühlsamer als seine Vorgänger, als ehrlich bewegter Mensch und geschickter Politiker, teilt er die Verzweiflung der Familien und die Sorge der Franzosen. Der Präsident ist keiner, der bei Problemen tatenlos zusieht.

Indem sich Nicolas Sarkozy Kriminalfälle mit derselben Energie und Entschlossenheit zu eigen machte, die seinen Erfolg als Politiker begründeten, bekam er eine entscheidende Rolle in ihrer Aufdeckung und Erzählart, ihrer Interpretation, Verbreitung und Aufblähung. Der »Fall Laëtitia« kam zum großen Teil durch den Besuch der Werft von Saint-Nazaire am 25. Januar 2011 ins Rollen (der Pressesprecher des Präsidenten Franck Louvrier stammt übrigens aus Nantes). Laëtitia wurde zwar von ihren Eltern gezeugt und von Meilhon getötet, doch als öffentliche Person wurde sie gewissermaßen von Sarkozy erfunden. Sie reiht sich in die lange Liste der Opfer ein: Grégory, Jonathan, Priscilla, Aurélia, Enis, Madison, Mathias, all diese Kinder, deren Vornamen zum Namen eines Falls wurden, zur Zusammenfassung jenes Verbrechens, das ihr Leben und das ihrer Verwandten zerstörte.

Ein Kriminalfall setzt einen Schuldigen voraus. Eine Horrormeldung verlangt nach einem Monster. Ein Monster muss eingesperrt werden. In dieser Simplifizierung der Analyse zeigt sich ein grundsätzliches Movens unserer Gesellschaft: das Bedürfnis, für jedes Verbrechen, jeden Unfall und jede Krankheit einen Verantwortlichen zu finden, an dem man seine Wut auslassen kann.

Die Brandmarkung des Schuldigen geht mit einer Erhöhung des Opfers einher: je niederträchtiger der Erste, desto unschuldiger das Zweite. Eine solche Interpretation ebnet einer Gesellschaft der Guten und Bösen den Weg. Allerdings leitet der Präsident sein Volk damit auch in die Irre, denn die meisten sexuellen Gewalttaten werden innerhalb der Familiensphäre verübt: Der Ehemann vergeht sich an seiner Frau, der Opa an der Enkelin, der Stiefvater an der jugendlichen Stieftochter und so weiter. Natürlich gibt es auch Übergriffe auf Schülerinnen und Tramperinnen, ja, aber statistisch sind sie Randerscheinungen. Sexuelle Straftaten mit einem Räuber-Beute-Schema zusammenzubringen zeugt deshalb von einer ungenügenden Wahrnehmung davon, wo die Gefahr lauert.

Sarkozys Umgang mit Lokalnachrichten über Kriminalfälle ist buchstäblich ein politischer Akt: Die Rhetorik der Tat, der »Law and Order«-Diskurs, die Instrumentalisierung von Angst, das Steuern von Emotionen und die Omnipräsenz in den Medien erlauben ihm, als Verteidiger der Gesellschaft dazustehen, als Beschützer der Franzosen, die umgeben sind von »Ganoven« und »Monstern«. Der anteilnehmend-sicherheitsorientierte Opportunismus, der Nicolas Sarkozy als Minister wie auch als Präsident eigen war, rechtfertigt die repressivsten Maßnahmen (Mindeststrafen, Sicherheitsverwahrung, Laienrichter in Strafsachen, Abschaffung von Strafmilderung bei Minderjährigkeit), um das Wiederholungsrisiko auf null zu reduzieren.

Damit gibt die Exekutive vor, die Gesellschaft gegen alle Gefahren immun gemacht zu haben. Gleichzeitig kommt eine Mechanik der Machtlosigkeit in Gang: Jedes neue Gesetz vermittelt, man habe das Rückfälligkeitsproblem gelöst, doch jedes neue Verbrechen beweist die Unzulänglichkeiten der Gesetzgebung, die Unfähigkeit von Polizei und Justiz, die Lücken in den Registern, die Mangelhaftigkeit der Sicherheitsmaßnahmen. Eine Serie von Zeitungsmeldungen, die mit einer ganzen Salve von Gesetzen beantwortet wird, und Nicolas Sarkozys ständige Selbstüberbietungen vermitteln eher den Eindruck, dass er »spricht«, als dass er »handelt«. Das Wort des Präsidenten macht sich durch das wiederholte Eingeständnis seines Ungenügens letztlich selbst zunichte.

Dessen beginnt sich auch die Rechte bewusst zu werden. Vom 25. Januar an sprechen sich die Spitzenpolitiker der UMP-Fraktion in der Nationalversammlung gegen jede Art von »Gelegenheitsgesetz« aus. Nicolas Sarkozy rudert sofort zurück, und der Justizminister Michel Mercier verkündet, die Maßnahmen zur verstärkten Überwachung von Wiederholungstätern würden ebenso geprüft wie das Gesetz über die Laiengerichte in Strafsachen.

*

Die mediale und politische Ausbeutung der Tötung richtet alle Scheinwerfer auf die Person Tony Meilhon. Auch der Nachrichtensprecher von France 2 verkündet vor einer Reportage über den Schweigemarsch an der Saint-Nazaire-Brücke: »Hätte dieses Drama verhindert werden können? Heute Abend werden wir uns die kriminelle Karriere des mutmaßlichen Täters anschauen.«

Als Meilhon Laëtitia am Nachmittag des 18. Januar 2011 auf ein Glas ins Barbe Blues einlädt, ist er ein vorbestrafter Obdachloser, der in den kleinen Spelunken der Gegend verkehrt, von seinem Wohnwagen in Le Cassepot aus Einbrüche plant und gestohlene Motorräder und Computer hortet. Dreizehn Urteile haben ihn die Hälfte seines Lebens im Gefängnis verbringen lassen. Sein Strafregister ist das eines Allroundverbrechers: Die Sachbeschädigungen, das Fahren ohne Führerschein oder unter Alkoholeinfluss, die Gemeinschaftsdiebstähle, bewaffneten Raubüberfälle und schwereren Fälle von Gewalt, die Nichtbefolgung von Anordnungen, die Richterbeleidigungen und die demütigende Vergewaltigung seines Mithäftlings, die von einem Schwurgericht als Sexualverbrechen gewertet und geurteilt wurde, zeugen von der Gewaltbereitschaft eines frustrierten Gangsters, der Selbstjustiz übt. Für die Vergewaltigung mit dem Besen wird er im 2004 geschaffenen Strafregister für Sexualstraftäter (FIJAIS) eingetragen, mit der Auflage, jedes Jahr seine Adresse sowie jeden Umzug bekannt zu geben.

Dass Tony Meilhon ein kleiner Gauner und mehrfach rückfälliger Delinquent aus dem Val de Loire ist, steht außer Frage. Doch von den Fahrzeugdiebstählen in seiner Jugend bis zu den bewaffneten Raubüberfällen und dem Niederschlagen einer Händlerin mit dem Gewehrkolben kann man eine Zunahme an krimineller Energie beobachten. Als er 2010 entlassen wird, dealt, stiehlt, bedroht, überfällt oder schlägt er, egal, welche Folgen seine Verstöße nach sich ziehen, inzwischen zum Äußersten bereit. Ständig ist er auf der Suche nach einem Coup, einem nicht zu komplizierten Einbruch, einem Auto, das er knacken, oder einer Frau, die er rumkriegen könnte (einer »Tusse«, einem »Ding«, einer »Schlampe«). Er schläft mit geladener Waffe, für alle Fälle. Ständig unter Alkohol und Koks, impulsiv und ohne Perspektive auf Wiedereingliederung, hätte Meilhon zweifellos irgendwann irgendjemanden umgelegt. Nicht unbedingt ein junges Mädchen: Eher einen Typen in einer Bar oder seine Ex-Freundin, von der er sich mit den Worten trennte: »Ich bring dich um! Ich bring deinen Sohn um! Und ich bring deine Mutter um und danach mich selbst.« Dennoch erscheint die Tötung Laëtitias wie die »natürliche« Folge einer totalen Entgleisung.

Nur muss man zwei Dinge präzisieren: Zunächst einmal entspricht Meilhon nicht der allgemeinen Definition des »Sexualstraftäters«. Er hat nichts von einem Pädophilen oder Triebtäter oder mehrfachen Vergewaltiger (und dies, obwohl seine Ex-Freundin ihn im Dezember 2010 wegen häuslicher Gewalt anzeigte). Sein Hass auf »Sittiche«, wie man Sexualverbrecher im Gefängnis nennt, gehört zur Konstruktion seiner »Knastmännlichkeit«. Alles sehr banal. In einem Artikel über sexuelle Gewalt in Gefängnissen zitiert die Soziologin Gwénola Ricordeau einen Siebzehnjährigen, der in der Haftanstalt von Pau einsitzt: »Leute, die Sittiche attackieren, haben völlig recht. Solche Typen sind die letzte Scheiße. Einem Sittich würde ich einen Besen in den Arsch schieben. Der wäre keine zehn Minuten in meiner Zelle.«

Zweitens, wie der Oberstaatsanwalt von Nantes Xavier Ronsin klarstellt, hat Meilhon all seine Strafen vollständig abgebüßt und wurde in keinem Fall früher entlassen; manche Strafmilderungen wurden ihm sogar aberkannt. Dass die politische Welt und die Medien nach seiner Verhaftung in Le Cassepot suggerierten, die Justiz habe zuvor einen Sexualstraftäter »laufen lassen«, war also ein Automatismus der Sicherheitsrhetorik. Xavier Ronsin erinnert außerdem daran, dass das Ermittlungsverfahren gegen Meilhon nicht wegen Vergewaltigung eingeleitet wurde; die Beweislast hätte zum damaligen Stand des Verfahrens dafür gar nicht ausgereicht.

Man muss sich von dieser rein juristischen Argumentation lösen, um die Courage und demokratische Autorität von Xavier Ronsin ermessen zu können. Ein Prozess, sagt er im Grunde, gehört nicht in die Zuständigkeit demagogischer Anschuldigungen, sondern in die der Justiz. Daran zu erinnern, dass Meilhon kein eingefleischter Vergewaltiger ist, ist eine Art, sich dem politischen Druck und bald darauf dem Präsidenten selbst zu widersetzen.

Doch wenn der Fall Laëtitia nicht in die Schublade »rückfälliger Sexualverbrecher« passt, ist er politisch nicht nutzbar. In Anbetracht dieser enttäuschenden Tatsache und in Kenntnis der Vorbehalte seiner Parteiführung gegen ein weiteres Gesetz zur Strafrückfälligkeit gibt der Staatspräsident seiner Argumentation eine neue Stoßrichtung. Am 27. Januar 2011 fordert er – den Nachrichtensendern TF1 und France 2 nacheifernd – den Justizminister auf, den »Fehlern« nachzugehen: Wie hatte sich ein Intensivtäter seinen Auflagen aus der Führungsaufsicht entziehen können?

*

Der trostlose Lebenslauf von Meilhon zeigt, dass Rückfälligkeit ein ernsthaftes Problem ist. Es ist legitim, die Bürger schützen zu wollen, in diesem Sinn erfüllt der Kampf gegen die Delinquenz eine demokratische Erwartung. Doch die Sicherheitsneurose der 2000er Jahre, das Gefühl von Dringlichkeit, der Ruf nach Effizienz, das Ungestüm von Nicolas Sarkozy und die Ängste der einen und anderen lassen vergessen, dass die Diskussion über Rückfälligkeit so alt ist wie das Gefängnis.

Das Problem, dass bereits gemachte Fehler wiederholt werden, existiert sowohl in der Religion (der Relapsus) als auch in der Kriminalistik (der Rückfall). Im Ancien Régime wurden Verurteilte je nach begangener Straftat mit glühenden Eisen gebrandmarkt: VV zum Beispiel stand für wiederholten Diebstahl. Ein in die Haut tätowiertes Strafregister. Doch der Wiederholungsfall gewinnt mit der Französischen Revolution eine besondere Bedeutung. Denn diese setzt darauf, dass der Mensch sich bessern, dass der Missetäter sich ändern und seinen Platz in der Gesellschaft wiederfinden kann. Das Strafgesetzbuch von 1791 soll deshalb »eine doppelte Wirkung verfolgen: den Schuldigen zu bestrafen und ihn zu bessern«. Das Gefängnis wird zum Ort der Läuterung.

Nun zeigt aber jeder Rückfall, dass die Bemühungen um Besserungen vergeblich waren. Darauf gibt es wieder mehrere mögliche Antworten: Eliminierung (Todesstrafe oder lebenslängliche Deportation), Brandzeichen (von 1802 bis 1832 wiedereingeführt) oder die Rückkehr ins Gefängnis mit einer härteren Strafe. Das napoleonische Strafgesetzbuch schafft das Prinzip der allgemeinen und lebenslangen Rückfälligkeit, denn *jede* neue Verurteilung wegen eines Delikts oder Verbrechens schafft den Straftatbestand der Wiederholungstat. Steht die Entlassung an, kehrt die Bedrohung zurück. Wie kann man sichergehen, dass das Gefängnis seine Aufgabe tatsächlich erfüllt hat? Wie kann man gewiss sein, dass man nicht einen eingefleischten Verbrecher entlässt, der unverbesserlich und für Reuegefühle unempfänglich ist?

Die Klage, dass das Gefängnis eine »Schule des Verbrechens« sei, ist seit Anfang des 19. Jahrhunderts ein Allgemeinplatz: Das Gefängnis kann den Gefangenen nicht nur nicht bessern, es verdirbt ihn eher noch mehr. Zwei Jahrhunderte später ist die Diagnose dieselbe: Not, Gewalt, Promiskuität, Langeweile und Verlassenheitsgefühle verschärfen die Ausgegrenztheit des Gefangenen bis zu einem Grad, bei dem das Gefängnis nur noch ein Ort der Verbannung ist, der Kriminalität fortschreibt. Wie 2008 der Gesetzesausschuss des Senats formuliert, vervielfacht Überbelegung in den Gefängnissen »das Rückfallrisiko von Inhaftierten zusätzlich, da sie die Würde verletzt, Ersttäter und Serienverbrecher mischt und jede Betreuung verhindert, die der Wiedereingliederung des Häftlings dienlich wäre«.

Meilhons »Karriere« beweist es auf traurige Weise: Er, der sein ganzes Leben lang zwischen Heimen, Gerichten und Gefängnissen hin und her pendelte und diese nur verließ, um zu koksen und mit ehemaligen, mehr oder weniger obdachlosen Mithäftlingen Raubüberfälle zu planen, sagt bei seinem Prozess ehrlicher- und schrecklicherweise, die Haft habe »seine Gewaltbereitschaft auf Stärke 10 hochgefahren«.

Zweihundert Jahre nach der Verkündigung des napoleonischen Strafgesetzbuchs wird die Debatte über Wiederholungstäter vermeintlich fortgeschrieben. Unter dem Innenminister und dann Präsidenten Nicolas Sarkozy wurden fünf direkt oder indirekt auf Wiederholungstäter gemünzte Gesetze erlassen. Zwischen 2008 und 2011 haben mindestens sechs Berichte die Machtlosigkeit der Staatsgewalt in dieser Frage beschrieben. Jede Geschichte des 19. und 20. Jahrhunderts zeigt, dass Rückfälligkeit allen noch so strengen Gesetzen und Maßnahmen trotzt. Da Rückfälligkeit also ein ernsthaftes Problem darstellt, sollten wir versuchen, auch ernsthaft darüber zu reden:

– Keine einzige Gesellschaft, auch keine totalitäre, kann Kriminalität ausrotten. Das Böse, der Wunsch nach Verstoß, die Lust oder der Wahnsinn gehören zum Menschen. Ein Nullrisiko gibt es nicht.

– Strafrückfälligkeit hat auch soziale Ursachen: Armut, Scheitern in der Schule, fehlende Perspektiven, Überbelegung in den Gefängnissen. Da das Gefängnis bei der Entstehung von Kriminalität (und Terrorismus) eine große Rolle spielt, müsste man sich zusammen mit dem »Problem Rückfall« auch des »Problems Gefängnis« als einem Brutkasten von Wut annehmen.

– In der politischen und medialen Darstellung bezeichnet die »Wiederholungstat« Verbrechen und Straftaten, die von jungen, ausgegrenzten Männern verübt werden (die nicht notwendig aus städtischen Problemvierteln oder aus dem Ausland stammen, wie das Beispiel Meilhon zeigt). Doch es gibt auch noch eine andere Art von Rückfälligkeit, und sie ist ebenso milieuspezifisch, bleibt aber oft unbestraft: die der Delinquenten mit weißer Weste, von Politikern zum Beispiel, die vom Lobbyismus zur aktiven Korruption und vom Vertrauensmissbrauch zur illegalen Finanzierung ihrer Wahlkampagnen übergehen.

19

»Ich bin nicht deine Frau«

Ich möchte dieses Kapitel über die sexuellen Übergriffe, deretwegen Herr Patron verurteilt wurde, mit einer methodologischen Bemerkung eröffnen. Gilles Patron gestand lediglich eine einvernehmliche sexuelle Beziehung mit Jessica nach deren Volljährigkeit. Im Hinblick auf alles andere beteuerte er stets seine Unschuld und beschuldigte die jungen Mädchen, aus Profitgier, psychologischer Labilität oder Rachsucht zu lügen. Seine Frau und seine drei Kinder standen unerschütterlich hinter ihm und ebenso manche der Kinder, die in den 2000er Jahren bei ihm untergebracht waren.

Fünf junge Frauen, darunter Jessica Perrais, erstatteten Anzeige gegen ihn. Ein Oberstaatsanwalt erhob die öffentliche Klage. Eine Ermittlungsrichterin ermittelte mehrere Monate lang. Dutzende von Vernehmungen wurden angeordnet, im Büro der Richterin fanden mehrere Gegenüberstellungen statt. Bei der Urteilsfindung stützte sich das Schwurgericht von Loire-Atlantique schließlich auf die übereinstimmenden, ausführlichen und nicht abgesprochenen Zeugenaussagen der jungen Frauen. Herr Patron wurde schuldig gesprochen.

*

Clémentine ist das erste Mädchen, das Herr und Frau Patron für eine Dauerunterbringung von 2001 bis 2004 bei sich aufnahmen (zeitgleich mit Jérôme, der Bäcker wurde). Wie die Perrais-Schwestern 1992 geboren, wird sie gut in die Familie integriert und fühlt sich den Patron-Töchtern und Maelys, einer der Enkelinnen, sehr verbunden.

Herrn Patrons Übergriffe beginnen im Jahr 2003, als sie elf Jahre alt ist. Zu unterschiedlichsten Gelegenheiten: vor dem

Fernseher und auf dem Sofa, wenn seine Frau und Jérôme schon schlafen gegangen sind; auf der Baustelle des neuen Hauses; im Meer, während er vorgibt, ihr Schwimmen beizubringen. Es sind unsittliche Berührungen und Vergewaltigungen: Er dringt mit den Fingern in sie ein und befriedigt sich dabei mit der anderen Hand.

In ein Heft, das Clémentines Psychologe ihr geschenkt hat, schreibt diese: »Ich will nicht mehr, dass Herr Patron mich anfasst.« Dieser Eintrag ist entscheidend, zum einen, weil er ein materieller Beweis ist, zum anderen, weil er einen bestimmten Mechanismus zwischen Herrn und Frau Patron aufdeckt. Herr Patron, der das Heft aufgestöbert hat, stellt Clémentine zur Rede:

»Was soll das?«

»Ich schreibe, was ich will, und du hast nicht das Recht, es zu lesen.«

»Warum lügst du? Wir stecken dich in eine andere Familie!«

Frau Patron liest ihrerseits das Heft und verlangt von dem Mädchen, es solle sich entschuldigen. Clémentine bricht in Tränen aus und verspricht, nichts dergleichen mehr zu tun.

Einige Monate nachdem Clémentine wieder fort ist, lernen Herr und Frau Patron die Zwillinge kennen, sie sind fast dreizehn und zu dieser Zeit im Heim von Paimbœuf untergebracht. Die sexuellen Übergriffe auf Jessica beginnen im Sommer 2006 während der Ferien mit dem Wohnmobil. Sie sind in einer Scheune voller Heu. Frau Patron und Laëtitia sind spazieren gegangen. Jessica ist vierzehn, sie ist noch nicht in der Pubertät. Sie ist tief verstört, spricht aber mit niemandem darüber.

2008 geht der Missbrauch weiter: auf dem Wohnzimmersofa, in Jessicas Zimmer, im Bad, auf der Baustelle des neuen Hauses, bei Ausflügen zum Muschelnsammeln, auf dem Rückweg von den Therapiesitzungen bei Frau Carr. Er streichelt ihr Brüste und Po, zwingt sie zu masturbieren, penetriert sie mit den Fingern. Er leckt ihr die Scheide, rasiert ihr die Scham.

Jessica will das nicht, doch ihr Pflegevater tut es dennoch. Wenn er in ihr Zimmer kommt, weiß sie schon, was passieren wird. Zu Beginn sagt sie, er solle aufhören, doch da er insistiert, lässt sie es geschehen, denn sie weiß, es dauert nicht lang, etwa fünf Minuten. Manchmal macht er weiter und sagt:

»Wart, ich hab noch nicht genug.«

In anderen Momenten versucht sie, ihn zur Vernunft zu bringen:

»Ich hab dich lieb, P'tit Loup, aber wie einen Vater.«

Oder auch eiskalt:

»Dafür hast du deine Frau. Ich bin nicht deine Frau.«

Während des Prozesses verlas der Gerichtspräsident eine Abschrift der Telefongespräche zwischen Jessica und Franck Perrais' Freundin nach der Einleitung des Ermittlungsverfahrens gegen Herrn Patron:

»Hat er dich dazu gezwungen?«

»Ich hab es mit mir machen lassen. Er hat zu mir gesagt: ›So lernst du, was ein Mann ist …‹«

»Aber hör mal, der ist siebzig!«

»Nein, sechzig, aber er hat mir gesagt, dass er mich leidenschaftlich liebt.«

»Aber Jessica! Das ist dein Adoptivvater, so was tut man nicht!«

Ein anderes Gespräch:

»Hat er dir Druck gemacht?«

»Er hat gesagt, ich soll niemandem was sagen.«

»Wie konntest du denn *davon* nichts sagen, und beim Richter beschwerst du dich über Dinge wie Läuse auf dem Kopf und zu kurz geschnittene Haare?«

»Ich weiß nicht, ich war nicht mehr ich selbst …«

*

Es geht hier nicht darum, noch einmal über Herrn Patron zu richten. Wenn jemand außer dem Strafgericht das Recht hat, über ihn zu urteilen, dann ist es Jessica, und sie hat sich lange geweigert, ihn anzuzeigen, aus Angst, er könne ihr böse sein. Aber wir dürfen fragen: Wer ist Herr Patron wirklich?

Ein Verliebter auf Abwegen

Während der Ermittlungen gestand Herr Patron die Berührungen unter den Kleidern, das Masturbieren, die Cunnilingi, bezeichnete sie aber als einvernehmliche Beziehung zwischen Erwachsenen: Er sei in Jessica verliebt gewesen, und nachdem sie volljährig geworden sei, hätten sie sich »angenähert«. Während des Prozesses hielt Herr Patron eine Lobrede auf eine »mutige, willensstarke, entschlossene« junge Frau, in der er sich wiedererkannt habe. Ein Opa von einundsechzig Jahren, der in ein achtzehnjähriges Mädchen verliebt ist? Nun gut.

Doch man muss diese Version in mehreren Hinsichten korrigieren. Zum einen kam es vor, dass Herr Patron Jessica vor anderen schlechtmachte, weil sie angeblich intellektuell beschränkt sei. Des Weiteren erzog er sie nach eigener Aussage wie seine Tochter. Einige Monate nach Laëtitias Tod erklärte er vor zwei Journalisten von *Ouest-France*: »Auch wenn sie nicht unsere Tochter ist, haben wir sie erzogen und geliebt wie unsere eigenen Kinder. Ohne Zuneigung kann man auf ein Kind weder einwirken noch es erziehen.«

Wenn Herr Patron wirklich verliebt gewesen ist, dann war seine »Leidenschaft« zumindest inzestuös. Für Jessica entstand daraus eine Art von Befleckung, die nichts je wird reinwaschen können.

Am Ende des Prozesses brach Herr Patron in Schluchzen aus:

»Ich wusste nicht mehr, was meine Rolle war. Bitte verzeih mir, Jessica.«

Ein Triebtäter

Warum wurde Herr Patron in vorgerücktem Alter Pflegevater? Es gibt mehrere mögliche Antworten: aus Nächstenliebe, und da kommen die Kinder der Jugendhilfe gleich nach den Alten; um sich beruflich mit einer lukrativen Tätigkeit umzuorientieren; um an seine »Beute« heranzukommen, an Kinder, die durch ihre Familiengeschichten destabilisiert waren und keinen anderen »Schutz« hatten als den, den er ihnen bot. Betrachtet man Herrn Patron als Pädophilen, leuchtet die Chronologie ein: Von Clémentine in den Jahren 2003 und 2004 wechselt er von 2006 bis 2011 zu Jessica, ohne Lola und Justine zu vergessen, zwei Freundinnen der Perrais-Schwestern, zwischen 2009 und 2010. Herr Patron hatte Laëtitia und Jessica versprochen, das Haus, das er an der Route de la Rogère baue, sei für sie bestimmt. Zufluchtsort Familie oder Sexgefängnis?

Schon im 19. Jahrhundert sind die Mädchen der Jugendfürsorge für die Lust des Herrn da. Nicht er missbraucht sie, wie sie vorgeben, sondern sie verführen ihn: Wenn sie damit nicht glücklich sind, sollen sie sich doch was anderes suchen, nach allem, was man für sie getan hat! In jedem Fall sind es Wesen ohne Wert, ohne soziale Existenz, die für niemanden zählen. Unter dem Einfluss der neuen pädagogischen Kultur des 18. Jahrhunderts setzt sich zwischen dem Strafgesetzbuch von 1810, das »Sittlichkeitsverbrechen« unter Strafe stellt, und dem Gesetz von 1832, das Minderjährige unter elf Jahren schützt, die Notwendigkeit des Kinderschutzes durch. Delikte werden zunehmend verfolgt, doch die Mädchen der öffentlichen Fürsorge sind deshalb nicht weniger gefährdet – genauso wenig wie Dienerinnen und Mägde, Bauernmädchen, Hirtinnen und Bettlerinnen. Klar ist: Das Schicksal von Clémentine und Jessica ist tragischerweise alltäglich.

»Trotz allem« ein guter Vater

Jessica empfindet gegenüber ihrem Pflegevater weder Hass noch Verbitterung. Melancholisch zieht sie über ihre Pubertät Bilanz: »Die Patrons waren eine zweite Chance. So etwas hat man selten im Leben, die mussten wir ergreifen. Wäre er ein wirklicher Vater gewesen, hätte es gut sein können … Dann wäre ich jetzt noch in Pornic.« Jessica wird in ihrem Leben also nur zwei unvollkommene Väter gehabt haben, halb nett, halb verdorben. Kann man behaupten, Herrn Patrons Erziehungsarbeit sei durch bedauerliche Entgleisungen zunichtegemacht worden?

In seiner Anklage äußerte der Staatsanwalt eine Form von Nachsicht und wendete sich dabei direkt an den Angeklagten: »Ich beantrage nicht die Höchststrafe, denn auf der Stufenleiter des Horrors stehen Sie weit oben, aber nicht an der Spitze.« Herr Patron wurde zu acht Jahren Gefängnis verurteilt, tatsächlich hatte er mit zwanzig rechnen müssen.

Doch eine Frage brennt auf der Zunge: Und Laëtitia?

20

Die Achse Patron–Sarkozy

In der öffentlichen Erzählung des Falls stellten Herr und Frau Patron alle anderen in den Schatten. Sie wurden dargestellt, als wären sie die leibliche Familie von Laëtitia. Fast alle Reportagen entstanden in La Bernerie oder in Pornic an der Route de la Rogère, und wenn die Zeitungen titelten: »Eine Familie in Angst«, dann meinten sie die Patrons. Frau Patron erklärte vor einer Kamera von France 2 selbst: »Wir hoffen trotz allem, dass unser Töchterchen irgendwo noch lebt.«

Für diese Vereinnahmung von Erinnerung gibt es mehrere Gründe. Zunächst einmal wohnte Laëtitia bei den Patrons, und sie wurde 50 Meter von deren Haus entfernt entführt; das »Drama von Pornic« fand sozusagen vor ihrer Tür statt. Außerdem halten Herr und Frau Patron und ihre Kinder mit ihren Gefühlen nicht hinter dem Berg. Und schließlich brauchen die Medien Leute, die sie interviewen, und Orte, die sie zeigen können. Für all das sind die Patrons gute »Kunden«. Im Gegensatz zu Franck Perrais drückt sich Herr Patron verständlich und schlüssig aus und legt eine große Sprachbeherrschung und natürliche Gewandtheit an den Tag. Als Vater von drei erwachsenen Kindern, mehrfacher Großvater und vom Conseil général bezahlter Pflegevater strahlt dieses bodenständige Mannsbild von einundsechzig Jahren eine Würde aus, an der es dem wegen Vergewaltigung verurteilten Franck Perrais mit seinen oft rätselhaften Äußerungen komplett mangelt. Und die Mutter der Zwillinge, Sylvie Larcher, bleibt unsichtbar.

Der Gedenkmarsch vom Samstag, den 29. Januar 2011, der wichtigste von allen, veranschaulicht diese Verteilung von Sichtbarkeit. Laëtitia wird seit zehn Tagen vermisst, der Hauptverdächtige hüllt sich in Schweigen, während sich der Staatspräsident höchstpersönlich der Sache angenommen hat. Vor dem Rathaus von La Bernerie sind vier Zelte aufgestellt worden, darin Kondolenzlisten, in die man sich eintragen kann. Ab 14 Uhr marschieren zweitausend Menschen auf Laëtitias letztem Weg vom Hôtel de Nantes bis zur Stelle, an der man ihren Scooter und ihre Ballerinas fand. Alle drei Familien sind dabei: die Patrons vorn, die Perrais und die Larchers weit dahinter, verloren inmitten der Menge.

Der Zug biegt in die Route de la Rogère ein und bleibt schließlich an der Stelle stehen, an der Laëtitia umfiel. Als Jessica den Blumenstrauß niederlegen will, bekommt sie einen Schwächeanfall und bricht zusammen. Franck und Stéphane Perrais stürzen zu ihr, doch Herr Patron wirft sich dazwischen:

»Lassen Sie sie, lassen Sie uns!«

Er hebt sie auf und führt sie zur Seite.

»Kommt gar nicht infrage«, ruft Stéphane Franck zu und packt ihn am Arm. »Das ist deine Tochter, kümmere du dich um sie!«

An seiner Haustür hält der schwer mitgenommene Herr Patron eine Ansprache vor den Kameras: »Wir wollen dir heute unsere Liebe bekunden und dich auf jenem Weg begleiten, den du zuletzt genommen hast. Wenige Meter von zu Hause entfernt – deinem Zuhause, wie du sagtest – ist dein Leben umgekippt. [...] Wir werden weitermachen, für dich. Wir lieben dich.« Seine Stimme bricht.

Diese Bilder werden von allen Fernsehsendern übernommen. Am folgenden Tag, dem 30. Januar, bringt ein weiterer Gedenkmarsch vorm Polizeipräsidium von Nantes, zu dem die Familie mütterlicherseits aufgerufen hat, nur zweihundertfünfzig Menschen zusammen. Laëtitias Onkel und Pate Alain Larcher fragt: »Wer beweist uns überhaupt, dass sie tot ist?«

Tatsächlich nimmt die Berichterstattung über die Patrons mehr Raum ein als die über Laëtitias Verschwinden. Heute, da Frau Patrons Mann im Gefängnis sitzt, prangert sie die unmenschliche Penetranz, Grausamkeit und Feigheit der Journalisten an, und man möchte auch gern glauben, dass es schwer war, diesen Belästigungen standzuhalten. Doch die Haltung des Paars war nicht immer so entschieden. Im Februar 2009 hielten Herr und Frau Patron in einem Interview mit *Presse Océan* noch die typische, gern gehörte Rede aller Pflegefamilien seit dem 19. Jahrhundert:

Ihre Aufgabe sei es, Kinder in schwierigen Situationen bei sich aufzunehmen und für ihr Glück und ihre Zukunft Sorge zu tragen, »um sie wieder auf die rechte Bahn zu bringen«.

Mit Laëtitias Tod wird der Druck der Medien dann unerträglich: Nicht nur die Lokalpresse, sämtliche Printmedien und Fernsehsender drängeln sich vor der Haustür der Patrons. Ihre verlockenden Angebote und der eigene Überlegenheitskomplex sind es wohl, die die Patrons dazu bringen, sich den Medien anzuvertrauen. So erklärt ihre Tochter einem Journalisten von France 2, Laëtitia habe Meilhon zwei Wochen zuvor kennengelernt – und diese Fehlinformation wird von allen anderen übernommen. Herr Patron wiederum beschreibt den Journalisten schon sehr früh die Nacht der Entführung:

> »Ich hörte einen Krach; auf meinem Radiowecker war es 1.29 Uhr. Ich konnte nicht schlafen, weil Laëtitia noch nicht zurück war. Es war ein Auto, das verlangsamte, dann schlugen zwei Türen zu, und das Auto fuhr schnell wieder an. Als ich im Schlafanzug auf die Straße hinauslief, war nichts mehr zu sehen. Ich habe vor meinem Haus eine Baustelle, ich dachte, irgendeiner wäre gekommen und hätte Material gestohlen. Die Batterie meiner Taschenlampe war schwach, deshalb habe ich den Scooter nicht gesehen.«

Vergleicht man die Aussagen der Patrons mit jenen aus dem Jahr 2009, stellt man fest, dass sich ihre Botschaft verändert hat. Es geht nicht mehr um Gerechtigkeit für Kinder, sondern um Gerechtigkeit gegen Gewalttäter, die diese angreifen. Am 24. Januar 2011 fordert Herr Patron beim Marsch zur Saint-Nazaire-Brücke neue Maßnahmen gegen Wiederholungstäter und verlangt, man solle diese »Gestörten« einsperren. Frau Patron wiederum befürwortet »lebenslängliche Strafen im echten Wortsinn: dass sie mit den Füßen voran [aus dem Gefängnis] herauskommen«. Vor ihrem Haus fordert ein Aushang auf, »Gerechtigkeit für Laëtitia zu üben«, und auf dem Asphalt stehen in orangener Farbe die fünf Worte: »Der Mörder muss bezahlen = Gerechtigkeit.«

Indem Herr Patron zu Gedenkmärschen und Solidaritätsbekundungen aufruft, während der Märsche Ansprachen hält und Aufrufe an den Staatspräsidenten verfasst, indem er denunziert, fordert und inszeniert, unterhält er ein zumindest zwiespältiges Verhältnis zu den Medien.

Zudem ist das Vokabular des Schmerzes nicht neutral. »Gerechtigkeit üben«, »bezahlen lassen«, gegen »Rückfälligkeit« kämpfen und Sexualstraftäter lebenslang einsperren: Nicolas Sarkozy erhält von den Patrons willkommene Rückendeckung. Ihre Angst ist sicher aufrichtig. Sarkozys ganze Klugheit bestand darin, diesen Rohstoff zu nutzen, um ihn in einen politischen Gegenstand zu verwandeln.

*

Ich bin mit Jean-Pierre Picca verabredet, der von 2010 bis 2012 Justizberater des Präsidenten war und heute Rechtsanwalt in Paris mit einer großen Kanzlei an der Place Vendôme ist. Während ich in einem Salon mit vergoldetem Stuck und gewachstem Parkett warte, kommt mir ein gut aussehender, herzlicher, umgänglicher Mann in Anzug und Krawatte entgegen. Er erklärt mir gleich, er gehe auf Journalistenanfragen normalerweise nicht ein, doch meine Herangehensweise als Historiker und Soziologe interessiere ihn. Er warnt mich vor, er werde keinerlei Kritik am Präsidenten üben – und er hält sein Wort, auch wenn er dabei ein wenig zum Apparatschik wird, doch Loyalität ist eine Tugend, die heutzutage rar ist, beeilt sich sonst doch jeder kleinste aus dem Amt gedrängte Staatssekretär und noch die letzte aktuelle Freundin, ein Killerbuch über denjenigen zu veröffentlichen, der sie einst aus dem Schatten holte.

Jean-Pierre Picca hat fünfundzwanzig Jahre lang als Richter und Staatsanwalt gearbeitet. Im Laufe seiner glänzenden Karriere war er Staatsanwalt in Marseille, Verbindungsrichter in Washington, Oberstaatsanwalt in Lorient, dann gehörte er der Regierung von Nicolas Sarkozy an.

»Der Präsident hat Herrn und Frau Patron getroffen. Das ist kein Geheimnis, es ist öffentlich bekannt. Und es passt vollkommen zu dem Mann, der er ist. Er ist der Überzeugung, das sei das Mindeste, was man für Menschen tun könne, die ein solches Unglück treffe. Es gibt eine Stimmung im Volk, und da der Präsident das französische Volk verkörpert, übermittelt er dessen Botschaft.

Ich war bei diesem Treffen dabei. Es war ein emotionaler Moment voller Mitgefühl und Solidarität. Das Ganze war ein informelles Gespräch: ›Wie geht es Ihnen, was kann ich für Sie tun, wie kann ich Ihnen helfen?‹ So ist der Präsident immer gewesen. Solche Fälle erschüttern ihn, und er kümmert sich um die Familien. Er fragt, wie es ihnen geht und wie man eine solche Tragödie überstehen kann. Er beruhigt auch: Die Familie ist nicht allein, die Staatsgewalt ist mobilisiert, und sie tut alles, um den Fall aufzuklären.«

Für Jean-Pierre Picca erfüllt der Staatspräsident damit zwei Funktionen. Zum einen bringt er die Solidarität des ganzen Landes zum Ausdruck – während seiner Amtszeit hat Nicolas Sarkozy auch Familien von im Dienst getöteten Polizisten empfangen und ebenso die Familie der von einem Wiederholungstäter ermordeten Joggerin. Zum anderen prüft der Präsident, ob es Versäumnisse gegeben hat oder die Tat durch bestimmte Umstände begünstigt wurde. Ein junges Mädchen von achtzehn Jahren wurde brutal umgebracht: Gibt es eine Erklärung, die man den Franzosen dafür geben kann?

Jean-Pierre Picca hat in mehreren Punkten recht. Nicolas Sarkozy hat fraglos Fürsorge für Opfer im Allgemeinen und die Patrons im Besonderen bewiesen; Letztere empfing er zweimal im Élysée-Palast: am 31. Januar und am 17. Februar 2011. Auf seine Einladung hin war Jessica zum ersten Mal in Paris; nach dem ersten Treffen mit Herrn und Frau Patron hatte der Präsident verlangt, man solle auch »Fräulein Perrais« einladen. Am 17. Februar übernachteten alle drei in Paris in einer Wohnung, die ihnen der Bürgermeister von Pornic zur Verfügung stellte. Bei dieser Gelegenheit wurde dem Präsidenten ein T-Shirt vom Gedenkmarsch mit Laëtitias Foto überreicht. Dieser vermittelte Jessica zudem ein Praktikum in der Gendarmerie. Bei der Fahndung nach Laëtitia ließen Staatsgewalt und Gericht den Ermittlern freie Hand und scheuten weder Mittel noch Kosten. Zumindest in dieser Hinsicht war die Politisierung des Falls von Vorteil.

Das erste Treffen, das vom 31. Januar, erfährt das größere Medienecho. Es findet im Beisein des Anwalts der Patrons Pascal Rouillier, des UMP-Abgeordneten in Loire-Atlantique und Bürgermeisters von Pornic Philippe Boënnec, des Kommunikationsberaters des Präsidenten Franck Louvrier und des Rechtsberaters Jean-Pierre Picca statt. Am selben Tag kündigen der Innenminister und der Justizminister die Schaffung einer Überwachungsstelle für Sexualstraftäter an, um »die Versäumnisse in der Strafverfolgung« zu korrigieren. Als Philippe Boënnec den Élysée-Palast verlässt, stößt er in dasselbe Horn wie der Präsident: »Während des gesamten Verfahrens wurden Fehler gemacht. Diejenigen, die Fehler begangen haben, werden darüber Rechenschaft ablegen müssen.«

Der Präsident leitet eine Reihe von Maßnahmen ein, zu denen er schon bei früheren Vorfällen dieser Art gegriffen hat: Er lässt den Staat intervenieren, bekundet sein Mitgefühl, lädt die Familie in den Élysée-Palast ein, kündigt repressive Maßnahmen an und erwählt Sündenböcke. Eine solche Politik braucht Vermittler. Für die Medien wie für den Élysée-Palast ist Herr Patron der Repräsentant und Wortführer der Familie. Nach der Gleichsetzung von Meilhon mit einem mehrfach rückfälligen Sexualstraftäter ist das die zweite Fehldarstellung: Herr Patron als Laëtitias Vater. Sarkozy und Patron sind, jeder in seinem Rede- und Tätigkeitsbereich, Vaterfiguren, moralische Autoritäten, Referenzen, Bollwerke, die verkörperte Courage.

Die mediale Allgegenwart von Herrn Patron und die Übereinstimmung seiner politischen Haltung mit der des Präsidenten können ihre Wirkung nur auf Kosten von Franck Perrais entfalten, dem wirklichen und einzigen Vater der Zwillinge. Herr Patron, der gebeutelte Patriarch, der vom Himmel Gerechtigkeit fordert, hat mehr Gewicht als der bescheidene Perrais mit seiner gebrochenen Nase, seinem blonden Bürstenschnitt, seinen Tattoos und seinem

Ohrring, diesem Symbol eines immer schon unterlegenen Lumpenproletariats, mit dem sich kein Fernsehzuschauer und kein Wähler identifizieren kann. Während Herr und Frau Patron also am 31. Januar mit großem Pomp vom Staatspräsidenten begrüßt werden, wird Franck Perrais auf die Schnelle von besagtem Jean-Pierre Picca empfangen. Was werden sich die Standesperson und der ungehobelte Kerl, der hochrangige Staatsbeamte und der Zeitarbeiter, ehemalige Gabelstaplerfahrer, ehemalige Koch und ehemalige Arbeitslose, die auf unwahrscheinliche Weise in den goldglänzenden Zimmerfluchten der Republik zusammenfanden, zu sagen gehabt haben? Der Erste habe dem Zweiten die Anteilnahme des Präsidenten bekundet, und alles sei bestens verlaufen. »Über das weitere Verfahren wird er informiert werden«, kommentierte man nüchtern im Élysée-Palast.

Die systematische Ausblendung von Laëtitias Vater ist kein Zufall. Zu einem Zeitpunkt, da die Diskussion über rückfällige Sexualstraftäter mit Hochdruck neu lanciert wird, wäre es unglücklich, die Geste des Präsidenten mit einem Mann zu verbinden, der wegen Vergewaltigung rechtskräftig verurteilt wurde.

Franck Perrais deutete es am Rande eines Gedenkmarschs für seine Tochter vor den Kameras selber an:

»Wir wurden von der Justiz geohrfeigt und wir wurden ausgeklammert. Das hat wehgetan.«

»Warum ›ausgeklammert‹?«, fragt der Journalist. »Meinen Sie den Präsidenten?«

Franck Perrais' Lippen verziehen sich zu einem Lächeln:

»Ja, genau …«

Dieses Hin und Her zwischen wahren und falschen, symbolischen und stellvertretenden Vätern, diese Inszenierung von Autorität hat nur einen Zweck: die Aneignung der Ikone Laëtitia. Die Ausgrenzung des »biologischen« Vaters inmitten seiner Trauer hat Gründe, die jeder kennt und keiner benennt.

Tatsache jedenfalls ist: Patron hat Perrais in den Schatten gestellt. Diese Auswechslung, die von der gesamten Familie Perrais schmerzlich als eine solche empfunden wird, erscheint erst dann anmaßend, als Herr Patron selbst wegen Vergewaltigung angeklagt ist. Da erinnert man sich dann nicht nur, dass Laëtitia einen Vater hatte, sondern auch, dass dieser niemals sein elterliches Sorgerecht verloren hat und doch erwähnenswert ist, so »nichtswürdig« er auch gewesen sein mag, nicht zuletzt, weil er seine Tochter verloren hat. Und da versteht man, dass der Staatspräsident Seite an Seite mit einem Pädophilen gegen Sexualstraftäter gekämpft hat.

Die Achse Patron–Sarkozy, ein politisch-emotionaler Gelegenheitspakt, entpuppt sich als ein Projekt gegenseitiger Instrumentalisierung, als Täuschungsmanöver, bei dem jeder den anderen zu vereinnahmen versucht.

21
Die Berufsschule von Machecoul

Am Ende der neunten Klasse erhalten Laëtitia und Jessica ihr »Certificat de formation générale«, ein Zeugnis, das Kenntnisse einer allgemeinbildenden Schulausbildung auf SEGPA-Niveau bescheinigt. Im September 2008, dem Jahr, als Herr Patron seine Übergriffe auf Jessica wiederaufnimmt, beginnen sie das erste Ausbildungsjahr in einer Klasse für Gastronomieberufe (APR) in der Berufsschule Lycée Louis-Armand von Machecoul, 20 Kilometer von Pornic entfernt. Die Ausbildung, die Schülern mit SEGPA-Abschluss vorbehalten ist, bereitet auf einen Facharbeiterabschluss (CAP) vor, der einem erlaubt, in Großküchen wie Schulkantinen oder Altenheimen zu arbeiten. Ist man ein solcher »Agent polyvalent de restauration«, kann man Speisen in großen Mengen kochen, bedienen, sauber machen und spülen. Jessica wählt Kochen, Laëtitia den Service. Jede hat sich für ihren Zweig selbst entschieden und beide sind glücklich damit.

Habe ich das Recht, von einer »Entscheidung« zu sprechen, wenn ich doch weiß, dass sie nichts wirklich entscheiden konnten? Eine CLAD-Klasse in der Grundschule, SEGPA-Niveau in der Mittelschule, CAP als weiterführende Ausbildung: Man könnte in diesen Akronymen die Illustration der Determinismen sehen, die auf allen Kindern aus der Unterschicht lasten, die von der Grundschule an auf unterbezahlte, ermüdende und wenig anerkannte Berufe hinorientiert, das heißt gelenkt werden. Gleichzeitig ist das Ziel all dieser Sonderklassen, Kinder mit Schwierigkeiten überhaupt im Schulsystem zu halten, und zwar in Grund-, Mittel- und weiterführender Schule. Im 19. Jahrhundert verließen die Mündel der öffentlichen Fürsorge die Schule höchstens mit einem Volksschulabschluss, der für ein Leben in den Grenzen eines Bauernhofs oder einer Werkstatt ohnehin nutzlos war. Frau Patron sagt es so: Es ging nicht darum, »Eliteschülerinnen aus ihnen zu machen«, sondern ihnen eine Ausbildung und damit einen Beruf zu ermöglichen, der ein Gehalt und ein unabhängiges Leben verschafft.

Die französische Gesellschaft ist demokratischer geworden, und man kann nachvollziehen, dass Laëtitia und Jessica über ihre beruflichen Perspektiven glücklich sind. Selbst wenn man von dem befriedigenden Gefühl absieht, das man bei der Ausübung eines Berufs in der Gastronomie, im Empfang oder im Service empfinden kann, ist ein Facharbeiterbrief im Vergleich zum Berufsweg ihrer Eltern die Verheißung eines sozialen Aufstiegs. Diesen Abschluss haben sie sich hart erkämpft, und in diesem Sinn kann man sagen, sie haben es weit gebracht.

Machecoul, ein 6000-Seelen-Städtchen im Süden des Departements Loire-Atlantique an der Grenze zur Vendée, ist ein schulischer Hotspot: Jeden Tag liefern Schulbusse zwischen 6.45 Uhr und 8.15 Uhr hier 1800 Schüler ab, die die öffentliche Mittelschule Collège publique Raymond-Queneau, die private Sekundarschule Collège-Lycée Saint-Joseph, die private Berufsschule Lycée professionnel Saint-Martin und die öffentliche Berufsschule Lycée professionnel Louis-Armand besuchen.

Laëtitia und Jessica steigen aus dem Bus, laufen durchs Tor des Lycée Louis-Armand, legen ihre Sachen in einem grünen, roten oder blauen Metallspint ab, gehen in den Pausenhof, begrüßen ihre Freundinnen und schwatzen einen Moment, dann gehen sie beim Klingelzeichen in ihre Klassen. Die Schule hat eine gute Geschlechtermischung: Es gibt Jungen, die einen Koch- oder Restaurant-Facharbeiter, und Mädchen, die ein CAP in Kfz-Instandhaltung anstreben. Die Schüler verfügen über zwei riesige Edelstahlküchen, eine für den Unterricht, die andere für die Mensa, beide mit je zwölf Arbeitsplätzen inklusive Kochstellen und Backofen bestückt. Während die Schüler des Koch-CAPs die gesamte Ausstattung nutzen dürfen, haben die Restaurant-CAP-Schüler nur zur Unterrichtsküche Zugang: Sie dürfen die Mensaküche nur betreten, um sich im Putzen zu üben. Ein Spülraum trennt die beiden Küchen voneinander.

Die ersten und zweiten Klassen im Restaurantfach belegen mehrere Kurse:

– *Kochen.* Hier lernt man, Mürbe- und Blätterteig, Mayonnaise und Soßen herzustellen. Der Lehrer, Herr Maout, zieht die Perrais-Schwestern freundlich auf: »Ihr klebt die ganze Zeit zusammen«, »hör auf, alles wie deine Schwester zu machen«. Wenn er ihre Hausaufgaben korrigiert, weiß er sofort, ob eine bei der anderen abgeschrieben hat. Als Jessica ihr CAP erhält, gratuliert er ihr mit einem: »Das ist dir wohl zugelaufen«. Fabian, Laëtitias bester Freund, kommentiert den Scherz so: »Herr Maout ist sehr nett und sehr gut. Ich habe es noch nicht geschafft, ihn im Kochen zu schlagen.«

– *Mathe.* Ausgehend von einem Basisrezept soll man die Mengen für zehn oder fünfzehn Personen in Gramm, Dezilitern und so weiter berechnen.

– *Biotechnologie.* Ein ziemlich theoretisches Fach, bei dem man lernen soll, Vorräte zu verwalten. Die Schüler kommen immer leicht entmutigt aus dem Unterricht.

– *Geschichte/Literatur.* Jessica erinnert sich, etwas über die Geschichte der Pommeraye-Passage, einer prachtvollen Ladengalerie in Nantes, gelernt zu haben. Fabian erinnert sich an einen Text, den er wohl mit seiner Mutter über die Nachspeisen, die sie als Kind mochte, verfasst hat.

– *Englisch, Angewandte Künste* oder *Sport.* Eine Erste-Hilfe-Bescheinigung ist für Großküchen übrigens obligatorisch.

Die Lehrer können sich an Laëtitia und Jessica bestens erinnern, zum einen wegen der Tragödie, die das gesamte Schuljahr 2010/11 überschattete, aber auch, weil es selten ist, Zwillinge in einer Klasse zu haben. Beide sind ernsthaft bemüht, eifrig und freundlich, und sie haben differenzierte Persönlichkeiten und Verhaltensmuster. Laëtitia ist leistungsstärker als Jessica, aber weniger fleißig, und ruht sich auf guten Ergebnissen aus. Die emsigere, reifere und selbstsicherere Jessica führt das Duo an.

Die Jahre in Machecoul sind in jeder Hinsicht Lehrjahre: Sie sind berufliche Orientierung, Aufbau eines Freundeskreises und für Laëtitia die Zeit der ersten Lieben. Ihre Clique besteht aus Lydia, Marie, Jonathan, Fatima, Kévin und Maxime. Im Gegensatz zu Jessica, die der Sexualität noch mit gemischten Gefühlen begegnet, hat Laëtitia erste Intimpartner.

*

Ich traf Laëtitias Freund Kévin im Februar 2015 in einem Café in Nantes. Kévin ist ein schmaler, aber muskulöser, eigensinniger junger Mann mit kurzen Haaren und einem hageren Gesicht mit schönen, grünen Augen und hohen Wangenknochen. Sein Hoodie gibt den Blick auf ein Harley-Davidson-T-Shirt frei. Im linken Ohr trägt er zwei Stahlringe und an den Händen Fingerringe, einen mit einem Totenkopf und einen mit dem Pik-Symbol. Während ich ihm von meinem Buchprojekt erzähle, schaue ich mir seine Tätowierungen an, die Laëtitia möglicherweise gekannt hat. Ein rot-schwarzes Teufelchen. Ein Karo-Ass mit der Unterschrift »Poker auf den Tod«. Eine Triskele: ein keltisches Symbol mit drei Zweigen, das ein Baby, einen jungen Mann und einen Greis zeigt – der Zyklus des Lebens.

Als Kévin Laëtitia im Schuljahr 2009/10 kennenlernte, bereitete er gerade ein Fachabitur zum Automechaniker vor, sie befand sich im zweiten Ausbildungsjahr zur Restaurantfachfrau. Auf einer Schulfahrt nach England kamen sie im Bus zusammen. Die Sehenswürdigkeiten in London gefielen ihnen, auch wenn sie, so wie alle, Schwierigkeiten mit dem Englischen hatten. Während der Reise hatten sie keine Zeit zusammen zu sein, die Klasse war ständig unterwegs und mit Museumsbesuchen beschäftigt. Abends fuhr jeder in seine englische Gastfamilie zurück. Laëtitia machte mit ihrem Handy Fotos und kaufte sich einen Schlüsselanhänger in den Farben der englischen Flagge.

Auf der Rückfahrt war sie dann mit Maxime zusammen, einem anderen Jungen aus der Klasse. »Ich war traurig, sehr traurig«, erinnert sich Kévin. »Das hat mir das Herz zerrissen. Aber ich fand mich damit ab.«

Später kamen sie wieder zusammen. Laëtitia war ein hübsches, fröhliches, strahlendes Mädchen mit langen braunen Haaren und haselnussbraunen Augen, doch ihre Schönheit machte sie nicht hochmütig. Sie war unaufdringlich und einfach. Nie haben sie sich »gegenseitig die Hölle heißgemacht«.

Obwohl sie Sinn für Humor hatte, machte sie selbst keine Scherze. Sie hörte zu.

Hat es etwas Leidendes an ihr gegeben? Nein, nicht wirklich. Oder ja, doch, aber das hat man nicht gesehen, das ließ sie sich nicht anmerken. Sie sprach nicht über das, was sie erlebt hatte. Sie verstanden sich, weil auch Kévin als Kind Probleme gehabt hatte.

Kévin ist nicht sehr gesprächig mit mir. Manchmal fallen meine Fragen ins Leere. Er kommt aus einer Welt, in der man wenig redet, vor allem, wenn man eine schwierige Kindheit hatte. Bei manchen ist Schweigen Leere, bei anderen Scham.

*

Pornic, La Bernerie: kleine Badeorte am Atlantik, im Sommer voller Touristen, im Winter verschlafen. Machecoul: ein Marktflecken inmitten der Sümpfe.

Laëtitia und Jessica sind zwischen Meer und Land, Strand und Hecken aufgewachsen. Sie haben alles kennengelernt, was eine Jugend in der Peripherie einer Stadt so bereithält: den Schulbus, den man um 7.30 Uhr erwischen muss und in dem man bei heißem Benzingeruch und dem grellen Licht der Deckenleuchten zu seinen Freunden stößt; die Schule, in die alle gehen und wo man weiß, wer mit wem zusammen war und wie und warum es auseinandergegangen ist; ruhige Ecken, in die man zum Rauchen oder Knutschen geht; Einfamilienhausreihen wie an der Route de la Rogère, die weder Stadt- noch Landstraße ist, sondern eher eine Achse, die verschiedene Kreisverkehre miteinander verbindet; den Bungalow mit ebenerdigen Schlafzimmern, Veranda und Garten, den die Eltern gekauft haben oder »bauen ließen«; die Entfernung zu allen Orten wie Schule, Stadt, Supermarkt, sportlichen Aktivitäten, Freunden, die es erforderlich macht, dass man von den Eltern mit dem Auto hingebracht wird, und die in der Pubertät den Kauf eines Motorrollers rechtfertigt, dieses Vehikels zu ungeahnter Freiheit (die Zwillinge bekamen ihre zu Weihnachten 2009: Laëtitia einen roten, Jessica einen schwarzen Peugeot V-Clic); die Langeweile in den kurzen Ferien, in denen man zwischen Stadtzentrum, dem Zimmer des einen oder anderen Freunds, dem Strand oder im Wald zusammen herumhängt, ohne McDonald's zu vergessen, den unumgänglichen Treffpunkt und Ort von Geselligkeit; Diskotheken und der Rückweg von ihnen, auf dem Jugendliche in schlecht genommenen Kurven verunglücken.

Diese ländlichen Gegenden sind anonyme, wenig bekannte und wenig dargestellte Orte, von denen man nie spricht – von daher der Schock, wenn ein Unglück innerhalb von vierundzwanzig Stunden eine Hundertschaft von Journalisten anreisen lässt und man die Ehre hat, wochenlang im Fernsehen zu erscheinen. Die Perrais-Schwestern gehören weder zur reichen Jugend der Stadtzentren, die zwischen Cafés und hochselektiven Schulen aufwächst, noch zur Jugend der Vorstädte, deren Symbole Streetwear, Kiezslang und Beton sind.

Die Jugend auf dem Land, die der Schulbusse und Facharbeiterbriefe, hat keine Embleme. Es ist eine stille Jugend, die nicht von sich reden macht, schon früh hart arbeitet und in den ländlichen Gegenden und Kleinstädten ihrer Herkunft die Sektoren Handwerk und Dienstleistung aufrechterhält. Wenn diese Schichten von Land und Küste jenes »Frankreich der Peripherie« ausmachen, von dem Christophe Guilluy spricht, dann ist der Fall Laëtitia ein Mord »unter armen Weißen« oder, genauer, »zwischen armen Weißen«, bei dem ein Underdog in einer gescheiterten Lage aus chauvinistischer Frustration oder sozialer Rache ein mutiges, gut integriertes Mädchen aus der Unterschicht attackierte. »Da haben sich Sozialfälle gegenseitig umgebracht«, seufzt man in der guten Gesellschaft von Nantes, zwei Monate bevor der Fall Dupont de Ligonnès daran erinnert, dass das Milieu der katholischen Notabeln sein eigenes Quantum an blutrünstigen Perversionen hervorbringt.

Dieser soziologische Aufriss erklärt das Fremdheitsgefühl, das mich beschleicht, als ich mit Jessica in Kontakt trete. Als Spross der mit Hochschulabschlüssen dekorierten Pariser Bourgeoisie bin ich nicht in Alkoholismus und Armut aufgewachsen und wurde nicht durch einen Jugendrichter meinen Eltern weggenommen, ich habe keine Berufsschule besucht und fahre eher mit der U-Bahn als mit einem Scooter. Für mich, der von Schlüsselwörtern wie Judentum, Bücher und Kosmopolitismus bestimmt ist, verkörpert

Laëtitia die Andersheit, die der Franzosen mit christlicher Kultur, einem einfach zu schreibenden Namen und festen Wurzeln in einer Gegend, die der Nachkommen eines Geschlechts, und sei es auch das der Atriden. Ich weiß nicht, wer der Anormalere von uns beiden ist, sie oder ich.

Zu unseren eigenen Toten empfinden wir Distanz, während das Leid der anderen uns packt, bewohnt, quält, nicht loslässt. Für uns selbst ist nichts mehr auszurichten. Unsere Verletzung, das sind wir selbst, das ist das Drama und der Alltag unseres Lebens, unsere gezähmte Neurose, und wir haben uns daran gewöhnt wie an eine Behinderung. In Laëtitias Geschichte gab es drei fundamentale Ungerechtigkeiten: ihre Kindheit zwischen einem gewalttätigen Vater und einem sie missbrauchenden Pflegevater, ihr grausamer Tod im Alter von achtzehn Jahren und ihre Verwandlung in eine Nachricht, das heißt in ein Todesspektakel. Die beiden ersteren lassen mich verzweifelt und ohnmächtig zurück. Gegen die dritte rebelliert mein ganzes Wesen.

22

Vom Verbrecher als Mensch

Freitag, 28. Januar 2011

Während die Ermittlungsrichter Laëtitias Weg zwischen dem Hôtel de Nantes und der Route de la Rogère rekonstruieren und Taucher der Gendarmerie den Canal de la Martinière auf der südlichen Loireseite absuchen, erklärt Meilhons Bruder in der *Presse Océan*: »Wenn das Tony war, dann wird er nichts sagen.«

Europe 1 verkündet, man habe in Le Cassepot Werkzeugteile gefunden, die nahelegen, dass Laëtitias Leiche »möglicherweise nicht mehr vollständig ist«. Laëtitias Tod ist zu diesem Zeitpunkt nicht bestätigt, und ihre Zerstückelung ist für die Ermittler nur eine Arbeitshypothese. Martinot meint zu diesem Informationsleck: »Ich fand das grauenhaft für die Familie.«

Gegen 13 Uhr hält Xavier Ronsin vor der Gendarmerie von Pornic eine Pressekonferenz. Er bedauert, dass Meilhon, der sich immer noch in Schweigen hüllt, auf die Fragen der Ermittlungsrichter nur mit einem spöttischen Lächeln antwortet. Und schließt daraus: »Wir werden auch ohne seine Mithilfe auskommen, wir werden Laëtitias Leiche finden.« Auch hier muss man die Macht der Worte und das Risiko ermessen, das Xavier Ronsin trotz der steifen Gepflogenheiten eingeht, die einem Repräsentanten des Staates normalerweise obliegen. Obwohl die Ermittler keine Spur und keine Hinweise haben, hat der Oberstaatsanwalt gerade ein Versprechen gegeben.

Wenn Meilhon die Leiche nicht vergraben hat, hat er sie versenkt. Nachdem die Fahnder zuerst die Loire, Teiche, Bäche und Randbereiche des Strandes durchkämmt und eine ganze Armee von Gendarmen und Hundeführern mobilisiert haben, nehmen sie jetzt die »Komfortzonen« ins Visier, das heißt Orte, die Meilhon vertraut sind und gute Erinnerungen in ihm wecken. Ihre Überlegung ist folgende: Meilhon hatte sehr wenig Zeit, um die Leiche zu verstecken – nur ein paar Tagesstunden am 19. Januar. Er hat diese grauenhafte Handlung in einem Zustand von Müdigkeit und ungewohntem Stress begangen. Er hat praktisch nicht geschlafen, hat keine Zeit, um irgendetwas hinauszuzögern oder auch nur nachzudenken, er muss schnell, genau und effizient handeln, kurz: Er muss den Ort perfekt kennen. Er muss diesen Ort wie seine Westentasche kennen und ebenso alle kleinen, unauffälligen Zugangswege. Dieser Ort gefällt ihm, beruhigt ihn und tröstet ihn in einem Moment, da er das Schlimmste tut.

Die Ermittler vernehmen systematisch Meilhons Umfeld – Angehörige, Kindheitsfreunde, Klassenkameraden, Ex-Freundinnen, Diebeskomplizen, ehemalige Mithäftlinge –, um jene Orte ausfindig zu machen, die er seit frühester Jugend frequentiert. Die Fahndungsmittel – zu Fuß, mit Hunden, aus der Luft, zu Wasser, unter Wasser, höhlenkundlich – werden je nach Tauglichkeit der Orte, die Tat zu verschleiern, gewählt.

Dank der Zeugenaussage von Bertier gilt es als sicher, dass Meilhon am Nachmittag des 19. Januar am Einkaufszentrum Atlantis gewesen ist. Sein Handy loggte sich gegen 15 Uhr erst dort und dann in Couëron ein, danach war der Empfang unterbrochen. Man weiß außerdem, dass Meilhon seine Kindheit in Couëron, hinter Nantes, verbracht hat und dass er in einem Wohnwagen in Le Cassepot in der Nähe von Arthon-en-Retz lebt. Der Suchradius zieht sich zusammen.

Diese Strategie stammt von Frantz Touchais. Als Sohn eines Gendarms und selbst Gendarm in den Vierzigern ist er ein Mann der Werte, der nur für die Ermittlung lebt. Nach einem Studium der Wasser- und Forstwirtschaft verbrachte er sechs Jahre bei der Ermittlungskommission von Poitiers und zehn bei der von Angers. Sobald sich zeitlich eine Lücke auftut, nimmt er *cold cases* wieder auf: alte, nicht aufgeklärte Fälle. Um zu verhindern, dass sie verjähren, verfasst er kurze Ermittlungsprotokolle; das ist seine Art, die Toten nicht sterben zu lassen. Mit allem, was das Verfahren betrifft, ist er extrem gewissenhaft und seinem Staatsanwalt gegenüber sehr loyal. Er kann sich nicht vorstellen, jemals etwas anderes zu machen, als in Kriminalfällen zu ermitteln. Seine Leidenschaft hat seine Karriere ausgebremst: Da er zu lange Hauptfeldwebel war, kann er nicht mehr den Dienstgrad eines Majors erlangen, ohne die Ermittlungskommission zu verlassen. Doch in Anbetracht dessen, was für schwere Fälle er mit seinen Kollegen löst und welch wichtige soziale Funktion sie gemeinsam erfüllen, erscheint ihm die Frage nach dem Rang irgendwie lächerlich.

Sich in Meilhons Kopf hineinversetzen, seine Kindheitserinnerungen aufleben lassen, die Orte seiner Jugend abgehen, die Beziehung zu seiner Mutter verstehen: Um ein unmenschliches Verbrechen aufzuklären, müssen die Ermittler sich in die Menschlichkeit des Verbrechers einfühlen.

*

Tony Meilhon kam 1979 zur Welt. Seine Mutter wurde im Alter von fünfzehn Jahren von ihrem eigenen Vater vergewaltigt: Frucht dieser Vergewaltigung war ein Junge, der ältere Halbbruder von Tony. Für Cécile de Oliveira ist Meilhons ganze Abwehrhaltung auf Hochmut gegründet, das Gefühl, anders und besser zu sein als Normalsterbliche. Inzest ist der Gründungsakt seiner Familie, und das Gesetz, das einen solchen verbietet, ist mit diesem schon missachtet worden. Entweder hat das Gesetz recht und seine Familie ist monströs, oder seine Familie ist stärker als das Gesetz und dieses hat keinen Wert.

Die Mutter heiratet Jacques Meilhon, mit dem sie drei Kinder bekommt: einen Jungen, ein Mädchen und Tony. Der Mann, der das Kind aus dem Inzest als rechtlicher Vater annimmt, ist ein arbeitsscheuer, gewalttätiger und krankhaft eifersüchtiger Alkoholiker. Während seiner Anfälle schlägt er seine Frau und die Kinder – außer Tony, weil er das Nesthäkchen ist und ihm ähnlich sieht. Der Mann beginnt, seine Tochter zu begrapschen. Bis dahin hat die Mutter alles hingenommen: Armut, schlechten Fusel, das Geschrei und die Schläge, aber hier ist Schluss, diese Grenze darf nicht überschritten werden. Ihre Tochter soll nicht erleiden, was sie selbst erlitten hat.

Mit ihren vier Kindern und zwei Koffern flüchtet sie in ein Heim für misshandelte Frauen. Ihr Mann kauft ein Gewehr, um sie umzubringen. Als die Scheidung verkündet und der Vater seiner Rechte enthoben ist, landet sie in einer Sozialwohnung in der Hochhaussiedlung Bel-Air in Couëron, am Ufer der Loire. Die Kinder wachsen heran. Ende der 1980er Jahre geht sie eine neue Partnerschaft ein. Der kleine Tony entwickelt einen ungeheuren, gnadenlosen Hass auf seinen Stiefvater. Eine kleine Schwester wird geboren. Die Familie zieht in ein Häuschen in Couëron.

Tony wird »böse«: Er schließt sich auf dem Klo ein, schlägt mit der Faust auf Wände ein, attackiert die anderen Kinder, läuft wegen eines Jas oder eines Neins von zu Hause weg. In der fünften Klasse sticht er beinahe auf seine Lehrerin ein. In der sechsten liegt sein Notendurchschnitt zwischen Fünf und Sechs. Er beginnt Joints zu rauchen, die Lehrer haben genug. Zu Hause bekommt er zu hören: »Du bist wie dein Vater.« Mit zwölf wird er in einem Heim in Guérande untergebracht, dann in einer Sondereinrichtung. Seine Mutter und sein Stiefvater hätten ihn »loswerden wollen«. Ungerechtigkeitsgefühle.

Er reißt aus dem Heim aus und läuft zu Fuß nach Couëron zurück. Nach einem Marsch von einem Tag und einer Nacht kommt er mit blutenden Füßen schlotternd und ausgehungert bei seiner Mutter an. Seine Mutter erklärt: »Wir wollen dich hier nicht mehr haben.« Meilhon erzählt die Szene bei seinem Berufungsprozess von seiner verglasten Anklagebank aus. »Sie hat mich verstoßen wie ein … ja, wie was? Ich weiß nicht einmal …« Rasend vor Wut reißt er die Telefonkabel aus der Wand und drückt ihr eine Pistole an die Schläfe. Ein andermal geht er weg und schmeißt mit Steinen ein großes Glasfenster ein. »Ich bin nicht den richtigen Weg gegangen, mein ganzes Leben ist eine Qual. Ich hätte gern eine ausgeglichene Familie gehabt, mit Eltern, die sich lieben. Ich hatte das alles nicht. Eigentlich war es ein Drecksleben.«

Mit sechzehn ist er wieder in Couëron. Tony macht sich langsam einen Namen. Er schläft auf der Straße, bedroht Leute, klaut

Mofas und Autos, kippt literweise Bier hinunter. Er hat bald schon alles an Drogen probiert, was auf dem Markt zu haben ist. Es folgen die ersten Inhaftierungen. In Handschellen und von zwei Gendarmen bewacht, wohnt er 1997 der Beerdigung seines Vaters bei.

Als er mit achtzehn aus dem Gefängnis kommt, besucht er seine Freundin, die ihn verlassen hat, und steckt ihr eine Pistole in den Mund. Er findet eine Anstellung als Hundeführer, dann verdient er seinen Lebensunterhalt als Autowäscher. Eine Wiedereingliederungsstelle findet für ihn eine Wohnung in Nantes. 1999 wird er wegen der Vergewaltigung seines Mitgefangenen wieder eingesperrt. Wieder Ungerechtigkeitsgefühle.

2003, als er wieder draußen ist, zieht er mit einem sechzehnjährigen Mädchen zusammen. Beide sind drogenabhängig, doch ihr Leben verläuft einigermaßen geordnet, bis Tony mit drei Raubüberfällen wieder abstürzt. Er kommt wieder ins Gefängnis, doch sie lässt ihn nicht fallen. Das Baby, das sie im Besucherraum zeugen, wird bald schon in einer Pflegefamilie untergebracht. In seiner Zelle bewahrt Tony ein Foto seines Sohnes auf und zeigt es seinen Mithäftlingen. Wenn er einen guten Tag hat, ist er sanft und zärtlich und sagt zu seiner Mutter: »Mama, ich hab dich lieb.« An anderen Tagen ruft er sie aus dem Gefängnis an und beschimpft sie als »Hure« und »alte Schlampe«.

Die Zeugenaussage seiner Mutter während des Berufungsprozesses wird immer wieder von Schluchzen und Krämpfen unterbrochen. Sie darf sich setzen.

Der Vorsitzende Richter fragt: »Er sagt, Sie hätten ihm seinen Vater weggenommen.«

Unter Tränen wendet sie sich zu ihrem Sohn in der Anklagebank um: »Das ist nicht wahr, Tony!«

Sie fährt fort: »Ich habe meinen Sohn nicht vernachlässigt, ich habe alles getan, was ich konnte. Ich habe meine Kinder beschützt, ich habe gearbeitet, um sie zu ernähren. Ich habe niemanden im Stich gelassen, ich habe sie alle geliebt, und ich habe für Tony mehr getan als für die anderen. Und heute wird mir vorgeworfen, ich sei eine schlechte Mutter gewesen!«

Diese sehr schmale, blonde Dame, die dem vierten Strafprozess ihres Sohnes beiwohnt und seit zwanzig Jahren in Besucherräumen ein und aus geht, die alle Haftanstalten der Region kennt – Rennes, Angers, Nantes –, die ihrem Sohn die Wäsche gewaschen, ihn unterstützt, ermutigt, für ihn gebürgt, ihn auf der Arbeit besucht hat und immer noch liebt, trotz all der Leben, die er zerstört hat, diese Mutter ist eine Figur aus einer antiken Tragödie, und man starrt sie mit unendlichem Mitleid an. Einem der Geschworenen kommen die Tränen.

Im Februar 2010 wird Tony entlassen. »Ich habe keine Kontakte mehr, ich sehne mich nach dem Gefängnis. Die Justiz ist gescheitert, die Heime, meine Familie, ich selbst: Alle haben Anteil an diesem Scheitern. Ich fange wieder zu trinken an, ich rutsche wieder ab«, erklärt er bei seinem Prozess. Er bekommt Sozialhilfe und baut einen Metall- und Drogenhandel auf, überfällt lokale Unternehmen, stiehlt einen weißen Peugeot 106 in Couëron. Seine Tagesdosis: ein Liter Whisky, mehrere Sixpacks Bier, fünfzehn bis zwanzig Joints, zwei bis drei Gramm Koks, und Heroin, um sich vom Speed des Kokains wieder runterzuholen. Schon die Hälfte dieser Dosen würde jeden anderen umwerfen.

Er findet eine Freundin in Nantes, im Wohnblock seiner Schwägerin, die ihn zuvor beherbergt hat. Zu Anfang verstehen sie sich gut und fahren an den Étang de Lavau picknicken, doch Meilhon lagert Drogen bei ihr und sie lebt allein mit ihrem kleinen Sohn. Nach einer ersten Trennung zieht er mit seinem Wohnwagen nach Le Cassepot, dann kommen sie wieder zusammen, Versöhnungen wechseln sich mit Streits und Ohrfeigen ab. Vor dem Schwurgericht erzählt die junge Frau, er sei zu Weihnachten mit Champagner bei ihr aufgetaucht, habe ihn allein ausgetrunken und sie dann zum Sex gezwungen. »Nachdem er sich entleert hatte, schlief er ein.« Als er sie später am Fenster weinen sah, habe er ihr entgegengeschleudert: »Spring doch raus, ist mir wurscht!«

Wenn Meilhon in Couëron vorbeikommt, bietet er seinen Bekannten Shit an und erpresst von Jugendlichen aus der Gegend Schutzgelder. Als sein bester Freund stirbt, ist er tief deprimiert, er verliert jede Lebensenergie und erhöht seine Kokain-Dosen.

Nach einem Besuch bei seinem Halbbruder, der schlecht ausgeht – zerstochene Reifen, ein verwüsteter Garten, erwürgte Kaninchen –, zeigt dieser ihn an. Nun spricht Tony davon, seine Mutter umbringen zu wollen. Im menschlichen Schnellkochtopf, der er ist, erhöht sich der Druck. Wir befinden uns am Ende des Jahres 2010.

*

Seine Mutter und seine Brüder, seine Schwester, Kumpel und ehemaligen Mitgefangenen erzählen den Ermittlern von seinen Jugendjahren, seiner Blütezeit. Von Diebstählen, Besäufnissen, Sachbeschädigungen und den Wutanfällen eines Amokläufers, aber auch von lustigem Beisammensein, Fußballspielen mit den Kids aus dem Viertel, kleinen Gefälligkeiten und Handlungen aus Großmut. Im Gefängnis treibt er Bodybuilding. Er vermisst seinen Sohn. Die Anstaltsleitung gratuliert ihm, weil er einen Mithäftling gerettet hat, der sich erhängen wollte.

Tony ist ein Mann des Wassers: der stillen Wasser der Sümpfe und Sandgruben von Couëron, wo er sich der geklauten Mofas entledigte; der friedlichen Gewässer des Étang de Beaulieu, wohin er mit seinen Freunden zwischen zwei Sixpacks gern angeln ging; des sprudelnden Stroms des Acheneau, der den Étang de Briord speist und in dem es von Hechten nur so wimmelt; der tiefen, frischen Wasser von Lavau und seinen alten, gefluteten Granitsteinbrüchen, in die Jungen von den fünf Meter höher gelegenen Felsen springen; der kleinen Loirebucht auf der Höhe der Bosse-en-Gicquelais, wo angeblich schon Leichen aus dem Wasser gefischt wurden.

Während die Patrons am Montag, den 31. Januar 2011, auf der Treppe vor dem Élysée-Palast stehen, begleiten die Gendarmen von Pornic Meilhons Ex-Freundin zu ihrem Auto zurück. Es ist schon dunkel, das Vernehmungsprotokoll ist abgeschlossen und unterschrieben. Die junge Frau schickt sich an, nach Hause zu fahren. Während sie noch ein paar Minuten mit den Ermittlern plaudert, erzählt sie ihnen von einer Ahnung, die sie umtreibt. Ihrer

Meinung nach hat sich Tony der Leiche an einem unauffälligen Ort entledigt, den er gut kennt, weil er dort oft angeln war: dem Étang du Trou bleu in Lavau, den man nur über einen Trampelpfad erreicht, mit einem Felsen ganz am Ende.

23
Atlantische Räume

Wie der Hubschrauber auf der Suche nach der jungen Frau werde ich die Orte abfliegen, an denen sie ihr Leben verbracht hat. Zuerst Nantes: die Regionalhauptstadt mit ihren Plätzen und Platanen, ihrer Straßenbahn, ihrem Gerichtsgebäude und den Arbeitervierteln la Petite Sensive, les Dervallières und Malakoff, die der Entwicklung der Stadt zugeschaut haben. Die Loire fließt hier erhaben dahin und an Lavau und Paimbœuf vorbei, bevor sie gegenüber von Saint-Nazaire in den Ozean mündet.

Franck Perrais und Tony Meilhon sind beide in Couëron aufgewachsen, Laëtitia hat auf den Parkplätzen von Nantes Verstecken gespielt: dasselbe soziale Milieu, jenes der Unterschichten mit schwierigen Verhältnissen; dieselben mehr oder weniger kahlen Hochhaussiedlungen; dieselben Familienkonstellationen, Prekarität, mangelnde Ausbildung, Alkoholismus, häusliche Gewalt und bei den Kindern Schulversagen, Heimunterbringung und manchmal Kriminalität und Drogen. In all diesen Punkten unterscheiden sich die Patrons. Ihr Profil entspricht anderen Kriterien: Einfamilienhaus, familiäre Stabilität, kleinbürgerliche Berufswege, gesellschaftliches Ansehen, pädagogischer Ehrgeiz für die Kinder.

Südlich der Loire erstreckt sich das Pays de Retz: Saint-Père-en-Retz, La Bernerie-en-Retz, Les Moutiers-en-Retz, Arthon-en-Retz, Ortschaften inmitten einer Landschaft, die – halb Land, halb Meer – aus Sümpfen, Watt und Schwemmgebieten besteht. Schlagen wir einen touristischen Flyer auf:

> »La Bernerie-en-Retz, ein kleines, altes Fischerdorf, ist die Wiege der ›Chattes‹, dreimastiger Küstenschiffe, deren Besonderheit darin bestand, dass man das Steuerruder sowohl vorn als auch hinten befestigen konnte. Diese Schiffe bescherten La Bernerie-en-Retz seinen Reichtum. Sie ermöglichten den Trans-

port von Nahrungsmitteln und verschiedensten Materialien. Sie verkehrten im Sommer bis nach Lorient und Belle-Île und im Süden bis nach Libourne.«

Sie ist am Strand spazieren und baden gegangen, sie hat Mies- und Venusmuscheln gesammelt und Schmuck aus Muschelschalen gebastelt: Das Meer war ihr Jugendfreund. Abends senkt sich der Schatten des Schlosses von Gilles de Retz, dem Heerführer von Jeanne d'Arc, einem Kinderschänder und -mörder aus dem 15. Jahrhundert, auf die Quais von Pornic. Das Barbe Blues, die zwielichtige Bar von La Bernerie, spielt natürlich auf diesen Blaubart an.

Meerwasser, von Stürmen aufgeschäumte Gischt, Gezeiten, Fischerdörfer, Kutter, Küstenschifffahrt, Salinen, Wasser als Kapital. Wasser der Freizeitvergnügen, das unterhält, entspannt, erfrischt, Lebenskreisläufe, Ströme, die in Bewegung setzen, dank derer man entkommt. Stehendes, klebriges Wasser, in dem der Körper festhängt, zahllose, trostlose Sümpfe, Binsen, Morast des Lebens, Pfützen, Regentropfen, Tränen. Das junge Mädchen fällt in den Teich, der es gefangen hält wie eine moderne Ophelia. Kann man im Wasser beerdigt sein?

Wir befinden uns in einem Abschnitt des »Atlantischen Bogens«, der aus verschiedenen Landschaften besteht:

– *dem Loiretal* von Nantes bis Saint-Nazaire. Diese Gegend hat eine starke Deindustrialisierung erfahren, auch wenn der Sektor Schiffbau überlebt hat. Die Landkreise an der Flussmündung von Paimbœuf bis Saint-Nazaire verarmen derzeit. Die Einwohnerzahl von Saint-Nazaire sinkt seit den 1970er Jahren. In Paimbœuf sind 17 Prozent der Haushalte zur Hälfte von Sozialleistungen abhängig, das sind doppelt so viele wie der Durchschnitt in diesem Departement.

– *Dem Pays de Retz*, das den gesamten Süden des Departements Loire-Atlantique umfasst. Diese Region lebt von Landwirtschaft, Fischfang, Austernzucht und Tourismus. Das Umland von Nantes zieht erwerbstätige junge Leute an, die Küste Rentner. Dank dieser Zuwanderung ist die Bevölkerung in den 2000er Jahren um 15 Prozent gewachsen. Ein Badeort wie La Bernerie richtet sich auf einen lokalen, volksnahen Tourismus aus. Bauern, Angestellte, Kassiererinnen und Rathaussekretärinnen besitzen hier ein Mobilheim oder eine winzige Ferienwohnung, während die vornehmeren La Baule und Le Croisic auf der anderen Seite der Flussmündung höhere Führungskräfte, neureiche Tierärzte und Steuerberater anziehen, allesamt Gewinner der Wirtschaftswunderjahre. Was in den Listen des Statistikamts INSEE nicht steht: Die Schattenwirtschaft im Pays de Retz – schwarzarbeitende Installateure, Mechaniker und Schrotthändler, pensionierte, aber weiterarbeitende Handwerker und so weiter – erzielt hohe Einkommen.

– *Dem Pays vendéen* zwischen Cholet und Les Herbiers: Dieser Landstrich ist enorm produktiv und verzeichnet eine geringe Arbeitslosenquote. Eine Gegend von dynamischen mittelständischen Betrieben, die von Handwerkern der Luxusklasse geführt werden (Konstruktion und Einbau von Fenstern, Baubuden, Jachten ...). Als eine der vermögendsten Familien Frankreichs baut die Familie Cougnaud von ihrem Sitz in Poiré-sur-Vie aus ökologische Modulhäuser und verkauft sie nach ganz Europa. Was sind die Gründe für dieses Wirtschaftswunder? Qualifizierte Arbeitskräfte mit BTS- oder IUT-Abschlüssen, ein Netz von mittelständischen Unternehmen, die sowohl in der Informatik als auch in der Spitzentechnologie aktiv sind, und ein gewisser Paternalismus.

Man kann die Berufswege von Herrn Patron, Laëtitia und Jessica im Zusammenhang mit dieser Kartografie der Atlantikregion betrachten. Als Herr Patron die Verwaltung der Schiffsbaudirektion von Indret verließ, um Pflegevater in Pornic zu werden, zog er geografisch vom Loiretal ins dynamische Küstengebiet um, ökonomisch von der Industrie in die Dienstleistung und sozial zu einem Status und Verantwortlichkeiten, die sein Papierposten nicht im Entferntesten hatte bieten können. Seinen neu gewonnenen Einfluss fordert er umso vehementer ein, als er ein Mann in einer Frauenwelt ist, jener der Tagesmütter und Erzieherinnen, der Sozialpädagoginnen und Pflegerinnen. Als ehemaliger Buchhalter im staatlichen Sektor der Marine, einer Erbin der Waffenarsenale von Richelieu, zieht er nun im lokalen öffentlichen Dienst Kinder neben Mamas und Kindermädchen groß, von denen er sich durch »männliche« Eigenschaften abzuheben versucht: Selbstbehauptung, extreme Strenge, Verweigerung von Dialog und so weiter.

Laëtitia und Jessica verbrachten ihre Kindheit in zwei Städten, die jede eine bestimmte sozioökonomische Funktionsweise verkörpern und von denen sie auf ungleiche Weise profitierten: Nantes, eine Metropole jenes Frankreichs »mit wirtschaftlicher Dynamik«, hoher Beschäftigungsrate und hochqualifizierten Arbeitskräften, und Pornic-La Bernerie, ein Badeort mittleren Ranges, der von Einkünften aus dem Tourismus lebt, aber auch von öffentlichen Leistungen wie Beamtengehältern und Renten, typisch für ein Frankreich »ohne wirtschaftliche Dynamik«, nach der Analyse von Laurent Davezies.

Wenn Laëtitia und Jessica durch ihre Unterbringung in einer Pflegefamilie einen bescheidenen, aber unleugbaren sozialen Aufstieg erlebt haben, dann deshalb, weil sie die Armutsviertel von Nantes verlassen haben, um in einer attraktiven Küstengegend zu leben, die auf Tourismus, Handwerk und Dienstleistungen spezialisiert ist, auf eine Wirtschaft, zu der ihr Facharbeiterabschluss perfekt passte.

Doch das Pays de Retz ist kein Schlaraffenland für junge Menschen. Ihre Vermittlungsrate in die Berufswelt ist zwar höher als im Rest des Departements (43 statt 32 Prozent), doch es herrscht hohe Arbeitslosigkeit. In den am meisten betroffenen Wahlkreisen haben drei von zehn arbeitsfähigen Sechzehn- bis Vierundzwanzigjährigen keine Stelle. Für das Statistikamt INSEE ist das Pays de Retz eine »überalterte Gegend ländlicher Prägung«. Als Laëtitia starb, hatte sie Arbeit und lebte mit zwei Menschen zusammen, die dem Alter nach ihre Großeltern hätten sein können.

24
Das Blaue Loch

Dienstag, 1. Februar 2011

Der Tag beginnt, wie jeder andere, mit weiteren Durchsuchungen in Le Cassepot. Doch diesmal dürfen Journalisten kommen und gehen und die Orte fotografieren. Dieser Empfang mit offenen Armen, diese Herzlichkeit wirken merkwürdig. Laut Alexandra Turcat ist es ein Ablenkungsmanöver: »Wenn jemand uns arbeiten lässt, sollte man eigentlich immer misstrauisch werden.« Tatsächlich passiert alles Entscheidende 50 Kilometer weiter auf der anderen Seite der Loire: Die von Frantz Touchais angeforderten Taucher der Flussbrigade ziehen ihre Taucheranzüge an.

Lavau-sur-Loire, ein alter Flusshafen an der Straße von Couëron und dem Atlantis, ist ein hübsches Dorf mit Herrenhäusern hinter alten, rissigen Mauern. Die drei unterschiedlich großen Teiche befinden sich ein Stück entfernt – in ehemaligen gefluteten Steinbrüchen, die hintereinanderliegen wie Auslassungspunkte. Die Felsvorsprünge, geometrisch zugeschnittene und mit Sträuchern und Gestrüpp bewachsene Granitbrocken, stehen eingesunken in grünem Wasser. Einer der Teiche trägt den Namen Le Trou bleu, das Blaue Loch.

Blutende rote Löcher, schwarze Löcher, Erinnerungslücken, ertrunkene Haare, abgeschnittenes Leben.

Ich lerne das Blaue Loch im Juli 2014 mit Cécile de Oliveira auf der letzten Etappe unserer »Meilhon-Tour« kennen, die am Strand von La Bernerie beginnt. Nach einem Perrier in einer schattigen Café-Buchhandlung im Dorf steigen wir ins Auto, um zu den Teichen zu fahren. Auf einer Lichtung stehen junge Leute rund um einen Pkw, trinken Weißwein und hören Musik, ein kleines Lagerfeuer knistert neben ihnen, es wird ihnen als Grill dienen.

Wir erreichen das Trou bleu. Es ist ein bezaubernder, wilder Ort, der auf der Stelle erquickt. Der Teich ist eingefasst von einer grünen Landschaft aus Halmen, Sträuchern und großen Bäumen, die direkt aus dem Wasser zu trinken scheinen, welches heller ist als ihr Blattwerk. Die vom Wind gekräuselte Oberfläche des Teichs bildet die Wolken nach. Im Süden erstrecken sich andere Landstriche: Sandbänke und Inseln inmitten der Loire und, ans Ufer geschmiegt, die kleine Stadt Paimbœuf mit ihrem Kinderheim.

Schlagzeilen noch am selben Tag.

Am 1. Februar 2011 sieht das Gelände rund um den See sehr anders aus: feucht, düster, ohne eine Menschenseele, mit modrigen Laubhaufen und knorrigen Ästen. Am Morgen hindert eine Wolkenschicht die Sonne daran durchzubrechen. Schon zu Tagesbeginn ist das Licht fahl und bleich.

Die Taucher versinken im eisigen Wasser. Der Trupp beginnt, den Boden aufzuteilen. Sie halten sich an einem Seil fest und gehen in einer Linie nebeneinanderher wie Polizisten auf einem Feld. Da sie nichts sehen, müssen sie sich tastend vorarbeiten. Einer der Taucher legt seine Hand auf etwas, das er für eine Aalreuse hält. Er spürt ein kleines Drahtgitter, etwas, das er nicht identifizieren kann. Er setzt eine Boje, um den Ort zu markieren. Das Team taucht auf und mit Lampen ausgerüstet sofort wieder ab. Unter Wasser erzeugen die Lichtstrahlen der Lampen einen Widerschein. Die Taucher werden stutzig und nähern sich. Und da sehen sie es. Es ist 11.30 Uhr.

Ein Stück Drahtgitter, aus dem Finger herausstehen, und Haarsträhnen, die im Wasser treiben.

Die Reuse liegt in sieben Metern Tiefe vertikal zu einem Felsvorsprung in einem Gewässer, das vier Grad Celsius misst. Die Männer tauchen nach oben. Die anwesende Ermittlerin ruft Touchais in der Ermittlungszentrale in Pornic an. Touchais informiert sofort den Ermittlungsrichter.

Martinot befindet sich im Justizpalast von Nantes. Er hat gerade einen Kollegen aufgesucht und kehrt in sein Büro zurück. Er läuft den Flur vor der Doppeltür zur Ermittlungsabteilung entlang, da klingelt sein Mobiltelefon, es ist Touchais: »Herr Richter, ich glaube, wir haben sie gefunden.« Alles kommt zum Stehen.

Martinot informiert seinen Kollegen Desaunettes, der auf Fortbildung ist, und Xavier Ronsin, den Oberstaatsanwalt, der sich im Gerichtsgebäude befindet. Zehn Minuten später ruft Touchais noch einmal an, um zu bestätigen: »Sie ist es.«

Noch auf dem Weg ruft Martinot Professor Rodat vom gerichtsmedizinischen Institut der Uniklinik CHU Nantes an. Bevor dieser aufbricht, bittet er einen Kollegen, den Gerichtsmediziner Renaud Clément, den Obduktionssaal vorzubereiten.

Ein Gendarm informiert Franck Perrais. Zehn Minuten später ruft er noch einmal an, um ihm mitzuteilen, dass man nur einen Teil des Leichnams gefunden habe. »Ich fand schlimm, das per Telefon zu erfahren«, sagt Franck Perrais dazu. Einige Wochen später unternimmt er einen Selbstmordversuch.

Jessica bekommt eine Panikattacke. Sie verspürt einen starken Schmerz im Brustkorb, sie kann nicht mehr atmen. Für Jessica, Sylvie Larcher und Franck Perrais hört das Warten auf und die Welt verfinstert sich für immer: Laëtitia ist tot, es ist aus.

Die ersten Informationen werden im Justizministerium oder in den oberen Etagen der Gendarmerie durchgestochen. Mit wenigen Anrufen sickert die Nachricht die ganze Hierarchie bis nach unten durch. Die Truppe der Journalisten befindet sich gerade in Pornic beim Mittagessen, nachdem sie den ganzen Vormittag den Durchsuchungen in Le Cassepot beigewohnt hat. Patrice Gabard von RTL erhält die Information gegen 12.15 Uhr aus Paris; er gibt sie seinem Sender für die Kurznachrichten um 13 Uhr weiter. Alexandra Turcat gelingt es, den Staatsanwalt auf seinem Handy zu erreichen, und veröffentlicht um 13.15 Uhr eine AFP-»Eilmeldung«. Zunächst ist nur von einer in der Gegend von Saint-Nazaire gefundenen Leiche die Rede.

Alle Journalisten springen in ihre Autos und fahren Richtung Saint-Nazaire-Brücke. Als sie die Loire überqueren, erfährt Patrice

Gabard, dass es sich um das 30 Kilometer entfernte Lavau handelt. RTL gibt den Namen der Gemeinde bekannt, was dem ebenfalls auf dem Weg befindlichen Team von France 2 erlaubt, schon bei Savenay nach Süden abzubiegen. Es trifft damit als erstes im Dorf Lavau ein, wenige Minuten später folgen Patrice Gabard und Anne Patinec.

Alexandra Turcat wiederum ruft einen ihr bekannten Journalisten in Savenay an. Sie erzählt ihm von einem Teich in einem ehemaligen Steinbruch, und er antwortet, ohne zu zögern: »Das Trou bleu.« In Begleitung von Jean-Sébastien Évrard, einem Fotografen der AFP, und Pierre-Emmanuel Bécet von BFM TV erreicht sie Lavau gegen 14.30 Uhr. Straßensperren verhindern die Durchfahrt. Ihr Fahrzeug wird zwei Kilometer vom Teich entfernt angehalten. Sie beschließen, zu Fuß durch die Sümpfe zu waten.

Als Martinot und Ronsin beim Trou bleu ankommen, befindet sich bereits die Oberstaatsanwältin von Saint-Nazaire Florence Lecoq vor Ort, denn Lavau gehört in ihren Zuständigkeitsbereich. Die Gendarmen haben die Umgebung des Teichs abgeriegelt und eine Sperrzone festgelegt. Die Taucher sind noch immer im Wasser. Das Zelt, das die Leiche bergen soll, steht bereit. Als Martinot aus dem Auto steigt, hört er über sich ein Motorengeräusch: i-Télé überfliegt das Gebiet. Der Sender ist noch vor dem Ermittlungsrichter vor Ort und hatte sogar Zeit, einen Hubschrauber zu mieten!

Die Gendarmerietaucher sind Beamte der Kriminalpolizei, die Tatorte unter Wasser betreuen. Sie treffen die ersten Feststellungen und fotografieren die Reuse aus verschiedenen Winkeln, dann befördern sie sie in einer Schutzhülle an die Oberfläche. Mithilfe von Technikern der Spurensicherung setzen sie sie vorsichtig auf dem Zeltboden ab. Die Reuse ist extrem geschickt gefertigt, mit einem gebogenen Drahtgitter in Form einer Hummerfalle, das Ganze mit Schnüren verschlossen und mit einem Hohlblockstein beschwert. Präzisionsarbeit.

Mit Unterstützung der Spurentechniker öffnet Professor Rodat die Reuse. Er holt die Körperteile behutsam heraus, legt eines nach dem anderen auf die Plane. Durch die sehr niedrigen Wassertemperaturen sind sie nicht verwest. Martinot, Ronsin, Lecoq, Hubscher, der Kommandant der Ermittlungskommission, alle sind da und beugen sich vor, um Gewissheit zu erlangen.

Beim Prozess zeigt man den Geschworenen und Journalisten etwa dreißig Fotos: der idyllische Teich, die schöne Natur rundherum, das grüne Wasser, über das sich Bäume neigen, die Trampelpfade, der Felsen. Die unter Wasser aufgenommenen Fotos, ungenaue Schwarz-Weiß-Großaufnahmen, lassen Konturen von Gliedmaßen erkennen – eine Ultraschallaufnahme des Todes. Drei Finger und Haarsträhnen ragen aus dem Gitter heraus, als wollten sie ihm entkommen. Andere Fotos ziehen durch: die offene Reuse, der Hohlblockstein, die Schnüre, die abgeschnittenen Arme, die abgetrennten Beine, der einzelne Kopf mit seinen erloschenen Augen, zerzausten Haaren und dem von Schlägen geschwollenen Gesicht.

Das schönste Gesicht der Welt: das Gorgonenhaupt.

Professor Rodat untersucht die vier Gliedmaßen und den Kopf. Die Ohren sind durchstochen, in den Haaren hängen ein Gummiband und einige welke Blätter. Er entnimmt dem Bein ein Stück Muskel und schickt es versiegelt ans Institut génétique Nantes Atlantique. Doch nur der Form halber: Jeder weiß, was die DNA-Analysen ergeben werden. Ohne die Ergebnisse auch nur abzuwarten, gibt Florence Lecoq den Fall an Xavier Ronsin ab.

An diesem Tag ist die Erschütterung in Lavau greifbar: Reste einer jungen Frau sind aus einem Teich aufgetaucht. Die Enthauptung und Zerstückelung wecken zusätzliches Mitgefühl, auch wenn sie juristisch keinen Unterschied machen. Beim Prozess erklärt der Kommandant der Ermittlungskommission im Zeugenstand mit leicht gebrochener Stimme: »Das war das erste Mal in meinem Berufsleben, dass ich mit so einem Fund zu tun hatte. Was den Kontext und mein Privatleben angeht … Ich bin Vater einer zwanzigjährigen Tochter.«

Gefühle, aber beherrschte Gefühle. Ob Ermittlungsrichter oder Angehörige der Gendarmerie, alle Beteiligten haben Erfahrung mit gewaltsamem Tod: Da sie seit Beginn ihrer Laufbahn mit Dutzenden oder sogar Hunderten von Leichen zu tun gehabt haben, hatten sie Zeit, psychologische Schutzmechanismen zu entwickeln. Seit über dreißig Jahren ist Xavier Ronsin im Strafgericht tätig. Er hat der Obduktion von Babys beigewohnt, Säuglingen, die von ihren Eltern ans Waschbecken geschmettert wurden; er hat Kinder im Gerichtssaal weinen sehen, wenn sie von erlittenen Vergewaltigungen erzählten. Das Leid der Lebenden ist unerträglich.

Doch Laëtitia ist tot. Es ist nicht die Zeit für Wut oder Schmerz. Die Analyse geht vor, damit man versteht, was passiert ist. Keiner der anwesenden Experten bewegt sich auf einer moralischen Ebene. Ihr Beruf ist es, Beweise zu sammeln, den Mörder festzusetzen und ihn dazu zu bringen, vor der Justiz Rechenschaft abzulegen. Ein äußerst schwerer, aber auch befriedigender Moment: Die Ermittler haben ihre Aufgabe erfolgreich erfüllt, die Mühe hat sich gelohnt.

Xavier Ronsin muss entscheiden, was er öffentlich macht. Er handelt als öffentlicher Kläger: eine Übung in spontaner, unvorbereiteter Rede vor Journalisten aus ganz Frankreich. Diese Anspannung hilft ihm, den Temperaturen standzuhalten, die mit dem Tag weiter sinken.

Martinot wiederum hat eine ganze Reihe von dringlichen Maßnahmen einzuleiten, Abläufen einzuhalten, Informationen einzuholen, rechts- und zahnmedizinischen Gutachten anzufordern. Die Orte müssen begutachtet, Indizien gesammelt, Fingerabdrücke genommen, eventuelle Spuren von Reifen und Tat gesichert, Gegenstände, herumliegende Kleidungsstücke und der Inhalt der Abfallbehälter rundum eingesammelt werden. Touchais, der in der Ermittlungszentrale bleiben musste, hat Kollegen der Ermittlung geschickt. Die Taucher, die ihre Suche fortsetzen, kommen nach oben und berichten, der See sei sehr tief und der Grund uneben. Das Trou bleu ist ein Tatort geworden.

Während Alexandra Turcat und ihre beiden Kollegen in Lavau herumirren, bleibt ein Mann vor ihnen stehen.

»Sie wollen zum Trou bleu? Ich kann Sie hinbringen!«

Er ist Landwirt, und sein Grund grenzt an das Seengebiet. Ob aus Gefälligkeit oder um den Gendarmen einen Streich zu spielen, er nimmt sie alle drei mit, und über einen ihm bekannten Umweg gelangen sie hinter die Absperrung. Sie nehmen einen Feldweg, der an den Teichen entlangführt. Die drei Journalisten dringen in die Sperrzone vor – zur großen Bestürzung der Gendarmen. Sie sind 50 Meter vom Tatort entfernt, doch sie sehen nichts: Der Schauplatz ist durch einen Hügel verdeckt.

Ein Gendarm kommt gereizt auf sie zu: »Ihnen ist doch wohl klar, dass wir Sie von hier wegschicken müssen!«

Die drei Journalisten werden stante pede zur ersten Absperrung im Dorf Lavau zurückeskortiert, dort stoßen sie wieder zur restlichen Journalistentruppe. Der Einzige, der es geschickter angeht, ist Jean-Michel de Cazes von i-Télé, ein UL-Amateurpilot. Er hat einen seiner Klubkameraden kontaktiert, und gemeinsam sind sie von ihrem Stammflugplatz südlich der Loire aus losgeflogen. »Das ganze Gebiet war abgeriegelt, doch wir mussten unbedingt an Bilder kommen. Das ging nur über den Luftweg. Mein Freund kennt die Gegend sehr gut. Man fliegt über die Loire und ist genau darüber.« Vom Hintersitz seines Gyrocopters aus konnte er den Teich, die Gendarmen und die Transporter der Kripo filmen. Zurück am Boden schneidet er die Bilder auf seinem Computer zusammen und schickt sie an i-Télé, der sie sofort ausstrahlt. Alexandra Turcat würdigt die Ausbeute: »Raffiniert, kann man da nur sagen!« TF1 und AFP werden ihre Bilder erst später bekommen, dank eines ihrerseits gecharterten Hubschraubers.

In Lavau warten die Journalisten darauf, dass der Oberstaatsanwalt seine Pressekonferenz abhält. Als die Gendarmen die ganze Truppe gegen 16 Uhr zum Trou bleu führen, dunkelt es schon. In Begleitung des Kommandanten der Ermittlungskommission steht Xavier Ronsin einige Meter vom Ufer entfernt. Die Journalisten stürzen sich auf ihn: Man muss sich für die Abendnachrichten wappnen.

Von Trauben von Mikros umzingelt und durchgefroren von den langen Stunden des Wartens verkündet er aschfahl, der Leichnam sei nach zweiwöchiger Fahndung in einem Teich gefunden worden. Allerdings nur Kopf, Arme und Beine. Das Gesicht gleiche dem von Laëtitia. Der Verdächtige habe den Ort häufig zum

Angeln aufgesucht, doch dass man die Leiche gefunden habe, sei ausschließlich der Arbeit der Ermittler zu verdanken.

Xavier Ronsin ist ein wortgewandter Mann, doch an diesem dämmrigen Spätnachmittag liegt der Wert seiner Rede nicht in ihrer Ästhetik oder ihrer juristischen Bedeutung. Seine Worte versuchen, Laëtitia Würde wiederzugeben. Um sie nicht auf Leichenteile oder einen makabren Fund zu reduzieren, spricht er von einer »jungen Frau, die aus dem Wasser aufgetaucht ist«, wie von einer jungen Flussnymphe oder einer schaumgeborenen Venus. Als er den noch fehlenden Teil des Körpers erwähnt, nennt er ihn »die Büste«, mit all der damit konnotierten Eleganz und Anmut, während doch alle an einen Rumpf denken, einen Klotz aus verstümmeltem Fleisch. Auch alle Journalisten folgen danach seinem Beispiel und sprechen von »der Büste«. Trotz aller Dringlichkeit der Nachricht, trotz des Wettlaufs um Einschaltquoten und der Vorgaben zum Vokabular breitet jeder taktvoll seine Sprache wie ein Leichentuch über den Fall.

Alexandra Turcat diktiert dem AFP-Büro in Rennes per Telefon eine Dringendmeldung. Der Desk in Paris, der letzte Filter, bevor die Meldung über den Ticker läuft, weigert sich, die Nachricht herauszugeben. Alexandra Turcat insistiert: »Es ist grauenhaft, aber man kann es nicht anders formulieren. Ich lass es so.«

IN TEICH GEFUNDENER KOPF GLEICHT DEM VON LAËTITIA
(AFP, 1. Februar 2011, 16.36 Uhr)

Auf dem Rückweg zu ihrem Auto kommt Alexandra Turcat noch einmal an der Polizeisperre vorbei. Dort sieht sie Franck Perrais stehen, er wird wie ein einfacher Zaungast am Durchgehen gehindert. Ein Gendarm schildert ihm, was der Tag ergeben hat. Zur Anschaulichkeit markiert er einen Schnitt an seinem Arm.

Der Transporter der Gendarmerie fährt Richtung Nantes los.

Im Leichenschauhaus der Uniklinik von Nantes beginnt die Obduktion; sie wird im Beisein mehrerer Ermittler, die die versiegelten Teile protokollieren und fotografieren, von Professor Ronsin, Renaud Clément und einem anderen Kollegen durchgeführt, die wie Chirurgen mit Atemschutzmasken und Handschuhen ausgerüstet sind. Die auf dem Edelstahltisch liegenden Gliedmaßen und der Kopf werden gewaschen. Die Röntgenaufnahmen lassen nicht auf eine Knochenverletzung schließen, doch Gesicht, Hals und Arme sind voller Blutergüsse. Da der Kopf am unteren Ende des Halses abgeschnitten wurde, verfügt man über das Zungenbein, das zwischen Zunge und Kehlkopf sitzt und an dem man Anzeichen einer Strangulierung erkennen kann. Es ist spät, Renaud Clément beendet die Obduktion allein.

Frantz Touchais erklärt:

> »Ein Bild bleibt mir im Gedächtnis: ihr kleiner Kopf auf dem Tisch, als er bei der Obduktion gewaschen wird. Das Härteste ist, wenn man ein junges Mädchen von achtzehn Jahren sucht und dann das findet, was wir in Lavau gefunden haben. Das sind Dinge, über die man unter Kollegen nicht viel redet, jeder verarbeitet das auf seine Weise. Gleichzeitig bin ich auch erleichtert, nach all der Mühe. Jetzt wird Laëtitia zu uns sprechen und uns sagen können, welche Qualen sie erlitten hat. Jetzt wird sie die Wahrheit ans Licht bringen.«

Pünktlich um 20 Uhr beginnen die Nachrichten von TF1 mit einer aus einem Hubschrauber heraus gefilmten Panoramaaufnahme des Trou bleu. Alle Zeitungen widmen dem Fall lange Reportagen, mit Bildern von den Teichen, einer Landkarte, Erklärungen des Staatsanwalts und dick eingemummten Sonderberichterstattern. »Für Laëtitias Adoptivfamilie und die leibliche Familie zeichnet sich heute Abend das schlimmstmögliche Szenario ab«, erklärt die Journalistin von BFM TV im Studio.

In La Bernerie wird spontan eine Totenmesse mit Gebet und Andacht gehalten. Der Priester erklärt: »Weder wir noch Laëtitias Familie noch ihre Freunde werden vergeben können. Bitten wir also um die Kraft Gottes.« Angehörige müssen Jessica aus der Kirche zum Auto tragen.

Xavier Ronsin veröffentlicht die Ergebnisse des Zahnabgleichs.

Rund um das Trou bleu ist es finster, die Temperaturen sind abgestürzt. Die Taucher, Gendarmen, Kriminaltechniker und Ermittlungsbeamten sind aufgebrochen.

Pierre-François Martinot fährt nach Hause. Gegen 21 Uhr ruft ihn Renaud Clément auf dem Handy an. Weil seine Kinder noch nicht im Bett sind, geht der Richter in ein anderes Zimmer, um in Ruhe sprechen zu können. Laëtitia ist erwürgt worden.

Einige Minuten später verkündet eine Pressemitteilung von Xavier Ronsin die Todesursache. Ist es eine plötzliche Gefühlsaufwallung oder ein neuerlicher Beweis besonderer Courage, jedenfalls versichert der Oberstaatsanwalt, die Fahndung würde fortgesetzt, bis man der Familie den »vollständigen Körper der jungen Frau« übergeben könne. Nachdem er am Ufer des Trou bleu bereits Laëtitias Namen genannt hatte, ohne dass die Identität offiziell bestätigt war, verpflichtet sich die Staatsanwaltschaft nun dazu, die »Büste« zu finden.

Am späteren Abend schaltet Martinot den Fernseher ein. Alles ist schon öffentlich: Die Bilder vom Teich laufen in Schleife ab, die Journalisten geben Einzelheiten bekannt, Nicolas Sarkozy wiederholt noch einmal, die Beamten seien schuld, sie hätten die Überwachung nicht sichergestellt und so weiter. Den ganzen Tag lang hat Martinot Anweisungen gegeben, Prioritäten festgelegt, seine Gefühle verdrängt: Es ging um die Ermittlung. Seltsamerweise ist es dieses Detail, das ihn nun doch zusammenbrechen lässt: dass die Richter ihre Arbeit schlecht erledigt hätten. Der ganze Horror des Tages steigt in ihm auf und die Schleusen öffnen sich. Und vor seinem Fernseher kommen dem Richter die Tränen.

25
Laëtitia – ein Porträt

Laëtitia war anmutig. Sie war schmal und hochgewachsen. Ihre langen, braunen, vollen, seidigen Haare harmonierten mit den regelmäßigen Zügen ihres Gesichts, das von einem Lächeln und strahlenden Augen erhellt wurde. Zart verstreute Leberflecken schmückten Dekolleté und Rücken.

Sie trug Hosen in Größe 36 und Oberteile in S: eine Bluse, die pinkfarbene Tunika mit weißen Blumen, einen schwarzen Pullover mit V-Ausschnitt und Bändern vorn. Sie hatte einen silbernen Kettenanhänger in Form eines L, einen Ring, der je nach Wetter die Farbe änderte, eine Sonnenbrille, die sie in die Haare setzte, und eine ganze Anzahl an Haargummis und -spangen. Sie war ein junges Mädchen, das Blumen mochte und Kuscheltiere, Träume, Selfies und kleine, romantische Liebesbotschaften. Eine Jugendliche auf dem Weg zur jungen Frau.

Ihre Schönheit und ihr Stolz werden von ihren Angehörigen als »feminine« Eigenschaften beschrieben. Jessica: »Sie setzte sich in Szene. Sie schminkte sich die Augen, benutzte Lippenstift, trug Schmuck. Sie war weiblicher als ich.« Umgekehrt übernahm Jessica die Codes des »Knabenhaften«: kurze Haare, androgyne Linie, kein Make-up, Trainingsjacke, Turnschuhe. Das Loblied auf Laëtitias »Weiblichkeit« ist umso schneller gesungen, als man damit Unterschiede zu ihrer Zwillingsschwester markieren kann.

Schönheit ist Geschmack und persönliche Begabung, aber auch Revanche. Die Schmächtigkeit des kleinen Mädchens wird in der Pubertät zur Schlankheit. Obwohl man sich von Chips, Pringles, McDonald's-Produkten und anderem Junkfood ernährt, bleibt man dünn. Schönheit ist Selbstbewusstsein: Leuchten, Lächeln, Sorgfalt und Pflege schmeicheln dem Betrachterauge und zerstreuen Zweifel. Schönheit verschafft in Handels- und Dienstleistungsberufen einen objektiven Vorteil. Wie Moreno Pestaña am Beispiel von jungen

Spanierinnen aus den Unterschichten zeigt: Die »Investition in den Körper« ist ein Weg, um seinem Klassenschicksal zu entkommen.

In einem Problemviertel von Nantes geboren, beginnt Laëtitia mit geringem Ausbildungskapital, dem sie jedoch ihr ästhetisches Kapital – Bedacht auf ihr Äußeres, Selbstkontrolle – hinzufügt, eine Berufslaufbahn im Gastgewerbe. Frau Patron verrät: »2009 begann Laëtitia von einem Tag auf den anderen, sich zu schminken. Sie schminkte sich gut, sie hatte Geschmack. Vor allem, als sie ihre Lehre in La Bernerie begann, schminkte sie sich.« Laëtitias Schönheit kennzeichnet also keine Unterwerfung unter dominante Normen oder männliche Blicke, ganz im Gegenteil, sie kann als autodidaktische Strategie interpretiert werden, um der Anomie ihres Herkunftsmilieus und den Dramen ihrer frühen Kindheit zu entkommen. Laëtitia weckt Bewunderung, und das ist der erste Schritt zum Erfolg.

Der Gegensatz zwischen den beiden Schwestern äußert sich zuweilen in spitzen Bemerkungen oder Vorwürfen. Manchmal sagt Laëtitia zu Jessica: »Du könntest dich mal bisschen besser anziehen!« Andererseits ist Laëtitia die Homosexualität ihrer Schwester völlig egal: »Wenn du damit glücklich bist …« Laëtitia ist schön, obwohl sie sich um ihre Schönheit bemüht; Jessica ist schön, obwohl sie sich um ihre Schönheit nicht bemüht. Obwohl die eine aus bestehenden Weiblichkeitsstandards Nutzen zieht, während die andere diese ablehnt, kann man sagen, dass das Aussehen bei beiden eine Art von Widerstand darstellt, der es ermöglicht, sich selbst zu schützen.

»Sie war freundlich«, sagt Jessica. »Ja, sanftmütig. Wenn man ihr zum Beispiel ein Kompliment machte, gab sie eins zurück. Wenn es einem dreckig ging, sagte sie nette Sachen. Laëtitia war ein guter Mensch, ein fröhlicher, optimistischer Mensch, der anderen guttat.« Fabian, ihr kleiner Bruder im Herzen, spricht von einem aufmerksamen und großzügigen Mädchen, das immer für andere da war. Am Tag, als Herr Patron Laëtitia verbot, zu Fabians Geburtstag zu gehen (»dazu braucht es eine Genehmigung«, gab er vor), schenkte sie ihm trotzdem etwas: einen kleinen Porzellandelfin, den er immer noch besitzt.

Sie wurde nie zornig. Sie war nie jemandem böse. Wenn man ihr einen Vorwurf machte, verteidigte sie sich nicht, sondern zog sich zurück wie eine Schnecke. Wohlwollen ging bei ihr mit Schüchternheit einher, Großzügigkeit mit Zurückhaltung. Sie hatte zu anderen immer Vertrauen, selbst wenn sie nicht auf sie zuging. Ihre Nettigkeit war gute Laune, natürliche Freude, Unfähigkeit zum Groll, aber auch Selbstschutz und freundliche Verweigerung, sich auszuliefern. Nettigkeit und Rückzug hieß: keine Angriffsfläche bieten, beim anderen keinen Unmut hervorrufen.

Frau Patron: »Laëtitia war freundlich und glatt. Sie wollte unbemerkt bleiben, nicht auf sich aufmerksam machen, nach dem Motto: ›Ich suche keinen Streit, davon habe ich genug erlebt.‹ Sie war auch nicht bissig. Sie nahm das Leben hin und ließ sich davon leiten.«

Freundlichkeit ist auch eine soziale Qualität. Wie C. Wright Mills in *Menschen im Büro* zeigt: Die Angestellten der unteren Mittelklasse sind Meister in der Kunst der erzwungenen Höflichkeit und Liebedienerei, es ist ihre Art der Anpassung an eine Arbeitswelt, die sie auf diffuse Weise angreift. Und die Welt hat Laëtitia ständig angegriffen.

Mit ihren Schulfreundinnen sprach Laëtitia kaum über ihr Privatleben, die meisten wussten nicht einmal, dass sie in einer Pflegefamilie lebte. Wenn Jessica den Patrons von ihrer Kindheit erzählte, von den Ehekrächen bis hin zu den Nächten in den Kellern, blieb Laëtitia unbewegt und neutral, als gingen diese Geschichten sie nichts an und als wollte sie mit ihrem Schweigen andeuten, dass sie nicht dazu befragt werden wolle und sich sowieso an nichts erinnere. »Ich habe geschlafen.«

Bei Gesprächen mit ihrer Betreuerin beim Jugendamt Frau Laviolette war Laëtitia freundlich, lustig und leicht zugänglich – bis man über persönliche Themen sprach. Dann machte sie zu und zog sich zurück; der andere wurde zur Bedrohung. Sie antwortete ausweichend und nur das Notwendigste und beharrte darauf, dass sie nicht verstünde, wonach man fragte. Die Zwillinge funktionierten im Duo. Wenn Frau Laviolette sie gleichzeitig zu sich bestellte, war Jessica das Sprachrohr für beide, und Laëtitia enthielt sich eingesunken in ihren Stuhl der Stimme. Mit ihrem Schweigen erklärte sie das für gültig, was ihre Schwester sagte.

Laëtitias sanfter Charakter und ihr Lächeln gehen mit einer Art Nachlässigkeit im täglichen Leben einher. Beim Prozess spricht Frau Laviolette von einem »unreifen, zerbrechlichen« jungen Mädchen mit gewissen Schwierigkeiten in der Alltagsbewältigung. Wenn es Laëtitia schwerfällt, einen Scheck oder ein Krankenversicherungsformular auszufüllen, ein Budget einzuhalten oder einen größeren Einkauf zu erledigen, dann nicht, weil sie dumm ist, sondern weil sie immer wie ein Ding behandelt wurde, das man anderswohin legt, mitnimmt, wegschickt oder aus Nachlässigkeit fallen lässt. Ihr ganzes Leben lang haben sich andere um sie gekümmert und sie wie ein Kind behandelt. In diesem Sinn wurde sie nicht aufs Erwachsenenleben vorbereitet.

Doch ihre Freunde zeichnen auch das Bild eines ruhigen, aufrechten, wohlüberlegten Mädchens, das sich wohlfühlt in seiner Haut und weiß, was es will. Ihre Entwicklung von Monat zu Monat erstaunt und begeistert Frau Laviolette. Das entmündigte Kind weicht einer Jugendlichen, die Interessen entwickelt, und einer jungen Frau, die Entscheidungen trifft. Laëtitia bemüht sich zurechtzukommen und in ihrer Ausbildung mitzuhalten. In ihrem eigenen Tempo kommt sie langsam voran. Ihre Fortschritte lassen auf einen guten Eigenantrieb schließen.

Tatsächlich gibt es zwei Laëtitias: das etwas spät entwickelte, angenehme, aber passive, von Jessica bemutterte, im Hinblick auf ihr Privatleben sehr verschwiegene, vom Jugendamt durch Frau Laviolette betreute Mädchen und die enthusiastische, adrette, willensstarke Jugendliche, die sich langsam ablöst und entschlossen ist, nach vorn zu blicken, die in Schule und Ausbildung weiterkommt, sich mit Freunden oder auf Facebook »Luft macht« und in der man die zukünftige Frau erahnen kann, die ihr Leben selbst in die Hand nimmt. Unabhängigkeit, Arbeit, Liebesbeziehungen. Wenn Frau Laviolette die Schwestern zusammen empfängt, lacht Jessica darüber: »Meine Schwester ist ständig verliebt!«, »Laëtitia hat einen nach dem anderen!« Die Gemeinte widerspricht halbherzig und errötet.

Laëtitia lässt sich nicht auf ein Bild festlegen und noch weniger auf ein Vorurteil. Stattdessen überrascht sie immer wieder. Man will sie gleich auf den ersten Blick mögen, dann entdeckt man sie. Ihre Unreife, ihr verstocktes Schweigen, ihre Rechtschreibfehler, ihre Gleichgültigkeit gegenüber Tagespolitik und Kultur werden aufgewogen durch Lebenslust, Optimismus, Zähigkeit und kindliche Worte, die ihre ganze Person erleuchten. Von diesem jungen, naiven Mädchen, das mehr oder weniger über alles lachte, hat man gedacht: »Sie wird auf ihre Weise zurechtkommen.«

26

Die »Strafe« und der »Fehler«

Nachdem der Staatspräsident am 31. Januar 2011 Herrn und Frau Patron im Élysée-Palast empfangen hat, verspricht er, sich persönlich um den Fall zu kümmern und die »Versäumnisse« in der Strafverfolgung zu ahnden. Es werden Inspektionen des Landgerichts von Nantes und der Strafvollzugsdienste von Loire-Atlantique angeordnet.

Alle Blicke richten sich auf das TGI Nantes und insbesondere auf die Strafvollstreckungsrichter (JAPs). Sie werden stundenlang von den Beamten der Dienststelle für die Überprüfung der Justizdienste vernommen, sie sitzen auf dem heißen Stuhl.

In der Cafeteria des Gerichts, einem lichtdurchfluteten Raum mit Kaffeemaschinen und Grünpflanzen, erzählt mir eine Gerichtsschreiberin von den Auswirkungen dieses Falls auf das TGI. Zunächst einmal erkennen die Beamten und Angestellten wie jeder andere sofort die Dramatik des Falls. Dann »erfahren wir ziemlich schnell, dass Meilhon einer von ›unseren‹ ist«. Die Betroffenheit schlägt in Bestürzung um. Bei der für den Fall zuständigen Strafvollstreckungsrichterin »ist es mehr als Bestürzung«. Sie weiß, »das wird ihr um die Ohren fliegen«.

Am 2. Februar finden sich die Justizbeamten des Landgerichts von Nantes zu einer außerordentlichen Vollversammlung ein. In einer Abstimmung, die bis auf drei Enthaltungen einstimmig ausfällt, erklären sie der beschuldigten JAP ihre Unterstützung und verurteilen das »demagogische Vorgehen« der Regierung, die vom »Versagen der Staatsmacht« ablenken wolle, indem sie mit dem Finger auf Richter und Beamte zeigt. Jacky Coulon, Ermittlungsrichter und Vertreter der Richtergewerkschaft Union syndicale des magistrats, widerspricht öffentlich den Anschuldigungen der Exekutive.

Am 3. Februar treffen sich die Justizbeamten zur Mittagszeit erneut, um über die Form ihres kollektiven Vorgehens zu entscheiden. Die Inspektoren befinden sich noch immer im Gebäude. Während der Versammlung erhält der stellvertretende Oberstaatsanwalt, die Nummer zwei im Gericht nach Ronsin, auf seinem Mobiltelefon einen Google Alert: Nicolas Sarkozy legt mit seinen Angriffen auf die Richterschaft nach. Er gibt die Nachricht direkt an seine Kollegen weiter.

Während eines Besuchs in Orléans erklärte der Staatspräsident im Hof eines Polizeireviers:

> »Wenn man ein Individuum wie den mutmaßlichen Schuldigen aus dem Gefängnis entlässt, ohne sicherzustellen, dass er von einem Bewährungshelfer betreut wird, dann ist das ein Fehler. Diejenigen, die diesen Fehler gedeckt oder zugelassen haben, werden bestraft, so lautet die Regel. […] Unsere Aufgabe ist es, die Gesellschaft vor diesen Monstern zu schützen.«

Anders gesagt: Die Richter haben ein Verbrechen zugelassen beziehungsweise begünstigt, und auf ihren »Fehler« müssen »Strafen« folgen. Gleichzeitig wird der Verdächtige »der mutmaßliche Schuldige« genannt. Diese Erklärungen knüpfen an den Fall Nelly Crémel aus dem Jahr 2005 an, bei dem Nicolas Sarkozy den Strafvollstreckungsrichter für seinen »Fehler« »bezahlen« lassen wollte.

Es ist der Tropfen, der das Fass zum Überlaufen bringt. Im vollbesetzten Versammlungssaal kocht rundum Empörung hoch. Die Sache geht den sonst so ernsthaften und besonnenen Justizbeamten an die Nieren. Die Exekutive, die mit ihrer Wirtschaftspolitik den öffentlichen Dienst im Allgemeinen und die Justiz im Besonderen destabilisiert und wiederholt Richter angreift, ist dabei, sie zu Komplizen eines Verbrechens zu erklären! Die Rede von Orléans traumatisiert das TGI: Der Staatspräsident – der doch Garant einer unabhängigen Justiz sein sollte – spricht der Arbeit derselben höchstpersönlich die Rechtmäßigkeit ab. Der natürliche Respekt der Justizbeamten vor der Staatsmacht ist schwer beschädigt.

Im selben Zug stimmen die Justizbeamten, einschließlich der Staatsanwaltschaft, der gewerkschaftlich Organisierten wie Nicht-

Organisierten, der Anfänger wie der alten Hasen, der Feurigen, Lauwarmen und sogar der Zögerlichsten, dafür, eine Woche lang die Verhandlungen auszusetzen. Während sich die Nachricht im ganzen Gerichtsgebäude wie ein Lauffeuer verbreitet, begeben sich die Justizbeamten in die Vorhalle, wo sie sich mit Anwälten, Sozialarbeitern und selbst Gendarmen zusammenschließen. Ab 14 Uhr werden nach der Verlesung einer gemeinsam verfassten Erklärung alle nicht dringenden Verfahren ausgesetzt. Die Anwaltschaft von Nantes schließt sich der Bewegung an. Ein Tag der Wut, ein Gründungsakt.

Alexandra Turcat ist nach Lavau zurückgefahren, um ein »Bilanzpapier« für die AFP zu schreiben, das heißt, die Ereignisse des Vorabends zusammenzufassen, ergänzende Informationen einzubauen und die Ergebnisse von zwei Wochen Fahndung zu bilanzieren. Nach dem grauenhaften Fund ist sie überzeugt, dass die Nachricht durch ist. Während sie die Pfade rund um das Trou bleu abgeht, erhält sie einen Anruf: Die Justizbeamten von Nantes streiken. So etwas hat es noch nie gegeben, das ist unfassbar! Der Fall Laëtitia nimmt kein Ende.

*

Meilhon in seiner Zelle schweigt. Auf RTL fordert Meilhons Bruder ihn vor dem Mikro von Patrice Gabard – der Europe 1 und France 3 diesen Verwandten vor der Nase weggeschnappt hat – auf, die Wahrheit zu sagen: »Das ist ein Monster. […] Du bist erledigt, Bruder, du bist erledigt.«

In La Bernerie und in Pornic wurden zwei Aufbahrungshallen errichtet. Die Kondolenzbücher füllen sich mit Huldigungen und Liebeserklärungen. Blumen und Kerzen umrahmen ein großes Porträt von Laëtitia.

In Lavau werden die Ermittlungen doppelt intensiv fortgesetzt. Die Taucher auf der Suche nach der Büste durchkämmen das gesamte Trou bleu, ausgerüstet mit einem Ultraschall-Ortungsgerät und unterstützt von Unterwassersuchtrupps, die die Gendarmerie von Genf bereitgestellt hat. Da die Sicht durch Schlamm und Schlick getrübt ist, genehmigt Ermittlungsrichter Martinot eine Radikalmaßnahme: die komplette Entleerung der drei Teiche von Lavau.

Zuerst nehmen sie sich das Trou bleu vor: mit Hilfe eines Dutzends Motorpumpen und der Unterstützung des Bergungsdiensts von Nogentle-Rotrou. Zur Verstärkung wird eine riesige Motorpumpe angefordert, die stündlich 4000 Kubikmeter ableiten kann. Der Wasserspiegel sinkt täglich um mehrere Meter und gibt hier schlammige Senken, dort gezackte Schnittkanten alter Steinbrüche frei. Im umliegenden Gelände wird durch Pioniere des 6. Regiments von Angers das Gestrüpp entfernt, damit einhundertfünfzig Gendarmen die Zone zu Fuß durchkämmen können. Ronsin beschreibt die Operation ausführlich in einer Pressemitteilung, sie schließt mit folgenden Worten: »Bis dahin wäre ich Ihnen sehr dankbar, weder meine Sekretärin noch meinen Anrufbeantworter mit Fragen zu behelligen.«

Das Trou bleu wird nach und nach ausgepumpt, doch da an seinem Grund eine Quelle liegt, ist es unmöglich, es vollständig trockenzulegen. Es bleiben schwärzliche Wasserlöcher stehen, und manche Stellen sind unerreichbar. Die Gendarmen finden Gebeine, sofort wird Renaud Clément angerufen: Es handelt sich um Hundeknochen. Nach einigen Tagen wird etwa 30 Meter neben der Stelle, an dem die Reuse den Boden berührte, in einem Schlammloch ein Handy gefunden. Die Analysen bestätigen, dass es sich um Laëtitias Handy handelt; der auf Bertiers Hinweis beim Atlantis gefundene Akku passt perfekt dazu. Als die Kriminaltechniker das Telefon einschalten, begrüßt sie der Bildschirm mit: »Hallo, Laëtitia Perrais.« Der Speicher enthält etwa hundert Fotos, die in Ordner sortiert sind: »England«, »Familie«, »Meine Freunde« und »I«.

Die Pumparbeiten werden am zweiten See fortgesetzt, der von den Tauchern bereits durchsucht wurde. Der letzte, kleinste Teich wurde jahrelang als Deponie für Industriemüll benutzt. Der Boden ist übersät von Abfällen, Kanistern, Eisenträgern und diversen Metall- und Schrottteilen und so giftig, dass eine auf »nukleare, biologische, chemische und Strahlenrisiken« spezialisierte NRBC-Truppe angefordert werden muss. Die Entgiftungsspezialisten in ihren marineblauen Ganzkörperanzügen untersuchen mit Gasmasken ausgerüstet und einem Seil gesichert ein geflutetes, modriges Loch am Fuß eines Bergs verrosteter Wrackteile. Wie nach einem Atombombenangriff waten die gesichtslosen Techniker im verseuchten Schlick: Laëtitia ist in einem Weltuntergangsszenario verschwunden, und was bleibt, ist ein Ozean von Schwärze.

Als Cécile de Oliveira und ich nach Lavau fuhren, trafen wir eine Dame, die der Meinung war, man habe damals des Guten zu viel getan. Diese Tage im Februar 2011 hätten sie angewidert. Sie erinnerte sich verärgert an ein Hin und Her von Pkws, Lieferwagen, Lkws, Hubschraubern, Funktionären, Journalisten und Schaulustigen, die alle gekommen seien, um die Ruhe in ihrem Dorf zu stören. Ihrer Meinung nach war das Sarkozys Fehler gewesen, der Auftraggeber und Profiteur einer PR-Kampagne gewesen sei. Oder mache man etwa um alle vermissten jungen Mädchen solch einen Rummel?

Laëtitia hat in ihrem Leben kaum Chancen bekommen, doch der Staat wendete gigantische technische und finanzielle Mittel auf, um sie wiederzufinden. Sämtliche Abteilungen der Gendarmerie wurden mobilgemacht. Oberst Hubscher entschied zusammen mit dem Kommandanten der SR, Ermittler aus den regionalen Brigaden zu rekrutieren und ein Team zusammenzustellen, das in Vollzeit arbeitete. Hunderte von Gendarmen, Hundeführern, Tauchern und Soldaten wirkten bei der Fahndung mit, unterstützt von hochleistungsfähigen Computern, Hubschraubern, Ultraschall-Ortungsgeräten und Motorpumpen. Trotz der Krisenzeiten wurden die öffentlichen Ausgaben als weniger entscheidend eingestuft als die Suche nach der Wahrheit. Die Behörden, der Oberstaatsanwalt, die Ermittlungsrichter und Ermittler erklärten diese zur Priorität und fast zu einem persönlichen Anliegen. Das kleine Mädchen der öffentlichen Fürsorge wurde behandelt wie eine Königin.

*

Die posthume »Betreuung« von Laëtitia war mustergültig, doch wie steht es mit der Betreuung von Meilhon? Um diese sehr technische und doch wesentliche Diskussion zu verstehen, die das Zentrum des Konflikts zwischen Exekutive und Justiz darstellte, müssen wir die beiden beschuldigten Parteien vorstellen:

– Der Strafvollstreckungsrichter (JAP) ist ein Justizbeamter, der dafür sorgt, dass die vom Gericht verhängte Strafe auch vollstreckt wird. Seine Aufgabe ist es auch, einen individuellen »Vollzugsplan« zu erstellen und dabei alternativ vollzugslockernde Maßnahmen einzusetzen wie bedingte Haftentlassung, offener Vollzug, elektronische Fußfessel und so weiter. Ziel der individualisierten Behandlung ist es, eine Rückfälligkeit zu verhindern, indem man die Wiedereingliederung der der staatlichen Gerichtsbarkeit unterworfenen Person fördert. Im Gefängnis kann eine Anhörung organisiert werden: Dabei stellt der Gefangene einen Antrag, begründet sein persönliches Vorhaben und stimmt Auflagen zur Resozialisierung zu. Der JAP entscheidet über die Vollstreckung der Strafe und überwacht sie, kontrolliert sie aber nicht täglich.

– Die Aufsichtsstelle für Wiedereingliederung und Bewährungshilfe (SPIP) betreut Gefangene während der Verbüßung ihrer Haftstrafe und Verurteilte im offenen Vollzug, zum Beispiel im Rahmen von Freigang oder einer elektronischen Überwachung. Die Aufgaben von Bewährungshelfern haben eine soziale und eine strafrechtliche Dimension. Zum einen helfen Bewährungshelfer dem Entlassenen, Arbeit und eine Wohnung zu finden, zum anderen überwachen sie die Einhaltung der vom Richter angeordneten Auflagen wie wöchentliches Erscheinen auf dem Polizeirevier, Therapien bei Ärzten oder Psychologen oder Schadenswiedergutmachung. Der SPIP untersteht hierarchisch der Regionaldirektion und diese der Abteilung Strafvollzug beim Justizministerium, doch lokal arbeitet er unter Kontrolle des Strafvollstreckungsrichters.

Beginnen wir mit der These der Exekutive, die Strafrechtskette habe »nicht richtig funktioniert«. Mit einunddreißig Jahren hat es Meilhon auf dreizehn Verurteilungen gebracht, davon zwei durch ein Schwurgericht. Als er nach Verbüßung seiner letzten Strafe 2010 das Gefängnis verlässt, wird er unter Führungsaufsicht gestellt, nicht, weil man sein Rückfallrisiko als erhöht einstuft, sondern weil seine letzte Strafe wegen Richterbeleidigung (eines Familienrichters, der die Unterbringung seines Sohnes in einer Pflegefamilie verfügte) auf Bewährung unter Aufsicht (SME) ausgesetzt war, eine Maßnahme mit einer bestimmten Anzahl an sogenannten »Auflagen für den offenen Vollzug« wie regelmäßige Treffen mit dem Bewährungshelfer, Arbeitssuche, Gesundheitspflege, Schuldwiedergutmachung und so weiter. Wenn ein Verurteilter von einer SME-Maßnahme profitiert, geht er nach Hause und wartet darauf, dass er vom SPIP einbestellt wird, der ihm seine Auflagen mitteilt.

Nun wurde Meilhon aber nie in dieser Weise betreut, denn der überlastete SPIP des Departements Loire-Atlantique war der Ansicht, sein Fall sei nicht dringlich, denn sein letztes Vergehen – Richterbeleidigung – sei weniger schlimm als ein Mord, ein Diebstahl oder selbst ein Verkehrsdelikt. Als Meilhon aus dem Gefängnis kommt, wird er deshalb nicht zu einem Bewährungs- und Eingliederungshelfer einbestellt: Er wird »in freier Wildbahn ausgesetzt«.

Zwischen seiner Entlassung im Februar 2010 und der Tötung Laëtitias im Januar 2011 liegt weniger als ein Jahr. In dieser Zeit zeigen ihn mehrere Personen an: sein Halbbruder und dessen Frau wegen Morddrohungen und Sachbeschädigung in ihrer Wohnung; eine Freundin seiner Ex-Freundin, nachdem ihr Auto angezündet worden war; die Ex-Freundin selbst wegen Morddrohungen und sexueller Nötigung. »Also, er zwingt mich dazu«, erklärt sie der Polizei. »Aber das ist mir lieber, als wenn er zuhaut.« Von der scheinbaren Gleichgültigkeit der jungen Frau irritiert, leitet die Beamte die Klage nicht an die Kripo weiter, und auch das Gericht wird nicht informiert. Und das überlastete und unterbesetzte Polizeirevier von La Beaujoire wiederum geht den verschiedenen Klagen nur äußerst langsam nach.

Obwohl Meilhon im Register für Sexualstraftäter FIJAIS eingetragen ist und trotz seiner Bewährungsauflagen, teilt er den Behörden seine Adresse nicht mit. Am 1. September 2010 geht beim kriminalpolizeilichen Ermittlungsdienst des Departements Loire-Atlantique eine Meldung ein, die diesen veranlasst, nach ihm zu fahnden. Am 4. November klaut er in Couëron einen weißen Peugeot 106 und ist von da an jeden Tag damit unterwegs. Anfang

Dezember beginnt die Gendarmerie zu ermitteln, vergeblich. Am 10. Dezember entdecken Gendarmen aus Couëron Meilhon am Steuer des gestohlenen Peugeot; als sie bei seiner Mutter auftauchen, um ihn zu vernehmen, ist er bereits über alle Berge. Auf Anweisung der Staatsanwaltschaft von Nantes wird ein Suchbefehl gegen ihn wegen Hehlerei eines gestohlenen Fahrzeugs erlassen. Am 4. Januar 2011 wird er ins Register der Personen aufgenommen, die wegen Autodiebstahls und fehlenden Wohnortnachweises gesucht werden, doch er wird nicht als besonders gefährlich eingestuft.

Von daher die Verblüffung des Präsidenten: Ein Intensivtäter auf Bewährung, den keiner überwacht, das ist ein Missstand. Die Justiz hat sich um Betreuungsmaßnahmen zu kümmern, und dies umso mehr, als der Betreffende ein problematisches Profil mit Vorstrafen aufweist. Ist es der Staatsmacht etwa verboten, dass sie versucht zu verstehen, was passiert ist?

Hören wir uns die Justizbeamten und die Leute aus dem Strafvollzug dazu an: Missstände hat es sicherlich gegeben, doch wer trägt die Schuld daran? Das TGI Nantes und die SPIPs sind heillos überlastet. Es gibt nicht genug Richter, nicht genug Gerichtsschreiber, nicht genug Bewährungshelfer. Das Gericht von Nantes fordert die Schaffung einer fünften JAP-Stelle, während einer der vier bestehenden Posten immer noch unbesetzt ist: Es gibt also real nur drei Richter, die von fünf Gerichtsschreibern unterstützt werden. Das Personal geht in Arbeit unter und ist permanent überlastet. Kurz, die Justiz hat nicht die Mittel, um zu funktionieren.

Als 2009 ein neuer Direktor den SPIP Loire-Atlantique übernimmt, findet er einen in jeder Hinsicht maroden Betrieb vor: Personalmangel, aber auch Kompetenzprobleme, schlechte Organisation, unzureichende Nutzung der Spezialsoftware. Der Direktor fordert eine methodologische Betriebsprüfung an, damit die Situation von einem Dritten begutachtet wird. Seine Vorgesetzten lassen sich Zeit mit der Antwort: Man weiß, wie man Inspektionen in Gefängnissen durchführt, aber nicht in Stellen für Eingliederung und Bewährungshilfe, im offenen Vollzug. Schließlich fällt die Aufgabe der Dienststelle für die Überprüfung der Strafvollzugsdienste zu.

Als der Direktor mit Hinweis auf das Organigramm zusätzliche Mitarbeiter mit genau bezeichneten Qualifikationen einfordert, lachen ihm die Inspektoren ins Gesicht und verweisen ihrerseits auf das aktuelle Mantra: die »Generalüberholung der öffentlichen Verwaltung«, die darin besteht, den Staatsapparat einer drastischen Abmagerungskur zu unterziehen. Am Ende spricht der Inspektionsbericht etwa sechzig Empfehlungen aus, die mit einer höllischen Anstrengung umgesetzt werden, ohne Unterstützung der überregionalen Dienststelle für die Überprüfung der Strafvollzugsdienste Rennes, die sich mehr für die Sicherheit in den Gefängnissen interessiert.

Im März 2010 schreibt der Direktor des SPIP den Richtern von Nantes, um ihnen mitzuteilen, in welch enormen Schwierigkeiten sich sein Betrieb befindet. Jeder Helfer betreut im Durchschnitt 140 Fälle, das heißt das Doppelte der vom Justizministerium festgelegten Norm, und es genügt, dass jemand wegen Krankheit ausfällt, und die Zahl steigt auf 180. Während einer dreistündigen Sitzung am 24. Mai im TGI kommen der Direktor des SPIP und die Richter überein, Prioritäten festzulegen: Da man nicht alle betreuen kann, betreut man vorrangig Täter mit schwereren Delikten. Die anderen Fälle werden »auf Eis gelegt«.

Um diese gemeinsame Entscheidung schriftlich festzuhalten, schickt der Direktor den JAPs per Mail das Sitzungsprotokoll und setzt den Präsidenten des TGI bei der Staatsanwaltschaft Nantes und ebenso die überregionale Fachaufsicht über den Strafvollzug Rennes in cc. Am 4. August 2010 schickt er noch einmal eine Warnmail an seine Vorgesetzten: Seine Behörde hat immer noch nicht die nötigen Mittel, um korrekt zu funktionieren.

Während die überregionale Fachaufsicht über den Strafvollzug und das Justizministerium sich taub stellen, tritt die Entscheidung des Direktors und der Richter für den SPIP von Loire-Atlantique in Kraft: 800 Fälle bleiben unerledigt liegen, damit man sich um die dringenderen Fälle kümmern kann. Und Meilhon, dessen letzte Strafe eine Richterbeleidigung war, rutscht durchs Netz.

27
Laëtitia auf Facebook

Dank Delphine Perrais stand mir eine ganz außergewöhnliche Textquelle zur Verfügung: Laëtitias Facebook-Konto. Es wurde von den Gendarmen geschlossen, um krankhafter Neugier entgegenzuwirken, doch über ihre früheren Kontakte kann man noch immer darauf zugreifen. Ich bin überzeugt, dass Facebook in Zukunft eine wichtige Informationsquelle für Forscher sein wird, die sich für das Privatleben, die Freizeitaktivitäten, Familien- und Freundschaftsbeziehungen, Reisen und das Vokabular von Männern und Frauen des 21. Jahrhunderts interessieren. Aus dieser Menschenmenge habe ich mir Laëtitia erwählt.

Auf Facebook hatte sie achtundvierzig Freunde, vor allem Freunde aus Machecoul und La Bernerie, Kollegen und ein paar Angehörige der Familie Perrais. Ihr Profilfoto – aufgenommen aus der Vogelperspektive mit einem Handy, das sie mit ausgestrecktem Arm auf sich selbst gerichtet hat – zeigt sie Wange an Wange fröhlich und vertraut mit ihrer Schwester.

Sie hat zwölf Sänger, drei Fernsehserien, zwei Filme und ein Buch gelikt. Seitens der Musik: Rihanna (R'n'B), Green Day (Punkrock), Grand Corps Malade (Slam) und La Fouine, Sexion d'Assaut und Soprano (Rap). Nichts beweist, dass sie die Filme *Avatar* und *Twilight* je gesehen hat, doch mit Sicherheit sprachen sie die Themen an: der eine eine Science-Fiction-Parabel auf Menschlichkeit und Toleranz, der andere eine Lovestory zwischen jugendlichen Vampiren.

Von ihrer Chefin im Hôtel de Nantes Frau Deslandes wissen wir, dass sie den 2010 herausgekommenen Film *Tout ce qui brille* gemocht hat. Er erzählt die Geschichte von zwei unzertrennlichen Freundinnen – beide Kellnerinnen und abgebrannte Vorstädterinnen, aber echte Herzensmenschen voller Biss und Begeisterung, cool, lustig, schnodderig und zu allem bereit, um der Tristesse ihres Hochhausviertels zu entfliehen –, die sich selbst zu Abendgesellschaften in superschicke Wohnungen einladen, deren Schutzgötter Haute Couture, Cocktail und Visa Gold heißen. Ich weiß nicht, wie Laëtitia diese sehr gelungene Komödie gesehen hat – vielleicht wie ein Aschenputtel, das ein Hotel-Restaurant von La Bernerie-en-Retz fegt.

Den Aussagen von Frau Patron und Jessica zufolge schaute sie enorm viel Fernsehen. Sie konnte von zehn Uhr morgens bis zehn Uhr abends den ganzen Tag vor dem Fernseher verbringen, ohne aufzustehen, außer um etwas zu essen und auf die Toilette zu gehen. Jessica und Herr Patron zogen sie auf: »Du wirst mal Fernsehverkäuferin!« Sie verteidigte sich halbherzig vom Wohnzimmersofa aus: »Quatsch, hört auf!« Sie zog sich astronomisch viele Serien rein: *Ghost Whisperer*, *One Tree Hill* und, ausdrücklich auf ihrer Facebook-Seite gelikt, *Gossip Girl*, eine Chronik der Jeunesse dorée von Manhattan, außerdem *Secret Story*, eine Reality-Show, in der Kandidaten eingeschlossen unter dem Blick von Kameras leben, und nicht zu vergessen *Die Simpsons*, die Kultanimationsserie über die Abenteuer von Homer und seiner durchgedrehten Familie.

Laëtitia las keine Bücher. Sie besaß keine Romane, keine Zeitschriften, keine Reiseführer, keine Kochbücher, nicht ein Buch, gleich welcher Gattung, außer einem Fotoband über Pferde. Es ist kurios, dass das einzige Buch, das sie auf Facebook gelikt hat – *La Quête des Livres-Monde*, eine kitschige Fantasy-Trilogie –, sich durch einen so großartigen Titel à la Jorge Luis Borges auszeichnet.

Was soll man zu diesen Interessen sagen? Eine Alltagsverdrängungsmaschine, ein Kitsch-Tropf, eine vom System TF1 geeichte Traumkiste, in der eine stereotype Sicht auf soziale Beziehungen und Geschlechterverhältnisse schon den Allerkleinsten Konformismus und Unterwerfung einimpft, so wie in *Gossip Girl*, einer Serie voller millionenschwerer Modepüppchen und Schönlinge in Bestform, die sich in einem Pappmaché-Jetset bewegen. Ist Laëtitias kultureller Geschmack wie ihre Berufswahl ein Nicht-Geschmack, eine Nicht-Wahl, eine passive Übernahme dessen, was alle Welt mag, schaut und hört? Sie schenkt ihren Verstand Verkäufern von

Bildern, Hits, Mode, Werbung und massentauglichen »Inhalten«. Ihr Geschmack ist geprägt von der Massenkultur, ihre Likes diktiert von der Unterhaltungsindustrie. Das ist zweifellos eine Form von Entfremdung.

Jessica: »Sie mochte mehr oder weniger jede Musik, die im Fernsehen lief.«

Tatsächlich zählen *Only Girl* von Rihanna, *Désolé* von Sexion d'Assaut, das Album *La Colombe* von Soprano und der Soundtrack von *Avatar* zu den meistverkauften physischen Tonträgern und Downloads des Jahres 2010 in Frankreich. Laëtitia ist die Inkarnation des Massenpublikums, das Gegenteil einer Widerspenstigen.

Die Zeit ist so schnell vergangen. Ich kann mich kaum noch erinnern, ohne Handy aufgewachsen zu sein, ohne SMS, Computer, Internet, iPod und iPad. Ein Vierteljahrhundert lang war ich mit nichts und niemandem vernetzt. Meine Kindheit, das waren Michael Jackson, Jean-Jacques Goldman, Renaud, die Top 50, das Halbfinale von Sevilla 1982, Noah gegen Wilander 1983, Donkey Kong, *Das Imperium schlägt zurück, Tom Sawyer*, dessen Abspann ich auswendig kannte, und *Candy*, der mich noch heute zu Tränen rührt. Die ihre, zwanzig Jahre später, waren Reality-TV, TF1, R'n'B, Rap, Facebook, ihr Samsung F480 und etwa hundert SMS pro Tag. Sie ist tot und ich lebe noch. Sie hätte meine Tochter sein können.

Die Massenkultur ließ damals mein Herz höherschlagen. Ich vermisse meine angepasste Kindheit, weil sie die meine war und den Erwachsenen hervorgebracht hat, der ich bin, dieses Individuum im Schoß einer Generation.

Was Laëtitia betrifft, irre ich mich. Die Konsumgesellschaft hat ihren Geist nicht vereinnahmt und ihre Weltsicht nicht verbogen. Das Starsystem war Unterhaltung für sie. Sie wahrte Abstand zu dem, was sie sah, an manchen Szenen und banalen oder übertriebenen Figuren übte sie Kritik. Die schwarze Kultur Amerikas, die Wolkenkratzer von Manhattan, die Strände der Westküste und der Randzonenrap weckten die Neugier der Berufsschülerin von Machecoul. Ihre Fantasie flog mit den Geistern aus *Ghost Whisperer*, den Vampiren und

Werwölfen aus *Twilight*, dem geflügelten Teenager aus *La Quête des Livres-Monde* und den blauhäutigen Wesen aus *Avatar* davon. Vielleicht berührten sie die Lieder von Sexion d'Assaut:

»Papa, ich versteh's nicht, was hab ich dir getan?
Ich bin doch winzig klein und brauche nicht viel Platz.
Papa, wo warst du am Tag meiner Geburt?«

Im Hôtel de Nantes summte sie ständig Véronique Sansons Lied *Drôle de vie*, den Soundtrack des Films *Tout ce qui brille*. Er gab ihr einen Vorgeschmack auf die Freiheit:

»Ich bin fürn irres Leben gemacht, hast du gesagt.
Ich hab im Hirn Ideen und mache, was ich mag.«

Das Wunder der französischen und internationalen Spielarten von Hits, Clips, rekordverdächtigen YouTube-Videos und Serien, die von Zehntausenden von Menschen auf fünf Kontinenten gesehen werden, besteht in der persönlichen, intimen Beziehung, die diese mit jedem von uns einzugehen vermögen. Diese Alchemie gibt uns die wertvolle Gelegenheit zu erkennen, welche Anteile von uns wir nicht uns selbst, sondern Kollektiven verdanken: der Familie, der sozialen Gruppe, der Mode, dem Zeitgeist. Eine solche Analyse gestattet nicht etwa, »wir« zu sagen und dabei »ich« zu meinen (wie beim lächerlichen akademischen Pluralis Majestatis), sondern umgekehrt »ich« zu sagen und dabei »wir« zu meinen: »ich« an Stelle »aller anderen, die mich gemacht haben«, »meine Einzigartigkeit, insofern sie das Werk von anderen ist«. Wie Sartre am Ende von *Die Wörter* ist Laëtitia ein Kind des 21. Jahrhunderts, das aus allen anderen besteht – Männern und Frauen, Mädchen und Jungen – und so viel zählt wie alle und jeder.

Das Faszinierendste sind die Facebook-Gruppen, zu denen sie gehört. Es sind informelle Gruppen, die zu nichts verpflichten, doch sie sind im eigentlichen Wortsinn kulturelle Gruppen: Klubs, denen man mit einem Klick beitritt, Wahlverwandtschaften, bei denen sich eine bestimmte Befindlichkeit, eine Philosophie oder Spielart von Humor offenbart. In der partizipatorischen Demokratie dieser Gruppen kann jeder ein Foto oder Video posten, einen Kommentar schreiben, einen Link teilen und Verbindung aufnehmen.

Eine Nachricht lesen und sich dabei sagen, damals war alles perfekt
Motto: »Sein Leben damit zu verbringen, einer Liebe nachzutrauern, beweist, dass man wirklich geliebt hat und das Leben nicht vollkommen sinnlos war.«
Inhalt: Tiervideos, »supersüße« Katzen, lustige Videos, Gags, Überraschungen.
Community: 200 000 Follower.

Beim Musikhören nachdenken
»Für alle, die Musik lieben, und besonders die, die beim Zuhören nachdenken.«
Illustration: ein Foto von einem Sonnenuntergang überm Meer.
Mehr als 850 000 Follower.

Auf dass Faulheit ein anerkannter Grund wird, um nicht arbeiten zu gehen!!!
Motto: »Das Glück steckt unter der Bettdecke.«

Beispiele für Links (2015 gepostet):
»19 Porträts von Babys mit besonders seltsamen Köpfen.«
»Das passiert, wenn man flüssiges Aluminium in eine Wassermelone gießt.«
;-)

Du wolltest spielen. Wir haben gespielt und ich hab gewonnen. Du hast mich verloren.
(Zitat aus *Game Over* von Colonel Reyel)

Ich stecks ein und sag nix, aber kS, ich vergess nix
»Man kriegt Schläge ab, behält es für sich, weint, doch am Tag der Rache wird nichts vergessen sein.«

»Liebst du mich?« »Nein, ich bin verrückt nach dir!« <3
Gruppe zu Liebe, Superfreundinnen und Schätzchen
Anm.: Das typografische Emotikon <3 repräsentiert ein auf der Seite liegendes Herz.

Schnauze, ich hab recht
Fotos: Feuerwerke, Topmodels, hübsche Tattoos, blonde Zöpfe, Eiffelturm.
Mehr als 900 000 Follower.

Mottobeispiele (2010 gepostet):
Ein Kuss ist die sicherste Art, um nichts und gleichzeitig alles zu sagen.
Cassandra R. und 3027 anderen Personen gefällt das.

Da die Lichtgeschwindigkeit höher ist als die Schallgeschwindigkeit, wirken eine Menge Leute blitzgescheit, bis sie den Mund öffnen.
Julie R. und 1494 anderen Personen gefällt das.

Diese Gruppen sind die großen Kollektive von heute. Der Konformismus, den sie an den Tag legen, ist nicht Mitläufertum oder Verdummung, sondern digitale Geselligkeit, ansteckender Humor, Begegnung mit Seinesgleichen, Zusammenschluss von Jugendlichen, moderne Massenbewegung. Wie der Soziologe Dominique Cardon sagt: Es ist die »Kraft der schwachen Kooperationen«.

Ihre zahlreichen Selfies dienten der Bebilderung ihres Facebook-Profils: Laëtitia an einen Felsen gelehnt, Laëtitia mit einer Hibiskusblüte hinterm Ohr, Laëtitia in einem schwarzen Kleid vor einer englischen Telefonzelle, Laëtitia mit einer Melone auf dem Kopf, Laëtitia, die von ihrem Handteller aus einen Kuss zupustet. Facebook stellt einen Raum des Austausches und der Sichtbarkeit dar, der Laëtitia – der Schweigsamen, dem Kind mit den Sprechblockaden – erlaubt, ihre Psyche zu offenbaren, von ihrer Familie, Gefühlen, Befindlichkeiten und Zweifeln zu reden, das heißt, sich einem Publikum zu öffnen, sei es auch begrenzt und unsichtbar.

Auf ihrer Facebook-Seite schrieb sie Gedanken auf, in denen sie die Menschenkenntnis formulierte, die sie über »die Leute« erlangt hatte. Kursiv und in eckigen Klammern: die Übersetzung des Originals in meine Erwachsenensprache.

> Es ist beschisen die loite schiken 1 in die wuste aber so bald 1 uns brauhct redet er gans net m uns
> *[Es ist beschissen: Die Leute schicken einen in die Wüste, aber sobald einer uns braucht, redet er ganz nett mit uns.]*

> Die loited man libt nicht so wi man glaubt speter sind sie andrs wen man sie besr kent
> *[Die Leute, die man liebt, sind nicht so, wie man glaubt; später, wenn man sie besser kennt, sind sie ganz anders.]*

> lieben heist fergeben ohne sich zu rechen, geben ohne beräch- nen, sich hingeben ohne dachzuneken. Lieben is du und chi, in zukunft wie in der fergangenheit. Ich schreib dir das mit meinem handy aber sag es dir mm herz

Ein Dialog mit ihrer Tante Delphine Perrais:

> *Laëtitia*: die jungs sagn uns imr sie sind mit jmd zusam aber wen man auf ir profil get sind sie singel w. sagn si uns nicht einf. das sie uns nicht lieben???
> *Delphine*: WEIL JUNGS LÜGNER SIND HIHIHIHI
> *Laëtitia*: ah ok abr dsist gemein sie sint froinde und tun uns we damit
> *Delphine*: ONKELCHEN SAGT DIR, JUNGS SIND GEMEIN UND LÜGEN, ALSO VORSICHT
> *Laëtitia*: ah ok abr sie sint nicht ale so hofe ich?

Ein Gruppenchat:

> *Laëtitia*: wen ich euch biten würde m zbesreiben, was würded ir sagen, schreibd eure komentare

Fabian: ihdsssssssssssg *[ich hab dich so gern]*
Laëtitia: dis so net, danke kleinr brudr
Delphine: SÜSS, HÜBSCH, NETT, WIR HABEN DICH SEHR LIEB
Laëtitia: vilen dank, dänke an oich

Diese Erklärungen, diese Art von Geselligkeit, diese Schreibweisen, Abkürzungen und Emojis, diese Selbstinszenierung und all die digitale Zurschaustellung von Intimität könnten nahelegen, Laëtitia sei von ihrer Zeit modelliert worden. Doch das Gegenteil ist der Fall: Ihr Facebook-Konto ist als Kulturobjekt eine aktualisierte Version des Tagebuchs, das seit den 1760er Jahren zu Weiblichkeit und Pubertät gehört. Während des gesamten 19. und 20. Jahrhunderts haben heimliche Hefte, banale oder tiefgründige, kurze oder weitschweifige Tagebücher das »Ich der jungen Mädchen« (»le moi des demoiselles«, nach der Formulierung von Philippe Lejeune) eingefangen. Welche Funktion haben diese Texte? Neigung zur Innenschau, Schreiblust, Feier von Einzigartigkeit, Wehmut oder die Bemühung, sich selbst (und seinen wenigen Lesern) verständlich zu werden, sind einige der Gründe für die »nackten« Selbstporträts von Körper und Seele. Es ist ein Paradox der Moderne: Mithilfe neuer Medien wie Mobiltelefon, Blog, Facebook und so weiter werden alte Bräuche konserviert.

So wie der Tagebuchboom an Fortschritte im Unterrichtswesen der Grund- und Mittelschulen anknüpfte, zeugen Laëtitias vertrauliche Mitteilungen von einer bestimmten Bildung, einem bestimmten Zugang zur Massenkultur und ihrem schulischen Aufstieg. Auch hier eine Demokratisierung der Gesellschaft: Laëtitia schrieb. Zwar nicht mit unserer Rechtschreibung, aber mit ihren Worten, ihren Gefühlen, ihren Zweifeln und Verletzungen. Als Erfinderin ihrer selbst, als Moralistin und Dramatikerin.

Ihr sowohl persönliches als auch halböffentliches (»extimes«, wie manche sagen) Facebook-Konto ist weniger Narzissmus als ein Ruf, der Wunsch, sich anderen zu öffnen, um erkannt und geliebt zu werden. Jedes Selfie von Laëtitia ist der Wunsch, bewundernswürdig zu sein, die Hoffnung, jemandem etwas zu bedeuten, ist Lebensfreude und Lust, von einer »Community« von Freunden gesehen zu werden. Wir stoßen in das vor, was Georges Perec das »Infra-ordinäre« nennt: die Alltagssprache, die vertraute Kulisse, das Ich der *Werke und Tage* und schließlich eine Nicht-Literatur, die doch eine ist.

Als Joseph Kessel in den 1920er Jahren das Tagebuch von Nelly verlegt, einem »kleinen, russischen Mädchen in Zeiten des Bolschewismus«, feiert er ihre Analysefähigkeit, ihre intellektuelle Neugier und Stilsicherheit. Mit vierzehn hat Nelly bereits die Verhaftung ihrer Eltern, einen Bürgerkrieg, die rote und weiße Schreckensherrschaft, Hunger, ständige Umzüge, das Schauspiel des Todes und gefolterte Körper gesehen. Sie schreibt ein erschütterndes Dokument, die Erzählung eines jungen Mädchens, das sich um die Armen sorgt, Blumen und den blauen Himmel, die Berge und die Liebe liebt und versucht, sich selbst zu durchschauen. Zu leben begeisterte sie. Sie ertrank mit siebzehn Jahren, als sie in einen Wasserfall stürzte.

Laëtitia Perrais besaß nicht die Gaben von Nelly Ptaschkina oder Anne Frank, doch wie diese ist sie viel zu früh gestorben. Als Mädchen, deren reines Herz das Mal von Gewalt und Chaos, von emotionaler Unsicherheit und dem Zusammenbruch ihrer Mutter trug, hockte sie gern stundenlang auf dem Wohnzimmersofa vor dem Fernseher, in der Mitte einer warmen, verlässlichen und geborgenen Welt, am einzigen haltgebenden Ort, den sie für sich gefunden hatte. Das kleine Kellermädchen genoss die Sesshaftigkeit.

Sie lebte ohne Glauben in einer Welt, deren Bedeutung und Gesetze sie perfekt durchschaut hatte. Sie widmete einen Großteil ihrer Energie dem Ziel, sich darin einen winzigen Platz zu schaffen. Auch wenn ihre Backfischromantik mit einer völlig apolitischen Haltung und absoluten Gleichgültigkeit gegenüber Kultur und Stadtleben einherging, hinderte dieses spirituelle Nichts sie doch nicht daran, ein leidenschaftliches Bewusstsein für sich selbst zu entwickeln. Ihre Einsamkeit, ihr Leid und das Gefühl von Hilflosigkeit wurden aufgewogen durch eine innere Kraft und Widerstandsfähigkeit, die alle, die ihr nahestanden, zu würdigen wussten: »sie hatte Charakter«, »sie ließ sich nicht auf der Nase herumtanzen«, »sie wusste, was sie wollte«.

Während des Berufungsprozesses las der Vorsitzende Richter einen Auszug aus einer Aussage vor, die Jessica ein paar Monate nach dem Tod ihrer Schwester bei der Polizei gemacht hatte: »Sie war beeinflussbar. Sie tat nur, was ihr passte.«

Der Richter: »Ist das nicht ein Widerspruch?«

Im Zeugenstand verteidigt Jessica ihre Worte: »Sie war folgsam, aber auch aufsässig.«

*

Laëtitia und Jessica benutzten ausgiebig ihre Handys: um auf Facebook zu gehen, SMS zu verschicken oder ihre Eltern anzurufen, ohne dass Herr Patron mithörte. Sie hatten ein monatliches Guthaben von 15 oder 20 Euro. Einmal erhielt Frau Patron Jessicas Rechnung und sie belief sich auf das Dreifache. Sie schimpfte und überprüfte bei der Gelegenheit ihre Verbindungen. Sie stellte fest, dass die Zwillinge während des Unterrichts mit ihrem Vater kommunizierten. Das nächste Machtwort fiel:

»Zur Strafe bleiben die beiden Telefone bis Ende der Woche zu Hause.«

Tags darauf kreuzte Franck Perrais an der Schule in Machecoul auf:

»Warum hebt ihr nicht ab?«

»Herr Patron hat unsere Handys weggenommen.«

Franck Perrais kaufte ihnen unverzüglich zwei Mobiltelefone. Im nächsten Monat überzog jede ihr Guthaben um 600 Euro, diesmal auf Papas Kosten.

28

Der Kriminopopulismus

Im Winter 2011 prallen zwei Logiken aufeinander.

Für den Präsidenten der Republik verlangt der Fall nach einer Antwort, die dem Volksempfinden entspricht. Ein in die freie Wildbahn entlassener Wiederholungstäter ohne jede Überwachung hat auf bestialische Weise ein junges Mädchen umgebracht. Die Franzosen sind nicht nur schockiert von der Grausamkeit des Verbrechens, sondern ihr Vertrauen in die Justiz ist auch erschüttert: »Strafen werden nicht vollzogen, es gibt keine Gerechtigkeit mehr.« Die Institution hat nicht fehlerfrei funktioniert. Diesen Fehler muss man beheben. Die Akteure in Strafverfolgung und -vollzug müssen zur Verantwortung gezogen werden. Ein bei einem Fehler ertapptes System wehrt sich immer, doch der Politiker ist dazu da, um die Justizbehörden wachzurütteln, Selbstverteidigungsreflexe abzuwehren und die üblichen Entschuldigungen (»das ist Schicksal, mangelnde Mittel« und so weiter) zurückzuweisen.

Für die Justizbeamten sind diese Anschuldigungen ungerecht. Die Nachlässigkeit der Staatsgewalt hat die Überwachung von Meilhon verhindert. Die JAPs sind überlastet, die SPIPs sind überlastet, jeder in der Strafvollzugsverwaltung und im Kabinett des Justiz- und des Finanzministers weiß das. Und schließlich ist der Kampf gegen Strafrückfälligkeit keine exakte Wissenschaft. Eine tatsächliche Handlung kann man nicht voraussagen. Hätten ein paar Vorladungen beim SPIP ein neuerliches Abrutschen in die Kriminalität verhindert? Hätte ein Termin alle zwei Monate ohne psychologische Begutachtung, ohne einen koordinierenden Arzt, ohne intensive Betreuung oder Hausbesuche die Persönlichkeit dieses komplett entgleisten Kerls verändert? Meilhon hätte seinem Bewährungshelfer gegenüber behaupten können, er sei auf Arbeitssuche, und nichts hätte ihn deshalb gehindert, Laëtitia zu töten.

Die Tatsache, dass Meilhon nach Verbüßung seiner Haftstrafe aus dem Gefängnis entlassen wurde, als »juristische Nachgiebigkeit« zu bezeichnen, ist eine intellektuelle Annäherung an die Sache, über die man verzweifeln könnte. Wurde er vorzeitig entlassen? Wurde er als perverser sexueller Wiederholungstäter erkannt? Aus politischem Kalkül entschied sich Nicolas Sarkozy für Vereinfachung und Vorwurf. Mehrere Richter hatten nach der Kontaktaufnahme mit Mitgliedern seines Kabinetts im Élysée-Palast das Gefühl, ihre Wortmeldung werde nicht mehr gehört und der Präsident wolle um jeden Preis Schuldige finden. Selbst der Justizminister war von der Vehemenz des Präsidenten überrascht.

Angewidert von der Voreingenommenheit der Exekutive »leiten« einige Richter aus Nantes »Nachrichten weiter« und legen dem Rechtsberater des Präsidenten Jean-Pierre Picca sowie dem Kabinettschef des Ministers François Molins nahe, es nicht bei den Inspektionen im Landgericht und bei den SPIPs zu belassen. Wenn man schon der Justiz »Fehler« unterstellt, warum interessiert man sich dann nicht auch für das Vorgehen von Polizei und Gendarmerie, die nach dem Diebstahl des Peugeots und nach den Anzeigen von Meilhons Angehörigen nicht gerade übermäßige Effizienz an den Tag gelegt haben? Sollte man »die Problematik« nicht »ausweiten«?

Der Justizminister veranlasst weitere Inspektionen im Zuständigkeitsbereich des Innenministeriums. Schließlich können weder Polizisten noch Gendarmen Pflichtverletzungen nachgewiesen werden, doch sowohl der Polizeidirektor des Departements Loire-Atlantique als auch das Polizeirevier von La Beaujoire erhalten eine »Abmahnung« wegen der langsamen Bearbeitung der Anzeigen.

*

Die Polemik der »Verfehlung« zu verstehen ist wichtig, doch sie überdeckt zwei weitere Faktoren: zum einen die berufliche Entwicklung der beschuldigten Akteure und zum anderen die Haltung des Staatspräsidenten.

Trotz einer schärferen Strafpolitik, der Anhäufung neuer Gesetze und einer inflationären Zunahme von Aufgaben wurden der Justiz keine zusätzlichen Mittel bereitgestellt. Wie andere staatliche Sektoren muss sie die Unterfinanzierung ausbaden. In allen Gerichten Frankreichs stagnieren die Beschäftigtenzahlen. In der Staatsanwaltschaft fehlt es an Posten für Justizbeamte, obwohl das Perben-II-Gesetz von 2004 die Arbeitsbelastung der Staatsanwälte noch erhöht hat. In den Jahren 2008 bis 2010 wurden unter Justizministerin Dati die Jahrgänge an der Staatlichen Hochschule für das Amt des Richters und des Staatsanwalts ENM auf 135 angehende Richter und Staatsanwälte begrenzt.

Die 1999 geschaffenen Stellen für Eingliederung und Bewährungshilfe sind die armen Eltern der Strafvollzugsverwaltung, ihnen stehen nur 5 Prozent des Budgets zu. Im Jahr 2003 empfiehlt der Warsmann-Bericht die Schaffung von 3000 Bewährungshelferstellen, da die SPIPs notorisch unterbesetzt sind (weniger als 2500 Bewährungshelfer für die gesamte Region). Sieben Jahre später, zur Zeit, als Meilhon das Gefängnis verlässt, zählt man genau 3000 Bewährungshelfer für etwa 175 000 Fälle, und dies, obwohl die Arbeitsbelastung durch das Perben-II-Gesetz und die Verhängung von Strafen im offenen Vollzug explodiert ist. Im Departement Loire-Atlantique werden 5000 Verurteilte von 17 Bewährungshelfern betreut, tatsächlich brauchte man mehr als doppelt so viele. Das Desinteresse der überregionalen Fachaufsicht über den Strafvollzug Rennes zeigt, in welchem Ausmaß die Wiedereingliederung in der Architektur des Strafvollzugs vernachlässigt wird. Das Kerngeschäft des Strafvollzugs bleiben das Gefängnis, die Haft und die Sicherheit innerhalb der Einrichtungen.

Der Fall Laëtitia zeigt auch eine Veränderung der Berufsbilder innerhalb des SPIP. Ursprünglich entsprach das Arbeitsethos der Bewährungshelfer dem der Sozialarbeit nach 1945: helfen, begleiten, die Rückkehr zu einem normalen Leben ermöglichen. Der Vorgänger des SPIP, das Comité de probation et d'assistance aux libérés, war ein Team von Erziehern und Sozialhelfern unter der Aufsicht des JAP in jedem Gericht. Wie verwandelt man diese in echte Mitarbeiter der Strafvollzugsverwaltung? Wie bringt man sie von einer mündlichen Kommunikationskultur und hingekritzelten Notizen zu einer Kultur des schriftlichen, an Vorgesetzte adressierten Berichts?

Die Bewährungshelfer aus den Gerichten herauszuholen, ihre Autonomie auf Departementebene zu fördern, ihnen Verantwortlichkeiten bei der Vollstreckung von Strafen im offenen Vollzug zu übertragen, sie für eine Einschätzung des Rückfallrisikos zu sensibilisieren, das ist das Kernstück der Reform, die in den Jahren 1999 bis 2002 von Isabelle Gorce im Justizministerium angestoßen wurde. Der Aspekt des Strafvollzugs in der Arbeit der Bewährungshelfer kann sich nicht auf eine bürokratische Verwaltung der Strafen und die Routine der administrativen Kontrolle beschränken (»Herr X hat ordnungsgemäß den Verband Y zu den Gefahren von Alkoholmissbrauch aufgesucht.«). Die SPIPs haben auch die Aufgabe, Rückfälligkeit zu verhindern, und das setzt eine individualisierte Betreuung voraus. Ein alkoholkranker Raser, ein Haschisch-Dealer und ein Kinderschänder bedürfen unterschiedlicher Arten von Aufsicht. Wie soll man angesichts dieser Herausforderungen auf die »Zunahme von Gewaltbereitschaft« mancher Delinquenten reagieren?

In den Jahren 2008 bis 2010 leiten die SPIPs eine Kulturrevolution ein. Claude d'Harcourt, der Leiter der Strafvollzugsverwaltung, denkt über eine individualisierte Überwachung nach, die das Verhalten der Verurteilten, ihre familiäre und soziale Umgebung, ihre Einstellung zu ihren Auflagen und ihre Anstrengungen, der Kriminalität zu entkommen, berücksichtigt. Der Bewährungshelfer des SPIP wird vom Sozialhelfer zum Bewährungsbeamten. Wir treten ins Zeitalter der Risikobewertung und des Managements von Verurteilten ein. Das Symbol dieser Neuausrichtung, die von kanadischen Methoden inspirierte Diagnose zu kriminologischen Zwecken (DAVC) erlaubt, die Gefährlichkeit einer Person zu bestimmen und den nötigen Grad an Kontrolle festzulegen. Von 2010 an wird sie in einem Pilotprojekt an elf Orten getestet.

Doch innerhalb des Strafvollzugs setzt sich die Kultur der Bewährung nur schwer durch. Es herrscht weiter die Annahme vor, dass die größeren Risiken im geschlossenen Vollzug, das heißt im Gefängnis, zu finden sind und der offene Vollzug die Domäne der Sozialarbeit sein muss. Innerhalb der SPIPs lehnen die Beamten die DAVC ab, weil sie der Meinung sind, sie berücksichtige die Komplexität der unterschiedlichen Situationen nicht genug. Für die Gewerkschaften ist sie ein Werkzeug der sozialen Kontrolle und digitalen Katalogisierbarkeit, eine Täuschung der Öffentlichkeit und reine Anhäufung von Statistiken zu »Risikopersonen«. Diese »rechte« Methode ist das Gegenteil des Credos der »linken« Sozialarbeit: eher die ausgestreckte Hand als die polizeiliche Überwachung!

Der Sinneswandel ist auch 2010, als Meilhon aus dem Gefängnis kommt, noch nicht vollzogen. Die Kriterien für die Prioritätenliste des SPIP Loire-Atlantique und der JAPs beruhen auf der zeitlich letzten Verurteilung und nicht auf dem Profil des Verurteilten. Von daher kann die Gefährlichkeit von Meilhon nicht erkannt werden und seine Akte wird in ein Regal neben die von Drogenabhängigen und Bandenchefs vom Lande zurückgestellt. Ein Profiling ausgehend von seinem Vorstrafenregister und einer kriminologischen Checkliste (wie sie mit der DAVC angeboten wird) hätte es ermöglicht, die Zunahme an krimineller Energie zu erkennen. Zweifelsohne wäre eine Prognose ein Ding der Unmöglichkeit gewesen, doch vor seiner Richterbeleidigung hatte Meilhon schwere Gewalttaten verübt: So jedoch sah man den Wald wegen eines Bäumchens nicht. Dass sein Fall »auf Eis« landete, resultierte aus einem Mangel an Mitteln und aus der Arbeitsüberlastung innerhalb des SPIP, aber auch aus einem Stillstand in der Entwicklung der Betreuungskultur. Es war nicht möglich, den Fall Meilhon mit dem Blick von *Wie verlorene Hunde* zu sehen.

In England gibt es mehrere Überwachungssysteme. Der »probation service«, das Äquivalent zum französischen SPIP, bewertet die Gefährlichkeit der Verurteilten und betreut diese von ihrer Entlassung aus dem Gefängnis an. Das »forensic team«, ein Expertenteam für die psychische Verfassung von Kriminellen, kümmert sich um Gewaltverbrecher, bei denen eine psychiatrische Erkrankung diagnostiziert wurde. Des Weiteren sind »approved mental health professionals« dafür zuständig, Gespräche zu organisieren, um zu prüfen, ob eine Person für andere oder sich selbst kein Risiko darstellt, bei Bedarf können sie die Polizei alarmieren und eine Betreuung durch ein Gesundheitsteam empfehlen. Die gefährlichsten Fälle schließlich fallen in die Zuständigkeit des »Multi-Agency Public Protection Arrangements«, eines landesweiten Betreuungssystems, das von den Strafvollzugsdiensten, der Bewährungshilfe und der Polizei in Zusammenarbeit mit den Sozialstellen und den psychiatrischen Teams koordiniert wird. Andererseits haben Budgetkürzungen unter rechten wie linken Regierungen all diese Werkzeuge nachhaltig geschwächt.

Die Angriffe von Nicolas Sarkozy auf die Richter radierten die Komplexität all dieser Probleme einfach aus. Wie der Anti-Terror-Richter und Präsident des französischen Staatsanwaltsverbands (AFMI) Marc Trévidic es formuliert, ist der Staatspräsident mit seinen fortgesetzten Angriffen selbst ein »Wiederholungstäter«. Im Jahr 2005 warf er einem Richter vor, ein »Monster« unter Auflagen aus der Haft entlassen zu haben, dann kritisierte er den »Rücktritt« der Richter von Bobigny, und schließlich verglich er 2007 als frischgewählter Präsident Richter wegen ihrer Ähnlichkeit in Farbe, Statur und Geschmacklosigkeit mit »Erbsen«.

In seiner Rede von Orléans vom 3. Februar 2011 verspricht Nicolas Sarkozy, »Strafen« auf einen »Fehler« folgen zu lassen, nämlich jenen, den »mutmaßlichen Täter« Meilhon freigelassen zu haben, ohne seine Überwachung sicherzustellen. Das Erstaunlichste dabei ist die Verbindung, die der Präsident zwischen einem Verdächtigen und den Richtern herstellt. Mit der Vermengung der Verantwortung des Kriminellen und der der Richter (selbst wenn diese für »Fehler« in der Strafverfolgung verantwortlich sein mögen) führt er die Tötung Laëtitias gewissermaßen auf sie zurück.

Mit seiner Rede macht Nicolas Sarkozy einen entscheidenden Schritt in der Interpretation dieses Kriminalfalls. Nach dem Auftritt der beiden gegensätzlichen Figuren Meilhon-der-Vergewaltiger und Patron-der-Vater auf der Bühne seiner Lesart ist dies die dritte neu erschaffene Rolle: der mitschuldige Richter.

Was auch immer ihre Motive sein mögen – wahltaktisches Kalkül, eine Abneigung gegen Berufsstände, Anti-Elite-Rhetorik, persönliche Karriere –, die Vorwürfe von Sarkozy sind populistisch. Sie prangern Fachleute an, die, wenn man es recht bedenkt, eher Opfer sind. Die Anschuldigungen gegen sie erzeugen ein doppeltes Gefühl von Ungerechtigkeit: Nicht nur haben sie nicht genügend Mittel, um korrekt zu arbeiten, sondern man macht sie auch noch für ein Verbrechen verantwortlich.

Statt das Problem aus der gebotenen Distanz zu analysieren, entscheidet sich der Präsident für eine Sündenbock-Politik, die darin besteht, Schuldige in der Gesellschaft zu suchen und für individuelle und kollektive »Fehler« »Strafen« anzukündigen. Der Fall Laëtitia entlarvt eine ganz bestimmte Kunst des Regierens: die Mehrheit gegen eine Minderheit aufzubringen, um nicht nur die eigenen Fehler zu vertuschen, sondern vor allem, um das Volk gegen einen mutmaßlichen Feind (den Richter, den Vorstadtjugendlichen, den Illegalen und so weiter) zu vereinen.

Darin besteht der wirkliche Bruch Nicolas Sarkozys mit seinen Vorgängern: Trotz all ihrer Unterschiede wollten sowohl de Gaulle als auch Mitterrand zusammenbringen, das heißt betonen, was die Franzosen eint. Nun ist es das Gegenteil. Unter Sarkozy ist die Staatsmacht nicht mehr Regulator des sozialen Friedens. Der Kriminopopulismus der Laëtitia-Jahre zeigt, wie Spaltung betrieben, Misstrauen geschürt und Hass in den sozialen Körper eingespeist wird. Er zeigt einen Staatspräsidenten, der den Staat beschädigt.

29
Der schöne Sommer

Am 4. Mai 2010 werden Laëtitia und Jessica volljährig. Sie verfolgen weiter ihr erstes Ausbildungsjahr zur APR an der Berufsschule von Machecoul und waren noch nie so frei. Die nach Unabhängigkeit strebende Laëtitia bewirbt sich für das Schuljahr 2010/11 um einen Wohnheimsplatz in Guérande. Da sie keinen bekommt und Jessica ihrerseits bei den Patrons bleiben will, unterzeichnen beide einen »Vertrag zur Unterstützung der Verselbstständigung junger Menschen« (CSAJ), auf dessen Grundlage das Jugendamt sie als »junge Volljährige« weiter betreut.

Mit dem CSAJ bleibt der ursprüngliche Rahmen des Jugendschutzes erhalten, und zwar bis zum Alter von 21 Jahren, allerdings ohne Begleitungs- oder Betreuungsverpflichtung. Der Vertrag zwischen den Zwillingen und dem Conseil général von Loire-Atlantique wird ohne Beteiligung des Familienrichters unterzeichnet. Da Laëtitia und Jessica volljährig sind, steht es ihnen jetzt außerdem frei, ihre Verwandten von der Perrais- oder Larcher-Seite zu sehen, so oft und wann sie wollen. In Wirklichkeit jedoch ändert sich nichts: Frau Laviolette kümmert sich nach wie vor um den Ausbildungsweg der Mädchen, und beide bleiben in der Route de la Rogère bei ihrem Pflegevater Herrn Patron wohnen, der weiter vom Conseil général bezahlt wird.

Sind sie glücklich? Für Jessica stand ein Umzug nie zur Debatte: Sie würde sich von Herrn und Frau Patron gern adoptieren lassen, und all ihre Freundinnen leben in La Bernerie. Doch Herrn Patrons Übergriffe gehen weiter (er gesteht eine »symbiotische« Beziehung ab dem Zeitpunkt ihrer Volljährigkeit): Berührungen an Po, Brüsten und Geschlecht, Schamhaarrasur, Selbstbefriedigung, Penetration mit den Fingern. Laëtitia, deren Liebschaft mit Gaël von Herrn Patron im Keim erstickt wurde, ist seit der Schulfahrt nach England mit Maxime zusammen. Am 26. April 2010 schreibt der junge Mann auf Laëtitias Facebook-Seite: »Hi mein Satz, ich schik dir vile Küschen«.

Die Zwillinge trennen sich zum ersten Mal räumlich: Laëtitia zieht in das Durchgangszimmer zwischen dem Wohnzimmer und dem Schlafraum von Herrn und Frau Patron, während Jessica in ihrem alten Zimmer am anderen Ende des Hauses bleibt. Das winzige, fensterlose Durchgangszimmer ist mit einem kleinen Bett ganz hinten, einem Schrank an der linken Wand und einem Regal an der rechten ausgestattet, in dem das Spielzeug der Patron-Enkel aufbewahrt wird. Das Selfie von Laëtitia in ihrer pinkfarbenen, weiß geblümten Tunika, das mit ausgestrecktem Arm fotografiert wurde und wie unter Wasser aufgenommen wirkt, hat dieses Zimmerchen zum Hintergrund. Auf dem Foto erkennt man den Schrank und das kleine Bett mit dem grünen Überwurf, unter dem ein Zipfel des Kopfkissens herauslugt; am Schrank hängt ein rosafarbenes Kleidungsstück.

Im Juni erhalten Laëtitia und Jessica ihren CAP APR. Herr und Frau Patron lassen die Korken knallen, doch da sie die Zwillinge nicht nach Machecoul begleiten können, schicken sie die beiden mit ihren Scootern allein in den Regen, um ihr Abschlusszeugnis abzuholen. Die Zeugnisausgabefeier beginnt um 9 Uhr. Die Mädchen kommen um 11 Uhr an, um schon eine Stunde später wieder zurückzufahren. Jessica: »Das ist eine gute Erinnerung, weil wir alle Freunde wiedergesehen haben, aber es war kalt! Unsere Hände waren durchgefroren!«

*

Im Sommer 2010 beginnen die beiden Schwestern eine Lehre im Hôtel de Nantes, dem Hotel-Restaurant von Herrn und Frau Deslandes in La Bernerie. Jessica arbeitet in der Küche, Laëtitia als Bedienung und Zimmermädchen. Es herrscht Hochsaison, der Andrang ist groß, die Arbeitszeiten sind hart, die Arbeitgeber streng, doch Laëtitia hält durch. Sie fängt gegen 11 Uhr zu arbeiten an und macht um 22 Uhr Schluss, bedient mittags und abends die Gäste, wechselt die Laken, macht die Betten, scheuert die Badezimmer. Beim ersten Prozess sagt Herr Deslandes dazu: »Sie war ein nettes Mädchen. Sie hat sich nie beklagt und immer gelächelt. Eine unproblematische Angestellte. Sie kam mit dem Scooter und stellte ihn im Hof ab.« Im Hôtel de Nantes trifft Laëtitia Fabian wieder, ihren kleinen Bruder im Herzen, der dort sein Praktikum im dritten Berufsschuljahr als Kellner ableistet.

Jessicas Lehre dagegen läuft nicht gut. Sie hält im Arbeitstakt nicht mit und kann mit Vorwürfen schlecht umgehen, oft sieht man sie in der Küche weinen. »Als hätte ich alles schon können müssen!«, beschreibt sie das Problem heute verbittert. Im Gegensatz zu Laëtitia ist sie noch nicht so weit, um der Arbeitswelt und den Zeiten im Gastgewerbe standzuhalten. Die Deslandes behalten Laëtitia und entlassen Jessica. Herr Patron bemerkt eisig dazu: »Sie haben die falsche Wahl getroffen.«

Die verpuppte Laëtitia ist dabei, aus ihrem Kokon zu kriechen. Sie ist sehr stolz auf ihre Arbeit im Hôtel de Nantes. Frau Laviolette, ihre Betreuerin beim Jugendamt, stärkt ihr den Rücken: Diese Lehre sei »ein großer Erfolg für sie«. Laëtitia beginnt, ein Sozialleben, Kollegen und Verantwortungen zu haben. Sie kann nach vorn blicken.

Es ist Sommer. In ihrer Pause oder während der Wochenenden trifft sich Laëtitia mit ihren Freundinnen aus La Bernerie am Strand. Manchmal geht sie mit Fabian ins L'Océanic eine Cola Light trinken. Gegen 18.30 Uhr begleitet Fabian sie zurück zum Hôtel de Nantes. Sie treffen sich abends nach Dienstende am Abendmarkt von La Bernerie wieder. Dort werden Strandtücher, Schirmmützen, Armbänder, Modeschmuck und Aufziehplastikfische verkauft. Eines Freitagabends, erinnert sich Fabian, kam sie von Kopf bis Fuß, vom Pullover bis zu Leggings und Turnschuhen, in Rosa gekleidet zur Verabredung. Fabian lachte, sie sehe aus wie ein Ferkelchen. Laëtitia fragte ihn, warum er das sage. Er erklärte es ihr, und sie nahm es nicht weiter wichtig.

An einem Wochenende gingen sie einmal an jenem Strand baden, der gleich hinter La Bernerie neben dem Parkplatz und der großen Bushaltestelle vor dem Campingplatz La Boutinardière liegt. Laëtitia spritzte ihn mit Wasser voll und er warf mit Algen nach ihr. Das bleibt ihm in schöner Erinnerung. Fabian brachte sie zum Lachen und neckte sie. Einmal versuchte er sie hochzuheben, aber er schaffte es nicht, weil er kleiner war als sie.

Manchmal geht Laëtitia abends mit Maxime und ihren Freunden ins Girafon, ins Barbe Blues oder in die Zanzi Bar, wo es Karaoke-Abende gibt. Sie trinkt nie Alkohol.

Als sie das erste Mal mit Maxime schläft, geht sie sofort danach zu ihrer Schwester, um ihr davon zu erzählen. Jessica hat nicht die geringste Lust, etwas darüber zu erfahren, doch Laëtitia spricht einfach weiter:

»Beim ersten Mal tut es echt weh.«

Jessica hört ihr zu, dann hält sie ihr eine Standpauke:

»Mach das nie auf dem Klo!«

Manchmal ist Laëtitia schwermütig. Sie hat Sorgen, über die sie mit niemandem redet, Kindheitserinnerungen, die in ihr aufsteigen. In ihrer Pflegefamilie fühlt sie sich wie erstickt. Wenn sie abends zum Markt gehen will, muss sie immer schon vorher Bescheid sagen. Herr Patron will sie nicht ausgehen lassen. Obwohl sie volljährig ist! Ihr Vater fehlt ihr, sie spricht oft von ihm. Ihre Mutter fehlt ihr auch. Wenn es ihr nicht gut geht, geht sie allein am Strand von La Bernerie spazieren.

In einem Brief an die Ermittlungsrichter bestätigt Meilhon, er habe Laëtitia im vorangegangenen Sommer in La Bernerie kennengelernt. Einige Monate zuvor sei er aus dem Gefängnis entlassen worden. Ohne festen Wohnsitz habe er den ganzen Tag lang gekokst und sei von Bar zu Bar gezogen. Im Juli 2010 habe er nach einer ersten Trennung von seiner Freundin in La Bernerie herumgehangen, wo er einen ehemaligen Mitgefangenen besucht habe, der dort für den Sommer ein Mobilheim gemietet habe. Er habe Laëtitia auf der Straße angesprochen. Sie hätten auf der Terrasse eines Cafés beim Strand ein Glas getrunken. Am Ende des Sommers sei er in seinen Wohnwagen auf dem Gelände seines Cousins in Le Cassepot gezogen. Er sei allein gewesen, es sei ihm schlecht gegangen. Sein Alkohol- und Drogenkonsum sei gestiegen.

Diese Begegnung ist glaubwürdig (die Gendarmen finden heraus, dass der ehemalige Mithäftling zur angegebenen Zeit wirklich ein Mobilheim gemietet hatte), doch wie soll man zwischen Lüge, Verteidigungsstrategie und Wahrheit unterscheiden? Vielleicht ist kein Fünkchen wahr an dieser Geschichte. Vielleicht bahnte sich aber auch eine freundschaftliche Beziehung zwischen der jungen Kellnerin und dem Vorbestraften an. Das würde erklären, warum Laëtitia am Nachmittag des 18. Januar 2011 so schnell einwilligte, mit ihm am Strand spazieren zu gehen und sich auf ein Glas ins Barbe Blues einladen zu lassen. Ebenso kann man sich vorstellen, dass sich Meilhon der jungen Frau einfach aufgedrängt hat, wie es so seine Art war. Und genauso ist es denkbar, dass Laëtitia von den breiten Schultern und der Selbstgewissheit dieses Mannes, der schon viel erlebt hat, beeindruckt war. Unvorstellbar dagegen ist, dass sie für ihn geschwärmt hat, sie war in Maxime verliebt.

*

Am 5. August 2010 macht Lola, eine der ältesten Freundinnen von Laëtitia, bei der Gendarmerie von Pornic eine Meldung. Als sie vor einem Monat nach einem Besuch bei den Zwillingen zu ihrem Scooter ging, begrapschte Herr Patron ihr die Brust und versuchte, sie zu küssen. Gleich am nächsten Tag vertraute sie sich Laëtitia an, die ihrerseits von Übergriffen auf sie und Jessica berichtete; doch im Gegensatz zu ihrer Schwester lasse sie es nicht mit sich machen. Die beiden volljährigen Mädchen vereinbarten, ihn anzuzeigen, doch am 5. August kam Laëtitia nicht zur Verabredung und Lola sagte allein aus. Da sie aus Angst vor Repressalien ungenannt bleiben wollte, entschied sie sich für eine anonyme Meldung statt für eine Anzeige.

Die Verantwortlichen in der Zweigstelle des Jugendamts in Pornic werden benachrichtigt und sie beschließen, dass die drei jungen Frauen befragt werden sollen. Der Conseil général erhält einen »alarmierenden Hinweis«, auch das Gericht von Saint-Nazaire wird informiert. Am 16. August bestellt Frau Laviolette auf Bitte ihrer Vorgesetzten die beiden Perrais-Schwestern in ihr Büro in Pornic ein. Dieses Vorgehen ist ungewöhnlich: Normalerweise treffen sie sich in einem Café oder bei den Patrons zu Hause. Die Zwillinge treffen zur Verabredung ein, ohne deren Grund zu kennen, was ebenfalls sonst nie vorkommt.

> »Sie sitzen im Warteraum. Ich rufe sie einzeln zu mir. Ich spreche die Tatsache an, dass Lola eine Meldung bei der Polizei gemacht hat und dass ich wissen muss, ob auch sie Ähnliches zu Hause erlebt haben. Ich erkläre ihnen, dass ich weiß, wie schwierig es ist, solche Dinge preiszugeben, denn Herr Patron hat sie aufgenommen und ihnen viel Gutes getan, ihnen Orientierung und ein Familienleben geschenkt – doch das eine hindert nicht am anderen. Ich sage ihnen, dass wir sie nicht fallen lassen werden, dass wir nach einer anderen Lösung suchen werden, aber dass ich Bescheid wissen muss.
> Jede antwortet mir mit einem leisen ›Nein‹, einem emotionslosen, völlig unüberraschten ›Nein‹. ›Bist du dir ganz sicher?‹, frage ich. Sie sagen noch einmal Nein. Ich dringe nicht weiter in sie; sie sind volljährig, und die Polizei könnte uns den Vorwurf machen, wir würden sie manipulieren.
> Ich sage ihnen, dass es mir schwerfällt, ihnen ihr ›Nein‹ zu glauben, und dass ich immer für sie erreichbar bin. Herr Patron werde sie sicher fragen, warum ich sie einbestellt habe. ›Entscheidet selbst, was ihr ihm sagen wollt und was nicht.‹«

Am 20. September wird Herr Patron in Pornic von den Leitern des Jugendamts zu den Vorwürfen befragt. Er wird wütend, leugnet alles und fordert für Sexualverbrecher die Todesstrafe.

Mangels weiterer belastender Indizien wird der Fall zu den Akten, gelegt. Weder wird Herr Patron von den Gendarmen vernommen noch entzieht ihm der Conseil général seine Zulassung. Dafür verbietet Herr Patron den Zwillingen, sich weiter mit Lola zu treffen, und verspricht, wenn er ihr das nächste Mal in La Bernerie begegne, werde sie »ein ungemütliches Viertelstündchen« erleben.

Die Geschichte hätte anders ausgehen können. Im Wissen um eine Meldung zulasten eines Pflegevaters hätte der Conseil général auch umgehend eine gründliche Untersuchung einleiten und die Mädchen für die Zeit der Ermittlung vorübergehend außer Reichweite bringen können. Immerhin ist das Departement Herrn Patrons Arbeitgeber.

*

Für Laëtitia ist es ein schöner Sommer, der Sommer aller Erfolge, einer Liebe, die sich festigt, einer hart erkämpften Lehre, mit Glückwünschen von allen Seiten und der Verheißung von Unabhängigkeit, einem eigenen Gehalt, einem Führerschein, einer Wohnung, einem Liebsten.

Sechs Monate später ist sie tot.

30

Die Fronde

Zwei meiner Hauptinformanten hätte ich gleich zu Beginn meiner Recherchen fast verloren. Nachdem Cécile de Oliveira im April 2014 meinen Brief erhalten hatte, rief sie mich wenige Tage später in den Ferien an, die ich gerade in einem kleinen Badeort am Ärmelkanal verbrachte. Als ich ihr erklärte, warum sich ein Historiker für einen Fall wie den von Laëtitia interessieren kann, spürte ich frische Seeluft auf der Stirn und in den Lungen, und das Meer ermutigte mich, während dieser wenigen Minuten, in denen ich sie unbedingt überzeugen musste, lebendig, präzise und ein bisschen wagemutig zu sein. Einige Tage später trafen wir uns in Paris, und danach stellte sie mich Jessica vor.

Wenn ich nach Nantes fahre, treffe ich Cécile de Oliveira persönlich. Die restliche Zeit über schreiben wir uns SMS. Als geschiedene Mutter von zwei erwachsenen Töchtern geht sie oft ins Theater, in Museen oder Ausstellungen und bereist die ganze Welt. Mal tritt sie als Nebenklägerin auf, mal als Verteidigerin. Als ich ihr einmal eine SMS schicke, verteidigt sie in einem Prozess gerade eine junge, »bildschöne« Brasilianerin, die im Alter von siebzehn Jahren in Guyana verheiratet wurde und ihre Schwägerin wegen einer Geldschuld von ein paar Hundert Euro mit dreiundsechzig Messerstichen ermordet hat; ihren eigenen Sohn ließ sie neben der Leiche allein zurück, zweifellos um sich ein Alibi zu verschaffen.

Cécile de Oliveira antwortet: »Die Tragweite dieses Prozesses macht mich fertig. Morgen soll es Sturm geben; am liebsten würde ich mich am Meer durchblasen lassen.«

Eine weitere SMS: »Es sieht schlecht aus! Ich muss die Atmosphäre lockern.«

Die Tatsache, dass die junge Brasilianerin ihr Kind allein bei der Leiche ließ, wiegt schwer. Die Vorsitzende Richterin des Schwurgerichts lässt langsam Fotos des entstellten, in Blut badenden Opfers ablaufen, Gesicht und Hals sind von den Messerstichen verwüstet.

»Urteil Samstag oder Sonntag. Drei oder vier schwierige Nächte für mich und für sie viele Jahre.«

Als ich sie am nächsten Tag frage, was es Neues gibt:

»Ich bin kaputt und gestresst von dem Fall. Morgen halte ich mein Plädoyer.«

»Ich warte auf das Urteil! Ich glaube leider, dass ich eine schwere Strafe kriege.«

Dann: »Man kann sich nicht vorstellen, wie hart es ist, verurteilt zu werden, wenn man eine schöne junge Frau ist. Man denkt sofort an einen Hexenprozess.«

Schließlich eine letzte SMS: »Zwanzig Jahre.«

Vor einigen Monaten gestand mir Cécile de Oliveira dann, sie habe anfangs gezögert, auf meinen Brief zu antworten. Nicht, weil sie mein Buchprojekt missbilligt habe, sondern weil ihr mein letzter Satz (»meine Bewunderung für den Kampf, den Sie führen«) anbiedernd vorgekommen sei und sie genervt habe.

Seit unserem ersten Treffen bin ich verblüfft von Cécile de Oliveiras Intelligenz, Feingefühl und Menschlichkeit. Sie war es, die 2008 Émilie betreute, eine von Scham und Gewissensbissen zerfressene junge Frau, die als vierzehnjährige Schülerin Loïc Sécher fälschlich der Vergewaltigung beschuldigt hatte, einen Landarbeiter, der in seinem Dorf schlecht angesehen war, weil er homosexuell und Alkoholiker war. Trotz zweier Urteile erkämpfte Cécile de Oliveira eine Revision – eine äußerst seltene Prozedur, von der in den letzten fünfzig Jahren nur ein Dutzend Verurteilte profitierten –, mit dem Ergebnis, dass einer der deprimierendsten Justizirrtümer des beginnenden 21. Jahrhunderts aufgeklärt und Loïc Sécher rehabilitiert und entschädigt werden konnte.

Cécile de Oliveira verteidigt ihre Klienten mit aller Energie und Selbstlosigkeit, derer sie fähig ist, ohne sich jedoch von ihren Gefühlen und ihrer reichen Erfahrung als Strafverteidigerin vereinnahmen zu lassen. Ein Anwalt, sagt sie, muss sich vor Allmachtsgefühlen hüten, denn der Klient sitzt verzweifelt hinter Gittern und ist vollkommen abhängig von einem und sozusagen ausgeliefert, und man selbst ist das Sprachrohr für das Schlimmste, was er in seinem Leben getan hat. Eine Verteidigung, sagt sie, ist eine langwierige Angelegenheit, doch das Plädoyer ergibt sich aus dem Prozess, denn die Geschworenen kennen nicht die ganze Akte und die Verhandlungen finden ausschließlich mündlich statt. Vor einem Schwurgericht darf sich ein Angeklagter nicht allein verteidigen, allerdings wird er am Ende vom Richter gefragt, ob er das Wort ergreifen möchte. Allerdings ist es meist besser, sich mit ein paar Worten der Entschuldigung zu begnügen, denn oftmals reiten sich die Angeklagten ungewollt erst richtig rein. So erklärte ein Vergewaltiger mehrerer kleiner Mädchen: »Ich entschuldige mich für das, was ich getan habe, doch ich hoffe, dass sie den Moment, den sie mit mir verbracht haben, in guter Erinnerung behalten werden.« Cécile de Oliveira erzählte mir auch, manche Kinder, die Inzestopfer geworden seien, gäben die Entschädigung, die sie ausgezahlt bekämen, an ihre Familien ab. Warum? »Weil du deinem Vater schon genug Schaden zugefügt hast!«

Ich würde sagen, Cécile de Oliveira ist bei ihrer Arbeit sowohl Akteurin als auch Zuschauerin, sowohl Insiderin als auch Außenstehende, die zu sich selbst den gleichen Abstand wahrt wie zu anderen. Sie ist Anwältin aus Leidenschaft, doch sie übernimmt nie eine Rolle oder eine Pose. Ihr Erfolgsrezept ist viel Talent und Arbeit und eine gute Dosis Ironie. Am Ende eines Prozesses, erklärt sie, gebietet es die Etikette, dass die Anwälte noch ein Weilchen mit dem Vorsitzenden Richter verbringen und wenige Meter neben dem größten Unglück in spielerischem Ton feinsinnige Scherze reißen. Diese Gepflogenheit unter Mitgliedern eines Standes bringt oft surreale Szenen hervor, ähnlich wie früher die Höflichkeiten zwischen Offizieren auf den Schlachtfeldern. Doch wenn die Fakten und Zeugenaussagen zu hart sind, kommt es auch vor, dass ein Richter inmitten des Publikums weint.

Bei Meilhons Berufungsprozess, der wegen des Juristenstreiks auf unbestimmte Zeit verschoben wurde, fiel Cécile de Oliveira ihren Kollegen nicht in den Rücken, doch ihr lag daran, Jessica Gehör zu verschaffen, mit der sie am Vorabend telefoniert hatte.

Cécile de Oliveira ergriff das Wort: »Wenn einer im Publikum sich unwohl fühlt, schaut er die vergoldete Decke an. Jessica jedoch bleibt mit ihrer Angst, ihrer Zerrissenheit und Einsamkeit allein.«

Meine Bewunderung war insofern keine Anbiederung gewesen, und ebenso wenig waren es die Worte, die ich an Xavier Ronsin, den ehemaligen Oberstaatsanwalt von Nantes, richtete, als er mich im Mai 2015 zu einem ersten Treffen in seinem Büro als Direktor der Staatlichen Hochschule für das Amt des Richters und des Staatsanwalts empfing. Xavier Ronsin ist derjenige, der vor den Medien und dem Staatspräsidenten daran zu erinnern wagte, dass Meilhon kein Triebtäter sei. Er war es, der versprach, dass man Laëtitia ihrer Familie vollständig übergeben werde. Und er sprach in der Abenddämmerung am Teich als Erster von der »Büste«.

Wir setzen uns zu beiden Seiten des Tisches. Als ich mich anschicke, meinen Laptop aufzuklappen, macht Ronsin dicht; er will zunächst einmal wissen, was mich umtreibt. Faszination fürs Verbrechen? Krankhafte Neugier? Er befürchtet, ich wolle Laëtitia oder ihn heroisieren, während erste doch nur ein einfaches junges Mädchen war, die das Unglück hatte, mit einem drogensüchtigen Intensivtäter an der Grenze zum Psychopathen zu flirten, und der zweite einfach nur seine Arbeit getan hat und sich nicht ins Rampenlicht stellen will wie manch andere Justizbeamte, die große Reden über »ihre« großen Fälle schwingen.

Schweigen im Walde. Ich spüre, dass mir dieser brillante, diskrete Mann mit seinem so scharfen Verstand entgleitet. Ich kämpfe und werfe in die Waagschale, mein Buch handele gleichzeitig auch von einem Land, einer Gesellschaft und der Justiz zu Beginn des 21. Jahrhunderts. Ronsin horcht auf. Meine Rede wird technischer, ich entpuppe mich als Kenner der Entwicklung der JAPs und der Kultur der SPIPs. Er entspannt sich und sagt mit einem breiten Lächeln: »Ihre Mündliche haben Sie bestanden!« Wir verabreden uns zu einem längeren nächsten Treffen.

*

Alle meine Gesprächspartner können sich an den Februar 2011 erinnern. Die Richter, Staatsanwälte und Gerichtsschreiber beschreiben ihn als Moment der Verbundenheit, der Bewusstwerdung und des gemeinsamen Widerstands. Die Richter- und Staatsanwaltschaft, ein eher in der politischen Mitte angesiedelter, wenn nicht konservativer Berufsstand, kennt, gelinde gesagt, keine Tradition des Widerspruchs. Seine Symbole und Gepflogenheiten gehen aufs Mittelalter zurück. Man trägt noch Hermelin und Spitzenjabots, während Ärzte, Akademiker oder Priester ihre Kittel, Roben und Soutanen nach und nach abgelegt haben. Die Richterschaft hat die deutsche Besatzung und das Vichy-Regime bequem überstanden. Sie ist ein Stand, im guten wie im schlechten Sinn. Fehler werden nicht gern zugegeben und bestenfalls verschämt als »Justizirrtümer« bezeichnet.

Vom 3. Februar an setzen die Justizbeamten des TGI Nantes alle nicht dringlichen Vehandlungen aus (und arbeiten, da sie kein Streikrecht haben, in anderen Bereichen weiter). Das ganze Gericht ist in Aufruhr. Die Leute sind überzeugt: »So kann es nicht weitergehen!«, »Es reicht!«. Der Zorn ist in den Fluren, der Cafeteria, den Besprechungen und Generalversammlungen zu spüren. Jacky Coulon, Ermittlungsrichter und Gewerkschaftsvertreter, erinnert daran, dass die chronische Unterbesetzung der Dienststellen dem Justizministerium zigmal gemeldet wurde: »Wenn hier jemand bestraft werden muss, dann der Minister.« In der Vorhalle zeigt eine Karte in Echtzeit an, wie sich der Protest auf alle Gerichte Frankreichs ausweitet.

Für den Oberstaatsanwalt Xavier Ronsin ist es eine heikle Situation: streikende Staatsanwälte, ein Oberstaatsanwalt, der seine Truppen nicht im Zaum halten kann, das Feuer, das sich ausbreitet … In solchen Situationen steht die Karriere auf dem Spiel. Schließlich versammelt Ronsin seine Staatsanwälte und erklärt ihnen, er teile ihre Wut, bitte sie aber, dringende Strafsachen nicht liegen zu lassen, und überlasse es ihnen, sich der Bewegung anzuschließen oder nicht – die er selbst unterstützt, und zwar ohne sich deshalb den Zorn seiner Vorgesetzten zuzuziehen. Eine Meisterleistung. Heute kann er mich in seinem Büro der Staatlichen Richterhochschule anlächeln.

Auch Martinot steht hinter dem Protest, doch keinesfalls tut er das öffentlich kund, dazu ist der Fall Laëtitia zu explosiv. Würde er es wagen, sich unter die Demonstranten zu mischen, würde er gefeuert werden. Der mit dem Fall befasste Ermittlungsrichter wird geschasst – das wäre ein gefundenes Fressen! Schon im März war er dieser Gefahr nur knapp entgangen, als *Ouest-France* einen Artikel mit einem Foto des »jungen Richters aus Nantes« illustrierte, auf dem er mit seinen Kollegen auf einer Demo in Paris vor dem Hintergrund von CGT-Fahnen und Richtergewerkschafts-Aufklebern plauderte. Das ganze Team hielt den Atem an. Das Foto zierte lange Zeit die Wände der Ermittlungszentrale, und Frantz Touchais amüsiert sich heute noch darüber.

Die Protestbewegung hatte keinerlei Auswirkung auf die Ermittlungen. Martinot empfing die Nebenkläger am 7. Februar 2011, zur selben Zeit, als etwa fünfhundert Gerichte Frankreichs ihre Verhandlungen aussetzten und die Richtergewerkschaften mit Unterstützung der Rechtsanwaltskammern und der Gewerkschaften von Polizei und Strafvollzugsbeamten zum Streik aufriefen. Am 10. Februar, dem Tag der großen landesweiten Demonstration in Nantes, waren Martinot sowie Desaunettes und die JAP, die nach Meilhons Entlassung mit dessen Betreuung beauftragt worden war, die einzigen Richter im Justizgebäude.

Während in Lavau die Pumparbeiten weiterlaufen, nimmt die Protestbewegung der Justizbeamten größere Ausmaße an. Am 4. Februar weisen sechzehn Gerichte, darunter die in Rennes, Brest, Quimper, Auxerre, Bayonne, Besançon und Basse-Terre alle nicht dringenden Fälle ab. Am 7. Februar, nach dem Wochenende, werden mehr oder weniger überall in Frankreich Generalversammlungen einberufen, in Lyon wie in Boulogne, Marseille, Nancy oder Le Havre. Am nächsten Tag stimmt das Gericht von Paris bei einer außerordentlichen Generalversammlung unter Ausschluss der Öffentlichkeit mit 95 Prozent der Stimmen für die Aussetzung aller nicht dringlichen Verhandlungen. Insgesamt haben sich 170 von 195 Gerichten und Berufungsgerichten dem Protest angeschlossen.

Die landesweite, gewerkschafts- und berufsübergreifende Mobilisierung ist ein Akt der Solidarität mit der »JAP aus Nantes«, aber auch ein Ausdruck der Sorge und ein Warnruf: Diese Tragödie, die auf eine Budgetkrise, auf personelle Überlastung und die unzureichende Überwachung der SME-Auflagen zurückgeht, hätte überall in Frankreich passieren können.

Am 10. Februar erreicht die Bewegung ihren Höhepunkt. An diesem Tag folgen 8000 Richter und Justizbeamte dem Aufruf aller Gewerkschaften und demonstrieren in ganz Frankreich: in Paris wie in Marseille, Lyon, Nancy, Bordeaux und Toulouse. Die landesweit größte Demonstration findet vor dem TGI Nantes statt. Um 14.30 Uhr zählt man mehr als tausend Menschen: Richter, Gerichtsschreiber, Bewährungshelfer, Strafvollzugsbeamte, Anwälte und Polizeimeister. In ganz Frankreich sind Busse angemietet worden. Die Justizbeamten sind auf der Straße, Linke wie Rechte, Richter, Staatsanwälte, schwarze Roben, aber auch die roten Roben der Richter der Berufungsgerichte von Rennes und Angers. Aus Respekt vor Laëtitia wurde beschlossen, nicht zu skandieren und laut zu werden, doch einige Spruchbänder verkünden:

»Nantes ist überall«
»Kaputte Justiz – wer trägt die Schuld?«
»Mehr Mittel für eine bessere Betreuung«
»Angriff auf die Justiz = Demokratie in Gefahr«

Alle solidarisieren sich mit der kleinen JAP aus Nantes, die im Visier des Staatspräsidenten steht. Und die Gerichtsschreiberin fasst zusammen: »Ich bin seit dreißig Jahren im Beruf, aber so etwas habe ich noch nicht erlebt.«

Zu diesem Zeitpunkt ereignet sich ein Vorfall, an den sich alle Zeugen mit Kopfschütteln erinnern: Herr Patron lädt sich selbst auf die Demonstration ein – um sie anzuprangern. Vor dem Gericht schnappt er sich das Mikro und stellt sich auf einen Stuhl: »Sie machen sich heute für Ihre Demonstration das Unglück zunutze, das wir erleben. So berechtigt Ihr Protest auch sein mag, das ist pervers. […] Entlassen Sie mehrfache Sexualverbrecher nicht erst in die Freiheit, Sie wissen doch genau, dass sie dasselbe wieder tun! Geben Sie ihnen die Höchststrafe, damit es nicht noch einmal einen Fall wie den von Laëtitia gibt! Sie haben doch selbst Kinder und Enkel; so etwas passiert nicht nur anderen!«

Während also völlig klar ist, dass Meilhon kein mehrfacher Sexualverbrecher ist und der Ermittlungrichter nicht dem Tatbestand der Vergewaltigung nachgeht, verschafft Herr Patron vor der versammelten Menge der Juristen, die aus ganz Frankreich angereist sind, um eine bestimmte Vorstellung von Justiz und Demokratie zu verteidigen, Sarkozys Worten Gehör. Dieser Geste fehlt es nicht an Schneid, doch wenige Monate später wird er selbst der Vergewaltigung und des sexuellen Missbrauchs von Minderjährigen angeklagt. An diesem Tag hatte Herr Patron also das Bedürfnis, auf dem Vorplatz des TGI und vor seinen zukünftigen Richtern über sich selbst zu sprechen.

Von Anfang an verurteilt das Umfeld des Staatschefs die Protestbewegung. Während Justizminister Michel Mercier die Gewerkschaften trifft, fordert der Fraktionsvorsitzende der UMP in der Nationalversammlung Christian Jacob von den Richtern »ein wenig Mitleid«, und Regierungssprecher François Baroin spricht von »einem Stand, der größte Schwierigkeiten hat, seinen Teil der Verantwortung zu übernehmen«. Premierminister François Fillon erinnert daran, dass der Tragödie von Pornic »Fehler« vorausgegangen seien, der Staatspräsident habe das Leid der Familie vernommen und auf die Gefühle der Franzosen geantwortet, doch die Justizbeamten hätten nicht »dasselbe Mitgefühl« an den Tag gelegt.

Opfer ziehen die Aufmerksamkeit auf sich, weisen der Anklage den Weg und dienen dazu, Maßnahmen zu rechtfertigen, die in ihrem Namen ergriffen werden. Mit ihren Erklärungen verdeutlicht die Regierung die Logik des Mitleids-Sicherheits-Diskurses: Das Gefühlsmonopol gibt das Recht, Personen als Problem zu definieren.

Lobenswertes Mitgefühl, politische Vereinnahmung oder Machtmittel? Im Jahr 2005 antwortet Nicolas Sarkozy im Rahmen des Falls Nelly Crémel einem Journalisten, der mit ihm über »die Wut der Richter« sprechen will, er interessiere sich zuvorderst für »die Wut der Opfer«. Christian Frémont, sein Kabinettschef im Élysée-Palast, berichtet, wenn der Präsident Familien empfängt, geht er mit ihnen eine »fast familiäre Beziehung ein und findet die richtigen Worte, um sie zu beruhigen«. Umgekehrt zitiert der Richter Gilbert Thiel in seiner Autobiografie einen Brief, den er am 9. Februar, inmitten des Aufstands der Justizbeamten, von der Mutter eines Serienmörderopfers erhielt: »Jeden Tag sehe ich, wie den Opfern nach dem Mund geredet wird. Ich sehe geköderte, benutzte, manchmal vereinnahmte Opfer. Das ist keine gute Justiz, die die Machthaber da präsentieren. Das ist eine Karikatur von Justiz.« Am selben Tag veröffentlicht Charlie Hebdo eine Zeichnung von Nicolas Sarkozy als Geier mit einem Arm von Laëtitia im Schnabel. Die Bildunterschrift lautet: »Von einem Barbaren zerstückelt, von einem Aasfresser vereinnahmt.«

*

Jedem steht frei, die Bewegung der Richter als Selbstverteidigungsreflex zu interpretieren, als Unbehagen eines Berufsstands, der heute weniger respektiert wird als noch vor dreißig Jahren. Man kann die Ansicht vertreten, dass ihr »Streik« die Reaktion einer Kaste verrät, die sich darüber entrüstet, dass man ihr Imperium anzutasten wagt. Man kann der Meinung sein, dass sie in ihrem hartnäckigen Bestehen auf ihrer Würde übersensibel gegen alles geworden ist, was ein Präsident sagt, dessen Courage wiederum genau darin besteht, bestehende Körperschaften zu hinterfragen und bloße Routine zu unterbinden. Man kann im Gegenteil auch zu glauben vorgeben, dass alle Richter »rot« oder die eigentlichen Strippenzieher die Gewerkschaften sind. Man hat aber auch das Recht, um einiges prosaischer zu sagen, die Richter wollten schlicht die Botschaft durchsetzen, dass es ihnen an Mitteln fehlt. Man kann auch versuchen, den Aufstand von 2011 mit der Fronde Mitte des 17. Jahrhunderts zusammenzubringen, als Richter und Gutsherren gegen einen erstarkenden Absolutismus und die Infragestellung ihrer Privilegien rebellierten.

Doch wenn man weiß, dass Richter, Staatsanwälte, Ermittlungsrichter, Jugendrichter, Familienrichter, Strafvollstreckungsrichter dem Gesetz des Alles-immer-schneller, Alles-immer-billiger unterworfen und in einem Kontext von Verarmung und Verachtung seitens der »Entscheider« den ganzen Tag und manchmal auch während des Wochenendes und nachts arbeiten, um zu versuchen, diesen öffentlichen Dienst aufrechtzuerhalten, der darin besteht, Gesetze anzuwenden, Leute zu schützen und die riesige Misere zu lindern, die unsere Gesellschaft produziert; wenn man weiß, dass ihr Beruf die Fähigkeit zuzuhören erfordert, Offenheit für andere, Respekt für das Menschliche und sogar eine gewisse Form von Altruismus, dann kann man auch die Auffassung vertreten, dass die Worte des Premierministers zu ihrem fehlenden »Mitleid« einer Beleidigung nahekamen.

Am Montag, den 14. Februar, rufen die Gewerkschaften dazu auf, die Verhandlungen wiederaufzunehmen: Der Inspektionsbericht hat die Justizbeamten trotz der »Unzulänglichkeiten« in der Organisation und im Informationsfluss der Strafvollzugsbehörden entlastet. Zwar werden an zahlreichen Gerichten und Berufungsgerichten Verhandlungen weiter ausgesetzt, doch ein gewisses Abflauen wird spürbar, als die Richter versprechen, ihre Bewegung »auf Dauer« anzulegen. In Nantes werden die Verhandlungen am 17. Februar wieder aufgenommen, dem Tag der zweiten Begegnung von Nicolas Sarkozy mit Herrn und Frau Patron; dem Tag, an dem der ehemalige Inhaber des Barbe Blues, Alain Faury-Santerre, wegen Erdrosselung und Zerstückelung seiner Lebensgefährtin zu lebenslänglicher Haft verurteilt wird. Am 18. herrscht im TGI Rennes wieder Normalbetrieb. Der Aufstand ist an sein Ende gekommen, genau einen Monat nach Laëtitias Tod.

31
»Di sone so phat«

Ende des Sommers 2010 schreibt sich Jessica, die schon einen CAP APR besitzt, in der Berufsschule Machecoul für einen Koch-CAP ein. Laëtitia arbeitet weiter im Hôtel de Nantes und bereitet gleichzeitig einen CAP als Servicekraft vor. Sie wechselt also von der Berufsschule an die Gewerbefachschule (CIFAM) von Saint-Nazaire, die auf alle Abschlüsse vom Facharbeiterbrief (CAP) bis zum Fachhochschulabschluss (BTS) in der Ernährungsbranche, im Gastgewerbe und in der Automobilbranche vorbereitet.

Die Wege der Zwillinge trennen sich allmählich: Jessica geht noch einmal in die Schule, Laëtitia tritt ins Berufsleben ein. Jessica erhält von der ASE jeden Monat 100 Euro Taschengeld, Laëtitia verdient den Mindestlohn (SMIC). Die Lehre im Hôtel de Nantes verändert sie. Sie ist glücklich, morgens zur Arbeit zu gehen und einem Team anzugehören. Sie findet neue Freunde: die Kochlehrlinge Steven und William sowie Antony, den Sohn ihrer Arbeitgeber. Abends wartet Steven auf sie, und sie fahren mit den Scootern hintereinanderher nach Hause. William verliebt sich in sie. Wie er vor dem Schwurgericht erzählte, war er so etwas wie ihr Vertrauter und sie so etwas wie seine Ratgeberin. In der Gaststube machte er immer ein ganz neutrales Gesicht, also erklärte sie ihm: »Du musst gute Laune ausstrahlen, du musst lächeln, damit die Kunden gerne wiederkommen.« Sie gab ihm »Lächelkurse«.

Im Herbst 2010 wird Laëtitia mit einem Schlag reif. Stolz darauf, frei zu sein, innerlich stark durch das Vertrauen, das andere in sie setzen, glücklich, eine soziale Funktion zu haben und für ihre Arbeit und Eigenschaften geschätzt und anerkannt zu werden, konsequent genug durchzuhalten, auch wenn die Arbeitszeiten hart sind und jede Woche wechseln, und endlich für sich selbst zu entscheiden, statt ein Lumpenpüppchen zu sein, das man in irgendeine Ecke setzt. Nicht nur ihr Alltag wird besser, auch eine

Zukunft zeichnet sich ab. Das Erwachsenenalter kündigt sich an, in dem man endlich weiß, was man will, in dem man eine junge, unabhängige Frau ist, die niemand untersuchen, woandershin versetzen, schlagen oder begrapschen darf.

Laëtitia hat zwar eine blauäugige Traumprinz-Seite, doch wenn man genauer hinsieht, erweist sie sich auch als pragmatisch: Sie hat eine solide Ausbildung in einer Branche gewählt, in der es immer Arbeit gibt. Laëtitia ist weder Cosette, die ihren Eimer hinter sich herschleift, noch die in ihren Papagei vernarrte Dienerin Félicité. Trotz ihrer mannigfaltigen Schwierigkeiten hat sie sich durchgeboxt. Das an Latzhosenträgern in der Leere hängende Mädchen hat Boden unter den Füßen gewonnen.

Im Oktober schlägt Frau Laviolette ihr vor, sich jetzt, da sie ihr eigenes Geld verdient, mehr an der täglichen Hausarbeit zu beteiligen, zu lernen, wie man ein Sozialversicherungsformular ausfüllt, selbst zum Finanzamt zu gehen, einzukaufen, mit einem bestimmten Budget zurechtzukommen. Laëtitia ist einverstanden, doch das Ganze erscheint ihr kompliziert und unsinnig, schließlich kümmern sich die Patrons um alles und sie weiß gar nicht, wofür sie ihr Geld ausgeben soll. Eine geistige Behinderung hätte die sofortige Einsetzung eines Vormunds gerechtfertigt, doch in Laëtitias Fall handelt es sich nur um Ahnungslosigkeit und Unerfahrenheit, die immer wieder durch kleine Fortschritte aufgewogen werden, die optimistisch stimmen. Laëtitias Lebensfreude entwaffnet die Strafprediger und zerstreut die Sorgen. Das junge, charmante Mädchen möchte einfach nur schöne Dinge erleben und neue Horizonte entdecken. Sie wird langsam flügge.

*

Laëtitia verbringt wechselweise zwei Wochen als Angestellte im Hôtel de Nantes und eine Woche als Schülerin im CIFAM Saint-Nazaire. Um zum CIFAM zu gelangen, fährt sie mit dem Scooter bis zur Bushaltestelle gegenüber dem Krankenhaus von Pornic, stellt dort ihren Roller ab, nimmt den 6.40-Uhr-Bus bis Saint-Brévin und dann den Bus nach Saint-Nazaire – insgesamt anderthalb Stunden. Abends fährt sie um 17.45 Uhr am CIFAM los und erreicht um 18.40 Uhr Pornic, wo ihr Scooter steht.

Die Ausbildungsbeauftragte des CIFAM hat keine Erinnerung an Laëtitia, da diese kaum in Erscheinung trat. Sie habe kaum Zeit gehabt, überhaupt ein erstes Trimester hinter sich zu bringen; die Lehrer hätten sie nicht wirklich kennengelernt. Mélissa, ihre Freundin, ist da redseliger. Die beiden lernten sich zu Beginn des Schuljahrs im September 2010 kennen. Mélissa bereitete ein Fachabitur für Automechanik vor, Laëtitia ein CAP als Servicekraft, doch beide verbrachten jeweils dieselben Wochen in der Schule und in ihren Betrieben. Zur Besichtigung des CIFAM am ersten Tag wurden alle Schüler versammelt, Facharbeiter- und Fachabiturschüler. Es gab eine Gruppe von Mädchen aus dem ganzen Departement Loire-Atlantique. Laëtitia hielt sich im Abseits, also ging Mélissa zu ihr und sie waren sich schnell sympathisch.

Sie trafen sich in der Mittagspause. Sie gingen zu McDonald's oder kauften sich im Supermarkt neben dem CIFAM dreieckige Sandwiches, Pringles und Cola Light. Sie aßen zusammen im Einkaufszentrum.

> »Das Feeling war schnell da und wir sind Freundinnen geworden. Ich bin von der schüchternen Sorte, sie auch. Wir hatten Einiges gemeinsam, zum Beispiel, dass wir nicht bei unseren Eltern aufgewachsen sind. Manchmal hatten wir kleine Ausraster und lachten uns wegen völlig unwichtigen Dingen tot. Wir mussten uns nur anschauen und prusteten los, ganz ohne Grund. Wenn sie in der Reihe anstand, um in ihre Klasse zurückzugehen, hat sie nicht gelacht. Mit mir schon.«

Laëtitia beklagt sich über ihre Pflegefamilie. Sie darf abends nicht ausgehen und ihren neuen Freund Kévin nicht besuchen. Sie will weg aus Pornic und sich eine kleine Wohnung suchen. Wenn Laëtitia und Mélissa für zwei Wochen in ihren Betrieben sind, tauschen sie per SMS oder Facebook kurze Nachrichten aus im Stil von »Huhu, wie geht's?«.

*

Doch Laëtitias neues Leben heißt auch Einsamkeit. Ihre Arbeitszeiten entsprechen nicht mehr denen ihrer Schwester und anderer Schüler aus Machecoul. Sie arbeitet, die anderen lernen. Jessica und sie laufen sich höchstens noch kurz über den Weg. Ein paar Tage vor ihrem Tod schreibt Laëtitia auf ihrer Facebook-Seite: »ds jar ist n das selbe n der selbe spas m d froinden ☹ weil eben n mer in der selben shule oft lang wiele i mich.«

In der Pause zwischen 15 und 18.30 Uhr bleibt Laëtitia manchmal lieber in La Bernerie, als zu den Patrons zurückzufahren, Benzin ist teuer. Wenn sie niemanden trifft, den sie kennt, geht sie am Strand spazieren oder trinkt eine Cola im Girafon oder im Barbe Blues. Facebook und SMS fangen die fehlenden persönlichen Begegnungen ein wenig auf. Mit ihrer Hilfe »kam« sie auch im letzten Berufsschuljahr in Machecoul wieder mit Kévin »zusammen«: Ein paar Monate nach der London-Reise wurden sie per SMS wieder ein Paar. Sie ruft ihn jeden Abend an und sie sprechen über alles Mögliche. Manchmal beklagt sie sich über ihre Pflegefamilie, ohne genauer ins Detail zu gehen. Erst Ende Dezember 2010 sehen sie sich »wirklich« wieder.

Die Polizisten werden es bald feststellen: Laëtitia schreibt enorm viele SMS, den ganzen Tag lang, von morgens bis abends, vom Aufstehen bis zum Schlafengehen. Ihre Freunde verfolgen ihr Tun Minute für Minute per SMS oder manchmal per Voicemail live bei allen Aktivitäten des Tages. Sie geht wieder mit Kévin, ohne dass sie ihn küssen würde; sie vertraut sich Lydia an, ohne dass sie sich seit der Zeugnisausgabe gesehen hätten; sie erhält Neuigkeiten von ihren früheren Schulfreunden Jonathan, Marie, Étienne und Fatima. Diese sehen sie über die Selfies, die sie auf Facebook postet. Eine Online-Generation, die Freundschaften aus der Ferne, aber auch in der Vereinsamung pflegt, zerbrechliche soziale Bindungen, Jugendliche, die ab sechzehn oder siebzehn arbeiten, ohne Auto.

Wenn Laëtitia von der Arbeit kommt, ist sie erschöpft; das ist der Grund für die Fernsehabende in Pantoffeln auf dem Sofa.

Aber es gibt auch anregende, der Langeweile und Monotonie entrissene Momente. Am Dienstag, den 12. Oktober, schreibt sie auf ihrer Facebook-Seite: »heut fol auf strand die sone so phat«. Als Göttin der Anfänge gibt sich die junge Frau den Wellen hin. Dieser Mythos des Alltags in Erinnerung an einen Spätsommer am Meer hallt in mir nach wie ein Gedicht von René Char.

die sone so phat

Eines Abends Ende Oktober kommt Laëtitia nach der Arbeit nicht nach Hause. 22.30 Uhr, 23 Uhr, Mitternacht, die Patrons gehen schlafen. In der Nacht steht Herr Patron auf und stellt fest, dass die Terrassentür von innen nicht verriegelt ist. Er öffnet die Tür zum kleinen Durchgangszimmer einen Spalt: Das Bett ist leer. Er legt sich wieder hin. Gegen 4 Uhr morgens wacht er erneut auf, Laëtitia ist immer noch nicht da. Er setzt sich in sein Auto, fährt zum Hôtel de Nantes und sieht Laëtitias Scooter in der kleinen Nachbarstraße parken. Laëtitia feiert mit Freundinnen eine Party. Herr Patron hupt, bis sie herauskommt.

»Warum bist du nicht nach Hause gekommen?«

»Wir machen eine Mädchenparty.«

»Und wann hast du vor heimzukommen?«

»Bald.«

Herr Patron fährt rasend vor Wut allein zurück.

Am nächsten Tag bricht zu Hause ein Streit los. Laëtitia vermerkt auf ihrer Facebook-Seite: »foll auf medchenabend, so phat. Va wann man erst um 4h shlafen get u dafor d gz tag geakert hat«.

Herr Patron meldet den Vorfall Frau Laviolette, die sich auf die Seite der immerhin volljährigen Laëtitia stellt:

»Sie macht eben, was sie mag.«

»Wir sind doch kein Hotel!«

Frau Laviolette ringt sich zu einer kleinen Moralpredigt durch: »Laëtitia, du kannst schon abends ausgehen, aber du musst Herrn und Frau Patron Bescheid sagen und ein paar Regeln einhalten. Hast du dich wenigstens gut amüsiert?« Ja, sie war hin und weg. Frau Laviolette ist erleichtert: Laëtitia hat sich erlaubt, eine Nacht auswärts zu verbringen, das ist ein gutes Zeichen. Übers Ausgehen zu sprechen, über Sexualität und Verhütung, auch das ist Sozialarbeit.

Am 5. Dezember schreibt Laëtitia auf ihrer Facebook-Seite: »0 lust afu shule kan es 0 erwatn bis d ferein begin«. Steven antwortet: »oja ferien um die geliebten freundnn zu sehn«. Laëtitia: »wichtg grund«.

32
Das lebende Gesicht

Am 7. Februar 2011 um 10 Uhr empfängt Ermittlungsrichter Pierre-François Martinot im Beisein seiner Gerichtsschreiberin und seines Kollegen Desaunettes die Nebenkläger: Jessica, Herrn und Frau Patron, Franck Perrais, Sylvie Larcher und ihren Vormund sowie ihre jeweiligen Anwälte. Er hat die schwere Aufgabe, ihnen die Obduktionsergebnisse mitzuteilen.

Als Nicolas Sarkozy ankündigte, dass er die Patrons in den Élysée-Palast einladen wolle, fragten sich die beiden Ermittlungsrichter, ob sie ihm zuvorkommen sollten, nicht so sehr, um ihr Territorium zu markieren, sondern vielmehr, um die Angehörigen zu treffen, bevor sie vom »Mitleid« des Präsidenten vereinnahmt würden. Am Ende beschlossen sie, sich nicht an diesem Wettlauf um die Nebenkläger zu beteiligen. Sie entschieden sich, normal und in der ihnen gemäßen Geschwindigkeit weiterzuarbeiten.

Ich traf Martinot in einem Bistro in Nantes. Er ist ein Mann meines Alters, originell, lustig und unwiderstehlich sympathisch. Sein Aussehen ist studentisch: blonde Wuschelhaare, Dreitagebart, Koteletten an den Wangen, kleine Metallbrille. Dass jeder im TGI diesen Richter, der nicht nach einem Richter aussieht, so schätzt, liegt an der Qualität seiner Arbeit, der Stichhaltigkeit seiner Ermittlungen, der Strenge seiner Argumentation und der Hartnäckigkeit, die er an den Tag legt. Der Gerichtsmediziner Renaud Clément erzählt lächelnd: »Wenn auf meinem Handy der Name Pierre-François Martinot aufblinkt, sage ich mir: ›Oh weh, der wird mir das Hirn noch mal heiß laufen lassen …‹«

Ich empfand diesen Ermittler sofort als eine Art Alter Ego: Zur Beantwortung der Fragen, die er sich stellt, trifft er mal als Teil eines Teams, mal in der Einsamkeit seines Büros Zeugen, sammelt Beweise, entwickelt eine Argumentation, überprüft Hinweise und verwirft Vermutungen. Als ich ihm meinen Verwandtschaftsgedanken schildere, stimmt er dem Prinzip einer »Kollegenschaft in der Methode« zu: Wie der Historiker und der Soziologe arbeitet der Ermittlungsrichter Modelle aus, um der Wahrheit der Tatsachen so nahe wie möglich zu kommen. Das vierstündige Gespräch, das ich mit ihm führte, war fesselnd und höchst bedeutsam für mich.

Für Martinot prallen vom 1. bis zum 7. Februar drei Ereignisse innerhalb von einer Woche aufeinander: der Fund der Leiche in Lavau, der Juristenstreik und das Treffen mit den Nebenklägern. An diesem Tag begegnet er in seinem Gerichtsbüro zum ersten Mal Jessica – kurz nachdem er die zerstückelte Laëtitia gesehen hat. Und eigentlich handelt es sich um *dieselbe Begegnung*. Denn als er Jessica sein Büro betreten sieht, hat er noch das geschwollene und schlammbesudelte Gesicht ihrer Zwillingsschwester im Zelt des Gerichtsmediziners am Trou bleu vor Augen. Laëtitias Kopf auf dem Körper ihrer Schwester zu sehen erschüttert ihn tief; doch die Emotionen dieses Mannes haben seine berufliche Sphäre nie kontaminiert.

Sich zu den Nebenklägern zu positionieren ist nicht einfach. Man kann ihnen nicht sein Beileid bekunden und eine Schulter anbieten, an der sie sich ausweinen können. Der Ermittlungsrichter muss seiner Verpflichtung zur Unparteilichkeit nachkommen. Also erklärt er die Dinge taktvoll und einfach, wählt seine Worte genau und tut sein Möglichstes, um mit den weniger schockierenden Informationen zu beginnen.

Zunächst zwei Bestätigungen: Die gefundenen Überreste sind tatsächlich die von Laëtitia, und sie wurde erwürgt.

Dann müssen die Obduktionsergebnisse präsentiert werden. Das Wichtigste ist schon zur Presse durchgesickert, doch manche Details wurden verschwiegen. Laëtitia wurde zuerst brutal geschlagen, dann stranguliert, und während sie starb, wurde mit einem Messer auf sie eingestochen.

Das Gutachten der Pathologie erlaubt, den Zeitpunkt der Messerstiche im Hinblick auf ihren Tod zu bestimmen. Man untersucht den Austritt von Blut aus der Wunde. Wenn das Opfer tot ist, gibt es keinen Herzschlag mehr und entsprechend auch keinen Blutfluss, das heißt, die Wunde blutet nicht. Wenn das Opfer noch lebt, fließt das Blut in Strömen, denn das Herz arbeitet wie eine Pumpe. In Laëtitias Fall wurden die Stiche peri- und postmortal zugefügt, das heißt einige Sekunden vor und nach ihrem Ableben. Keiner davon war tödlich. Der Tod trat weder infolge der Messerstiche noch durch Ersticken ein, sondern durch extremen Druck auf die Halsschlagadern, was zum Herzstillstand führte.

Jeder weiß, was ein Kopf, ein Bein und ein Arm ist, doch niemand hat je einen Kopf, zwei Beine und zwei Arme abgeschnitten und aufeinandergestapelt gesehen wie Teile eines Hühnchens auf dem Wachspapier eines Fleischers. Die Beine wurden an den Knien abgetrennt, die Arme an den Oberarmknochen, der Kopf an der Halswirbelsäule. Zusammen wiegen diese Extremitäten 13 Kilo: ein Viertel der jungen Frau.

Das Gesicht ist das einer Geprügelten. Die Schläge haben Hämatome an Stirn und Wangen, ein blaues Auge und eine Kopfverletzung hinterlassen. Das Gehirn zeigt die Symptome eines Schütteltraumas. Hals und Schädelbasis weisen Stichverletzungen auf.

Auf Unterarmen und Händen sind Blutergüsse zu sehen. Es sind sogenannte »Abwehrverletzungen«, die entstehen, wenn man die Schläge abzublocken und das Gesicht mit den Händen oder gebeugten Armen zu schützen versucht. Als die Gerichtsmediziner die vom Aufenthalt im Wasser verschrumpelten Handteller öffneten, stellten sie kleine, aneinandergereihte Verletzungen fest: Um sich zu verteidigen, hatte Laëtitia ins Messer gegriffen und dieses ihr in die Finger geschnitten. Sie ist also bei völligem Bewusstsein gewesen. Da ihre Finger nur wenig geblutet haben, sind diese Wunden peri- und postmortal zugefügt worden, das heißt, das Herz war kurz davor stehen zu bleiben oder hatte bereits aufgehört zu schlagen.

Am rechten Fußknöchel ist die Haut bis auf den Knochen abgeschürft.

All diese Verletzungen enthüllen einen fürchterlichen Ausbruch von Gewalt. Zuerst bekommt Laëtitia extrem heftige Stöße, eine Tracht Prügel, einen Hagel von Hieben, nicht enden wollende Schläge. Sie kann einige davon abwehren, doch sie ist völlig benommen. Die Strangulierung danach wird von zahlreichen Messerstichen begleitet, einem zornigen, blutigen Durchbohren. Wie Professor Rodat beim Prozess erklären wird, ergibt die Obduktion ein recht klassisches Szenario, denn um jemanden zu erwürgen, muss man ihn vorher unschädlich machen, und dazu braucht der Mörder seine Fäuste und sein ganzes Körpergewicht. Beim verbissenen Versuch zu töten dienen Messerstiche dazu, ein Opfer im Todeskampf zu schwächen oder zur Strecke zu bringen. Kurz, Laëtitia hatte nicht die geringste Chance.

Selbst lückenhaft widerlegt die Obduktion Meilhons Behauptung eines tödlichen Verkehrsunfalls. Laëtitia wurde entführt, geschlagen, erstochen, erwürgt und zerstückelt. Wo? Wann? Wurde sie auch vergewaltigt?

Martinot und Desaunettes haben alle Nebenkläger einbestellt, doch sie richten sich vor allem an Jessica. Sylvie Larcher ist völlig in sich versunken. Franck Perrais, der das Gerichtsgebäude mit einem Bodyguard betreten hat, hält sich im Hintergrund. Nach und nach versucht er, seinen Platz als Vater einzunehmen, doch es gelingt ihm nicht wirklich. Mit seiner Gutmütigkeit und Aufrichtigkeit, aber auch seiner Ungeschicklichkeit, seinen Ticks, seiner latenten Aggression und der Last seiner Familiengeschichte ist Franck Perrais ein schwieriger Gesprächspartner.

Die beiden Richter sind von Herrn Patrons Auftreten genervt. Seit drei Wochen hört er nicht auf, sich in den Medien, bei den Gedenkmärschen und vor seinem Haus breitzumachen, und das Treffen im Élysée-Palast hat die Dinge nicht einfacher gemacht. Im Büro des Ermittlungsrichters nimmt er den ganzen Raum ein und fährt den anderen mit seinen Fragen über den Mund. Von allen Nebenklägern redet nur er allein – laut und lebhaft, nach Art eines Patrons. Schließlich schicken die beiden Richter ihn hinaus: Mit ihm wird man sich später befassen müssen.

Bleibt Jessica. Sie ist die Einzige in der Familie, die Laëtitia immer um sich gehabt hat. Während des Treffens ist sie nicht zusammengebrochen. Doch sie war die ganze Zeit kurz davor. Sie schwieg, zitterte und stellte keine einzige Frage. Mit dem Blick eines verletzten Tiers hörte sie den Worten des Richters zu.

Jessica selber kann schwer erklären, was sie damals empfand. Der Schock des Verschwindens, der Ansturm der Medien, das Warten, die Angst, das Undenkbare, zudem war sie jung, achtzehn Jahre alt, und dann noch all das, was Herr Patron ihr antat – kann man solche Momente überleben? Sie, die das Gesicht ihrer Schwester hatte und sie gewissermaßen weiterleben ließ, war selbst kurz davor zu sterben.

33
Schwermütige Laëtitia

November 2010. Der Schmetterling flattert nicht mehr auf. Laëtitia ist trauriger und verschlossener, und niemand weiß warum. Alle, die sie gut kennen – Jessica, Frau Patron, die Patron-Töchter, Fabian –, bemerken eine Veränderung in ihrem Verhalten. Sie nimmt ab, beginnt Nägel zu kauen, bleibt stundenlang in ihrem Zimmer. Einmal trifft Herr Patron sie bei völliger Dunkelheit an:

»Was machst du?«

»Nichts, ich höre Musik und schreibe meinen Freundinnen SMS.«

Zu Hause fordern Lappalien zu hitzigen Diskussionen heraus. Man beschuldigt Laëtitia zu lügen. Sie geht manchmal aus; Frau Laviolette, die sie neue Freundschaften knüpfen sieht, ermutigt sie dazu. Der verärgerte Herr Patron bremst, wo er nur kann.

Auf Facebook gepostete Nachrichten, ins digitale Meer geworfene Flaschenposten, deuten auf Zweifel und eine seelische Krise hin.

14. Dezember
Hab mich m froind gestriten den ich tt libhab jez tut es mir lait :'<

15. Dezember
F ale die urteile ü buns fälen one zu wisen wer wi eitenglic sind wir sind zerbrehlicher alls ir klaubt und das sehn die loite nich

Laëtitia und Jessica entfernen sich unmerklich voneinander. Sie schlafen nicht mehr im selben Zimmer. Sie haben nicht mehr dieselben Freunde. Wenn Laëtitia im Hôtel de Nantes arbeitet, sind ihre Arbeitszeiten völlig verschieden: Jessica geht gegen 7 Uhr in die Schule, während Laëtitia um diese Zeit noch schläft, und wenn Laëtitia gegen 22.30 Uhr nach Hause kommt, ist Jessica schon im Bett. Manchmal laufen sie sich früh am Morgen oder spät am Abend über den Weg: »Schönen Tag«, »Gute Nacht«, das war's.

Zurückgezogener und verschlossener als je zuvor ist Laëtitia nicht mehr bereit, im Schatten ihrer Schwestermama zu stehen. Ihre Charaktere bilden jetzt gegensätzliche Paare:

Schmuck, Make-up / Trainingsjacke, Turnschuhe
Fernsehen / Leichtathletik
Mädchen / Junge
hetero / homo

Jessica: »Laëtitia wollte total frei sein. Ich hab mich einsam gefühlt, sehr einsam.«

Zu Herrn und Frau Patron geht Laëtitia auf Distanz. Als Jessica von Adoption spricht, bricht Laëtitia in lautes Lachen aus: »Meine Schwester ist verrückt!« Jessica schlägt von sich aus vor, den Tisch zu decken, Laëtitia nie.

Ein paar Monate zuvor hat Herr Patron Laëtitia geohrfeigt. An diesem Abend war sie früher nach Hause gekommen als vorgesehen.

»Und was ist mit deinem Logopädie-Termin?«

»Geh ich nicht hin.«

»Das tut man nicht«, schimpfte Herr Patron.

»Ich mache, was ich will.«

»Nein. Wenn man eine Verabredung hat, hält man sie auch ein.«

Der Ton wurde lauter. »Du kotzt mich an!«, rief Laëtitia. Das war das erste Mal, dass sie so mit Herrn Patron sprach. Eine Ohrfeige traf sie. Laëtitia fing an zu weinen. Am nächsten Tag entschuldigte sie sich mit einer kleinen Nachricht auf dem Ehebett.

Montags fragt Frau Deslandes sie manchmal, was sie am Wochenende gemacht hat.

»Geputzt«, antwortet Laëtitia.

»Was für eine Abwechslung«, seufzt Frau Deslandes.

Einmal beklagt sich Laëtitia bei ihrer Chefin: »Alles, was ich mache, ist falsch, nur meine Schwester kriegt alles.« Sie will weg und ihr eigenes Leben leben. Im Moment besteht ihr Dasein darin, pünktlich zu erscheinen, zu bedienen und zu fegen und dann wieder nach Hause zu fahren. Nach der Arbeit bleibt sie nie ein Weilchen länger, um mit ihren Kollegen noch ein Glas zu trinken: »Meine Eltern warten auf mich.« Mehrmals bittet sie Frau Deslandes, ob sie nicht zum Schlafen dableiben könne.

Ende November, Anfang Dezember schreibt Laëtitia an Fabian, ihren kleinen Bruder im Herzen, um ihm zu sagen, dass er ihr fehlt. Fabian:

> »Wir haben uns in La Bernerie getroffen. Wir sind am Strand spazieren gegangen und haben gesprochen und uns gestreichelt, wie Bruder und Schwester. An diesem Tag war sie nicht wie sonst: Sie sprach zwar von sich, aber viel weniger. Sie hatte ein neues Armband. Als ich ihr den Ärmel hochschob, um es anzuschauen, sah ich, dass sie Kratzer auf ihrem ganzen Unterarm hatte. Die waren voller Schorf, wie von getrocknetem Blut. Ich fragte sie: ›Was hast du da am Arm?‹ Sie sagte: ›Nichts, das ist schon alt.‹ Ich versuchte, sie ein bisschen auszuquetschen, aber sie ließ nichts raus.«

Die Entfremdung der Schwestern, die Streitereien mit Herrn Patron, ihr Unbehagen als Bedienstete, das Gefühl des Eingesperrtseins und der Einsamkeit erklären die neue Annäherung zwischen Laëtitia und ihren Verwandten. Im September trifft sich die ganze Familie Perrais auf dem Jahrmarkt von Nantes. Das Trüppchen umfasst die Zwillinge, Franck Perrais, seine neue Freundin und ihre kleine Tochter, Stéphane, Delphine und deren Kinder. Laëtitia erklärt ihnen, sie wolle wieder nach Nantes ziehen und eine Wohnung suchen, um unabhängig und näher bei ihnen zu sein.

Im November nimmt sie wieder Verbindung mit der Larcher-Seite auf. Ihr Onkel und Pate Alain kommt sie mit seiner Tochter im Hôtel de Nantes besuchen. Sie gehen ins Barbe Blues ein Glas trinken.

10. November
hab kontakt mm gansen famile augfenomen, mi ist gans warm umz herz

13. November
hab heut meinen pateonkel u m kusine gesen :>

Ende Dezember besuchte Franck Perrais seine Tochter im Hôtel de Nantes. Die Deslandes bereiteten ihm einen herzlichen Empfang, Laëtitia kam ihn begrüßen. Er bestellte einen Kaffee, den Laëtitia ihm selbst servierte, bevor sie die anderen Gäste bediente. Franck Perrais verhielt sich sehr diskret, doch aus dem Augenwinkel beobachtete er seine Tochter. Sie kam und ging lächelnd und leicht im Gastraum herum, er war stolz auf sie. Irgendwann bemerkte er einmal, dass sie sich ein paar Gästen gegenüber schüchtern verhielt und nicht wagte, ihr Gespräch zu unterbrechen und zu fragen, ob sie mit dem Essen fertig seien. Aus seiner Erfahrung als »Kellner in der Spitzengastronomie« gab Franck Perrais ihr Tipps: »Im Gastgewerbe musst du deinen Gästen nahe sein und über alles reden.« Dann fuhr er zurück. Das war das letzte Mal, dass er seine Tochter sah.

Auf Facebook ist Fröhlichkeit zu sehen, doch eigentlich sind diese Wiederbegegnungen nur punktuelle Freuden. Drei Familien, aber keine Familie.

In diesem Herbst ist Laëtitia schwermütig. Ist ihre Magerkeit Magersucht? Ist ihre Traurigkeit Frucht eines ausgebremsten Freiheitsdrangs? Ist sie von den Zeiten in der Gastronomie und der Schinderei bei der Zimmerreinigung erschöpft? Hat Meilhon sie in La Bernerie auf der Straße angesprochen? Gibt es einen anderen geheimen Grund? »Wir sind zerbrehlicher alls ir klaubt.«

Sie muss abends, kurz vorm Einschlafen, mutlos gewesen sein und morgens Angst gehabt haben. Sie muss diese Abgründe gespürt haben, an deren Boden man sich sagt, dass nichts sich je ändern wird, und man sich fragt, wie man bis zum Ende des Tages durchhalten soll.

34
»Haben Sie einen guten Fang gemacht?«

Bei ihren Ermittlungen machen sich Martinot und Desaunettes eine Haltung zum Prinzip: Meilhon ist nicht nur ein Mensch und als solcher zu behandeln und zu respektieren, sondern er ist bis zum Beweis des Gegenteils auch unschuldig. Ihre Aufgabe besteht darin, belastende und entlastende Indizien zu finden.

Sie versuchen, den Menschen Tony zu verstehen, die Person Meilhon, den kleinen Jungen, den jungen Kriminellen, den Süchtigen, den Aufreißer, den Einbrecherkönig des Pays de Retz. Desaunettes sucht nach dem Guten in ihm oder zumindest nach den Gründen, die ihn dazu gebracht haben, das zu tun, was er getan hat. Im Gegensatz zu Martinot glaubt er nicht, dass er zu einer Vergewaltigung fähig ist, denn Meilhon hat seine Männer- und Gefängnisidentität auf den Hass von Vergewaltigern gebaut. Die Richter verspüren ein gewisses Mitgefühl für ihn, was paradoxerweise an der Grauenhaftigkeit seiner Tat liegt: Ihre Abscheulichkeit zwingt Meilhon in eine unerträgliche Einsamkeit. Keiner der beiden Richter will glauben, dass sein erbärmlicher Lebensweg und seine verwirrte Persönlichkeit die eines »Monsters« sind. Sie werden diesen Meilhon verhören wie einen normalen Menschen.

Als er am Morgen des 20. Januar 2011 in Le Cassepot verhaftet wird, ist Meilhon noch in einer Phase, in der er Beweise unterschlägt. Er hat die Leiche zerstückelt und versenkt, die Lagerhalle mit Wasser und Benzin gesäubert, seine Wäsche gewaschen und die persönlichen Gegenstände von Laëtitia, das Brett und die Werkzeuge verbrannt; er muss nur noch den Peugeot anzünden. Die Version, die er den Gendarmen während seines Polizeigewahrsams serviert, ist völlig verworren, doch der fehlende Leichnam schützt ihn. Er kann sich erlauben, sich über die Ermittler und Laëtitia lustig zu machen, denn er ist sich sicher, dass man ihn nie finden wird.

Nach dem Fund im Trou bleu allerdings steht Meilhon mit dem Rücken zur Wand. Die Ermittler waren die Stärkeren.

Das Spiel für Meilhon ist aus: Er wird einer lebenslänglichen Haft nicht entgehen. Diese Niederlage lässt ihn seine Provokationen und sein spöttisches Schweigen verdoppeln. Gleichzeitig haben ihn die Erklärungen des Staatspräsidenten und der Aufstand der Justizbeamten ins Rampenlicht katapultiert. Er ist ein Star geworden, ein Star des Bösen, mit dessen Foto die Fernsehnachrichten beginnen und der mit einer Eskorte fortbewegt wird, die der eines Staatschefs gleichkommt.

Am 10. Februar, dem Tag der großen nationalen Kundgebung in Nantes, verkündet Xavier Ronsin, dass die Leerung der Teiche von Lavau abgeschlossen, doch die Büste noch nicht gefunden sei. Dennoch sei die Suche nicht völlig vergeblich gewesen: Neben Laëtitias Handy habe man am Ufer auch ein Stück schwarzen Faden entdeckt.

Am 11. Februar, kurz nach zwölf Uhr mittags, wird Meilhon aus der Haftanstalt von Vezin-le-Coquet geholt, um dem Richter vorgeführt zu werden. Den eskortierenden Gendarmen, vermummten Muskelpaketen des PSIG mit Sturmgewehren, rotzt er ins Gesicht: »Ah, da ham wir ja die Elite! Basteln wir heute das Puzzle zusammen?« Nachdem man ihn durchsucht hat, legt man ihm Handschellen und eine kugelsichere Weste an. Im von Motorrädern begleiteten Gefangenentransporter haucht er auf die Fensterscheibe und schreibt mit seinem Finger »LP + TM«. Durchs Gitter schreit er die Gendarmen an:

> »Und, Jungs, habt ihr die Kniescheibe und das Schienbein gefunden? Beeilt euch, es fehlen euch noch ein paar Stücke. Bei dem Tempo wird nichts mehr davon übrig sein! Ihr steckt fest! Laëtitia, Laëtitia, ich hab dir alles reingesteckt, ich hab deine Leber gegessen. Ich hätte gern ein Steak Tartare aus dem Rest gemacht. Laëtitia, du warst so scharf! Ich denke jede Nacht an dich, komm heut Abend zu mir.
> Ich hab dich in Stücke geschnitten, Arme und Beine. Ich hab dich beerdigt.

> Sarkozy-Anhänger, Sarkozy-Anhängerinnen! Der Streik – der ist wegen mir! Ich revolutioniere die Justiz!«

Mit donnernder Stimme, unterbrochen von dröhnendem Gelächter, freut er sich darauf, auf Kosten dieser Prinzessin im Gefängnis zu leben, und macht sich über Laëtitias Vater lustig, der nicht vom Präsidenten eingeladen wurde.

Der Konvoi kommt gegen 13.45 Uhr vor dem Gerichtsgebäude an und verschwindet unter dem Blitzlichtgewitter von Journalisten in der unterirdischen Zufahrt. In seiner Zelle fängt Meilhon zu singen an, weil er Hunger hat:

> »Laëtitia, ich hab dir alles reingesteckt, ich hab's dir gut besorgt. Habt ihr einen guten Fang gemacht? Wenn du willst, dass ich dir sage, wo sie ist, gib mir was zu essen! Macht hin mit der Suche, bald ist nichts mehr von ihr übrig!«

Noch einmal schreit er:

> »Ich liebe dich, Laëtitia-aa! Laëtitia-aa, ich liebe dich!«

Das Grauenhafteste daran ist, dass Meilhons Irrsinn von wahrer Intelligenz zeugt. Denn zumindest ist er ein guter Kommunikator: Indem er versucht, den braven Leuten Angst einzujagen, pflegt er sein Image als »Monster« und arbeitet an seiner »Legende« – wie Lacenaire, der Mörder und Dichter, der 1836 nach mehreren Morden hingerichtet wurde und der aus seiner Zelle einen literarischen Salon gemacht hatte, in dem er Leute empfing, über Literatur und Philosophie plauderte, geistreiche Briefwechsel pflegte und einige Monate, bevor er aufs Schafott stieg, seine Memoiren verfasste. Der Mord als Sesam-öffne-dich zu den Medien, als Höhepunkt: Meilhon hat es endlich »geschafft«. Für immer mit »seinem« Opfer verbunden, das er sich »einverleibt« hat, triumphiert der Verbrecher über den Tod wie Tristan und Isolde, wie Bonnie und Clyde.

Sobald Meilhon zu Mittag gegessen hat, beruhigt er sich.

Um 14.30 Uhr wird er in Martinots Büro geführt. Im Flur der Ermittlungsabteilung halten mit Sturmgewehren bewaffnete Gendarmen des PSIG Wache. Bevor Meilhon eintrifft, betritt der Chef der Eskorte das Büro des Richters. Er inspiziert den Raum, überprüft mögliche Fluchtwege, nimmt den Brieföffner, die Schere und alle stumpfen Gegenstände an sich. Dann entscheidet er: »Er muss in Handschellen bleiben.«

Die Tür öffnet sich und Meilhon betritt das Büro. Er ist eine beeindruckende Gestalt: ein Muskelberg mit Knastbrudermiene, langen, schwarzen, zurückgekämmten Haaren, rasierten Schläfen, vorspringender Stirn mit zwei Höckerchen à la Beelzebub, leichten Schlitzaugen, milchiger Haut und fehlenden Augenbrauen. Etwas Seltsames geht von ihm aus, unabhängig von der Tat, die er begangen hat.

Meilhon wird an den Schreibtisch des Ermittlungsrichters gesetzt. Vier Gendarmen bleiben zu allen Seiten seines Stuhls stehen, ohne ihn auch nur einen Augenblick aus den Augen zu verlieren. Weitere Gendarmen stehen vor jeder Tür Wache. Mehr noch als eine Flucht befürchtet man einen Selbstmord: Um nicht den Rest seiner Tage im Gefängnis zu verschimmeln, könnte er versuchen, einen »Heldentod« zu sterben. Auf dem Video des Verhörs sieht man übrigens, dass er sich aus Gewohnheit – sicherheitshalber – nach den Ausgängen umschaut.

Martinot bittet die Gendarmen, dem Mann die Handschellen abzunehmen. Die Gendarmen zögern, der Ermittlungsrichter besteht darauf – aus Prinzip, aber auch, weil er hofft, eine Vertrauensbeziehung herstellen zu können. Doch damit scheitert er: Der Funke springt nicht über. Auch Desaunettes gelingt es nicht, den Keim von einer Beziehung zu bewahren, der seit den Überfällen von 2003 entstanden war. Meilhon bleibt komplett verschlossen, gleichgültig, arrogant und hinter seiner Maske des Staatsfeinds Nummer 1 verschanzt. Martinot spricht sanft und höflich mit ihm, um ihn nicht in Rage zu bringen. Keine Antwort. Das lange, surreale Verhör zeitigt keinerlei Ergebnis. Irgendwie sind die Ermittler enttäuscht: Sie haben fünfzehn Stunden damit verbracht, ihr Verhör vorzubereiten.

»Herr Meilhon«, sagt Desaunettes schließlich, »heute ist offenbar nicht der Tag, an dem Sie uns etwas mitteilen wollen. Wenn Sie es sich anders überlegen, sagen Sie uns Bescheid.«

»Ich schreibe Ihnen«, murmelt Meilhon.

Auf dem Rückweg im Gefangenentransporter ist er schweigsam.

Am Abend veröffentlicht Xavier Ronsin eine Pressemitteilung, in der er Meilhons hartnäckiges Schweigen bedauert, das die Bestattung hinauszögert. Er kündigt an, die Fahndung werde fortgesetzt, wie sie begonnen habe: ohne Mithilfe des Verdächtigen.

Um gegen zu kleine Essensrationen zu protestieren, nimmt Meilhon zwei Tage später aus dem Verpflegungspäckchen, das jeder Gefangene erhält, eine Dosis Waschmittel ein. Im Untersuchungsraum des Krankenhauses von Rennes fragt er einen Gendarmen der Eskorte: »Warst du schon mal bei Savenay baden?«

Am 14. Februar 2011 empfängt der Justizminister die Gewerkschaften der Richter und Strafvollzugsbeamten. Die Inspektionsergebnisse werden bekannt gegeben: Die JAP aus Nantes und die Angestellten des SPIP sind entlastet.

Meilhon wird von Psychiatern untersucht. Feindselig und verschlossen, das Gesicht halb unter der Kapuze seines Hoodies verborgen, murmelt er Beleidigungen gegen seine Mutter, die ihn für ihren zweiten Mann, den »nächsten Bastard«, fallen gelassen habe. Er behauptet, Stimmen zu hören und mit den Toten zu sprechen. Ärztliche Diagnose: Gemütsarmut und Erziehungsversagen, Gewalt- und Inzestfantasien, pathologische Mutterbindung, narzisstische Perspektive, Impulsivität, fehlendes Moralgefühl, Unempfänglichkeit für Strafen.

Während seiner verschiedenen Verlegungen im Februar und März beleidigt Meilhon die Ordnungskräfte und wirft mit obszönen Bemerkungen um sich: Er parodiert die »Marseillaise«, macht sich über Laëtitias Schicksal lustig und faselt von Sand und Schaufel. In anderen Momenten hat er plötzliche Eingebungen. Er ist ruhig, zeigt außergewöhnliche Konzentrationsfähigkeit und spricht mit gesetzter und sehr aufrichtiger Stimme. Als er Ende März von Amts wegen in die Abteilung für schwierige Patienten der Psychiatrie von Plouguernével überstellt wird, wendet er sich an den Chef der Eskorte, zu dem er eine gewisse Zuneigung gefasst hat:

> »Ich stoße ans Mofa, sie fällt um, ich halte bei ihr an, sie ist verletzt, sie atmet noch, ihr Fuß blutet unterm Knöchel, ich nehme ihr den Helm ab, ich lege sie in den Kofferraum,
> … …
> ich lege die Leiche in die Lagerhalle, dort gibt es grünen Draht, ich schneide den Kopf ab, die Zähne klappern, ich werde ohnmächtig.«

Die klappernden Zähne: ein Detail, das in seiner Scheußlichkeit wahr klingt. Eine Szene, die er erlebt hat und immer wieder erlebt.

Die Ermittlungsrichter rekonstruieren den Abend des 18. Januar unter dem Blickwinkel »Meilhons Verhalten gegenüber Laëtitia«. Zunächst einmal Anmache. Die Untersuchung ergibt, dass Meilhon sich seit Wochen in einem Zustand großer sexueller Frustration befindet (tatsächlich seit seine Ex-Freundin Schluss gemacht und ihn wegen Vergewaltigung und Todesdrohungen angezeigt hat). In diesem Januar versucht er mit sämtlichen Frauen zu schlafen, denen er über den Weg läuft: mit Freundinnen von Freunden, Passantinnen auf der Straße, Unbekannten in Diskotheken, Junkie-Kundinnen auf Entzug, Prostituierten, die ihn nicht zurückrufen, Stammgästen des Barbe Blues, der Kassiererin im Leclerc von Pornic, wo er die Handschuhe kauft. Jedes Mal sind es Annäherungsversuche, plumpe Komplimente, Bemerkungen wie: »Geben Sie mir Ihre Handynummer – oder bei Zuneigung mehr?« Doch an diesem Tag mit Laëtitia benimmt er sich fast romantisch: Handyfotos, Spaziergang bei Sonnenuntergang, Handschuhe zum Geschenk, Champagner.

Dann der Totschlag. Meilhon ist zu allem bereit, um an diesem Abend Sex zu haben, doch er ist kein Lustmolch, der speicheltriefend aus dem Gebüsch springt und sich an einer Schülerin vergeht. Müsste man sich entscheiden, hätte er eher das Profil eines Serienkillers. Für die Gendarmen wie für den Staatsanwalt war Laëtitia die Erste, eine Art Testlauf, eine Taufe in der Ordnung des Verbrechens; andere Opfer wären dazugekommen, seine Mutter wäre die letzte Etappe gewesen. Für die Psychiater dagegen resultiert dieses Zur-Tat-Schreiten aus einer zunehmenden Entgleisung, einer teuflischen Mechanik. Für sie ist Meilhons kriminelle Wahrheit die, ein Dieb zu sein und nicht ein Serienkiller, der aus Lust tötet.

Im Laufe des Abends mit Laëtitia improvisiert er ständig. Der Drogenkonsum steigert seine natürliche Aggressivität. Vollgepumpt mit Alkohol und Kokain wählt er Sofortlösungen: Ich spreche sie an, ich baggere sie an, ich verabrede mich mit ihr, ich bringe sie dazu, Alkohol zu trinken und zu rauchen, ich nehme sie mit zu mir, ich versuche sie flachzulegen, ich bringe sie zu ihrem Scooter zurück, ich versuche sie anzuhalten, ich ramme sie, ich sammle sie auf, ich nehme sie mit, ich bringe sie um. Dann: Wie die Leiche loswerden? Ich grabe ein Loch, der Boden ist zu hart, also zerstückele ich sie, stopfe sie in einen Mülleimer, baue eine Reuse, werfe sie in den Teich.

All das sind systematisch zerstörerische Antworten auf Fragen, die sich ihm von Stunde zu Stunde, von Minute zu Minute stellen. Bei jeder Etappe führt eine schlechte Antwort zu einem neuen Problem, für das er eine neue Lösung finden muss – und er entscheidet sich wieder für die falsche, die niederträchtige, nicht wiedergutzumachende, die zu seiner hochaggressiven, mitleidlosen Persönlichkeit passt, die keinerlei Achtung vor Gesetz, Moral und dem Leid anderer hat. Die Verstümmelung der Leiche: eine Mischung aus Psychopathie und Frauenhass, aber auch Pragmatismus. Meilhon beschrieb es auf seine Art beim Berufungsprozess im Parlement de Bretagne in Rennes so: »Wenn die Dinge einmal getan sind, kann ich nicht mehr zurück. Ich mache weiter, doch mit jedem Schritt wird es noch schlimmer.«

Dieses Improvisieren schmälert nicht im Geringsten seine Fähigkeiten, die Handlungen so aufeinander abzustimmen, wie er es tut, um seine Spuren zu verwischen und sich ein Alibi zu verschaffen – das ist das dritte Moment. Nach Laëtitias Tod sind all seine Sinne hellwach. Mit seiner falschen SMS um 4.17 Uhr morgens, dem 40 Zentimeter tiefen Graben, der Zerstückelung des Körpers, dem Treffen am Atlantis, der Fahrt nach Lavau, dem Bau der Reuse, dem Putzen der Lagerhalle, der Reinigung von Garten und Wäsche hatte er viel zu tun. Man könnte ihm sogar eine gewisse Effizienz attestieren. Anders als Meilhon während seines Prozesses unablässig betont, ist diese Entführung mit Todesfolge kein Moment großen »Durcheinanders«, keine dem Alkohol und den Drogen geschuldete Kurzschlusshandlung. Sein bei völligem Bewusstsein begangenes Verbrechen zieht sich über viele Entscheidungen hin.

»Im letzten Jahrzehnt des 19. Jahrhunderts«, schreibt der Historiker Philippe Artières, »wird Zerteilen populär.« Kapitalverbrechen, große Schlagzeilen und forensische Monografien zeugen von einer neuen Mode: der Zerstückelung des Opfers. Der Mörder begnügt sich nicht damit zu töten, sondern er zerstört nach dem Tod noch weiter, indem er zerschneidet, abtrennt, aufschlitzt, ausnimmt. Sein Hass bohrt sich in den Leichnam hinein, der zur offenen Wunde, zum blutigen Fetzen wird. »Die zerstückelte Leiche ist ein Frauenkörper«, fährt Artières fort; und fast immer ist es ein Fluss oder ein Gewässer, in dem die menschlichen Überreste landen. Die großen Gerichtsmediziner vom Ende des 19. Jahrhunderts, Ambroise Tardieu, Paul Brouardel und Alexandre Lacassagne, drehen den Spieß um: Die Obduktion wird zu einer wissenschaftlichen Zerlegung im Dienst der Wahrheit und Gerechtigkeit. Die chirurgische Präzision siegt über die Prahlerei des Verbrechers.

*

In einem jedoch verwundert Meilhon, der seinem Panzer gerade selbst Risse zugefügt und bewiesen hat, dass er zu seinen Taten nicht steht, so sehr er auch ein »Monster« sein will. Als er am Mittwoch, den 19. Januar, Bertier am Atlantis trifft, ist der Kofferraum des Peugeots voller Blut und beladen mit dem Gitterdraht und dem Hohlblockstein, aus denen er später die Reuse bastelt, sowie zwei Mülleimern, in denen Teile von Laëtitia baden. Bertier ist auf Meilhons ausdrückliche Bitte hin gegen 15 Uhr zum Einkaufszentrum gekommen, ihm übergibt Meilhon den Handyakku, um ihn zu entsorgen.

Im Hinblick auf Meilhons Zeitplanung und die Risiken, die er damit eingeht, ist dieses Treffen schwer zu begreifen: Warum vergeudet er wertvolle Stunden und zeigt sich mitten am Nachmittag an einem stark besuchten Einkaufszentrum voller Überwachungskameras am Steuer eines gestohlenen Wagens, dessen Kofferraum wegen der fehlenden Ablagefläche die Sicht auf zwei Mülleimer mit grauenvollem Inhalt freigibt? Wozu diese Geschichte mit dem Akku, der zu beseitigen sei, während Meilhon sich doch ebenso gut selbst darum kümmern könnte und sich des Rests des Handys ja kurz darauf auch selbst im Trou bleu entledigt?

Vom Standpunkt des Verbrechers aus ist das Ziel dieses Treffens klar: die Beweislast möglichst streuen und Bertier in die Sache hineinziehen. Ihn um einen Gefallen bitten heißt, ihn zum Komplizen zu machen. Bertier verdankt sein Heil nur einem Dritten: dem Freund, der ihn an diesem Tag begleitete und der Meilhon durch seine Anwesenheit davon abhielt, Bertier mit nach Lavau zu locken.

Meilhon hat noch einen weiteren Freund in sein Verderben zu ziehen versucht: Loulou, einen irgendwie hilflosen, irgendwie süchtigen Typ, der der Polizei irgendwie für alles Mögliche bekannt ist und dem ein Arm fehlt. Am Tag vor dem Drama, am Montag, den 17. Januar, verbringen Meilhon und Loulou ihre Zeit damit, gestohlenes Kupfer weiterzuverkaufen und durch die Bars von La Bernerie und Pornic zu tingeln. Gegen Mitternacht hocken sie in Begleitung eines ehemaligen Mithäftlings und einer Freundin im Key46. Die Männer sprechen über Knasterlebnisse und Waffen. Bevor sie aufbrechen, bieten Meilhon und Loulou der Frau in der Hoffnung auf irgendeine sexuelle Gefälligkeit Koks an. Von Meilhons Verbrechermiene und einem unguten Gefühl abgeschreckt, lehnt die Frau ab.

Die beiden Kerle fahren nach Le Cassepot, wo sie ein paar Gläser Alkohol herunterkippen und ein paar Linien Koks ziehen. Als der betrunkene und aufgedrehte Loulou mit Meilhons Karabiner herumspielt, löst sich versehentlich ein Schuss. Danach brechen sie in Vertou, in der Nähe von Nantes, in eine Tierklinik ein. Auf dem Rückweg nach Le Cassepot hilft Loulou Meilhon, den Peugeot zu entladen: Das gestohlene Material – Computertower, Bildschirme, Tastaturen, Säcke mit Hundefutter – wird in der Abstellkammer der Halle eingelagert. Nachdem Loulou gegangen ist, schnupft Meilhon, der keinen Schlaf findet, noch eine Linie Koks.

Am nächsten Tag soll Loulou Meilhon im Barbe Blues wiedertreffen. Als er kurz nach 22 Uhr ankommt, begegnet er Laëtitia, die ihm sehr jung erscheint. Nach einem Streit mit angetrunkenen Gästen fahren Meilhon und Laëtitia ins Key46. Loulou will das Paar nicht begleiten und bleibt im Barbe Blues, wo er den ganzen Abend lang im Internet nach Prostituierten sucht. Als er gegen 1 Uhr das Lokal verlassen will, sieht er Meilhons Peugeot ohne Licht zwei, drei Mal an der Bar vorbeirasen. Allein und verlassen verbringt er die Nacht in einem Puff in Nantes. Gegen 3 Uhr morgens versucht er Meilhon zu erreichen, dessen Verhalten seit seinem Aufbruch mit dem jungen Mädchen Richtung Pornic sehr seltsam ist.

Nach dem Fund in Lavau versucht Meilhon, Loulou zu belasten, indem er ein neues Szenario erfindet: In Le Cassepot sei der Einarmige Laëtitia gegenüber aufdringlich gewesen, Meilhon sei dazwischengegangen und ein Schuss sei gefallen. Auf dem Rückweg habe Laëtitia aus Erleichterung, einer Vergewaltigung entgangen zu sein, ihrem Retter voller Dankbarkeit einen geblasen. Vielleicht hat ja der frustrierte Loulou das Mädchen verfolgt und getötet.

Tatsächlich interessieren sich die Ermittler für Loulou, denn er hat Laëtitia im Barbe Blues gesehen und sein Handy hat sich nicht weit von der Route de la Rogère entfernt genau in dem Moment ins Funknetz eingewählt, als Laëtitia entführt wurde. Als Loulou während seines Polizeigewahrsams die Schwere des Verdachts begreift, der auf ihm lastet, bricht er in Tränen aus. Er habe nicht das Geringste mit dem Tod der »Kleinen« zu tun. Glücklicherweise loggt sich sein Handy um 1.30 Uhr in Nantes ein, und die Prostituierten erinnern sich an einen einarmigen Kunden. Beim ersten Prozess sagt Meilhon zu Loulou, der als Zeuge aussagt: »Ich muss mich an dir entschuldigen.«

Während der gesamten Ermittlungen bemühte sich Meilhon, einen Komplizen zu finden. Vor dem Schwurgericht erklärte er, bei der Zerstückelung der Leiche habe er sich »die Aufgaben« mit einem Herrn X »geteilt«. Diese hinterlistigen Lügen zeigen eine sentimentalere Seite von Meilhon: Vom Grauen seines Verbrechens erdrückt, gelingt es ihm nicht mehr, die Last allein zu tragen. Paradoxerweise zeigt die Unmoral seiner Lügen, dass noch ein letzter Rest Moral in ihm wohnt.

35
Raunächte

Weihnachten: eine Zeit der Schwermut, der moralischen Beklemmung, der Niedergeschlagenheit. Der Ozean ist eisig, die Möwen kämpfen gegen den Wind an. La Bernerie ist ausgestorben. Manche verreisen, die meisten bleiben. Die Leute finden mit ihren Familien zusammen und essen teure Speisen. Sind sie glücklich oder zwingen sie sich ein wenig, es zu sein?

Für Laëtitia und Jessica ist Weihnachten ein wichtiger Moment, doch er erinnert auch an alles, was sie verloren haben.

Am 23. Dezember 2010 schreibt Laëtitia auf ihrer Facebook-Seite:
Froe weinachten oich aalen

Am 24. Dezember:
Froe einacht alen und ein gutes neues jar ☺ va m d famile

Das W fehlt. Sie hat die Nachricht zu schnell abgeschickt, ohne sie noch einmal zu lesen. In diesem Jahr bekommt sie von Jessica Besteck geschenkt, von Herrn und Frau Patron Geschirr und von einer der Patron-Töchter ein hübsches Armband. Sie selbst schenkt den Patrons ein Wellness-Wochenende.

Am 25. Dezember treffen sich die Zwillinge und die gesamte Familie Larcher – Sylvie, Alain und ihre Eltern – nachmittags am Bahnhof von Pornic. Sie gehen eine heiße Schokolade trinken. Das Gespräch dreht sich um die Familie und das Gastgewerbe. Frau Larcher ist stolz auf Laëtitia, denn sie hat eine Arbeit. Alain Larcher, der seine Rolle als Patenonkel ernst nimmt, gibt ihr ein paar Ratschläge für den Beruf und spricht über Restgeld und Trinkgelder. »Das war das letzte Mal, dass ich meine Prinzessin gesehen habe«, sagt er und wendet den Kopf zum Fenster, um seine Tränen zu verbergen. Die Zwillinge fahren mit dem Scooter nach Hause.

Zu Weihnachten schenkt Laëtitia Frau Deslandes eine Engelsfigur, die von zwei kleineren Engelchen umgeben ist. »Das bist du mit Zwillingen, weil sie Glück haben, eine Mama wie dich zu haben.« Sie bittet, von der Buchhalterin in die Kasse eingeführt zu werden.

In den letzten Dezembertagen fahren Herr und Frau Patron mit Jessica über Silvester zu Freunden nach Brest. Laëtitia, die arbeiten muss, bleibt allein zu Hause.

Sie nutzt ihre Abwesenheit, um Kévin zu besuchen, mit dem sie per Telefon seit mehreren Monaten »geht«. Sie nimmt den Zug von Pornic nach Nantes und dann den Bus nach Sorinières, wo Kévin und seine Mutter sie abholen. Während er mir in einem Café die Szene erzählt, betrachte ich sein Tattoo: »Poker auf den Tod«. Kévin ist traurig, auf ergreifend keusche Weise.

> »Laëtitia war mit einer kleinen Tasche gekommen und wir haben sie im Auto abgeholt. Das war das erste Mal, das ich ein Mädchen mit nach Hause gebracht habe. Für mich hat das viel bedeutet. Wir haben Fernsehen geguckt und sind dann schlafen gegangen. Danach sind wir per SMS oder Telefon in Verbindung geblieben.«

Am Abend unterhält sich Laëtitia mit Kévins Mutter: Sie habe genug von ihrer Pflegefamilie, sie könne es kaum erwarten, ein eigenes kleines Zuhause zu haben, Kévin habe Glück, mit seiner Mama leben zu können. Laëtitia ist schüchtern, höflich und freundlich. Am nächsten Tag nimmt sie den Bus zurück.

Kévins Mutter willigte ein, dass Delphine Perrais mir von diesem melancholischen Abend erzählt: »Ich werde mich immer an sie erinnern, denn sie war das erste Mädchen, das mein Sohn mir vorgestellt hat.«

Auf dem Rückweg nach Pornic erklärt sich Laëtitia auf ihrem Facebook-Account als »liiert«.

1. Januar:
gutes neues jar alen die ich noch niht gralirt habe wünshe oich fiel glük für 2011

35
Die Zeit der Experten

Wenn der Tod des vierjährigen Grégory Villemin, der im Oktober 1984 mit gefesselten Händen und Füßen in der Vologne ertrunken gefunden wurde, bis zum heutigen Tag nicht aufgeklärt werden konnte, dann vor allem, weil die Ermittler entscheidende Hinweise nicht auswerten konnten oder wollten wie um den Körper des Kindes gewickelte Schnüre, Haare auf seiner Hose, Fingerabdrücke auf anonymen Briefen, die auf Kassetten aufgenommene Stimme des anonymen Briefschreibers oder Spuren einer durchgedrückten Handschrift auf dem Bekennerbrief.

In direkter Konsequenz aus dieser Niederlage wird 1987 in Rosny-sous-Bois – als Krönung eines Jahrhunderts der kriminalistischen Untersuchung – das IRCGN gegründet. Tatsächlich entsteht eine erste Form von Kriminalpolizei in Frankreich am Ende des 19. Jahrhunderts. In der Polizeipräfektur von Paris entwickelt Alphonse Bertillon die Anthropometrie, die sich auf das Fotografieren und die Erfassung körperlicher Merkmale gründet. Die französische Hauptstadt legt sich einen Erkennungsdienst und ein toxikologisches Labor zu. Der Ermittlungsrichter Émile Fourquet entpuppt sich als Profiler, als er bei einer Mordserie an Schäferinnen die Daten, Orte, Indizien, Zeugenaussagen und Vorgehensweisen vergleicht. Edmond Locard, ein Schüler des Gerichtsmediziners Lacassagne, gründet 1910 in Lyon das erste kriminologische Labor. Wie treten ins Jahrhundert der Experten ein. Doch die Spuren sind schwer zu sichern und auszuwerten. Im Zuge medienwirksamer Ambitionen und geografischer Rivalitäten wechseln sich Fortschritte und Misserfolge ab.

Das IRCGN umfasst zweihundertfünfzig Gendarmen und Zivilpolizisten, Spezialisten von internationaler Geltung in verschiedenen Bereichen: Biologie, Toxikologie, Zahnmedizin, Unfallforschung, Ballistik, Informatik oder auch Fossilisationslehre, einem

Zweig der Thanatologie, der sich mit dem Zerfall von Organismen befasst. Natürlich findet man Experten auf hohem Niveau auch in den Universitätskrankenhäusern oder im gerichtsmedizinischen Labor Doutremepuich in Bordeaux. Philippe Esperança, ehemaliger Sachverständiger für Blutspurenmusteranalyse des IRCGN und Erfinder des Bluestar, arbeitet im Laboratoire d'analyses criminalistiques in Marseille.

Die Rolle dieser Experten ist es, den Ermittlern Teilantworten zu liefern. Doch ihre Heldentaten sollten einen nicht in naive Technikgläubigkeit verfallen lassen: Die Expertise erhält ihre Bedeutung nur innerhalb des Gedankengangs, der diese einfordert, bringt ihn in Bewegung oder tritt auf der Suche nach Stringenz an seine Stelle, indem sie zum Beweis wird. Heutzutage würde der Fall Grégory als schwierig eingestuft, doch sicherlich leicht aufgeklärt werden.

Im Laufe des Jahres, das auf Laëtitias Tod folgte, wurden auf Anforderung von Ermittlungsrichter Martinot über siebzig Gutachten erstellt, die von DNA-Proben über die Analyse der Erde, die man an Meilhons Schuhsohlen fand, bis hin zur Nachstellung des Unfalls mit dem Scooter reichten. Nicht alle waren sachdienlich, doch zumindest waren sie da, um Zweifel auszuräumen.

Die folgenden Gutachten geben über Laëtitias letzte Stunden Auskunft. Ich ordne sie der Chronologie der Ereignisse vom 18. und 19. Januar 2011 nach.

A. Eine Linie Koks

Mithilfe der Ergebnisse der toxikologischen Untersuchung lässt sich nachweisen, dass Laëtitia am 18. Januar gegen 17 Uhr am Strand Shit geraucht und am Abend im Barbe Blues oder im Key46 Kokain genommen hat. Freiwillig oder nicht? Hat Meilhon Drogen in ihre Cola gemischt, um ihren Verteidigungsinstinkt zu schwächen? Der Gerichtsmediziner Renaud Clément konnte zusammen mit dem toxikologischen Labor des CHU Nantes nachweisen, dass das Kokain direkten Kontakt zur Nasenschleimhaut hatte: Laëtitia hat die Droge also geschnupft. In der Fachwelt war das eine wissenschaftliche Premiere.

B. Eine Fellatio

In einer Abstrichprobe fanden die Experten des IRCGN in Laëtitias Mund Prostatasekret (eine Spermakomponente) von Meilhon. In Anbetracht ihrer Aufenthaltsdauer im Wasser ist auch dieser Nachweis eine Meisterleistung.

Dieses Indiz ist mit einer Fellatio zwischen Mitternacht und ein Uhr morgens kompatibel. Es hat also einen sexuellen Kontakt zwischen Laëtitia und Meilhon gegeben, doch es ist unmöglich herauszufinden, ob er einvernehmlich war oder nicht, ob er kategorisch abgelehnt, dann aber erlitten, oder halbwegs akzeptiert, danach aber bedauert wurde, ob die Fellatio wie eine Vergewaltigung erlebt wurde, ob auf eine einvernehmliche Fellatio ein Vergewaltigungsversuch folgte oder ob es Laëtitia zum Beispiel gelähmt, mit Drogen vollgepumpt und im Zustand der Schockstarre schlicht nicht möglich gewesen war, Nein zu sagen, bevor ihr bewusst wurde, dass sie Opfer einer Vergewaltigung geworden war, und sie sich William am Telefon anvertraute. Wenn die Gendarmen alles daransetzten, um die Büste wiederzufinden, dann auch aus gerichtsmedizinischen Gründen.

C. Der Scooterunfall

Die Erstellung des Gutachtens wird Jean-Philippe Depriester anvertraut, eines der Chefs des IRCGN und weltweit anerkannter Experte. Auf Bitte von Martinot arbeitet er mit Renaud Clément zusammen, um Zusammenhänge zwischen dem Unfall und den Verletzungen zu klären. In Anbetracht der Beschädigungen und des jeweiligen Abriebs an beiden Fahrzeugen, der auf der Straße eingesammelten Scherben, der Spuren auf Straße und an Straßenrand ist folgendes Szenario das wahrscheinlichste:

Der Scooter rollt mit weniger als 40 km/h die Route de la Rogère entlang, der Peugeot fährt etwas schneller. Auf Höhe des Scooters bremst der Pkw brutal ab, die um 10 Grad zum rechten

Straßenrand hin gewendeten Räder und der Aufprall bewirken, dass der Scooter an seinem Ständer mitgeschleift wird, der daraufhin Streifen auf dem Asphalt zieht. In dem Moment, als die beiden Fahrzeuge auseinanderdriften, kippt der Scooter auf die rechte Seite und rutscht noch etwa fünfzehn Meter weiter. Beim Sturz verletzt sich Laëtitia am rechten Knöchel. Die Hautabschürfung ist die einzige vom Unfall verursachte Verletzung, denn sie trug einen Helm, und ihre Kleider schützten den Rest des Körpers. Auch auf Laëtitias rechtem Schuh findet man Kratzspuren.

Die Unfallanalyse stimmt nicht mit Meilhons Version überein, der behauptet, Laëtitia aus Versehen gerammt zu haben, weil er sie nicht sah. Tatsächlich bremste der Peugeot *vor dem Aufprall* ab, das heißt, der Fahrer hat etwas vorausgesehen; wegen der geringen Energieübertragung kann das Auto nicht, wie von Meilhon behauptet, vorn in die Höhe gegangen sein; Laëtitia war zum Zeitpunkt ihrer Entführung also noch lebendig und bei Bewusstsein. Wie bei Steven gegen 21.30 Uhr bestand Meilhons Manöver vielleicht darin, den Scooter nach rechts abzudrängen, um ihn zum Anhalten zu zwingen, doch die Folgen waren sehr verschieden, da es einen Aufprall und Unfall gab.

D. Laëtitias Blut

Mithilfe der zweiunddreißig versiegelten Beweisstücke, die nach der Durchsuchung von Le Cassepot ans IRCGN geschickt wurden, konnte Laëtitias genetisches Profil auf der rechten Wagentür des Peugeots, auf der Rückbank, im Kofferraum sowie auf der Schneide einer Axt und dem mahagonifarbenen Möbel nachgewiesen werden, das im hinteren Teil der Lagerhalle abgestellt war (die Blutspritzer stammen aus der von einem Buggy zugestellten feuchten Zone). Auch auf dem Steuer des Peugeots und auf der Fahrertür fand man DNA von Laëtitia, vermischt mit der von Meilhon.

Fingerabdrücke wurden auf dem Dach des Peugeots gesichert, direkt oberhalb der Beifahrertür, was Antony Deslandes' Aussage bestätigt, er habe die junge Frau auf der Straße wütend durch die offene Fensterscheibe mit dem Fahrer sprechen sehen.

E. Die Zerstückelung

Der mit dem Mikroskop erstellte Befund des IRCGN weist nach, dass Halswirbel, Oberarmknochen und Oberschenkel nicht zerschlagen, zerquetscht oder zerhackt, sondern zersägt wurden. Die Schnitt- und Rissspuren an den fünf Knochenpartien stammen von einer Metallsäge. Die Säge, die im Vorhof des Gartens in Le Cassepot gefunden wurde, hat eine Schneide und Zähne, die mit den Beobachtungen kompatibel sind. Die Schnittrichtung ist von hinten nach vorn. Beim Kopf drang die Säge vom Rücken her in den Hals, bei den Beinen von der Kniekehle Richtung Kniescheibe. Die Leiche dürfte also auf dem Bauch gelegen haben.

Am 19. Januar 2011 hatte ein Nachbar am frühen Nachmittag dumpfe Geräusche aus der Lagerhalle gehört. Woher sie rührten, weiß man nicht.

F. Eine »handgemachte« Reuse

Die aus Drahtgitter gefertigte Reuse aus dem Trou bleu ist mit Schnüren verschlossen und einem Hohlblockstein beschwert worden. Das Drahtgitter vom Typ »Hühnerstall« und die Schnüre aus schwarzem Nylon vom Typ »Bindfaden« sind in jeder Hinsicht identisch mit jenen, die in Le Cassepot gefunden wurden. Die unter dem Mikroskop an Reuse und Drahtrolle untersuchten Schnitte im Drahtgitter passen perfekt zusammen. Meilhons Cousin meldet den Ermittlern das Fehlen einer Bindfadenspule, einer Sperrholzplatte von 1,60 Metern Länge, zweier schwarzer 50-Liter-Mülleimer und verschiedener Werkzeuge, die sich in der Lagerhalle befanden.

*

Xavier Ronsin hatte es am Ende der Pumpmaßnahmen in Lavau angekündigt: Die Suche wird so lange wie nötig fortgesetzt. Ende Februar werden für eine neue Suchaktion fünfundsiebzig weitere Gendarmen, zehn Taucher, vier Spürhunde aus Gramat im

Departement Lot sowie die Soldaten des 6. Regiments der Pioniertruppe bereitgestellt. Auf Meilhons (falschen) Hinweis hin ordnet Frantz Touchais Fahndungen am Lac de Savenay und am Strand von La Bernerie an. Andere »Komfortzonen« werden ausgemacht. Die Wasserschutzbrigade von Nantes, verstärkt von der Marinebrigade von Saint-Gilles-Croix-de-Vie, durchsucht zwei ehemalige, geflutete Steinbrüche in Saint-Brévin, einen Sandstreifen am Ufer der Loire in der Nähe von Lavau, Tümpel rund um Le Cassepot, Arthon-en-Retz, Guérande und La Montagne sowie Teiche in Saint-Étienne-de-Montluc, nicht zu vergessen La Bosse-en-Gicquelais.

Die Medienhysterie hat sich gelegt. Andere Dramen folgen, auf andere Art schlimmere: der Bürgerkrieg in Libyen, der Tsunami in Japan, die Atomkatastrophe von Fukushima. Durch einen Leak erfährt Alexandra Turcat von den Durchsuchungen am Lac de Savenay. Sie prüft die Information vor Ort und begreift, dass die Gendarmerie in aller Heimlichkeit weiter ermittelt. Der Fall ist nicht abgeschlossen.

Schmuck, ein Cutter und ein Stoffstück aus Spitze werden gefunden – sie haben nichts mit Laëtitia zu tun. Die Ermittler lassen sich Satellitenbilder von der Gegend schicken sowie alle Gezeitenangaben für den Zeitraum der Ereignisse. Auf Bitte der Gendarmen verbreitet der Landesjagdverband von Loire-Atlantique einen Zeugenaufruf.

Wilde Sumpflandschaften wurden beschädigt, Blumenteppiche niedergetrampelt, Bäche aufgestaut, Schächte geöffnet, Schilf umgeknickt, umsonst, nichts, die junge Frau war nirgendwo zu finden.

37
Testamente

Anfang des Jahres 2011 verfasst Laëtitia drei Briefe. Vor ihrem Tod erfährt niemand davon. Als die Gendarmen, die bei der Hausdurchsuchung bei Herrn und Frau Patron darauf stoßen, sie ihren Verwandten vorlesen, herrscht große Bestürzung und Ungläubigkeit; Tränen fließen. Wie soll man glauben, dass diese fröhliche, zukunftsgewandte junge Frau auch nur einen Augenblick an ihren Tod hätte denken können? Für alle, die sie kannten, war Laëtitia ein Mensch des Tuns, nicht der Innenschau und schon gar nicht der Vorstellung, dem eigenen Leben ein Ende zu setzen.

> *Abschiedsbrief an eine Tochter der Patrons und deren Tochter*
> du bis eine super mama und froindin. Tt mir leid maelys das ich ge aber so konte ich niht weiter leben. [...] wunshe oich fiel glük f euer wietes leben.
>
> *Abschiedsbrief an »Kévin, mein Engel«*
> Ich liebe dich ser du wirs imer in mein herz sein auch wnn ich weil wek bin. Ich bi traurig als hbe ich beslosn zu handln [...] so is das loben. Ich bite dich leb dein leben wieter und mach die kaine sorgen wg mir, ich hofe du komst wider hoch denn irgentwan se ich d da oben wider.
>
> *Laëtitias letzter Wille*
> Wen ich stirb bevor ich das ferteild habe bitte tut es vür mich.

Sie vermacht dem Secours populaire ihre Kleidung, Jessica ihr Geld, ihrer Mutter ihr Geschirr, ihrer Halbschwester ihren Ring und Anaé, einem Enkelkind der Patrons, ihr Pferdebuch. Sie bittet darum, dass man ihre Organe spendet.

> bei meiner berdingung möchte ich das ale loite di ich kene dasint

Und zum Schluss:

> Ach ja, woite oich nur [sagen], schau oich um, ich bin nichti eintsige di lügt

Laëtitia blickt auf ihren Tod. Sie verabschiedet sich von jenen, die sie liebt, und verteilt sowohl ihre Organe als auch ihre wenigen Habseligkeiten. Von allem, was sie besitzt, vermacht sie Anaé ihr Pferdebuch, an dem sie sehr hing. Sie schauten es oft gemeinsam an.

Es sind Selbstmordbriefe: Laëtitia gibt Anweisungen, wie man mit ihrem Körper und ihrer Habe nach ihrem Tod umgehen soll, dem sie mit Bedauern entgegensieht, aber bei vollem Bewusstsein und mit kühlem Kopf: »Ich bi traurig als hbe ich beslosn zu handln«, »Tt mir leid maelys das ich ge«. Diese Deutung wird von Fabians Aussage gestützt, der von Laëtitias Traurigkeit im November und Dezember und ihren Narben auf dem Unterarm berichtete (um nicht von einem allseits unbemerkt gebliebenen Selbstmordversuch zu sprechen).

Weil Laëtitias Stimme für immer erloschen ist, muss man auf methodische Fiktionen zurückgreifen, um zu verstehen, woran Laëtitia gelitten hat, das heißt auf Hypothesen, die durch ihren imaginären Charakter die Wahrheit der Tatsachen und das Geheimnis einer Seele zu ergründen vermögen.

1. Fiktion: »Mit diesem Scheißleben Schluss machen«?

Den ganzen Herbst 2010 hindurch beklagte sich Laëtitia über ihre Pflegefamilie: zu strenge Erziehung, zu strikte Prinzipien, erstickende Atmosphäre, ständige Überwachung – was ihre Zuneigung zu Herrn und Frau Patron nicht mindert, wie ihre Geschenke zeigen (die Pralinenschachtel »im Kultschank«, das Wellness-Wochenende zu Weihnachten) und ihre Vorfreude, im März mit ihnen in den Winterurlaub zu fahren.

Es gibt zahlreiche Auseinandersetzungen und immer wiederkehrende Streitereien. Am 4. Januar 2011 kehrt Laëtitia mitten in der Nacht zurück und erklärt, sie sei bei einem Karaoke-Abend mit Freunden im Girafon gewesen. Wieder kommt es zu einer Abrechnung mit Herrn Patron: »Du bist nicht heimgekommen, ich habe kein Auge zugetan, wo warst du? Sag mir die Namen deiner Freundinnen!« Sie kann es nicht. Nachdem Herr und Frau Patron ein paar Nachforschungen angestellt haben, werfen sie ihr vor zu lügen: An diesem Tag hat es im Girafon keinen Karaoke-Abend gegeben.

Ende der Pubertät, Entwicklungsschub, Freiheitsdrang: Eigentlich ist es normal, dass ein achtzehnjähriges Mädchen auf eigenen Beinen stehen will. Doch vielleicht fühlt sich Laëtitia zwischen ihrer Dankbarkeit gegenüber den Patrons, deren Zuneigung und Werte eine ausgeglichene junge Erwachsene aus ihr gemacht haben, und ihrem Drang nach Unabhängigkeit, der sie von ihnen entfernt, hin- und hergerissen. Einige Wochen zuvor hat sie auf Facebook gepostet: »habe genuk f d scheisleben«. Am 10. Januar, acht Tage vor ihrem Tod, schreibt sie: »das leben is voler uberaschung, man mus drüber wegkomen aber manmal spult es über uns hin weg u mans traurig ☹«

2. Fiktion: Entdeckung einer quasi inzestuösen Beziehung?

Vielleicht hatte Laëtitia begriffen, dass ihre Schwester zum Sexualobjekt, zur töchterlichen Geliebten ihres Pflegevaters geworden war. Wenn ihr bewusst geworden war, welche Art von Einfluss Herr Patron auf Jessica ausübte, dann muss sie eine blinde Wut gegen den einen und verzweifeltes Mitleid für die andere gepackt und sie sich selbst zugleich verraten und einem Mann ausgeliefert gesehen haben, dessen wahres Gesicht sie erst jetzt erkannte.

»Schau oich um, ich bin nichti eintsige di lügt«: Der Satz bezieht sich auf den Karaoke-Abend vom 4. Januar, der Laëtitia den Vorwurf der Lüge eingebracht hatte. Wohl wissend, dass ihr Abschiedsbrief in der Familie gelesen werden würde, kann die

Anspielung auf andere Lügner nur einem Mitglied der Familie Patron gelten und vielleicht Jessica.

Zumindest kann man sagen, dass Laëtitia in ihrem Leben drei Kategorien von Vergewaltigung kennengelernt hat: die innerfamiliäre ihrer Mutter durch ihren Vater, die halbinzestuöse ihrer Zwillingsschwester durch ihren Pflegevater und die außerfamiliäre, die sie Meilhon vorwirft. Die ganze männliche Kralle sozusagen.

3. Fiktion: Ein Missbrauch durch Herrn Patron?

Herr Patron wurde gerichtlich wegen keinerlei Missbrauch von Laëtitia verfolgt und erst recht nicht verurteilt. Das Verfahren zu diesem Vorwurf wurde durch die Ermittlungsrichterin eingestellt. Beim ersten Meilhon-Prozess schwor Herr Patron bei seinen Enkeln, er habe Laëtitia nie »ein einziges Haar gekrümmt« (der Richter erteilte ihm trocken die Abfuhr: »Lassen Sie Ihre Enkel aus dem Spiel«). Doch der Mangel an Beweisen kann nicht davon abhalten, sich zu fragen, ob Laëtitia nicht ebenso wie ihre Schwester von ihrem Pflegevater sexuell missbraucht wurde.

Sowohl die Perrais als auch die Larchers sind sich dessen einhellig sicher. Im August 2011, nach der Einleitung des Ermittlungsverfahrens gegen Herrn Patron, erklärte Franck Perrais in der Zeitschrift *Marianne*, Laëtitia sei laut Jessica ebenfalls missbraucht worden. Alain Larcher bestätigte auf RTL Jessicas Anschuldigungen. »Laëtitia wurde wie ihre Schwester vergewaltigt«, titelte *Paris Match* nach Interviews mit den Angehörigen.

Lola berichtete Frantz Touchais von Laëtitias Geständnis am Strand von La Bernerie: »Ich bin von Gilles vergewaltigt worden.« An diesem Tag sei es Laëtitia sehr schlecht gegangen, sie sei blass gewesen und habe noch unter Schock gestanden, sodass sie nicht mehr darüber habe sagen können. Ein andermal erzählte sie Lola, »dank ihres schlechten Charakters« gelänge es ihr, ihren Pflegevater abzuweisen, doch sie befürchte, Jessica ginge es anders. Wenn Laëtitia sich auch niemand anderem anvertraut hat (weder ihrer Schwester noch Fabian oder Kévin), so hat sie doch vielfach Pläne geschmiedet, um das Haus der Patrons zu verlassen: in ein Wohnheim nach Guérande ziehen, sich ein Zimmer im Hôtel de Nantes nehmen, bei einer Tochter der Patrons übernachten.

Frau Laviolette erinnert sich sehr genau an das formelhafte, gefühlsleere und wenig überraschte »Nein«, das die Zwillinge ihr im August 2010 kurz nach Lolas Meldung bei der Polizei zur Antwort gegeben haben. Sie will keine Vermutung zu einem möglichen Missbrauch anstellen. Dennoch glaubt sie, falls es einen Versuch gegeben haben sollte, habe Laëtitia ihn abwehren können: Sie ließ die Dinge weniger über sich ergehen als Jessica. Jessica war Herrn Patrons Schatten, Laëtitia nicht. »Doch wenn es dazu gekommen sein sollte«, fügt sie hinzu, »und sie nicht weglaufen, sich wehren oder verweigern konnte, muss es sie an den Rand des Selbstmords getrieben haben. Ihre Verzweiflung war dann sicher komplett: Da ist die Familie, die sie sich selbst erwählt hat, und alles geht von vorn los.«

Nach Ansicht der Richterin, die im Fall Patron ermittelte, hat es keinen eindeutigen Übergriff auf Laëtitia gegeben. Im Gespräch formuliert sie sehr vorsichtig: »Es ist möglich, dass Dinge dieser Art stattgefunden haben, doch ich hatte nicht genügend Beweise in der Hand. Es hätte einer Aussage von Laëtitia bedurft, eines hinterlassenen Hefts oder Ähnlichem. Das Ganze hätte eine Nummer sicherer sein müssen, um es in einen Strafprozess aufzunehmen.« Als ich Martinot fragte, was er ganz persönlich glaube, antwortete er mir ebenso vorsichtig: Es sei »wahrscheinlich«, dass Herr Patron Laëtitia belästigt oder zu belästigen versucht habe, doch für einen Richter gebe es keine andere Wahrheit als die, die sich auf juristisch anerkannte, objektive Beweise stütze, und weil eine richterliche Entscheidung fehle, werde die Wahrheit darüber für uns für immer unerreichbar sein.

Seiner Einschätzung nach passen die Zurückhaltung der Zwillinge gegenüber Frau Laviolette, Laëtitias Geständnisse am Strand, ihre Selbstmordbriefe und Herrn Patrons Verhalten in der Nacht des Verschwindens zusammen: Er hört Türenschlagen, er läuft im Schlafanzug mit einer Taschenlampe hinaus, und als er ergebnislos wieder ins Haus zurückkehrt, versucht er zu keinem Moment herauszufinden, wo sich Laëtitia befindet. Normalerweise und bis zum 4. Januar ist er ihr ständig auf den Fersen (Laëtitia beschwert sich unablässig darüber), doch diesmal, und das mitten in der Nacht, versucht er gar nicht erst herauszufinden, wo sie ist, er ruft sie kein einziges Mal an. Beim Aufwachen gegen 6.30 Uhr weiß er, dass sie nicht nach Hause gekommen ist, denn das Durchgangszimmer ist leer und die Verandatür nicht abgeschlossen. Als am frühen Morgen der umgefallene und vereiste Scooter gefunden wird, versucht er immer noch nicht, sie zu erreichen; stattdessen ruft er mehrmals am Vormittag Jessica auf ihrem Handy an.

Woher diese Gleichgültigkeit gegen Laëtitia? Hat Herr Patron aufgehört, sich für ihr Schicksal zu interessieren, weil sie drauf und dran war, etwas preiszugeben? Als ich Frau Patron danach frage, protestiert sie heftig: »Wir haben uns vom Jugendamt genug auf die Finger klopfen lassen! Sie war volljährig, sie hat getan, was sie wollte.« Dieses Argument ist natürlich zulässig.

Lassen wir die dritte Fiktion fallen. Wie die Ermittlungsrichter glaube auch ich, dass wir keinen Zugang zur Wahrheit haben und Herr Patron in jedem Fall von allen Zweifeln profitiert.

Doch letztlich ist diese Frage auch nicht wirklich entscheidend; denn es genügte, dass Laëtitia die Art der Beziehung zwischen Herrn Patron und Jessica bewusst wurde, um ihr Leben aus der Bahn zu werfen und zu bewirken, dass sie sich wie als Dreijährige im Nichts hängen fühlte, um zu verstehen, dass die Lüge alles vergiftet hatte und sie noch immer von Gewalt umgeben war, einer heimlichen, klebrigen, die auf dem Wohnzimmersofa ausgeübt wurde und im Zimmer, das sie einmal geteilt hatten, in jedem Lächeln, in den großen Prinzipien und Ratschlägen, den Kartenspielen, den Weihnachtsfeiern, den Wohnwagenurlauben. Der Mann, der einem alles beigebracht hatte und einen beschützen sollte, ließ sich in Naturalien bezahlen! So gesehen ist es gleichgültig, ob er sich an Laëtitia vergangen hat oder nicht oder es versucht hat: Seine Art der Einflussnahme war bereits Gewaltausübung. Die Vorgehensweise, mit der Herr Patron sich Jessica jahrelang zur sexuellen Beute gemacht hat, hat notwendig auch Laëtitia geschwächt.

Laëtitia wünschte sich nichts sehnlicher, als eine Familie zu haben und einem Personenkreis anzugehören, der liebevolle Beziehungen pflegt. Gegenüber Herrn Patrons Perversität ist sie ein Opfer ohne Abwehrstoffe.

*

Eines der letzten Fotos von Laëtitia zeigt sie mit Maelys auf der Veranda von Herrn und Frau Patron. Laëtitia ist zwar acht Jahre älter als die Enkelin der Patrons, doch sie wirken fast gleichaltrig. Es ist ein entzückendes und fröhliches Foto: Maelys umarmt Laëtitia, die aus vollem Halse lacht, ihre Gesichter kleben aneinander wie die zweier Schwestern. Laëtitias Augen funkeln vor Freude. Fünf Jahre ist es her, dass sie verloren und mit stumpfem Blick ihren dreizehnten Geburtstag im Wohnzimmer gefeiert hat, zehn Zentimeter kleiner als ihre Zwillingsschwester, aus dem Heim von Paimbœuf in ein neues Leben in Pornic katapultiert.

Am 4. Januar 2011 nimmt Laëtitia ihre Arbeit im Hôtel de Nantes wieder auf. In der Nacht vom 7. auf den 8. Januar brechen Meilhon und Bertier in die Solarzellenfirma ein und flüchten am Steuer eines gestohlenen Renault Trafic. Als Laëtitia am 8. Januar erfährt, dass sie im März Urlaub nehmen kann, fällt sie Herrn Patron um den Hals: »P'tit Loup, P'tit Loup, ich fahre mit euch in den Skiurlaub!« Am 9. Januar schreibt sie auf ihrer Facebook-Seite: »superabent gester m d froindn, va mit maxime hate iss er lustig«. Am 10. Januar verbringt Meilhon den Abend mit Loulou, Gérald, Cléo, Patrick und anderen Stammgästen im Barbe Blues.

Vom 10. bis 14. Januar hat Laëtitia Unterricht im CIFAM Saint-Nazaire. Am Freitag, den 14. Januar, ruft Sylvie Larcher ihre Töchter an: Da sie kein Geld hat, um das Ticket von Nantes nach Pornic zu bezahlen, kann sie die beiden nicht wie geplant besuchen kommen. Meilhons Cousin fährt mit seiner Familie in die Pyrenäen in den Skiurlaub. Tony bleibt allein in Le Cassepot zurück, um das Haus zu hüten und die Tiere zu füttern.

Es ist Laëtitias letzte Woche. Dazu erzählt mir Frau Patron ein bestürzendes Detail, das von Jessica bestätigt wird:

»In dieser Januarwoche, in der sie in der Schule war, hat Laëtitia ständig die Nähe ihrer Schwester gesucht. Am Abend schauten sie aneinandergeschmiegt Fernsehen und wisperten sich nette Dinge ins Ohr. Sie lachten und flüsterten: ›Ich hab dich lieb, Schwesterlein.‹ Eine echte Aussöhnung! Damals hat es mich gefreut, doch im Nachhinein sage ich mir, sie wollte etwas in Ordnung bringen, bevor sie uns verließ.«

38
Der Mann mit der Säge

Ende Februar 2011 hat jeder die »Tragödie von Pornic« schon vergessen. In allen Gerichten Frankreichs sind die Verhandlungen wiederaufgenommen worden. Was bleibt von Laëtitia?

Am 15. Februar von einer parlamentarischen Kommission zu den »Missständen im Strafvollzug« befragt, gibt Justizminister Michel Mercier zu, dass die Zahl der Bewährungshelfer beim Gericht von Nantes unter der theoretisch vorgegebenen liegt und ihnen deshalb seitens der Inspektoren kein Vorwurf zu machen ist. Sechs Monate vor Meilhons Entlassung aus dem Gefängnis schrieb der damals zuständige JAP in dessen Akte die Bemerkung: »Dringend – wegen Betreuung SPIP benachrichtigen«. Die Akte wurde dem SPIP im Monat darauf zugestellt.

Die vier Berichte der Inspektionen von TGI, SPIP, Polizei und Gendarmerie ergeben weder ein individuelles noch ein kollektives Fehlverhalten. Wie *Le Monde* damals schrieb, hatte der Staatspräsident also »reichlich überstürzte Schlussfolgerungen gezogen«.

Am 23. Februar begibt sich Michel Mercier ins TGI Nantes, wo er äußerst frostig empfangen wird. Er schreitet durch zwei Reihen von Richtern und Gerichtsschreibern in schwarzer Robe, die Buttons mit der Aufschrift »Mehr Mittel für die Justiz« tragen. Kein Ehrenspalier, sondern eine schweigende Mauer: Die Versammlung in der Vorhalle reagiert auf das, was als Kommunikationsmaßnahme ausgegeben wird. Um 19 Uhr verkündet der Minister der Presse, er sei »gekommen, um zuzuhören, nicht um auszuteilen«.

Von den vier beschuldigten Akteuren wurde die Strafvollzugsverwaltung am wenigsten verschont. Die härteste Inspektion fand im Januar im SPIP Loire-Atlantique statt, dessen Leiter sieben Stunden lang ins Kreuzverhör genommen wurde, und zwar von denselben Beamten, die ein Jahr zuvor die Prüfung seiner Dienststelle verantwortet hatten. Er wird zum Aussätzigen. Kollegen reden nicht mehr mit ihm, am Telefon wird er angeschrien: »Das ist eine Staatsaffäre, sprechen Sie mit niemandem darüber!« Sein Warteraum wird von Journalisten gekapert, die aus ganz Frankreich kommen. Diese Zeit war, gelinde gesagt, schwierig für ihn, und er fühlte sich von seinen Vorgesetzten nicht geschützt.

Wie der Justizminister vor der parlamentarischen Kommission erinnert, hätte es genügt, Meilhons Strafakte nur einmal aufzuschlagen, um zu erkennen, dass er ein gefährlicher Wiederholungstäter war. Da der SPIP von seinem Strafregister jedoch keine Kenntnis genommen hatte, berücksichtigte er nur die Richterbeleidigung, und die Akte verschwand in der Versenkung einer unzureichend ausgestatteten und schlecht organisierten Behörde. Gleichwohl, räumt der Minister ein, habe der SPIP Loire-Atlantique nicht die »nötigen Mittel« zur Überwachung Meilhons gehabt, und eine solche hätte das Verbrechen auch nicht unbedingt verhindert.

Ein Kopf rollt: Am 17. Februar, am Ende der Protestbewegung, wird der Leiter der überregionalen Direktion der Strafvollzugsdienste Rennes von seinem Amt suspendiert. Man kann der Meinung sein, dass der überregionale Direktor dafür bestraft wird, dem Leiter des SPIP nicht geholfen zu haben, die Empfehlungen der Betriebsprüfung umzusetzen. Doch man kann ebenso die Ansicht vertreten, dass das Fallbeil über dem institutionell isoliertesten und schwächsten Akteur niedergegangen ist: dem Strafvollzug. Am unteren Ende der Kette, schlecht beleumundet und unpopulär, bot dieser einen besonders geeigneten Schuldigen.

Unmittelbar nach der Affäre Laëtitia wird dem Gericht von Nantes ein fünfter JAP zugeteilt, und Michel Mercier kündigt die Schaffung von 485 Richter-, Gerichtsschreiber- und Sozialarbeiterstellen an. 2012 empfiehlt eine gemeinsame Arbeitsgruppe des Justizministeriums und der Gewerkschaften die Einberufung von 300 zusätzlichen Staatsanwälten. An der Staatlichen Hochschule für das Amt des Richters und des Staatsanwalts werden die Jahrgänge von 135 angehenden Richtern und Staatsanwälten auf 212 im Jahr 2012 und auf 366 in 2016 aufgestockt. Der Leiter des SPIP Loire-Atlantique erhält jenes Organigramm und Personal, das er vergeblich eingefordert hatte, plus sechs zusätzliche Angestellte. In ganz Frankreich wird den SPIPs erlaubt, neue Mitarbeiter einzustellen: Für den Herbst 2011 wird die Einstellung von 200 zusätzlichen Bewährungshelfern in Aussicht gestellt, und zwei Jahre später kündigt die Regierung die Schaffung von 1000 weiteren Stellen innerhalb der nächsten drei Jahre an, um auf einen Schlüssel von 40 Fällen pro Helfer zu kommen. Auch wenn diese zusätzlichen Mittel lediglich die Überstunden auffangen konnten, erkannte die Politik doch das Ausmaß der Krise: Die Versäumnisse waren also doch die des Staats gewesen.

Der Fall und die Polemik, die er auslöst, bringen die Behörden zum Nachdenken: Die Strafvollzugsbeamten entdecken im offenen Vollzug ein echtes Risiko. Ihre Rolle beschränkt sich nicht mehr nur darauf, eine Flucht aus dem Gefängnis oder Meutereien in diesem zu verhindern; auch ein Freigänger unter richterlicher Aufsicht ist ein potenzieller Verbrecher.

In der Direktion der Strafvollzugsverwaltung wirkt der Fall Laëtitia wie ein Elektroschock. Durch ein Rundschreiben vom 8. November 2011 wird der allgemeine Gebrauch der DAVC für alle SPIPs Frankreichs angeordnet: Durch die Auswertung sowohl der Gefährlichkeit der Person als auch ihrer familiären Situation und ihrer Resozialisierungspläne soll eine individualisierte kriminologische Diagnose ermöglichen, »die angemessene Art der Betreuung zu bestimmen« (im Übrigen stehen die SPIP-Angestellten und Gewerkschaften ihr immer noch skeptisch gegenüber).

Ab dem Sommer 2011 wird in den Gerichten, Gefängnissen und SPIPs ein »Laëtitia-Effekt« spürbar. Ohne dass es eine Anordnung gegeben hätte, beobachtet man eine Verschärfung der Strafen, die sich in zunehmenden Eilverfahren und abnehmenden Rückgriffen auf alternative Strafen bemerkbar macht. In den Pays de la Loire und in der Bretagne erhöht sich die Anzahl der inhaftierten Personen in der Bevölkerung innerhalb eines Jahres um 7 Prozent, was die Quote der Überbelegung auf 135 Prozent (gegenüber zuvor 122 Prozent) hochschnellen lässt. Wie die Gewerkschaft CGT-Strafvollzug betont, ändert sich die Zahl der Aufseher nicht, und die Architektur der neuen Anstalten zerstört die menschliche

Beziehung zwischen Gefangenen und Überwachungspersonal. Ein Bewährungshelfer hat im Durchschnitt immer noch rund 100 Fälle zu betreuen.

Das Planungsgesetz vom 27. März 2012 verstärkt jene Sichtweise, die das Hauptaugenmerk auf das Gefängnis legt: Um »einen tatsächlichen Vollzug der Strafen« zu garantieren, wird beabsichtigt, die Aufnahmekapazität der Gefängnisse und Jugendhaftanstalten auf 80 000 zu erhöhen, also 800 zusätzliche Plätze zu schaffen. Das ist das einzige »Laëtitia-Gesetz«, das man ausmachen kann, und es ist sowohl repressiv als auch wahltaktisch. Inmitten der Kampagne zu den Präsidentschaftswahlen im März 2012 erlassen, formuliert es (wie jedes Planungsgesetz) eine budgetäre Priorität mit einem sehr schwachen normativen Inhalt. Ein Jahr nach Laëtitias Tod liefert ein Gesetz eine nachträgliche Interpretation des Verbrechens: Es gibt zu viele Bewährungsstrafen, Strafen werden zu oft gelockert, man lässt »sie« zu viel raus, wir brauchen mehr Gefängnisse.

Man könnte meinen, der Fall Laëtitia habe einen guten Ausgang gefunden: Ein Mörder wurde lebenslänglich verurteilt, der Staat erkennt endlich seine Fehler, in Justiz und Strafvollzug werden neue Stellen geschaffen, die der staatlichen Gerichtsbarkeit unterworfenen Personen werden besser betreut. Doch diese Entwicklungen werden gleichzeitig von einer Verschärfung der Strafrechtspolitik begleitet, die darin besteht, schon für kleinere Gesetzesverstöße Gefängnisstrafen vorzusehen. Werden auf diesen menschlichen Abfallhalden nicht vielleicht neue Meilhons fabriziert?

*

Der Fall Laëtitia hatte nicht nur strafrechtliche Konsequenzen. Er kündigt auch eine neue politische Ära an. Denn die Mitleids-Sicherheits-Rhetorik ist per se performativ: Sie wirkt bereits dadurch, dass sie formuliert wird, in ihrer Lesart des sozialen Körpers.

Im Jahr 1338 malte Ambrogio Lorenzetti im Palazzo Comunale von Siena ein Fresko, das gutes und schlechtes Regieren zeigt: Auf der einen Seite eine blühende, von der Justiz befriedete Gesellschaft, auf der anderen ein Land in Krieg und Leid, Wut, Tyrannei, eine politische Gemeinschaft, die auseinanderbricht. Die Zwietracht hat ein Instrument: die Säge. Neben einer Figur mit Helm, einem Kriegssymbol, betätigt eine schwarz-weiß gekleidete Frau mit offenen Haaren eine riesige Säge, mit der sie einen Gegenstand verstümmelt, der wegen des schlechten Zustands des Freskos nicht mehr erkennbar ist.

Mehr als sieben Jahrhunderte später skizziert der Umgang mit Laëtitias Tod eine neue Allegorie vom guten und schlechten Regieren. Hier der Traum: eine Regierung der Gerechtigkeit, Integrität und Gelassenheit, die sich auf transparente Abläufe und Absprachen stützt und von einem Wahrheitsanspruch leiten lässt. Dort die Wirklichkeit: eine Regierung der Angst, die sich auf die Vorstellung gründet, dass die Verbrecher unter uns sind und wir statt neben Mitbürgern mit Feinden leben, die man bekämpfen oder einsperren muss. Wie kann man »die Angst bannen«?, fragt der Historiker Patrick Boucheron bei seiner Analyse von Lorenzettis Fresko. Die Frage ist heute von brennender Aktualität.

Worte wurden im Mund von Nicolas Sarkozy zu dem, was die Metallsäge in den Händen von Tony Meilhon gewesen ist: ein Schneidewerkzeug, ein Tranchiermesser. Seine Reden waren ein Akt der Spaltung, der eine blutende Gesellschaft hinterließ. In diesem Sinn und über die Gefühle hinaus, die ihr Tod weckte, verkörpert Laëtitia Frankreich. Im Winter 2011 lieh sie ihren Körper einer Demokratie.

39
Letzte Tage

Samstag, 15. Januar 2011

Auf Einladung der Oma, die ihren achtzigsten Geburtstag feiert, findet in Sainte-Pazanne ein großes Familienfest der Patrons statt. Da Laëtitias und Jessicas Mutter die beiden an diesem Tag nicht besuchen kann, bitten sie, mitkommen zu dürfen.

Herr Patron, gefällig: »Wenn sie wollen …«

Die per Anruf befragte Oma: »Wenn es genug für fünfzig gibt, gibt es auch genug für zweiundfünfzig.«

Auf der Speisekarte eine Riesentartiflette.

Frau Patrons Erinnerung zufolge wirkte Laëtitia den ganzen Tag sehr zurückgezogen und argwöhnisch. Es gibt auch ein Foto, das davon Zeugnis ablegt.

Das Foto zeigt die Zwillinge am Ende des Tisches einander gegenüber. Laëtitia trägt ein weiß-lila gemustertes Kleid mit schwarzen Ärmeln, eine Halskette mit Anhänger sowie Ohrringe, Lippenstift und blauen Lidschatten. Besorgt blickt sie sich um. Ihr Teller ist leer, nur ein paar Krümel sind übrig. Ihre Papierserviette ist zu einer Kugel zusammengeknüllt, während die der anderen glatt neben dem rechten Tellerrand liegen.

Das Foto ist voller Traurigkeit. Jeder scheint mit sich selbst beschäftigt: Laëtitia dreht sich müde, blass und mitgenommen um, als riefe sie jemand; ihr gegenüber döst Jessica mit verkniffenem Lächeln vor sich hin; der neben Jessica sitzende Herr Patron schaut in die entgegengesetzte Richtung; Frau Patron hockt gedankenverloren da. Der Tisch ist mit viel Sorgfalt gedeckt: Über der weißen Papiertischdecke liegt ein silberner, mit grünem, zu den Servietten passendem Konfetti bestreuter Läufer. Eine Sternenbahn im Festsaal von Sainte-Pazanne.

Die Geschichte wäre anders ausgegangen, hätte Jessica sich erhoben und quasi als Trinkspruch den fünfzig Versammelten erklärt, ihr Pflegevater lebe in einer »symbiotischen« Beziehung mit ihr und bitte sie, ihm beim Onanieren die Küchenpapierrolle hinzuhalten.

Die Geschichte wäre anders ausgegangen, wäre Laëtitia davongelaufen, immer der Nase nach, so schnell ihre Beine sie getragen hätten, um niemals zurückzukehren.

Doch keine von beiden hat es gewagt. Sie haben nicht einmal miteinander darüber gesprochen. Ihre Jugend war stumm.

In ihrem Portemonnaie trägt Jessica ein anderes Foto von diesem Fest mit sich herum, es ist aus derselben Perspektive ein paar Sekunden vor dem genannten aufgenommen worden. Die Zwillinge sitzen am Tischende neben Herrn und Frau Patron. Laëtitia isst gerade Feldsalat mit hartgekochten Eiern und Shrimps; in der linken Hand hält sie ein Messer. Eine Spange hält ihre langen, braunen Haare zurück. Man sieht Jessica ihr gegenüber sitzen, nicht aber Herrn und Frau Patron dazwischen: Ihre Köpfe wurden sorgfältig mit einer Schere ausgeschnitten.

Im Laufe des Nachmittags fragt Laëtitia eine der Patron-Töchter dreimal, ob sie mal mit ihr sprechen könne. Da diese mit dem Wiedersehen ihrer Cousinen und Cousins, Onkel und Tanten beschäftigt ist, vertröstet sie sie auf später: »Wir finden sicher gleich noch einen Moment, Laëti.« Leider bietet sich dann keine Gelegenheit mehr, und niemand weiß, was sie ihr sagen wollte.

Am Nachmittag spielt Laëtitia viel mit den Kindern. Der achtjährigen Anaé schenkt sie ihr Pferdebuch, darin folgende Widmung:

»Für Dich
Meine Anaé
Ich hab dich ser lieb
Fon Laëtitia«

Als sie es ihr gibt, sagt sie: »Ich bin jetzt zu groß dafür.«

Zurück zu Hause verbringt sie den Abend vor dem Fernseher.

In einer Bar in Pornic kippt Meilhon mit Loulou, Cléo, Patrick und ein paar anderen Cognac herunter.

Sonntag, 16. Januar 2011

Herr und Frau Patron haben Freunde zum Mittagessen eingeladen. Zum Nachtisch isst man Dreikönigskuchen, mit allem, was dazugehört. Laëtitia und Jessica sind sehr zurückhaltend, wie immer, wenn Gäste da sind. Es ist schön draußen, aber kalt. Frau Patron schlägt den Zwillingen vor, eine Runde zu drehen: »Ihr wollt doch sicher nicht den ganzen Tag mit uns Alten herumhocken!« Jessica ist dafür, doch Laëtitia lehnt ab: Sie hat keine Lust, es ist zu kalt.

Jessica bestätigt diese Aussage in jedem Punkt: Normalerweise sei Laëtitia gern rausgegangen, doch an diesem Sonntag habe sie keine Lust gehabt. »Ich dachte: ›wie uncool‹, aber weil ich nicht gern ohne meine Schwester spazieren gehe, sind wir drin geblieben.«

Montag, 17. Januar 2011

Laëtitia hat frei. In der vergangenen Woche hatte sie Unterricht im CIFAM und zur Arbeit muss sie erst am Dienstag wieder erscheinen. Bevor sich Jessica auf den Schulweg macht, bittet sie ihre Schwester, zum Decathlon nach Pornic zu fahren und eine kleine Tischtennisplatte zu kaufen.

Herr Patron hat auf der Baustelle seines Hauses zu tun.

Am Vormittag sortiert Frau Patron ihren Modeschmuck aus. Aus dem Haufen, der in den Müll wandern soll, sucht sich Laëtitia zwei Paar Ohrringe aus (einer davon wird später ausgebrannt in der gelöschten Feuerstelle in Le Cassepot gefunden werden).

Nach einer Weile in ihrem Zimmer sucht Laëtitia Frau Patron auf, die im Wohnzimmer beschäftigt ist:

»Ich habe meinen Winterschrank gemacht.«

Das heißt, sie hat ihre leichten Kleidungsstücke nach oben und die wärmeren nach unten geräumt, wo sie leichter greifbar sind.

»Du hast ein Weilchen gebraucht«, sagt Frau Patron, »aber jetzt ist es zumindest geschafft.«

Am Nachmittag fragt Frau Patron Laëtitia:

»Hast du Benzin im Scooter?«

»Mach ich morgen.«

Laëtitia postet ihre letzte Facebook-Nachricht. Einem Cousin von der Perrais-Seite, der Liebeskummer hat, antwortet sie: »Was ist los, mein liber, du weis das ich immer vür dich da bin«.

Abendessen um fünf: Herr und Frau Patron, die Zwillinge und Gaël. Normales Tagesende. Das ist das letzte Mal, dass Jessica ihre Schwester sieht.

Meilhon dreht mit Loulou eine Runde durch die Bars. Im Key46 an der Uferstraße von Pornic treffen sie einen ehemaligen Mitgefangenen, der den Abend mit einer Freundin verbringt. Die Männer sprechen über ihre Gefängnisjahre, vergleichen die Vorzüge verschiedener Waffen, stoßen mit Champagner an. Meilhon bietet der Frau Koks an, die misstrauisch ablehnt.

Meilhon und Loulou fahren betrunken und aufgedreht nach Le Cassepot. In der Nacht bricht Meilhon in eine Tierklinik in Vertou ein (»ich hatte da was gefunden, Tierarztzeug«). Zurück in Le Cassepot hilft Loulou ihm, die Beute in die Lagerhalle zu bringen, dann fährt er zurück. Meilhon beim Prozess: »Ich kann nicht schlafen, ich ziehe noch eine Linie.«

40
Das Leben danach

Die Medien haben andere Nachrichten gefunden, die Fernsehzuschauer haben weitergezappt, doch das Pays de Retz steht noch immer unter Schock. Eine Art Tornado ist über die brav aufgereihten Bungalows an der Route de la Rogère hinweggefegt und hat den kleinen Badeort La Bernerie, die Berufsschule von Machecoul und das CIFAM von Saint-Nazaire verwüstet. In La Bernerie und Pornic, aber auch in Arthon-en-Retz, Paimbœuf und Lavau sind die Leute wie betäubt. Von der Grauenhaftigkeit des Verbrechens schockiert und von der Medienhysterie überrollt, wagen sie kaum zu atmen, wie Dorfbewohner nach dem Durchzug einer napoleonischen Armee.

Jeder in Laëtitias Familie und all ihre Freunde, Kollegen, Betreuer und Lehrer sind traumatisiert. Laëtitia ist nicht nur massakriert worden, es fehlen auch noch Teile von ihr: Man kann sie nicht einmal beerdigen.

Frau Patron: »Man vergisst zu essen und sich zu waschen. Man legt sich hin, schläft aber nicht. Man hat nicht einen Moment mehr für sich. Man gehört sich nicht mehr. Man ist nicht mehr man selbst.« Immer sind Leute im Haus: Familie, Freunde, Nachbarn, die überstürzt aus der Haute-Savoie herbeigeeilten Ermonts. Zwei Mitarbeiter des Jugendamts sind permanent vor Ort. Frau Carr, die Psychologin aus Paimbœuf, unterstützt Jessica mit großem Einsatz. Frau Laviolette ebenfalls: »Das Handy blieb die ganze Nacht über an. Ein Rund-um-die-Uhr-Einsatz sieben Tage die Woche, völlig unverantwortlich und unprofessionell.«

Drei Tage nach Laëtitias Entführung bringt Herr Patron Jessica in die Schule. Er erklärt den bestürzten Lehrern, er habe ihr eine Entschuldigung geschrieben. Jessica kehrt zum Unterricht zurück: »Alle wussten Bescheid, sie schauten mich an wie ein Tier. Ich konnte mir Sätze anhören wie: ›Warum kommt die wieder?‹«

Jessica lernt wie besessen und verlangt nach immer mehr Aufgaben. Herr Patron fordert, man möge den Eltern der Schüler einen Brief schicken und sie bitten, dass die Mädchen in dezenter Kleidung in die Schule kommen.

Im März fährt Jessica mit den Patrons in den Winterurlaub. Es ist die Reise, auf die sich Laëtitia so gefreut hatte.

Dank des Staatspräsidenten macht Jessica ein einwöchiges Praktikum in der Gendarmerie von Pellerin, einer kleinen Stadt zwischen Paimbœuf und Nantes.

Sie schreibt ihrer Schwester.

4. Mai 2011, der Tag ihres neunzehnten Geburtstags. Jessica: »Mein Geburtstag ist auch ihrer. Wir haben ihn immer zusammen gefeiert, bis sie von uns gegangen ist.«

Martinot lädt sie mit ihren Eltern, den Patrons und allen Anwälten vor. Die Ermittlungen sind gut vorangeschritten, doch sie haben immer nur noch Grauenhafteres enthüllt.

Jessica geht nicht mehr hinaus, auch nicht mehr zum Einkaufen mit Frau Patron. Die Leute empfehlen ihr, wieder Sport zu treiben. An einem dieser düsteren, stumpfen Nachmittage streichelt Herr Patron ihr Brüste und Po, nähert sich ihr mit seinem Penis und bedeutet ihr, ihm einen runterzuholen. Das Ganze passiert im Wohnzimmer, auf der Baustelle geht es weiter und auch, als sie von Frau Carr zurückkehrt.

An einem Freitag im Frühling kommen die Patrons ins Lehrrestaurant der Berufsschule von Machecoul essen. Jessica bedient sie in Kellnerinnenkleidung.

Sie hat unkontrollierbare Ängste. In der Schule denken sich die Lehrer Projekte aus und tun alles Mögliche, um die Schüler auf andere Gedanken zu bringen. Jessica lernt und lernt, doch ihr Niveau sinkt. Sie kann kein rotes Fleisch mehr schneiden.

Die Patrons wollen sie nicht adoptieren.

Im Juni absolviert sie ihre Koch-CAP-Prüfung. »Ich musste eine Wachtel zerteilen, ich habe angefangen, vor meinem Tier zu weinen.« Sie erhält ihr Diplom.

Im Juli kommt sie mit Justine zusammen, einem gleichaltrigen Mädchen: die Schwester von Jonathan, mit dem Laëtitia am Nachmittag des 18. Januar im Auto Sex hatte.

Der Scooter ist versiegelt: Die Gendarmen brauchen ihn bis zum Prozess.

Jessica behält ein paar Kleidungsstücke ihrer Schwester, nicht viele, den Rest schenkt sie einem Verein. Ihre Eltern sind ihr deswegen böse. Die Kartons werden jahrelang Laëtitias frischen Geruch bewahren.

41

18. Januar, morgens

Stéphane Perrais erklärte in unserem Gespräch seufzend: »Sie hat so viel an einem Tag falsch gemacht! Ein Kind bräuchte zehn Jahre, um so viele Fehler zu machen.«

Vierundzwanzig Stunden im Leben einer Frau.

Dienstag, 18. Januar 2011

Laëtitia steht gegen 8.30 Uhr auf. Sie zieht die pinkfarbene, weiß geblümte Tunika, eine helle Jeans und ihre Ballerinas an, dann frühstückt sie in der Küche. Jessica ist in der Schule, Gaël arbeitet in einem Fischrestaurant in Pornic, Herr Patron hat auf seiner Baustelle zu tun. Bleibt Frau Patron, die damit beschäftigt ist, im Garten die Hecke zu schneiden.

Es ist frostig. Gegen 9 Uhr kommt Frau Patron auf die Veranda, um einen Kaffee zu trinken. Sie sieht Laëtitia an der Spüle stehen.

»Warum wäschst du so früh ab?«

»Ich war schon wach.«

»Lass das doch, das machen wir später.«

»Nein, nein, da hab ich eine Beschäftigung.«

Frau Patron geht zu ihrer Hecke zurück. Kurz darauf hört sie Laëtitias Scooter starten.

»Bis heut Nachmittag, Mimi!«

Selbst in ihre dicke Jacke eingepackt wirkt Laëtitia zerbrechlich. Ihr mit blau-weißen Arabesken verzierter Integralhelm gibt ihrer Erscheinung einen Hauch von Heiterkeit. »Sie ist dünner geworden«, denkt Frau Patron. »Sie haben mittags keine Zeit zu essen und schieben sich einfach irgendwas rein.«

Normalerweise hupt Laëtitia, um Herrn Patron auf seiner Baustelle Auf Wiedersehen zu sagen. An diesem Tag tut sie es nicht, und im Nachhinein bedauert er es sehr.

Der Scooter fährt die Route de la Rogère entlang. Es ist 10.30 Uhr.

Laëtitia parkt in der kleinen Straße hinterm Hôtel de Nantes. Vor der Arbeit schreibt sie sich noch ein paar SMS mit Jonathan, einem alten Schulfreund. Sie verabreden sich für 15 Uhr am Rathaus von La Bernerie.

Gleich nach dem Aufstehen ruft Meilhon seinen Hehler an und verabredet sich mit ihm für den Abend in Le Cassepot: Er will ihm das Zeug andrehen, das er in der Nacht in der Tierklinik in Vertou geklaut hat. Zum Wachwerden trinkt er im Barbe Blues einen Kaffee und einen Cognac, dann zieht er zum Shopi von La Bernerie los, wo er ein Sixpack Bier kauft. Er trinkt ein paar Flaschen, raucht einen Joint und checkt hier und da, ob nicht irgendwo Geld rauszuholen ist. »Ich habe meinen Tag eigentlich wie immer begonnen.«

Im Hôtel de Nantes richtet Laëtitia die Tische her: etwa zwanzig Gedecke für die Arbeiter, die die Zimmer im oberen Stockwerk belegen. Um 11.30 Uhr isst sie mit Steven und der Putzfrau zu Mittag. Irgendetwas quält sie.

Um 12 Uhr beginnt der Mittagsservice. Laëtitia nimmt die Bestellungen auf, serviert die Getränke und Speisen, die Steven in der Küche zubereitet.

Um 15 Uhr trifft Laëtitia Jonathan auf dem Parkplatz gegenüber dem Rathaus von La Bernerie. Sie machen eine Spritztour mit dem Auto. Jonathan hält auf dem Weg zur Müllhalde an.

Frau Patron erhält eine SMS von Laëtitia: »bleibe in la bern«. »Zumindest sagt sie Bescheid«, denkt Frau Patron, »dann müssen wir uns keine Sorgen machen.«

Im Auto plaudern Laëtitia und Jonathan ein Weilchen. Plötzlich schauen sie sich seltsam an und küssen sich. Sie schlafen auf dem Rücksitz miteinander. Danach Scham. »Das bleibt unter uns, o.k.?« Jonathan setzt Laëtitia vor der Sparkasse von La Bernerie ab.

Laëtitias Handy klingelt: ihre Freundin Lydia. Im Gehen spricht sie mit ihr. Das Leben scheint sie anzulächeln.

Im Wettbüro »Le Tout va bien« von La Bernerie stürzt Meilhon noch mehr Bier und Cognac hinunter. Da er für das Pferderennen zu spät gekommen ist, weicht er auf die zweiten Rennen und Rapido-Tickets aus. Als er das Wettbüro verlässt, um eine zu rauchen, sieht er Laëtitia die Straße Richtung Strand hinunterlaufen.

42
Der Étang de Briord

Der Étang de Briord stand sowieso auf der Liste der Ermittler: Meilhon hatte einmal einen Tag mit den Kindern seines Cousins in dessen Nähe verbracht und sie mit ihren Angeln eine Weile allein gelassen, um ein Lebensmittelgeschäft zu überfallen. Als eine Spaziergängerin am frühen Nachmittag des 9. April 2011 in diesem Fischteich einen auf Höhe der Knie und Schultern amputierten menschlichen Rumpf mit dem Rücken nach oben treiben sieht, rennt sie voller Panik mitten auf der Straße los, als wäre der Mörder gerade erst verschwunden.

Alles beginnt von vorn, wie in Lavau. Die Ermittlungsrichter sind da, der diensthabende Staatsanwalt, der Kommandant des Gendarmerieverbands, der Kommandant der SR, der Ermittlungsleiter, der Gerichtsmediziner, die Taucher der Wasserschutzbrigade, die Techniker der Spurensicherung. Es ist ein strahlend schönes Wochenende. Touchais ist mit Freunden im Garten gerade beim Grillen. »Ich verabschiede mich von allen und fahre los.«

Der Körper wird mit einem Leichensack herausgezogen. Die leicht schlammüberzogene Büste ist erstaunlich schwer. Bei der Öffnung des Sacks am Ufer bemerkt man, dass sie mit Nylonschnüren, die mehrfach um Brust, Taille, Po und Beine gewickelt sind, an einen Hohlblockstein gebunden ist. Ein Fleischklumpen von sehr grellem Weiß, wie Porzellan, mit Streifen, die man zuerst für Abdrücke des BHs und der Unterhose hält, doch tatsächlich sind es die Schnüre, die die Büste an den Hohlblockstein binden.

Professor Rodat entnimmt ein Stück Muskelfleisch aus dem Oberschenkel, doch er zweifelt nicht an der Identität des Opfers, er hat die Schnittstellen noch im Kopf, die er bei der ersten Obduktion gesehen hat. Am Ufer des Teichs wird eine spontane Pressekonferenz abgehalten. Alexandra Turcat entfernt sich, um per Telefon ihre »Dringendmeldung« zu diktieren.

FALL LAËTITIA: MENSCHLICHER RUMPF ZWISCHEN NANTES UND PORNIC GEFUNDEN
(AFP, 9. April 2011, 16.33 Uhr)

Die Büste hat den 26 Kilo schweren Hohlblockstein mit hinaufgezogen. »Du wirst sehen, wenn das Wasser wieder warm wird ...«, hatte ein alter Gendarm Alexandra Turcat prophezeit. Die Verwesung hat Gase freigesetzt, die das ganze System aus Rumpf und Hohlblockstein nach oben getrieben haben. Da es praktisch keine Strömung gibt, kann es nicht bis zum Fuß des Erdwalls, wo die Spaziergängerin ihn fand, angeschwemmt worden sein.

Der Étang de Briord liegt in der Gemeinde Port-Saint-Père, zwischen Arthon-en-Retz und Nantes. Der Asphalt der kleinen Straße erwärmt sich unter den Sonnenstrahlen, doch an anderen Stellen wird das Licht so vom Laub gefiltert, dass es unter diesem kalt und düster wirkt, mit grünen Reflexen, dunkeloliv oder schwarzgrün, so wie der Teich grüngraue und wassergrüne Schattierungen hat, die von grellgrünen Algenteppichen und den blendenden Quecksilberreflexen der Sonne noch hervorgehoben werden. Das Ganze ergibt eine Art Kathedrale, deren Boden das Wasser wäre, die Wände das Licht, die Decke das Blattwerk und das Kirchenschiff ein Weg, in den senkrecht dazu ein anderer Weg mündet, wie ein Querschiff, das aus dem Wald herausragt. Daneben führt ein von Gestrüpp überwucherter und durch eine Schranke abgeriegelter Trampelpfad zu einem unsichtbaren Schloss, in dem Dornröschen zu schlafen scheint.

Der Ort ist abgelegen und kaum besucht, da der Weg fast unauffindbar am Rand eines privaten Jagdgebiets liegt. Die Besonderheit der Tatorte erklärt, warum Meilhon den Ermittlern gegenüber so selbstgewiss, stumm und spöttisch war.

Briord wird von allen Beteiligten als Erleichterung erlebt. Eine Zeit lang hatte man die Entdeckung der Büste so erhofft wie befürchtet. Die Messerstiche auf Schädel und Hals ließen eine ähnliche Zurichtung der unteren Körperpartien vermuten. Man fürchtete, etwas Abscheuliches zu finden, das zudem ja schon wochenlang verweste. Die Suche hatte enorme Belegschaften mobilisiert und Zeit und Energie gefressen, kurz, sie hatte die Ermittlungen erschwert.

Eine Befreiung also. Endlich ist der ganze Körper gefunden.

Die Atmosphäre ist wesentlich entspannter als in Lavau. Es herrscht nicht dieselbe Angst, dasselbe Gefühl von Grauen und Verzweiflung. In Briord plätschert und zwitschert die Natur, während in Lavau die Ufer des Teichs und der Winter von Tod trieften. Und die ersten augenscheinlichen Befunde sind beinahe beruhigend: Alle hatten Schlimmeres erwartet.

DER GEFUNDENE RUMPF IST DER VON LAËTITIA
(*Le Figaro*, 9. April 2011, 18.04 Uhr)

Obwohl der Fund aufs Wochenende und in eine Nachrichtenflaute fällt, ist die Berichterstattung sehr mager. Herr Patron erklärt der Presse: »Ich habe nicht den Eindruck, mit einem Menschen zu tun zu haben. Ich ziehe meinen Hut vor den Ermittlern.« Auf Laëtitias Facebook-Seite postet ihre Tante die Nachricht: »Wir haben dich endlich gefunden, jetzt kannst du in Frieden gehen.«

Die Büste wird in die Leichenhalle des CHU Nantes gebracht, wo sie von Professor Rodat und Renaud Clément obduziert wird. Der Aufenthalt im Wasser hat der Haut ein kalkiges Aussehen verliehen.

Im Genitalbereich ist keine Verletzung festzustellen: Doch nach einer Vergewaltigung gibt es nicht immer Verletzungen, und selbst wenn es welche gegeben haben sollte, könnten sie durch die Verwesung der Leiche unkenntlich gemacht worden sein. Keine Quetschungen an der Schenkelinnenseite. Der Brustkorb ist eingedrückt. Während des Würgens hat die Verengung der Luftwege eine Druckerhöhung in den Lungenbläschen verursacht, die infolgedessen geplatzt sind wie ein Heliumballon. Peri- und postmortal zugefügte Wunden auf Brust, Rücken und Seiten. Das Messer hat das Herz und die linke Lunge durchbohrt (wäre der Stich ins Herz dem noch lebenden Opfer zugefügt worden, hätte er dessen sofortigen Tod bewirkt). Die meisten Wunden sind auf der linken Seite zu finden: Möglicherweise hat der Mörder bei einem Nahkampf mit der linken Hand gewürgt und mit der rechten zugestochen. Extreme Gewalthandlungen also, aber keine Vergewaltigung – zumindest keine nachweisbare.

Der Leichnam ist zum Beweisstück geworden, zum Todesarchiv. Auch in der Geschichtswissenschaft findet man die Untersuchung von Kadavern: zur Dokumentation von Massengewalt und Völkermorden. Den »forensic turn« hat es nicht nur in Fernsehserien gegeben.

An der Schnur, mit der die Büste an den Hohlblockstein gebunden war, wird Meilhons DNA nachgewiesen, zusammen mit der von Laëtitia.

*

Am 6. Juni empfängt Ermittlungsrichter Martinot Tony Meilhon und seinen Kollegen Desaunettes in seinem Büro.

»Aus den Gutachten geht hervor, dass die Ursache von Laëtitias Tod Erwürgen war. Was können Sie dazu sagen?«

»Weiß nicht. Vielleicht war es der Helmgurt.«

Am Ende der Vernehmung übergibt Meilhon den Ermittlungsrichtern einen neunseitigen Brief. Darin präzisiert er seine Version der Ereignisse: Begegnung in La Bernerie, Spaziergang zu zweit am Strand, Drinks im Barbe Blues und im Key46, Fahrt nach Le Cassepot, Rückkehr nach La Bernerie, Abfahrt von Laëtitia mit dem Scooter, Verfolgungsjagd, um ihr die Handschuhe nachzubringen, tödlicher Verkehrsunfall, Verladung der Leiche in den Peugeot, Rückkehr nach Le Cassepot, »Blackout«, Entdeckung des zerstückelten Körpers am nächsten Morgen, Treffen mit Bertier am Atlantis, Versenkung der Reuse in Lavau und des Rumpfs in Briord, Verhaftung durch die GIGN und schließlich eine große Unbekannte: »Ich frage mich immer noch, was wirklich passiert ist.«

Die Ermittler wissen nicht, wo Laëtitia getötet wurde. Behördlich stellt das ein Problem dar: Damit die Sterbeurkunde ausgestellt und die Bestattung veranlasst werden kann, muss man wissen, in welcher Gemeinde die Person gestorben ist. »Ihre Geburtsgemeinde hat bei uns nachgefragt, wo sie gestorben sei«, erklärt Martinot. »Tja ... Sie ist zwischen La Bernerie und Le Cassepot gestorben.«

Am 21. Juni 2011 gibt der Richter die Leiche zur Bestattung frei.

43
18. Januar, nachmittags

Ich bin Tony Meilhon zum ersten Mal bei der Eröffnung seines Berufungsprozesses im November 2014 in Rennes begegnet, im Parlement de Bretagne, dessen Lüster, Vergoldungen, Kassettendecken und goldene Lilien auf blauem Grund in einer der Hochburgen der Republik Erinnerungen an die Monarchie wecken. Wenige Augenblicke zuvor filmten etwa zwanzig Kameramänner noch den leeren Glaswürfel der Anklagebank, dann wurden sie schonungslos hinausgescheucht: »Raus jetzt hier«, und sie flüchteten wie kleinlaute Schüler. Sobald das Gericht vollständig versammelt ist, wird der Angeklagte vorgeführt. Von sechs Gendarmen bewacht und in einen rot-weiß gestreiften Sweater gehüllt, betritt er den Saal.

»Nehmen Sie dem Angeklagten die Handschellen ab.«

Er setzt sich. Von meinem nur drei Schritte von der Anklagebank entfernten Platz sehe ich, wie er einen halb überraschten, halb belustigten Blick über das Publikum schweifen lässt. Er spielt den gepflegten Sonnyboy: rasierter Schädel, dünnes Schnurrbärtchen, ein Dreiecksbart unter der Unterlippe. Ein Kaugummi lässt seine Kiefermuskeln spielen.

Wegen des Juristenstreiks verkündet der Richter, der Prozess werde vertagt. Meilhon erhebt sich: »Ich bin hier, um ein zweites Mal verurteilt zu werden. Ich respektiere das Vorgehen der Anwälte, aber es muss Gerechtigkeit geschaffen werden.«

Als Laëtitia am Nachmittag des 18. Januar 2011 mit ihm am Strand von La Bernerie spazieren ging, sah er völlig anders aus: Sein rabenschwarzes Haar war nach hinten gekämmt, legte rasierte Schläfen frei und ließ das milchige Gesicht hervortreten. Das Grauenhafte seiner Tat zwischen ein und zwei Uhr morgens lässt vergessen, dass Meilhon um 17 Uhr noch ein sonderbarer, lustiger, charmanter Mann war.

Sowohl in erster Instanz in Nantes als auch beim Berufungsprozess, der letztlich ein Jahr später in Rennes stattfindet, erzählt Meilhon von einem romantischen gemeinsamen Nachmittag. Da er die Ermittlungsakte gelesen hat, kennt er den Inhalt der Zeugenaussagen zu seiner Person und bemüht sich, genau das Gegenteil zu behaupten, um einen guten Eindruck zu machen. Möglicherweise lügt er in manchen Punkten – ihre Begegnung im Sommer 2010, das Kokain am Strand, der Kuss –, doch im Großen und Ganzen wird seine Darstellung von Zeugen bestätigt und vor allem von einer Tatsache untermauert, die nicht von der Hand zu weisen ist: In irgendeiner Weise, aus irgendeinem Grund hat sich Laëtitia von Tony angezogen gefühlt.

»Ich bin im Wettbüro *Le Tout va bien*. Ich verpasse das Pferderennen. Ich trinke ein oder zwei Gläser.
Ich sehe Laëtitia, es ist vor 16 Uhr.
Ich erkenne sie sofort wieder.
Sie geht die Straße hinunter, wir schauen uns an:
›Laëtitia! Was treibst du so?‹
›Ich gehe zum Strand.‹
Wir gehen Richtung Strand und reden.
›Was hast du so gemacht, seit ich dich das letzte Mal gesehen habe?‹
Mein Auto ist an der Rue de la Mer abgestellt. Ich nehme Bier mit an den Strand.
Ich trinke ein Bier. Ich gebe ihr eins.
Ich rauche einen Joint, sie zieht ein paar Mal.
Ich kokse, sie sagt: ›Ja, ich hab in Nantes schon mal probiert.‹
Wir ziehen eine Linie zusammen.
Dann haben wir weitergeredet. Ich habe ihr aus der Hand gelesen und versucht, ein bisschen nett zu ihr zu sein.
Ich fand sie fröhlich und charmant und gleichzeitig gab es da irgendeine Traurigkeit, etwas wie fehlende Anerkennung.
Das war wie … nicht Liebe auf den ersten Blick, aber ein bestimmtes Einverständnis zwischen uns. Ich weiß nicht, vielleicht im Blick.
Wir sind ein bisschen gelaufen, die Sonne ging gerade unter.

Ich habe ihr vorgeschlagen, ein Foto von ihr zu machen. Ich fand sie hübsch, sie strahlte so.

Ach ja, das habe ich vergessen zu erwähnen: Am Strand haben wir uns geküsst.

Um 18 Uhr sind wir ins Barbe Blues gegangen. Ich habe ein Glas Alkohol getrunken, sie eine Cola.

Sie musste zurück zur Arbeit.

Wir haben Arm in Arm vorm Restaurant gestanden. Wir haben uns geküsst und wollten uns gerade verabschieden, um uns später wiederzusehen. Alles lief gut zwischen uns.

Ein Auto kam angefahren. Wir sahen, dass es ihre Chefs waren, da fuhr sie irgendwie zurück, aus Schüchternheit oder Verlegenheit vielleicht, keine Ahnung.

Frau Deslandes ist ausgestiegen. Sie hat das Tor geöffnet, damit ihr Mann mit dem Auto reinkonnte. Ich habe den Torflügel aufgehalten.

Sie hat gesagt: ›Sie sind hier auf Privatgrund, gehen Sie bitte hinaus.‹

Ich habe geantwortet: ›Nein, ich bin wegen Laëtitia hier.‹ Ich habe ihr Restaurant gelobt: ›Ich komme bestimmt bald mal vorbei.‹

Laëtitia hat gelacht. Es war vielleicht ein bisschen komisch, keine Ahnung.

Dann hat sie ihren Dienst gemacht.

Ich bin ins Pro & Cie gegangen, nur um was nachzuschauen.

Ich bin nicht lange geblieben.

Im Shopi habe ich noch mal Bier nachgekauft.

Dann bin ich zurück ins Barbe Blues. Das ist eine Bar, wo es oft Musik gibt und viel Alkohol, eine Bar, die auch nachts aufhat.

Ich habe meine angebrochene Flasche Cognac weitergetrunken und dazwischen ein paar Gläser Wodka.

Ich hatte Lust, ihr eine Freude zu machen. Wir hatten von Handschuhen gesprochen.

Ich habe Cléo und ihren Freund Gérald gefragt, und sie haben mir geraten, zum Super U nach Arthon zu fahren. Da muss es sieben oder halb acht gewesen sein. Ich bin zum Leclerc nach

Pornic gefahren. Im Gang habe ich eine Dame getroffen, die mir sagte: ›Das Geschäft ist geschlossen.‹
Ich bin bei den Kassen angekommen. Da war ein Wachmann und eine Kassiererin, die gerade ihre Kasse machte.
Ich habe gesagt: ›Bitte, es ist für meine kleine Schwester, sie fängt morgen an zu arbeiten.‹
Sie sagte: ›Na los, ganz schnell, gleich da drüben.‹
Ich habe mir zwei Paar Handschuhe gegriffen, ein dunkles und ein rotes.
Ich habe ihr einen Zwanzig-Euro-Schein gegeben. Sie wollte mir das Wechselgeld geben, da habe ich gesagt: ›Nein, behalten Sie es‹, sie: ›Das darf ich nicht‹, und ich, mit einem Augenzwinkern: ›Geben Sie mir Ihre Telefonnummer, ich gebe Ihnen das Geld später.‹
Draußen treffe ich noch mal auf jemanden, eine andere Angestellte von dem Laden. Sie steht da und wartet.
Ich gehe zu meinem Auto zurück und drehe mir einen kleinen Joint.
Ich sehe sie immer noch warten. Ich schlage ihr vor einzusteigen, wenn ihr kalt ist. Sie antwortet mir nicht und tut, als sei ich nicht da.
Ich fahre los, ich fahre schnell.
Ich fahre immer schnell. Es ist zwar kein Porsche und kein Ferrari, sondern ein kleiner Peugeot, aber trotzdem lasse ich gern mal die Reifen quietschen, beim Anfahren und so.
Ich fahre wieder ins Barbe Blues zurück. Ich erzähle ihnen, dass ich Handschuhe gekauft habe.
Ich trinke noch ein Glas.
Ich krieg einen Anruf, nach dem Bruch in Vertou war ich mit einem Freund verabredet. Wir hätten uns am späten Nachmittag anrufen sollen. Hatte ich völlig vergessen.
Ich komme verspätet zur Verabredung in Le Cassepot. Es ist nach halb neun.
Er fängt an rumzumeckern. Ich steige drauf ein und lasse mich von seiner miesen Laune mitreißen. Er sagt mir sogar, es sei mal Zeit, dass ich mit dem Trinken aufhöre.
Ich bin ein bisschen auf Speed, wie immer. Ich habe viel getrun-

ken. Ich bin nicht aufgedreht, sondern irgendwie genervt. Ich zeige ihm die Sachen, er ist nicht interessiert.
Ich fahre nach La Bernerie zurück.
Im Barbe Blues gibt es eine Art Shooter-Wetttrinken, Shooter sind alkoholische Getränke mit Wodka und ich weiß nicht mehr, was noch, das Ganze gemischt mit Bier, Amaretto und Koks auf der Toilette.
Ich muss zwei Gramm Koks an Cléo verkauft haben.
Ich gehe ziemlich oft raus, um zu rauchen.
Als ich irgendwann aus der Bar gehe, höre ich einen Scooter zum Restaurant fahren. Ich schaue auf die Uhr, es ist etwa halb zehn. Ich gehe Richtung Restaurant, um Laëtitia abzuholen, wie ausgemacht.
Ich sehe einen Scooter losfahren. Ich weiß nicht, ob sie es ist.
Ich nehme mein Auto – das heißt, das geklaute Auto –, ich erreiche den Parkplatz vorm Rathaus.
Der Scooter fährt an mir vorbei.
Ich blinke. Der Fahrer wendet sich kurz um, aber bremst nicht, hält nicht an.
Ich sage ›Mist!‹, ich will versuchen, sie zu kreuzen, um mir eine Erklärung abzuholen.
Ich fahre dem Scooter nach, ich hupe, die Person dreht sich um, fährt ein paar Schlangenlinien, ich mache Zeichen, dass sie anhalten soll, und hole auf, aber von vorn kommen Autos und ich will keinen Unfall bauen.
Wir biegen in einen Kreisverkehr ein, er nimmt eine Ausfahrt, ich hupe und blinke weiter.
Er hält am Beginn der Straße an.
Ich frage: ›Wer bist'n du?‹
Er sagt zu mir, ich sei genervt. In dem Moment ist mir das nicht klar. Alle meinen, ich sei genervt! Nein, ich war auf Speed, Koks, Alkohol.
Ich fahre nach La Bernerie zurück. Ich versuche sie anzurufen, keine Antwort. Ich sehe sie.
Sie wartet mit ihrem Helm in der Hand neben ihrem Scooter auf mich.«

*

Meilhon ist sich an diesem Tag völlig treu: sich den ganzen Tag betrinken, koksen, dealen, Geschäfte mit seinem Hehler machen, alles anbaggern, was sich bewegt, in aggressivem Ton reden … Laëtitia dagegen ist ganz anders als sonst: Erst betrügt sie ihren Freund, dann lässt sie sich von einem Soziopathen ansprechen und geht mitten am Nachmittag mit ihm rauchen und trinken. Als junges, romantisches und zerbrechliches Mädchen, das gerade erst Pubertät und Schule hinter sich hat und schockiert ist von den Strategien der *bad boys*, die »uns damit we tun«, lebt sie sonst von SMS und Fernsehen, trinkt nicht, raucht nicht, geht wenig aus und wenn, dann mit ihren Freunden. Doch an diesem 18. Januar 2011 bricht sie all ihre Tabus.

Sämtliche Zeugen stutzten angesichts dieses unmöglichen Paars: ein etwas versoffener, etwas vernachlässigter Gangster mit langen Haaren und Lederjacke und eine schüchterne, zierliche Jugendliche. Ein Kind in den Armen eines Mannes. Für Herrn Deslandes waren es »Die Schöne und das Biest«. Im Barbe Blues glauben Gérald und Loulou, sie sei sechzehn, und Meilhons Hehler erzählt von seinem Treffen mit ihm in Le Cassepot: »Er sagte mir, er sei verabredet, mit einem ›jungen, unschuldigen, neunzehnjährigen Mädchen‹. Seine Wortwahl hat mich ein bisschen schockiert.«

Meilhon entwickelt Allmachtsgefühle gegenüber Laëtitia: Die da wird er sich nicht durch die Lappen gehen lassen, das ist ein »Ding«, das leicht rumzukriegen ist. Die Aggressivität, mit der er Stevens Scooter verfolgt, ihn abdrängt und zum Anhalten zwingt, erklärt sich vielleicht aus dieser Sorge: Zum ersten Mal an diesem Tag hat Meilhon den Eindruck, Laëtitia könnte ihm entwischen. Und wenn sie sich vorgenommen hat, früh schlafen zu gehen, weil sie am nächsten Tag arbeiten muss? Und wenn sie eine »Schlampe« ist, die ihn stehen lässt wie alle anderen? Dann wären der Shit, das Kokain, die Fotos, die Cola und die Handschuhe umsonst gewesen.

Der 18. Januar 2011 ist ein normaler Tag für Meilhon, doch nicht für Laëtitia. Was hat sie mit solch heftigen Mitteln auszugleichen? Warum an diesem Tag? Wir wissen nicht, was sie in ihrem Alltag derart aus der Bahn geworfen hat.

44
Die Bestattung

In einer Sache konnten sich Franck Perrais und Sylvie Larcher ausnahmsweise einigen. Bei einem Steinmetz suchten sie gemeinsam einen Grabstein für ihre Tochter aus und baten darum, sie möge in Nantes, in ihrer Nähe, beigesetzt werden. Als Jessica davon erfuhr, explodierte sie: »Wenn Laëtitia nicht in La Bernerie bleibt, spreche ich nie wieder mit euch!«

Nach Meinung der Perrais wurde Jessica damals von den Patrons manipuliert: Zu dieser Zeit sei sie sonst zu keiner Reaktion fähig gewesen. Betäubt von den Medikamenten, ihrem Schmerz und Herrn Patrons schönen Worten habe sie zu allem Ja gesagt. Trotzdem steht Jessica auch heute noch dazu: Ist es nicht normal, dass Laëtitia in La Bernerie liegt, wo sie sechs Jahre gelebt, ihre Freundinnen gehabt und ihre Ausbildung gemacht hat? »Der Bürgermeister von Pornic hat ihr ein Dauergrab geschenkt. Normalerweise muss man so was bezahlen, doch sie hat es umsonst gekriegt. Und ich hab schon einen Platz neben ihr.«

Laëtitias Beerdigung findet am Samstag, den 25. Juni 2011, in Anwesenheit einer riesigen Menschenmenge in der Kirche von La Bernerie statt. Zwei große Porträts mit der Unterschrift »Laëtitia lebt in unseren Herzen« schmücken die Fassade. Überall weiße Rosen. Leute, die sich mit verweinten Gesichtern umarmen. Freunde. Nachbarn. Neugierige. Paparazzi auf der Lauer. Die Familie muss sich einen Weg durch die Menge bahnen, um dem Leichenwagen, einem grauen Kastenwagen mit hinten abgedunkelten Fenstern, folgen zu können. Der kleine, weiße, von Männern getragene Sarg dringt ins dunkle, mit bunten Fenstern verzierte Kirchenschiff.

Nur die Angehörigen, erkennbar an einer weißen Schleife, dürfen in die Kirche. Kerzenflammen umwogen golden Laëtitias Porträt. Frau Carr weicht Jessica nicht einen Zentimenter von der Seite.

Jessica und Fabian erkennen und begrüßen sich. Jessica nimmt auf der Bank der Patrons Platz, weit weg von ihren Eltern. In seiner Predigt bittet der Pfarrer die Trauergemeinde, den »Mächten des Hasses, der Rache und des Todes« zu widerstehen. Ein Chanson von Grégoire erschallt: »Ich hätte deine Hand gern ein bisschen länger gehalten.« Herr Patron, der Lola verboten hat, zur Beerdigung ihrer besten Freundin zu kommen, fordert die Schaffung von Strafregistern für rückfällige Sexualverbrecher: »Vielleicht können wir unsere Kinder damit vor dem unerträglichen Leid schützen, das sie bei einer Vergewaltigung erfahren.«

Am Ausgang der Kirche sondert sich Franck Perrais ab. Sein Bruder ermahnt ihn: »Los, mach schon, sie ist doch deine Tochter!« Schließlich geht er auf Jessica zu, um sie zu stützen, doch Jessica lehnt ab. Franck Louvrier, der Kommunikationsberater des Präsidenten, tröstet sie vor den Teleobjektiven.

Die geiernden Journalisten stören die Zeremonie mit ihrer Anwesenheit, doch sie veröffentlichen auch wirkungsmächtige Artikel, die allen Franzosen die Möglichkeit geben dabei zu sein. Jean-Sébastien Évrard von der AFP macht eine Reihe Fotos von Jessica, wie sie von ihrem Vater und Herrn Patron flankiert wird. Es sind zeitlose Fotos, auf denen das schwarz gekleidete junge Mädchen mit den kurzen Haaren und den Tränen auf den Wangen wie eine tragische Heldin aussieht, die ihre blendende Schönheit dem Triumph der Ungerechtigkeit und Verzweiflung aussetzt. Als die Erwachsenen verkünden: »Wir sind am Boden zerstört«, oder: »Unser Schmerz ist namenlos«, schaut Jessica durch sie hindurch. Aufrecht und würdevoll bleibt sie stumm, sie hat nichts zu sagen, sie hat nur ihre Tränen und ihren verlorenen, erschütternd intensiven Blick. Auch wenn sie von vielen umgeben ist, spürt man, wie hoffnungslos allein und auf ewig verlassen, in was für eine absolute, endgültige Verständnislosigkeit sie gestürzt ist. Neben ihrem Leid ist jede Erzählung platt.

Der Aufstieg zum Friedhof ist anstrengend und endlos. Jessica geht ihren Kreuzweg fast in Hypnose am Arm von Frau Carr.

*

Ich stehe mit Cécile de Oliveira vor dem Grab aus rosafarbenem Marmor. Auf der Stele ist eine Landschaft am Meer eingraviert: Felsen, ein verankerter Kahn, ein Leuchtturm, der einer anstürmenden Woge widersteht, eine am Himmel segelnde Möwe. Zahllose Gaben zieren das Grab: Lilien, Rosen, Engel, Tauben, Gedichte, Gedenktafeln: »Meiner Tochter«, »Für meine Freundin«, »Wir werden dich nie vergessen«, »Du bleibst für immer in unseren Herzen«. Gleich daneben wächst ein Ginkgo-Baum, einer der ältesten Bäume auf Erden, ein Geschenk der Bewohner eines benachbarten Dorfs.

Am Abend schicke ich Jessica eine SMS und erzähle ihr, dass wir »Laëtitia besucht« haben. Antwort: »Und, wie fanden Sie das Grab meiner Schwester?« In meiner Familie von laizistischen Juden halten wir es eher mit »von Blumen- und Kranzspenden bitten wir abzusehen«, doch Jessica kann stolz sein. Es ist ein schönes, sanftes und friedliches Grab, das überquillt von Liebe.

Die Gedenkmärsche zum Jahrestag beginnen im Zentrum von La Bernerie und enden auf dem Friedhof. Der letzte brachte nur ein halbes Dutzend Angehörige zusammen, ohne Jessica. Die Stadtverwaltung ist nicht besonders begeistert, sagt Franck Perrais, »angeblich schadet das dem Tourismus«.

Jessica geht mehrmals im Jahr zum Friedhof. Auch Freundinnen schauen vorbei und viele Unbekannte. Manchmal liegen neue Blumen auf dem Grab, dann weiß Jessica, dass jemand an ihre Schwester gedacht hat. Wenn sie kommt, dann möglichst allein, um ihr die verschiedensten Dinge sagen zu können und Neuigkeiten zu erzählen. Wenn Freundinnen sie begleiten, spricht sie trotzdem mit ihr, »aber im Kopf«. Manchmal treten Leute auf sie zu: »Sind Sie die Schwester?« Sie starren sie an und wünschen ihr viel Kraft.

Der Sonne und Witterung ausgesetzt, liegen zwei Kerzen in Form einer Zwei zwischen den Engelchen und Gedenktafeln. Die Kerzen machen mich stutzig, dann begreife ich: Jessica hat am 4. Mai 2014 ihren zweiundzwanzigsten Geburtstag hier gefeiert.

Sie ist mit zwei Freundinnen gekommen. Sie hat eine kleine Torte in vier Stücke geteilt. Sie haben gesungen, die Kerzen ausgeblasen und den Kuchen gegessen. Am Ende hat Jessica das Stück ihrer Schwester mitgegessen, »sonst hätte ich vielleicht noch lange warten können!«, sagt sie lächelnd.

45

18. Januar, abends

Vorm Hôtel de Nantes – seine kanariengelbe Fassade und seine blauen Vordächer leuchten im nächtlichen La Bernerie – wartet Laëtitia brav auf Meilhon. Da er zu spät ist, ruft sie Kévin an, und wahrscheinlich kommt Meilhon genau in diesem Moment an, denn Kévin erinnert sich, einen Mann neben ihr wispern gehört zu haben.

Es ist 22 Uhr. Jessica geht in ihrem großen Zimmer schlafen, morgen hat sie Unterricht. Frau Deslandes verlässt das Hôtel de Nantes und wundert sich, dass Laëtitias Scooter noch auf der Straße steht.

Meilhon und Laëtitia sitzen im Barbe Blues an einem Tisch in der hintersten Ecke des Raumes. Die Gäste der Bar sind schon ziemlich betrunken. Unter ihnen Loulou, Gérald, Cléo, Yvan und andere Stammgäste. Desperados und Baileys für die einen, Shooter und Wodka mit Karamell für die anderen, Koks auf dem Klo für alle Interessierten. Alkoholgeschwängertes Stimmengewirr, lautes Gelächter, Rufe am Flipperautomaten und am Kickertisch. Das Shooter-Wetttrinken erreicht seinen Höhepunkt. Laëtitia zieht sich vor ihrer Kaffeetasse zusammen. Vielleicht bedauert sie, Koks geschnupft zu haben.

Zwischen Gérald und Yvan bricht ein Streit um Cléo los, weil Yvan letztere angebaggert haben soll. Meilhon steht auf und legt Yvan die Hand auf die Schulter:

»He, Alter, beruhig dich. Ich bin hier, um was zu trinken, nicht, um Leute sich anschnauzen zu hören.«

»Was mischst du dich da ein?«, bellt Yvan. »Wenn du willst, prügeln wir uns auch noch!«

Meilhon und Yvan schubsen sich, Gläser kippen um, Laëtitias Kaffeetasse fällt herunter und zerbricht, Beleidigungen fliegen hin und her. Der Kellner des Barbe Blues kommt hinter dem Tresen hervor, um dazwischenzugehen. Meilhon stemmt ihn am Kragen hoch.

Endlich schafft es Meilhon, sich zu beherrschen, und geht auf die Terrasse hinaus. Yvan schimpft ihm von der Bar aus hinterher:

»Deine Mutter ist ’ne Hure! Sag mir, wie du heißt und wo du wohnst, und ich baller dir ’ne Kugel in den Kopf!«

Meilhon reißt die Tür auf und schreit:

»Ich heiße Tony! Wenn du den Zoff beenden willst, komm nach Le Cassepot in Arthon! Ich bin jeden Tag dort, ich wart auf dich!«

Ein paar Stammgäste hindern Meilhon daran, in die Bar zurückzukehren, wo andere Yvan festhalten. Drei Gäste verlassen das Barbe Blues und flüchten vor diesem Krach unter Säufern. Verängstigt steht Laëtitia in einer Ecke der Terrasse und schluchzt.

Als Meilhon beim Berufungsprozess die Szene schildert, wirft er dem auf der Bank der Nebenkläger sitzenden Franck Perrais zu: »Tut mir leid, Herr Perrais, aber sie meinte zu mir, das hätte sie an ihre Kindheit erinnert.«

Auf der Terrasse des Barbe Blues hält der Kellner Meilhon sein Verhalten vor.

»In solchen Momenten seh ich nur noch rot«, erklärt sich Meilhon.

Laëtitia schickt sich an zu gehen, in der Hand ihren Helm.

»Wenn das so ist«, sagt Meilhon, »dann gehen wir.«

Laëtitia und Meilhon laufen Richtung Meer.

»Wo wollt ihr hin?«, schreit Loulou.

»Nach Pornic«, antwortet Meilhon von fern.

Es ist 22.30 Uhr. Jessica ist eingeschlafen. Frau Patron geht zu Bett. Gaël sitzt in seinem Zimmer in der Einliegerwohnung außerhalb des Hauses.

Der Peugeot rast die Rue de la Mer entlang und jagt Richtung Pornic. Loulou verzichtet darauf, dem Paar zu folgen, und setzt sich auf der Suche nach Prostituierten für den Rest der Nacht an den Computer des Barbe Blues. Freunde bringen den volltrunkenen Yvan nach Hause.

Kurz vor 23 Uhr stellt Meilhon den Peugeot auf dem Parkplatz vorm Kasino von Pornic neben dem Jachthafen ab. Er nimmt

Laëtitia mit ins Key46, einer Lounge-Bar, wo er am Vorabend ein paar Gläser mit Loulou, einem ehemaligen Mithäftling und dessen Freundin gekippt hat.

Meilhon stellt Laëtitia dem Barkeeper vor und bestellt zwei Glas Champagner. Beim Prozess erklärte der Barkeeper: »Ich glaube, er hatte sie irgendwie in der Hand. Sobald er sie nur anschaute, war sie still und tat keinen Mucks mehr.« Meilhon geht zum Rauchen hinaus auf die Uferstraße, Laëtitia bleibt nervös und besorgt in der Bar zurück und tippt auf ihr Handy ein. Um 23.02 Uhr ruft William sie an.

»Ich hab Alkohol getrunken. Das hätt ich nicht machen sollen.«

Es ist 23.30 Uhr. Als Herr Deslandes schlafen geht, bemerkt er, dass Laëtitias Scooter noch immer auf der Straße steht.

Patrick und Jeff, zwei ehemalige, wegen Gewaltdelikten und Drogenhandel verurteilte Mithäftlinge von Meilhon, kommen ins Barbe Blues, wo sie auf Loulou, Gérald, Cléo und ein paar andere treffen, alle ziemlich berauscht. Sie selbst haben den Tag in Rochefort damit verbracht, Whisky zu trinken und Boule zu spielen. Die anderen schildern ihnen den Streit und Tonys Aufbruch mit einem kleinen Mädchen.

Auf der Uferstraße gegenüber dem Kasino von Pornic gehen Laëtitia und Meilhon zum Peugeot zurück. Das Auto fährt Richtung Le Cassepot davon.

*

Ich habe in Nantes den Zug genommen, bin in Sainte-Pazanne umgestiegen und nach Pornic gefahren. Es wird dunkel, es nieselt, der Jachthafen drückt sich in den feuchten Sand, der Wind lässt die Masten klappern.

Das Key46 hat nicht nur seinen Namen geändert, es hat auch geschlossen, wie mir der mit zwei Freunden zu Tisch sitzende Wirt mit einer Geste bedeutet. Die Bar wurde völlig neu gestaltet, mit einem riesigen Plasmafernsehbildschirm und einer Wanduhr, auf der die Zeit stehen geblieben zu sein scheint.

Ich nehme mit dem Kasino vorlieb. Vor den wie Weihnachtsbäume leuchtenden Flipperautomaten verballern drei alte Damen hektisch ihre Rente. Gestylte Security-Männer wollen mir Ratschläge geben. Versprechen von Geld, »Cash«, dem »Jackpot« oder »Superbonus« blinken in kreischenden Farben. Ein kleiner Geld- und Klischeetempel, jeder Flipperautomat einer Göttin gewidmet: »Shadow Diamond«, die Vestalin mit glattem Haar, heftet ihren stahlblauen Blick auf den Betrachter, während sie zwischen den Fingern einen Diamanten hält, der geometrisch geschliffen ist wie die Wolkenkratzer, die den Hintergrund zieren; im »Golden Tower« mit den efeuzerfressenen Mauern schmachtet eine Prinzessin in rosafarbenem Kleid mit halb offenem Mund, einer Nelke im blonden Haar und einem in dunstige Fernen gerichteten Blick nach dem Ritter, der sie befreien wird; »Sky Rider« ist eine Amazone mit asiatischen Zügen, ein Diadem und ein grünes Bustier aus Schlangenhaut suggerieren, dass der Drache, der sich hinter ihr aufbäumt, sie bald erledigen wird.

An welcher Maschine hätte wohl Laëtitia ihr Glück versucht? Welches trügerische Weiblichkeitsideal wäre das des jungen Mädchens gewesen, das bald sterben wird?

Ich gehe ein paar Schritte auf dem Parkplatz, dort, wo Meilhon den Peugeot abstellte. Das Schloss von Gilles de Retz wirft gelbe Lichtlachen auf die feuchte Straße, die Neonröhren des Kasinos zeichnen leuchtende Narben in den Nachthimmel. Ich gehe die Betonrampe hinunter, über die man die Boote zu Wasser lässt. Der Wind schneidet durch die Dunkelheit. Das Meer ist eins mit der Nacht; man kann es nur tosen hören, ganz nah. Ich laufe die Rampe wieder hinauf, und vor dem schwarzen Sog und dem Quietschen der sich aufrichtenden Masten flüchtend verschwinde ich, ohne im Key46 mein Glas Champagner getrunken zu haben.

46
Ende des Deals

Nach der Bestattung erzählte Alain Larcher Jessica die ganze Geschichte: Was ihr Vater ihrer Mutter angetan hatte und warum er im Gefängnis saß, als sie klein waren. Jessica will ihn nicht mehr sehen, sie wählt ihre neue Familie für sich: Herr und Frau Patron. Trotz Herrn Patrons neuerlichen sexuellen Übergriffen auf dem Wohnzimmersofa und auf der Baustelle bittet sie die beiden, sie zu adoptieren. Sie würde gern ihren Namen tragen: Jessica Patron.

Als eine der Patrontöchter Jessica am 14. Juli 2011 auf dem Schoß von »P'tit Loup« entdeckt, bemerkt sie ihrer Mutter gegenüber:

»Pass auf, Mama, Jessica will deinen Platz einnehmen.«

»Du bist ja verrückt«, antwortet Frau Patron wie vor den Kopf geschlagen. »So ein Unsinn!«

Für Frau Patron handelt es sich höchstens um einen mentalen Einfluss von Jessica auf ihren Mann, der zu allem, was diese will, Ja und Amen sagt, doch nie hat sie an etwas Sexuelles gedacht. Jessica zeigt ihnen ihre Zuneigung, mehr nicht.

Am selben Abend bricht ein Streit zwischen Jessica und Herrn und Frau Patron los. Das Paar plant für den Herbst eine Reise nach Tahiti und Jessica will unbedingt mitkommen, doch Frau Patron hat nur zwei Tickets gebucht.

»Kommt nicht infrage, dass wir dich mitnehmen! Du gehst zur Schule oder arbeitest.«

Jessica wirft sich Frau Patron in die Arme und weint:

»Mimi, Mimi, warum wollt ihr mich nicht adoptieren?«

An einem Freitagabend Anfang August wiederholt sich die Szene. Jessica fleht sie an, sie zu adoptieren.

»Warum wollt ihr mich nicht mit nach Tahiti nehmen?«

»Du kommst nicht nur nicht mit nach Tahiti«, ruft Frau Patron, »sondern du suchst dir jetzt eine Arbeit, machst deinen Führerschein und nimmst dir eine Wohnung! Es reicht!«

Harte Worte werden gewechselt. Jessica verlässt den Tisch, flüchtet in ihr Zimmer und wirft die Tür zu. Ein paar Minuten später kommt sie wieder heraus: »Ich geh Lola besuchen.« Herr Patron sieht ihr nach: Er weiß, dass sie zu jener Freundin geht, die ihn ein Jahr zuvor bei der Polizei gemeldet hat.

Danach ist nichts mehr gleich. Jessica ist verändert. Sie hat wieder Panikattacken.

Am Montag, den 8. August 2011, zeigen Laëtitias beste Freundin Lola und Jessicas aktuelle Freundin Justine Herrn Patron an, die erste wegen wiederholten unsittlichen Berührungen seit 2007, die zweite wegen Grapschereien im Juli, als sie aus Jessicas Zimmer kam, um auf die Toilette zu gehen. Am 15. August wird Herr Patron in der Gendarmerie von Pornic in Gewahrsam genommen. Als Jessica von den Gendarmen vernommen wird, macht sie eine ausführliche Aussage. Aus Erfahrungen wird ein Strafverfahren.

Als Frantz Touchais von seinen Kollegen informiert wird, bittet er Martinot, die jungen Mädchen noch einmal im Wege der Rechtshilfe vernehmen zu dürfen. »Was Laëtitias Selbstmordbriefe angeht, hat es bei mir Klick gemacht.« Lola erzählt Touchais von Laëtitias Geständnissen am Strand zum Thema Herr Patron; außerdem hat sie selbst gesehen, wie er Laëtitia den Po getätschelt hat. Touchais verfasst einen Bericht zur richterlichen Aufklärung für Martinot: Die Tatsachen müssen dem Oberstaatsanwalt gemeldet werden, damit er einen weiteren Ermittlungsrichter für diesen zusätzlichen Fall beauftragt. Dass Herr Patron Nebenkläger im Fall Laëtitia ist, erschwert die Sache.

Jessica wird noch am selben Abend aus dem Haus Patron und per Sofortmaßnahme in Lolas Pflegefamilie untergebracht. Nach ein paar Tagen muss sie wieder zurück. Ihr unstetes Leben beginnt von vorn, wie in ihrer Kindheit: den Rucksack packen, hier und da Kisten unterstellen, im Heim wohnen, sich fragen, wo man das Wochenende verbringen wird, durch die Stadt irren, wieder Kisten packen, umziehen. Einige Monate später wird Jessica als Berufstätige mit Behinderung anerkannt und zu ihrem eigenen Schutz entmündigt.

Gegen Herrn Patron wird ein Ermittlungsverfahren eingeleitet. Erbittert leugnet er die Übergriffe auf Justine und Lola und die

Vergewaltigungen von Laëtitia und Jessica, doch er gesteht, mit Letzterer ab dem Zeitpunkt ihrer Volljährigkeit eine »emotionale Beziehung« gehabt zu haben. Der Pflegevater hat ein sexuelles Verhältnis zu der, die er als seine Tochter hinstellt und die ihn bittet, sie zu adoptieren.

Die Nachricht sickert rasend schnell durch, die Journalisten waren durch verschiedene Informanten bereits vorgewarnt. Im Sommerloch des Augusts schlägt die Meldung ein wie ein Blitz. Sie ist auch besonders trostlos: Auch Laëtitia soll, bevor sie umgebracht wurde, von ihrem Pflegevater vergewaltigt worden sein. »Bei dieser Nachricht tat sich wirklich ein Abgrund vor uns auf«, sagt Alexandra Turcat. »Das ging noch weit über Grauen und Leid hinaus: Das war der absolute Tiefpunkt.«

FALL LAËTITIA: PFLEGEVATER DES MISSBRAUCHS UND DER VERGEWALTIGUNG VERDÄCHTIGT
(AFP, 17. August 2011, 12.12 Uhr)

LAËTITIA: PFLEGEVATER WEGEN MEHRFACHER VERGEWALTIGUNG INHAFTIERT
»Die weiterermittelnden Gendarmen bestellen Laëtitias Schwester ein. Sie berichtet von der besonderen Beziehung, die sie seit mehreren Jahren an Gilles Patron band. Sie erstattet keine Anzeige. »Ich will nicht, dass er mir böse ist«, erklärt sie den Ermittlern. »Ich will nur, dass er aufhört. Ich will nicht, dass er ins Gefängnis kommt, auch wenn ich glaube, dass er es verdient. Ich hätte lieber, dass er eine Therapie bekommt.«
(*Ouest-France*, 18. August 2011)

Bestürzung, Ekel. Ausgerechnet dieser so aufrechte Mann, der nicht eine Gelegenheit ausließ, um Perverse und Sexualverbrecher anzuprangern! Das hätte niemand gedacht, das hätte niemand auch nur geahnt … Die letzten Illusionen – die Zwillinge sind bei den Patrons in Sicherheit, nach der Tragödie ist eine Familie für Jessica da – fallen in sich zusammen. Es ist ein Fall im Fall, das Grauen im Grauen, das Düsterste im Schrecklichsten.

Auch wenn Herr Patron letztlich nicht wegen Missbrauchs von Laëtitia verurteilt wurde, sind seine Opfer damals *im Rahmen der Ermittlungen zum Fall Laëtitia* vernommen worden. Was Laëtitia betrifft, werden die Vorwürfe aus Mangel an Beweisen fallen gelassen, und die Ermittlungsrichterin ordnet die Einstellung des Verfahrens an. Dagegen gilt es als bewiesen, dass Herr Patron Jessica in ihrer Pubertät und nach ihrer Volljährigkeit missbraucht hat. »Jessica Perrais' doppeltes Leid«, titelt *Paris Match*.

Herr Patron wird ebenso schnell in der Luft zerrissen, wie man ihn zuvor in den Himmel gelobt hat. Nachdem man ihm erst das Mikro hingestreckt hat, spuckt man nun auf ihn. Tatsächlich sind Jessicas Enthüllungen der Todesstoß für sein Image als mustergültiger Familienvater, der um nichts als das Wohl der Kinder bemüht ist. Herrn Patrons Maske fällt: Der Unbestechliche von Pornic, der Abgeordnete des Pflegefamilienverbands für das Pays de Retz, der Verteidiger der Opfer, der sich für unglückliche Kinder verwendet und dabei in den Mantel des integren Helden hüllt, entpuppt sich als Tartuffe, der seine Finger in jeden Schoß gräbt, als Kinderschänder, der sich mit dem Geld des Conseil général bereichert.

Alain Larcher schreit sich seinen Ekel von der Seele. Stéphane Perrais erinnert sich an die Verachtung, mit der Herr Patron sie, die Nichtsnutze, die Bettler von Nantes, behandelt hatte: Die Komödie des »vorbildlichen Vaters« hatte die Schandtaten des »dreckigen Schweins« überdeckt. Frau Patron weigert sich, an die Schuld ihres Mannes zu glauben. Ist es Liebe, Stolz oder Verleugnung?

Als Jessica Franck Perrais von den Übergriffen dessen erzählt, der überall die Rolle des »echten« Vaters gespielt hat, stockt ihm das Blut in den Adern.

»Ich schlag ihm die Fresse ein!«

»Papa, wenn du mit Gewalt reagierst, wanderst du wieder ins Gefängnis. Ich will nicht, dass du im Gefängnis bist!«

»O.k.«, nuschelt Franck Perrais.

Erst Ende August ist Jessica bereit, Herrn Patron anzuzeigen. Seit Laëtitias Tod wird sie vom Anwalt der Familie Patron vertreten. Eine unhaltbare Situation. Cécile de Oliveira betritt die

Bühne. Für Jessica ist das das Ende der »Patronisierung« und der Anfang von Aufenthalten in der Psychiatrie – wie bei ihrer Mutter.

Im September zeigt auch Clémentine Herrn Patron wegen Vergewaltigung und Missbrauch in den Jahren 2003 und 2004 an.

Herr Patron und Jessica werden einander im Beisein ihrer Anwälte sieben Stunden lang im Büro der Ermittlungsrichterin gegenübergestellt. Er fühlt sich kein bisschen unwohl, grinst, wertet ab, was Jessica sagt, und springt von seinem Stuhl auf, um den defekten Kopierer zu reparieren; sie ist eingeschüchtert, verunsichert und voller Scham, als sie die Onanierszenen und sein Fingern beschreiben soll. Am Ausgang des Gerichts erklärt Cécile de Oliveira: »Es ist sehr schwierig, einem Mann gegenübergestellt zu werden, den sie seit dem Alter von zwölfeinhalb Jahren als Vater betrachtet und der während ihrer Pubertät zu ihrem Vergewaltiger wurde.« Dank zahlreicher Leaks beschreibt die Presse detailliert Herrn Patrons sexuelle Handlungen an Jessica. »Ekelerregend«, kommententiert die mit dem Fall betraute Ermittlungsrichterin, »und sehr hinderlich für meine Ermittlungen.«

Am 8. Dezember 2011 bittet Cécile de Oliveira Martinot, die Patrons nicht mehr als Nebenkläger im Fall Laëtitia zuzulassen. Sie sind in diesem Herbst nicht nach Tahiti gefahren: Zum Zeitpunkt des geplanten Abflugs saß Herr Patron im Gefängnis.

Für Frau Patron haben Lola, Justine und Clémentine gelogen. Mit keiner von ihnen habe es irgendwelche Anstößigkeiten gegeben. Natürlich sei es von dem »Dummkopf« falsch gewesen, etwas mit Jessica anzufangen: »Du Trottel, das hättest du nicht machen dürfen! Du hättest deine Hände nur an deinen Armen hängen lassen müssen!« Doch Frau Patron argumentiert mit den Streitereien im Sommer 2011 – die Adoption, Tahiti –, um zu beweisen, dass ihr Mann Jessica nicht missbraucht haben kann: »Sie wurde vergewaltigt und will trotzdem nicht ausziehen? Sie wurde vergewaltigt und will, dass wir sie adoptieren? Ich kann der Sozialpädagogin nicht verzeihen, dass sie beim Prozess sagte, die Mädchen seien ›patronisiert‹ gewesen, sie hätten nicht tun können, was sie wollten. Mein Gott! Sie waren doch nicht angebunden!«

Jessica hat alles verloren: ihre Schwester, ihre Pflegefamilie, ihre Unschuld, ihre Lebensfreude, ihre Anonymität, ihre Seelenruhe. Sie beschloss, ihr Schweigen zu brechen, allerdings nicht, als ihre Schwester starb, sondern erst nach einem Familienstreit, der ihr klarmachte, inwiefern sie Herrn Patrons Spielzeug gewesen war. Während ihrer gesamten Pubertät hatte sie die Übergriffe ihres Pflegevaters hingenommen, weil sie sich im Gegenzug die Nestwärme einer Familie erhofft hatte, ein stabiles Leben, einen Platz irgendwo. Ihren Körper für ein bisschen Zuneigung; die Beschmutzung für das Glück, in einem Haus leben zu können und für jemanden wichtig zu sein; die Grapschhand eines Großvaters für das Recht, bei den Geburtstagen seiner Enkel dabei sein zu dürfen. Wollte man geliebt werden, musste man da mitmachen.

Als Jessicas Onkel ihr nach Laëtitias Beerdigung die Familiengeheimnisse enthüllte, die Gewalttätigkeit ihres Vaters und die Gründe für die Depression ihrer Mutter, gab es für sie nur noch eine Zukunft: die Patrons. Doch diese wollten sie nicht adoptieren. Sie wollten sie nicht haben, obwohl sie doch alles gegeben hatte, um von ihnen angenommen zu werden. Die Ferienplanung für Tahiti wirkte auf sie, als würde sie ausgesetzt. Stattdessen sollte sie sich Arbeit und eine Wohnung »suchen«, das heißt ausziehen. Sie verlor, woran sie am meisten hing: eine Familie, das Einzige, wofür sie bereit gewesen war, schweigend alles zu ertragen. Der Deal »Vergewaltigung gegen Zuneigung« war geplatzt.

47
»Sie hat zu mir gesagt: ›Hör auf!‹«

Nachdem der Peugeot den Parkplatz vorm Kasino von Pornic verlassen hat, rollt er den Quai Leray Richtung Brücke entlang. Das Fahrzeug lässt die Stadt hinter sich und fährt über kleine Landstraßen in die Nacht hinein, Laëtitia klebt noch immer an ihrem Handy.

Le Cassepot um Mitternacht. Man muss sich den Weiler menschenleer vorstellen, den Wald feucht, die Silhouette der Bäume vor dem Himmel schwarz, das Grundstück zugestellt mit Autowracks zwischen vereisten Wasserlachen und eingefasst von einem Wohnhaus, einer Lagerhalle, zwei Campingwagen und einer Baumhecke. Die eisige Luft beißt einem ins Gesicht, sobald man die Autotür öffnet. Dunkle Haufen ragen in die Höhe. Die Bocage ist unterm Nachtfrost erstarrt.

Der SMS-Wechsel zwischen Laëtitia und William wird unterbrochen. Es ist dreizehn Minuten nach Mitternacht.

Der Rottweiler liegt an der Kette. Meilhon geht mit Laëtitia ins Haus des Cousins, wo er während dessen Abwesenheit wohnen darf.

Meilhon legt Musik auf, bietet Laëtitia Wodka und Kokain an, will Sex mit ihr, was ihr nie in den Sinn gekommen war. Er insistiert, bringt sie schließlich zu einer Fellatio, zwingt sie vielleicht dazu. Irgendwann macht sich Laëtitia von ihm los.

Meilhon schildert die Szene beim Prozess: »Sie hat zu mir gesagt: ›Hör auf!‹ Das hat mich blockiert und geärgert, ich war irgendwie frustriert.«

Rasend vor Wut packt er sie am Hals und schreit ihr ins Gesicht: »Du bist genau so eine Schlampe wie alle anderen!«, dann wirft er sie gegen die Wand, wo sie mit dem Kopf anschlägt. Sie bricht in Tränen aus.

»Ich hab sie mit Entschuldigungen überhäuft, ich hab zu ihr

gesagt: ›Ich weiß nicht, was mich gepackt hat, willst du Geld?‹ Sie hat gesagt: ›Bring mich nach Hause.‹«

Der Vorsitzende Richter fragt, ob Laëtitia die Szene als Vergewaltigung erlebt haben könnte.

»Ja, schon«, antwortet Meilhon.

Um 0.35 Uhr wird das Gespräch mit William fortgesetzt: »ruf d gleic an, mus d etw schlims sagn«.

William ist besorgt, er fragt, ob sie zu viel getrunken habe, er glaubt, sie gehe mit zwei Männern gleichzeitig.

0.47 Uhr, Laëtitia: »nn, schlimer«.

Hinter der Scheibe der Anklagebank stehend behauptet Meilhon, sie hätten auf dem Rückweg im Auto in Ruhe darüber gesprochen: Er habe sie gefragt, warum sie nicht wolle, ihr Vorwand sei gewesen, sie habe »ein Problem, was das angeht«, er habe ihr geraten, mit jemandem darüber zu reden, »du musst raus mit der Sprache«.

Cécile de Oliveira erhebt sich von der Anwaltsbank und wird wütend:

»In Le Cassepot gibt es einen Karabiner, Munition und einen Rottweiler. Laëtitia befriedigt Sie mit einer Fellatio, obwohl das mit ihren Freunden sonst nicht zu ihren Praktiken zählt. Dann beschimpfen Sie sie als Schlampe und versuchen, sie zu würgen. Und auf dem Rückweg macht sie Ihnen vertrauliche Geständnisse im Auto? Ich glaube, Herr Meilhon, dass Laëtitia in diesem Augenblick nichts als panische Angst hat! Diese junge Frau hat Todesangst! Sie denkt nur noch eins: Wird sie überleben?«

Während er den Wagen steuert, sieht Meilhon Laëtitia SMS versenden.

Er setzt sie kurz vor 1 Uhr morgens am Hôtel de Nantes ab. Die Warnleuchten des Peugeots blinken in der leeren Gasse. Antony Deslandes bemerkt Laëtitia vom Fenster seiner Wohnung aus: Mit ihrem Helm in der Hand und zum offenen Fenster hin gebeugt, beschimpft sie Meilhon, der am Steuer sitzen geblieben ist.

Meilhon zufolge habe Laëtitia gesagt: »Ich verstehe Männer nicht, die so reagieren wie du.« Und er: »Stimmt, wir haben keinen guten Draht.«

Eine Beschönigung. Tatsächlich ist Laëtitia völlig aufgebracht und tief erschüttert. Ihre Vorwürfe müssen äußerst scharf gewesen sein. Sie hat eine Entscheidung getroffen: Gendarmerie, Anzeige.

Erst da begreift Meilhon, was er riskiert. Für ihn war die Fellatio in Le Cassepot eine normale Art von Gegenleistung: »Ich hab dir Koks rübergeschoben, dafür bläst du mir jetzt einen.« Doch Laëtitia hat es anders erlebt. Hätte Meilhon früher verstanden, dass sie entschlossen war, ihn anzuzeigen, hätte er sie direkt in Le Cassepot beseitigt; jedenfalls hätte er sie nicht zu ihrem Scooter zurückgebracht. Mit Laëtitias Wut konfrontiert, wird Meilhon klar, dass sie reden wird. Und er ist auf Bewährung mit SME-Auflagen frei. Noch einmal wird er sich einen Prozess wegen Vergewaltigung und den Ruf eines Sittichs einhandeln. Er fürchtet sich nicht davor, noch einmal ins Gefängnis zu kommen; er fürchtet sich davor, *deswegen* ins Gefängnis zu kommen.

Es ist 0.58 Uhr. Laëtitia ruft William an, um ihm zu sagen, dass sie vergewaltigt wurde. Sie will ihn später zurückrufen, denn ihr Akku ist leer.

Der Scooter startet. Meilhon schießt wie der Blitz Richtung Moutiers-en-Retz los, dann ändert er seine Meinung.

Der Inhaber des Barbe Blues ruft in den Raum: »Letztes Getränk, ich schließe!« Im nächsten Augenblick sehen Loulou, Patrick, Jeff und der Kellner den weißen Peugeot im Abstand von mehreren Minuten zwei oder drei Mal Richtung Pornic und dann wieder Richtung Les Moutiers hin- und herrasen. Das Fahrzeug brettert mit 80 bis 100 km/h ohne Licht die Straße entlang.

»Wer ist denn *der* Irre?«, schreit jemand.

»Da isser ja wieder«, kommentiert Loulou.

Meilhons erstes Vorbeirauschen entspricht seinem überstürzten Aufbruch, das zweite der Kehrtwende, als er beschließt, Laëtitia einzuholen, um sie zum Schweigen zu bringen.

»Ich komme noch einmal am Barbe Blues vorbei, ich sehe in der Ferne einen roten Scheinwerfer, ich drücke drauf, drücke drauf.«

Der rote Punkt, der in der Ferne zittert, ist das Rücklicht von Laëtitias Scooter.

Am Kreisverkehr schneidet der Peugeot über den Gehsteig und

biegt direkt links in die Route de la Rogère ein. Der Wagen befindet sich jetzt wenige Meter hinter dem Scooter.

Meilhon erkennt Laëtitias Umriss mit dem Pelzkragen.

Fühlt sie sich verfolgt? Sieht sie in ihrem Rückspiegel den sich nähernden Peugeot? Wenn ja, dann beschleunigt sie: Sie ist nur noch 50 Meter von zu Hause entfernt.

Vielleicht wollte Meilhon Katz und Maus spielen, so wie er es gegen 21.30 Uhr mit Steven getan hat. Vielleicht hat er sie absichtlich angefahren. Sicher ist, dass er irgendwann eine Vollbremsung gemacht und den Wagen nach rechts gelenkt hat. Wegen dieses abrupten Manövers sinkt der Wagen ab, bleibt am Ständer des Scooters hängen und schleift ihn mehrere Meter mit, dann reißen die beiden Fahrzeuge auseinander und der Scooter rutscht an den Straßenrand. Laëtitia stürzt zu Boden. Es ist etwa 1.05 Uhr.

Sie hatte es fast geschafft.

Sie war fast raus aus der Sache.

Über ihre Knöchelverletzung vergisst sie ganz, um Hilfe zu schreien, oder aber der Schock, der Schmerz oder die Angst ersticken ihre Rufe. Meilhon behauptet, sie habe leblos dagelegen. Vielleicht war sie auch vor Angst wie gelähmt. Jedenfalls lebte sie und war bei Bewusstsein.

Die Route de la Rogère ist wie ausgestorben.

»Ich hebe sie auf und lege sie in den Kofferraum. Tja.«

Die Ballerinas fallen neben den Scooter. Das Türenschlagen weckt sowohl Jessica als auch eine Nachbarin und alarmiert den schlaflosen Herrn Patron.

Der Peugeot rast ein drittes Mal am Barbe Blues vorbei, das gerade schließt. Meilhon am Steuer, die zusammengekrümmte Laëtitia barfuß im Kofferraum.

Patrick und Jeff verlassen ziemlich angetrunken die Bar, um den Abend bei einer Freundin zu beenden. Als sie gegen 1.10 Uhr die Route de la Rogère Richtung Pornic entlangrollen, bemerken sie das Rücklicht eines am Straßenrand liegenden Scooters.

»Hätt ich meinen Transporter dabei, würd ich ihn mitnehmen …«

Herr Patron, der einen Diebstahl auf seiner Baustelle vermutet, läuft im Schlafanzug hinaus, doch die Batterie der Taschenlampe ist schwach und die Straßenbeleuchtung funktioniert in diesem Straßenabschnitt nicht und Herr Patron geht wieder zu Bett.

Um 1.18 Uhr schickt Loulou eine SMS an Meilhon, dessen Handy sich immer noch ins Netz von La Bernerie einwählt. Der Peugeot rollt Richtung Arthon-en-Retz.

Um 1.23 Uhr schickt William eine SMS an Laëtitia: »tt m leit f dich, verste dich«.

Fünf Stunden später klingelt Jessicas Wecker.

48
»Dinger« und »Schlampen«

Meilhons Prozess wird am 22. Mai 2013 vor dem Schwurgericht von Loire-Atlantique eröffnet, das im Gerichtsgebäude von Nantes seinen Sitz hat, einem beeindruckenden, schwarzgrauen Gebäude am Ufer der Loire vor einer eleganten Brücke. Im Verhandlungsraum, einem großen, lichten Quader mit weinroten Steinplatten an den Wänden, steht der gläserne Würfel, in dem der Angeklagte Platz genommen hat. Umgeben von vermummten Gendarmen der Elitetruppen blickt er hinter der Scheibe seiner Anklagebank auf die Richter und Geschworenen, die Nebenkläger und seine Mutter. Im Publikum sitzen in einer Reihe die Perrais, die Larchers und die Meilhons, drei Familien, die sich fürchterlich ähneln. Vierzig Zeugen und fünfzehn Experten sind geladen. Etwa fünfzig Medien berichten über die in angespannter Atmosphäre stattfindende Verhandlung.

Im Jahr 2012 konnten die Ermittlungen abgeschlossen werden. Herr Patron wurde zur Prüfung der Umstände in der Nacht der Entführung und eventueller finanzieller oder telefonischer Verbindungen mit Meilhon noch einmal in Gewahrsam genommen. Die Verdachtsmomente gegen ihn wurden entkräftet, so wie auch die gegen alle Bekannten von Meilhon und zwei, drei Fantasten, die sich damit brüsteten, diesem geholfen zu haben. Die Gendarmen forderten die Telefongesellschaften auf, sämtliche Handys zu identifizieren, die sich zwischen dem 18. und 19. Januar 2011 in die Funkzellen von La Bernerie, Pornic, Arthon-en-Retz, dem Atlantis, Lavau und Briord einwählten. Das einzige, das sich fünfmal einloggte, war das von Meilhon (nach Couëron schaltete er sein Handy aus und dieses wählte sich deshalb in Lavau nicht ein). Insgesamt loggten sich 85 000 Handys mindestens einmal in diese Funkzellen ein. Siebenunddreißig davon vier Mal. Die Gendarmen überprüften jede Nummer und bestellten die Besitzer der Telefone aufs Revier ein.

Der Scooterunfall auf der Route de la Rogère wurde im Beisein der Ermittlungsrichter, des Oberstaatsanwalts, der Experten des IRCGN, des Rechtsmediziners und der Anwälte nachgestellt, allerdings ohne Meilhon, der sich, eine Rasierklinge unter die Zunge geklemmt, weigerte, seine Zelle zu verlassen. Als er später gewaltsam ins Gericht geführt wurde, nahm er eine provokante Pose ein, duzte den Richter, rülpste und zeigte der Kamera einen Stinkefinger; das Verhör dauerte weniger als fünf Minuten. Im April setzte Frantz Touchais den Schlusspunkt unter seinen Abschlussbericht.

Die Frage, ob Laëtitia vergewaltigt wurde, wurde von den Ermittlungsrichtern bis zum Schluss diskutiert. Belastende Indizien waren das Prostatasekret, Laëtitias Wut, nachdem sie aus dem Peugeot ausgestiegen war, ihre SMS an William, die SMS von Meilhon, in der er sich entschuldigte, »so aufdringlich« gewesen zu sein, außerdem das Lied, in dem er behauptete, es ihr »gut besorgt« zu haben. Und letztlich hatte eine Reaktion Laëtitias ja das eigentliche Tatmotiv geliefert: Sie war entschlossen gewesen, ihn anzuzeigen.

Es ist eine Tatsache, dass Laëtitia das Ereignis in Le Cassepot als Vergewaltigung erlebt hat, doch ist es auch juristisch eindeutig eine solche? Hat sie ihre Weigerung deutlich klargemacht? Sie hatten Alkohol getrunken und Koks geschnupft. Vor dem Prozess gesteht Florence Lecoq, die Oberstaatsanwältin von Saint-Nazaire und Staatsanwältin in diesem Fall, Martinot, sie könne den Anklagepunkt der Vergewaltigung nicht aufrechterhalten. Man solle sich lieber an das halten, was absolut sicher sei, ohne das Risiko einzugehen, dass etwas beim Prozess abgestritten werden könne. Am Ende beschließen die Richter, das Verfahren zum Vorwurf der Vergewaltigung einzustellen.

Die Ermittlungen werden nach achtzehn Monaten abgeschlossen, was im Hinblick auf die Komplexität des Falls und den politischen Kontext außerordentlich ist. Martinot hat mit seinen wenigen Jahren Berufserfahrung Hervorragendes geleistet. Laëtitia verschwand in der Nacht vom 18. auf den 19. Januar. Meilhon wurde am 20. verhaftet und mit erdrückenden Indizien am 22.

angeklagt. Innerhalb von drei Monaten gelang es den Ermittlern, in einer schwer überschaubaren Gegend voller Wasserlöcher und ohne einen einzigen Augenzeugen den kompletten Leichnam zu finden. Sie verfügen über fast alle Indizien, um eine Anklage zu stützen.

Am 23. August 2012 setzt der Ermittlungsrichter seine Unterschrift unter die Verfügung zur Anklageerhebung: Tony Meilhon, dreiunddreißig Jahre alt, Schrotthändler, angeklagt wegen »Entführung mit Todesfolge bei Strafrückfälligkeit«, inhaftiert in der Strafvollzugsanstalt Vezin-le-Coquet, wird vor das Schwurgericht von Loire-Atlantique gestellt, um rechtmäßig verurteilt zu werden.

*

Der Prozess soll zwei Wochen dauern. Der Verhandlungsablauf sieht Folgendes vor: Auswahl der Geschworenen per Losverfahren, Darstellung der Sachverhalte, Untersuchung der Persönlichkeit des Angeklagten, Anhörung der Psychiater, Psychologen, Ermittler, Experten, Zeugen und Nebenkläger, dazwischen Verhöre des Angeklagten, schließlich Plädoyers der Anwälte der Nebenkläger, Anklage des Staatsanwalts, Plädoyer der Verteidigung und Beratung des Gerichts.

Der SR-Kommandant des Pays de la Loire und Frantz Touchais schildern die Ermittlungen mit all ihren Schwierigkeiten, Fortschritten und Glückstreffern. Die Experten analysieren den Scooterunfall, die Tötung, die Zerstückelung und die Fertigung der Reuse. Die Angehörigen – Sylvie Larcher, Alain Larcher, Franck Perrais, Stéphane und Delphine Perrais – erzählen von der Verstorbenen und ihrem Leben nach deren Tod. Die Zeugen – Meilhons Mutter, seine Ex-Freundinnen, sein Cousin, Bertier, Loulou, die Familie Patron, Frau Laviolette, die Deslandes, Antony, Kévin, Steven, William, die Gäste des Barbe Blues, der Barkeeper des Key46 – beschreiben die Persönlichkeit des Opfers beziehungsweise des Angeklagten und helfen, den »Weg bis zur Tat« nachzuzeichnen. Meilhons obszöne Gesänge werden vorgespielt; Fotos der grausam zugerichteten Laëtitia werden gezeigt.

Die Mutter von Jonathan und Justine wird des Saales verwiesen, weil ihr Handy mitten in der Verhandlung klingelt und ein langes Entengeschnatter erschallt: »quak, quak, quak«.

Die überregionalen Tageszeitungen haben ihre besten Schreiber geschickt: *Le Monde* Florence Aubenas, *Le Figaro* Stéphane Durand-Souffland. Die Sonderberichterstatter von *Presse Océan* und France 3 Pays de la Loire berichten im Internet live aus dem Gerichtssaal von der Verhandlung: Da sie den Prozessablauf Minute für Minute erläutern, vermitteln ihre Mitschriften das Gefühl, vor Ort dabei zu sein.

Neben diesen Protokollen stehen mir Alexandra Turcats Notizen zur Verfügung. Im Ordner, den sie mir geschickt hat, stehen ihre Aufzeichnungen direkt neben den AFP-Meldungen des jeweiligen Tages, oder, besser gesagt, glatte, versandfertige Meldungen ragen aus Stichwörtern voller Fehler und Satzfetzen ohne Anfang und Ende heraus, als erhebe sich eine Skulptur aus einem formlosen Steinblock. Diese Mischung, die einen unschlagbaren Einblick in die Arbeit eines Journalisten vor Ort gibt, ist faszinierend: »Wenn es eilig ist, entsteht die Meldung aus den verschiedenen Notizen, während der Prozess eigentlich noch läuft. Man sieht ihr die Fehler, Schwächen und Zufälligkeiten in der Auswahl der Information an. Selbst wenn die Notizen präzise wirken, sind sie trotzdem unvollständig, denn weil ich nicht alles abschreiben kann, gibt es immer schon eine Vorauswahl an Sätzen, die ich übernehme.« Noch zwei, drei Mal Korrekturlesen und die Dringendmeldung mit der Signatur »axt« läuft über den Ticker der AFP, wo sie dann allen Medien zur Verfügung steht.

FOTOS DES GEFOLTERTEN KÖRPERS LASSEN DAS GERICHT ERSTARREN – MEILHON BLEIBT BEI SEINER VERSION
(AFP, 29. Mai 2013)

SCHOCKIERTE JESSICA KANN IM BEISEIN MEILHONS NICHT AUSSAGEN
(AFP, 30. Mai 2013)

Die Gerichtsdebatten lassen indirekt Meilhons Verhältnis zu Frauen erkennen, das heißt die Art von Falle, in die Laëtitia getappt ist. Meilhons Ex-Freundin, die ihn Ende 2010 anzeigte, gesteht ihm zu, ein Charmeur zu sein, der zärtliche, nette Dinge sagen kann, »die Frauen gerne hören«. Im Zeugenstand bestätigt ein Psychiater, dass Meilhon fähig ist, sich freundlich und hilfsbereit zu verhalten.

Während also die Pariser Redakteure Meilhon als »Monster« ausmalen, betonen die Anwälte das Zuvorkommen, das er der jungen Frau gegenüber bewies. Galanterie, Alkohol und One-Night-Stand: Das ist die Gentleman-Seite des Mörders.

Dienstag, 28. Mai, fünfter Verhandlungstag, 11.58 Uhr.

»Mir sind die beiden Fotos von Laëtitia auf Ihrem Handy aufgefallen«, sagt Sylvie Larchers Anwalt, »und auch die Handschuhe, die Sie ihr geschenkt haben, und die Tatsache, dass Sie sie nach Hause begleitet haben. Wie erklären Sie sich das?«

»Es hat ihr gefallen, fotografiert zu werden.«

»Warum Handschuhe? Damit sie auf den Scooter nicht friert?«

»Ja.«

»Was für eine Beziehung bahnt sich da zwischen Ihnen und ihr an?«

»Wir lernen uns kennen … Vielleicht der Anfang einer Freundschaft.«

»Mehr nicht?«

»Wir hatten nicht vor zu heiraten«, blockt Meilhon ab.

Der Vorsitzende Richter unterbricht die Sitzung. Die Verhandlung wird um 14 Uhr fortgesetzt.

Um »Schlampen aufzureißen«, kombiniert Meilhon Intelligenz, Charme und Gewalt. Sein Gehirn ist von Cognac und Koks zerfressen, doch er ist ein intelligenter Mann und ziemlich redegewandt, verfügt über ein gutes Gedächtnis, einen breiten Wortschatz und große Schlagfertigkeit. Als Cécile de Oliveira zu Beginn des Prozesses während der Untersuchung seiner Persönlichkeit aus dem Gedächtnis die Aussage einer Daniela zitiert, die angab, Meilhon habe als Jugendlicher einmal einen Hund lebend in ein heißes Backrohr eingesperrt, wird sie von Meilhon berichtigt: »Entschuldigung, aber es handelt sich um Manola im Dokument D 1156.« Er kennt seine Strafakte auswendig.

Ein weiteres Wortgefecht am späten Freitagnachmittag: Der Gerichtspräsident, wie alle anderen erschöpft von der Verhandlungswoche, versucht Meilhon zu schonen, er fürchtet den Moment in der Verhandlung, auf den er einzig mit einem Saalverweis reagieren kann. Trotz der allgemeinen Müdigkeit und des bevorstehenden Wochenendes stürzt sich Cécile de Oliveira in ein regelrechtes Verhör des Angeklagten, bei dem sie nebensächliche Fragen und direkte Angriffe kombiniert, um ihn zu einem Geständnis zu bringen:

»Wie haben Sie sie davon überzeugt, mit nach Le Cassepot zu fahren?«

»Sie wollte sehen, wo ich wohne.«

»Um 23.30 Uhr?«

»Ja. Sie hat zu mir gesagt: ›Ich bin volljährig, aber ich muss spätestens um vier zu Hause sein.‹«

»Wie war die Lagerhalle beleuchtet, als Sie Laëtitia zerstückelt haben?«

»Schwachsinn! Das war nicht ich!«

»Wie war die Lagerhalle beleuchtet, Herr Meilhon?«

»Keine Ahnung, mit Licht!«

Der Richter mahnt sie zur Ordnung:

»Nun gut, Frau de Oliveira …«

Cécile de Oliveira errötet und der Angeklagte nutzt sofort die Chance:

»Ich glaube, Sie verlieren Ihre Kaltblütigkeit, Frau de Oliveira.«

Noch heute macht diese Bemerkung Cécile de Oliveira platt: Meilhon wagt, ihr »Kaltblütigkeit« vorzuwerfen, während er den ganzen Tag des 19. Januar 2011 mit der größten Kaltblütigkeit das kalte Blut seines Opfers entfernt hat!

Mit Männern geht er eine andere Art von Rivalität ein. Als Sylvie Larchers Anwalt ihn zu seinen sexuellen Übergriffen in Le Cassepot befragt, antwortet Meilhon:

»Ich hab mich vergessen, der Frust, die ganze Scheiße … Ich hab das als Vorspiel betrachtet, ist doch normal. Es gibt Frauen, die sagen erst mal Nein, dann machst du sie ein bisschen heiß, und dann sagen sie Ja. Ich hab kein Problem mit Frauen, was bei Ihnen ja nicht der Fall zu sein scheint.«

Von dieser Beleidigung eines Kriminellen inmitten einer Verhandlung vor einem Schwurgericht erholte sich der Anwalt den ganzen Abend lang nicht. Meilhon sieht sich als »echten Kerl«, als »Womanizer«, doch am Ende des Prozesses ist es eine Frau, die ihn zum Weinen bringt, nämlich die Staatsanwältin Florence Lecoq mit ihrem schonungslosen Urteil: »Dieser große Psychopath kennt nur sein eigenes Gesetz.«

Meilhons Aufmerksamkeiten für Laëtitia sind von seinem sexuellen Bedürfnis, seinem Machismus und Besitzdenken geleitet. Alle, die ihn näher kennen, sagen: Wenn er verärgert ist, bekommt er Tobsuchtsanfälle und wird sehr aggressiv, sowohl in Worten als auch Taten. Eifersüchtig, tyrannisch, nachtragend und unter Alkoholeinfluss besonders gewalttätig, ist Tony jemand, »zu dem man auf keinen Fall Nein sagen darf«, wie seine Mutter von ihrem Sohn sagt, sonst löst man einen heftigen Wutanfall aus, und das heißt Demütigungen und Schläge. Bei seiner letzten Freundin äußerten sich seine »Ausraster« in einem Tritt gegen den Brustkorb und einem Messer am Hals. Ende Dezember 2010, drei Wochen bevor er Laëtitia umbrachte, zeigte sie ihn wegen sexueller Nötigung und Morddrohungen an und ließ als Erste-Hilfe-Maßnahme die Schlösser ihrer Wohnung auswechseln.

Für Meilhon ist eine Frau ein Gebrauchsgegenstand, halb Objekt, halb Prostituierte. Dafür ist sie da, dafür ist sie gemacht. Bei Bedarf gibt man ihr Shit, Geld, ein Handy oder man führt sie aus, danach »weiß sie, wozu das Ganze«. Meilhon spricht auch von »Dingern«, man benutzt sie und wirft sie weg. Leistet die Frau Widerstand, begibt sie sich in Gefahr. Sex basiert auf Gewalt, aber auch die Verweigerung von Sex provoziert Gewalt.

Laëtitia ist passiert, was auch allen anderen hätte passieren können. Meilhons Mutter und seine Ex-Freundin waren fast überrascht: Sie hatten geglaubt, sie selbst würden die Ersten sein. Doch dann traf die in Meilhons narzisstischer Schwäche wurzelnde Grausamkeit ein achtzehnjähriges Mädchen, und ihr »superweiches, zartes Fleisch« wurde zu einem Fleischberg, den man ins

Wasser wirft. Selbst nach der Tat bleibt Laëtitia für ihn Anlass zur unmittelbaren Befriedigung: eine »geile« und sogar »ein bisschen versaute« Frau.

Laëtitia fühlt sich irgendwie von ihm angezogen, doch es ist eine großherzige Zuneigung, ein Gefühl von Mitleid für diesen vom Leben so Gebeutelten; sobald er Sex einfordert, ist sie angewidert. In Le Cassepot bringt er sie zu einer anfänglichen Fellatio, doch dann hört Laëtitia auf oder wehrt sich. Diesen Widerstand erträgt Meilhon nicht, er sieht all seine Hoffnungen vernichtet und sich gleichzeitig in seinem Stolz verletzt. Die weiße Gans hat den Wolf abgewiesen, das kleine Mädchen hat den Übermenschen beleidigt. Laëtitia ist freundlich, strahlend, schön und wird von allen geschätzt; sie ist die Frau oder Schwiegertochter, die sich jeder wünscht, während Meilhon nur von sich selbst bewundert wird, abgesehen von ein paar noch simpler gestrickten Freunden. Laëtitia wird unmittelbar zu einer Feindin, die zerstört werden muss.

Doch zwischen widerlichem Zynismus und entwaffnender Hellsichtigkeit ist Meilhon auch fähig zu sagen, Laëtitia sei ein »supertolles, lebensfrohes, offenes und ehrliches Mädchen« gewesen, das »irgendein Leid in sich« getragen habe. Worauf Franck Perrais erwidert: »Sie war ›supertoll‹ und er zerstückelt sie.«

49
Archaische Brüche

Wie Jessica sich Herrn Patron fügte, fügte sich Laëtitia Meilhon. Ist ihre Gehorsamkeit der Stempel, den männliche Gewalt in beiden hinterlassen hat? Laëtitia hat einen Großteil ihres letzten Lebenstages damit verbracht, den Anordnungen ihres späteren Mörders Folge zu leisten.

Gleichzeitig haben sämtliche Frauen, die mit Meilhon zu tun hatten, seine Gewalt gespürt oder zu spüren bekommen. Anfang Januar weisen viele von ihnen – Kassiererinnen, Prostituierte, Besucherinnen von Bars und Nachtklubs – seine Avancen kategorisch ab und bleiben auf der Hut. Bei Meilhons Prozess erzählte Cléo, er habe versucht, sie auf der Toilette des Barbe Blues zu küssen, und sie habe ihn physisch zurückstoßen müssen: »Als er mich dazu aufforderte, hatte ich Angst. Ich wollte nichts mit ihm zu tun haben.« Nach dem Streit in der Bar hat auch Laëtitia Angst. Doch statt zu flüchten, bleibt sie.

An diesem Tag ist Laëtitia nicht sie selbst. Vielleicht erklärt ihr erster Tabubruch auch alle weiteren: Der Alkohol und die Drogen veränderten ihr Verhalten und schwächten ihren Verteidigungs- bzw. Überlebensinstinkt. Mit seiner aufputschenden, enthemmenden Wirkung hatte dieser Cocktail möglicherweise einen verheerenden Effekt auf die junge Laëtitia.

> »Nach dem Key46 schlage ich ihr vor, zu mir zu fahren, um zu sehen, wo ich wohne. Sie hat nichts dagegen.«

Meilhon hat sie im eigentlichen Wortsinn nicht gezwungen, doch eine unbedarfte Achtzehnjährige zu manipulieren war für einen Mann, der im selben Alter bereits zwei Jahre Gefängnis hinter sich hatte, keine Schwierigkeit. Er ist beeindruckend, sie ist beeindruckbar. Jessica ist nicht mehr da, um ihr zu sagen: »Tu dies nicht, sondern tu das«, und Laëtitia lässt sich einwickeln. Außerdem ist sie nicht motorisiert und von dem Moment an, da sie ihren Scooter nicht mehr dabeihat, von Meilhon abhängig.

Doch gleichzeitig sind diese Verhaltensanalysen zu simpel. Laëtitia, die vielleicht naiv, aber nicht dumm war, die die Grenze zum Verbotenen kannte und mit schlechtem Alkohol und Gewalt, Sexsucht und Bösartigkeit schon in Berührung gekommen war, ging dreimal auf Distanz: im Gespräch mit Kévin, Steven und William. Sie vertraute sich telefonisch ihrem Freund an; den beiden anderen erschien sie »verschlossen«, »bekümmert« und »traurig«, und sie bedauerte, etwas getan zu haben, was sie nicht hatte tun wollen. Doch das hinderte sie nicht daran, den katastrophalen Weg weiterzugehen, dem sie den ganzen Tag lang folgte und der gewissermaßen mit ihrem Fremdgehen in Jonathans Auto begonnen hatte.

Als die Ermittler des Kansas Bureau of Investigation in Truman Capotes *Kaltblütig* die Angehörigen, Freunde und Nachbarn der Clutters vernehmen, erfahren sie, dass »keiner je gedacht hätte, dass von allen Menschen in dieser großen weiten Welt ausgerechnet die Clutters eines Tages einem Mord zum Opfer fallen würden«. Und Laëtitia, diese unauffällige Kellnerin in einem unauffälligen Örtchen? Leider ist es kein völliger Zufall, dass sie an diesem Dienstag, den 18. Januar 2011, zu Freiwild wurde. Laëtitia war zwar kein prädestiniertes, aber doch ein latentes Opfer. Hat Meilhon sie angezogen, weil sie in ihm den großen Bruder, den Geliebten, den Freund oder Vater suchte? Nehmen wir drei Möglichkeiten unter die Lupe.

1. Die missbrauchte Unschuld

Trotz Meilhons Gewaltkarriere geht er an diesem Abend eher einen klassischen Weg der Verführung: ein Spaziergang am Strand, Geflunker über Handlinien, ein Glas in einer Bar, eine Verabredung für den Abend, eine Kneipentour in der Nacht. Den ganzen Abend lang spielt er den großen Zampano: Kokain, ein Geschenk, Nachtbars, Champagner. Denn es ist sein Glückstag: In einem Moment größter sexueller Frustration trifft er auf ein überaus nettes, seriöses, charmantes und aufgeschlossenes Mädchen, das nichts gemein hat mit den von Sozialhilfe lebenden Junkies und den Prostituierten, die er normalerweise frequentiert. Und im Gegensatz zu allen anderen Frauen, an die er sich in den letzten drei Wochen herangemacht hat, läuft Laëtitia nicht schleunigst davon.

Das in einer Pflegefamilie lebende Mädchen, dem jemand freundliche und romantische Dinge erzählt, dem jemand zuhört, das jemand mit dem Handy fotografiert, dem jemand einen Drink ausgibt und Handschuhe schenkt, damit es auf seinem Scooter nicht friert, dieses Mädchen kann für so viel Zuwendung nur offen sein. Meilhon und Laëtitia – der Anfang einer Romanze? Ihre Gemeinsamkeit liegt natürlich in ihren Familiengeschichten mit all ihren Brüchen, Verlusten, Fremdunterbringungen, schulischen Misserfolgen, ihrem Unglück und einer Vaterfigur, die schwer versagt hat.

Meilhon hat zu Laëtitia nicht gesagt: »Komm mit zu mir, ich werde dich vergewaltigen, umbringen und zerstückeln.« Eher hat er gesagt: »Ich find dich mega« oder »Meine Kindheit war auch nicht easy«. Und plötzlich sah sie ihn mit anderen Augen. Statt eines finsteren Außenseiters, eines von Bier und Shit abgestumpften Obdachlosen sah sie einen aufmerksamen großen Bruder, ein Heimkind, einen einsamen, verzweifelten Mann. Am Strand und im Barbe Blues haben sie sich vielleicht von ihrem Leben erzählt. Meilhon hat ihr vielleicht ein Foto von seinem Sohn gezeigt, diesem kleinen Jungen, der ohne Papa aufwächst: »Wenn ich alle Besuchszeiten innerhalb von acht Jahren zusammenrechne, habe ich ihn insgesamt achtundvierzig Stunden gesehen. Erst hat man mir meinen Vater geklaut, jetzt klaut man mir mein Kind. Ich stecke fest, aber ich will da raus. Ich will mir einen Job suchen, dann gibt mir der Richter meinen Sohn wieder.«

Laëtitia hat sich vielleicht daran erinnert, dass ihr Vater ins Hôtel de Nantes gekommen ist, um sie zu besuchen, und dass er stolz auf sie war. In letzter Zeit war sie ihrer Familie wieder nähergekommen und ihr war dabei »gans warm umz herz«. Sie suchte die Liebe eines Vaters, die Zuneigung eines großen Bruders, die Freundschaft eines zuverlässigen Mannes, nicht eine Sexgeschichte, wie Meilhon sie sich erhoffte.

Laëtitia hat geglaubt, sie könne für diesen vom Leben Gebeutelten, der noch mehr Opfer zu sein schien als sie selbst, etwas tun. Ihr von ihrer angeborenen Großherzigkeit genährtes Krankenschwestersyndrom ließ sie meinen, sie könne Meilhon helfen und er sie dafür in ihrem Leid verstehen. Um ihm zu gefallen wie eine kleine Schwester ihrem großen Bruder, wie eine Tochter ihrem Vater, hat sie alles getan, was er von ihr erwartete. Ihre Vergangenheit »voller traumatischer Verluste«, wie Psychologen sagen, hat ihre Art der Beziehung zu anderen bestimmt – die man verführen, festhalten und für sich interessieren muss, damit sie einen nicht verlassen, so wie es sonst alle getan haben.

Dieser Flirt endete in einem Blutbad im Kofferraum eines gestohlenen Peugeots.

2. Die Emanzipation des Teenagers

Laëtitia bekommt bei den Patrons keine Luft. Sie darf rein gar nichts unternehmen. Sie muss sich Vorwürfe gefallen lassen, sobald sie nur ein bisschen zu spät nach Hause kommt. Jedem erzählt sie, sie wolle weg und sich mit ihrem Liebsten in Nantes niederlassen. Und genau da kommt ein *bad boy* daher, ein Straßenjunge, der sich über alle Regeln und Gesetze hinwegsetzt, der sich um sein Leben einen feuchten Kehricht schert und sie zu verbotenen Dingen verführt. Versuchung, Reiz. Dieser Hauch von Romanze erlaubt der jungen Frau, bewusst oder unbewusst einen Mangel zu beheben.

Denn Tony Meilhon ist der junge Franck Perrais: eine kaputte Kindheit zwischen einem Alkoholikervater und Heimen, Kleinkriminalität, locker sitzenden Fäusten und Gewaltausbrüchen, aber auch großer Freigebigkeit, Selbstbewusstsein und einer paradoxen Form von Selbstsicherheit, einem gewissen Trotz und dem Quäntchen Verrücktheit, die das Leben lustiger macht. Drogen probieren, durch Nachtlokale ziehen, ins Auto eines Unbekannten steigen, erst nach Mitternacht nach Hause kommen: eine gute Art, um dem Patron-Joch zu entkommen und zugleich dem Perrais-Geist treu zu bleiben. Das erklärt, warum ein Mädchen mitten in der Woche um

22 Uhr in einer Spelunke unter lauter Säufern landet. Als die Deslandes von einem Gast am nächsten Tag davon erfuhren, wollten sie ihm nicht glauben.

Meilhon war für Laëtitia eine Emanzipationsfigur, während es ihr sowohl an Zuneigung als auch an Hellsicht mangelte, da ihr Selbstschutzsystem seit frühester Kindheit blockiert war. Laëtitia, deren Entwicklung eher langsam voranschritt und deren Facebook-Nachrichten zeigen, dass sie noch in der Pubertät steckte, nahm Meilhon als Reifebeschleuniger wahr, als ein Versprechen neuer Reize, als Komplizen für das Unbekannte. Genauso streunt der unbedarfte Backfisch in *Tout ce qui brille* um ein unerreichbares Universum herum, bereit, sich dem nächstbesten Gecken an den Hals zu werfen. Laëtitia hatte eine unbändige Lust, geliebt zu werden, ein verzweifeltes Bedürfnis, jemandem wichtig zu sein; gleichzeitig wollte sie zu unbekannten Ufern aufbrechen. Meilhon konnte ihr eine Pseudoleidenschaft vorgaukeln: mit einem vermüllten Peugeot statt einem Mercedes Coupé, Handschuhen vom Leclerc statt eines Rings, dem Key46 in Pornic statt der Fifth Avenue.

Womit hätte diese Initiation enden müssen? Im Zeugenstand gibt Frau Laviolette eine Antwort: »Genau das ist das Problem mit Teenagern, die in Pflegefamilien aufwachsen. Jahrelang werden sie stark fremdbestimmt, und entsprechend hoch ist ihr Freiheitsdrang. Laëtitia muss überfordert gewesen sein, sie hat die Grenzen nicht gesehen.« Laëtitia, die endlich selbstständig wurde, ging zu weit. Innerhalb weniger Stunden verlor sie den Boden unter den Füßen und wurde von den Ereignissen überrollt, als spülte das Meer mit unvorhersehbarer Wucht über alles hinweg und risse einem die Beine fort.

Doch man muss kein Mündel des Jugendamts sein, um in der Pubertät unüberlegte Risiken einzugehen. Gehen wir selbst ein paar Jahre in unserem Leben in die Zeit des Unbehagens und zu Momenten des Stillstands zurück, in denen wir hätten untergehen können. Die AFP-Journalistin Alexandra Turcat erklärte mir dazu: »Laëtitia ist der Teenager, der viele von uns einmal waren: mit Anfällen von Depression und manchmal von Verzweiflung. Da wird einem klar, dass man selbst viel Glück hatte, wieder ins

Leben zurückgefunden zu haben und auf die Beine gekommen zu sein – sie dagegen nicht.«

3. Der Ruf des Todes

Als wir selbst damals ähnliche Risiken eingingen, hat uns ein unscheinbares Licht gerettet: die Liebe unserer Eltern, ihr schrecklicher Kummer, wenn wir sterben würden. So blieben wir am Rand des Abgrunds stehen, traten einen Schritt zurück und fanden den Weg nach Hause wieder, ohne deshalb diese wenigen Schritte ins Unvertraute zu bedauern.

Laëtitia dagegen hat nichts aufgehalten. Wer hängt an ihr? Papa trinkt Bier und prügelt, Mama nimmt Medikamente und schläft, Herr Patron hält Moralpredigten und grapscht. Laëtitia gehorcht. Ihr traumatisiertes Gedächtnis führt sie heimlich an der Hand. Man gehorcht einem aggressiven Kerl, der einem Befehle gibt. Man fällt in Schockstarre, wenn er die Hand gegen einen erhebt. Die Gefahr und die Panik führen zu einer Lähmung, als hätte sich der eigene Verstand zusammengezogen. Der eigene Wille hemmt einen. Das Ganze passiert einem selbst, doch dieser eine ist ein anderer.

Laëtitias Schicksal zeigt, dass manche Kinder ihr ganzes Leben lang verletzbar bleiben. Sie sind ständig in Gefahr, selbst mit einem Facharbeiterbrief, einem Scooter, einem Helm, einem Handy, einem Bankkonto und einem Gehalt.

Als Laëtitia drei Jahre alt war, sagte ihre Mutter über sie: »Ich habe Angst, dass ihr Vater sie umbringt, weil er sie nicht liebt.« Danach wurde sie als kleine Memme beschrieben, als kleines Ding. Am Ende ihres Lebens gesteht Laëtitia Lola blass und ungewöhnlich verbittert, sie sei von ihrem Pflegevater vergewaltigt worden; sie verfasst drei Abschiedsbriefe, in denen sie anderen ihre Habe und Organe vermacht; in der Woche vor ihrem Tod sagt sie ihrer Schwester immer wieder, sie liebe sie; am 15. Januar schenkt sie Anaé ihr Pferdebuch.

Die Art und Weise, wie sich Laëtitia an jenem Dienstag, den 18. Januar, dem Wolf in den Rachen wirft, hat etwas Selbstmörderisches. Das heißt nicht, dass sie sich mit der Hilfe eines Unbekannten willentlich umgebracht hat. Ihre Reue am Telefon, ihre Empörung per SMS (»nn, schlimer«), ihre Wut, als sie aus dem Peugeot aussteigt, ihre Rückfahrt mit dem Scooter, während Meilhon ihr hinterherjagt, beweisen das Gegenteil. Laëtitia hat großen Lebenshunger. Dennoch hallt in ihrer freiwilligen Selbstgefährdung von 17 Uhr bis Mitternacht eine Tragik wider, die das Echo ihrer Kindheit ist.

Ein in die Falle gegangenes Tier, das sich auffressen lässt.

Resignation vor dem Schicksal, das von Sophokles bis Faulkner Familien trifft.

Unterwerfung unter das Gesetz der Männer.

All das ist Laëtitias Erbe. Wenn Meilhon wie ihr Vater ist, ist sie selbst dann nicht wie ihre fragile, erloschene Mutter, die sich dem Mann ausliefert, der sie mit dem Cutter aufschlitzt, um sie zu vergewaltigen?

Sie akzeptiert, dass sich alles wiederholt, sie willigt ein.

»Ist mir egal, ich bin sowieso schon tot.«

Schon bevor Laëtitia auf Meilhon trifft, befindet sie sich in der Sackgasse. Wurde sie von ihrem Pflegevater missbraucht, wie Lola Laëtitias Geständnissen am Strand entsprechend behauptet? Es genügt, dass sie begriffen hat, wer Herr Patron wirklich ist und welche Art von »Zuneigung« ihn zu Jessica und den Kindern des Jugendamts treibt. Von da an ist sie in einem Doublebind gefangen: Wenn sie das Haus verlässt, gibt sie ihre Schwester auf; wenn sie bleibt, willigt sie in ihr eigenes Unglück ein und verschreibt ihre Zukunft einem Haus, das Herr Patron einen Steinwurf von seinem entfernt für sie beide baut. Wären sie stark genug gewesen, dem zu entsagen?

*

Am Ende sagte Laëtitia Nein. Nein zu Meilhon, Nein zur Autorität, Nein zum Kokain. Nein zu den Entscheidungen, die andere an ihrer Stelle treffen. Nein zu den Drohungen, Belästigungen, Schlägen und zu erzwungenem Sex. Sie forderte ihn auf, sie nach La

Bernerie zurückzubringen. Auf die Tür des Peugeots gestützt, sagte sie ihm ins Gesicht, sie werde ihn anzeigen. Sie sagte mit klarer und fester Stimme Nein, ohne zu zögern und ohne zu zittern. Das kostete sie das Leben.

Sie starb als freie Frau.

Ihr Tod hat Jessica befreit. Laëtitias Ableben hat ihren Freundinnen den Mut geschenkt, gegen Herrn Patron auszusagen. Dank ihrer Schwester und dank ihrer Freundinnen entkam Jessica letztlich den gerade geschnittenen Hecken der Route de la Rogère.

Sie lebt als freie Frau.

50
Feminizid

Laëtitia wurde gleichzeitig geschlagen, erstochen und erwürgt. Sie wurde mit einer Metallsäge zerstückelt und ihr Leichnam in Mülleimer gestopft, bevor er als Aas zu den Fischen ins Wasser geworfen wurde. Laëtitia wurde »mehr als getötet«: Innerhalb von wenigen Stunden blieb von einem jungen, lebendigen Mädchen nicht mehr übrig als ein Haufen Fleisch, blutende Gliedmaßen, ein abgeschnittener Kopf und ein von einem Hohlblockstein beschwerter Rumpf. Diese Auslöschung setzte einer Serie von Handlungen ein Ende, die mit der abgebrochenen Fellatio ihren Anfang genommen hatte: Laëtitia wurde *als Frau* umgebracht, als das, was in ihr eine Frau war, die unterworfen, überwältigt und zerstört werden musste. Der Totschlag Laëtitias, der Bestrafung und Rache zugleich war, ist ein misogynes Verbrechen.

Meine Frau sagte mir mit Tränen in den Augen: »Irgendwann war sie einmal ein Baby in den Armen ihrer Mutter.« Ich antwortete ihr, ich sei mir dessen nicht sicher, von Beginn an sei Laëtitias Leben Chaos und Zerreißprobe gewesen. Doch meine Frau hatte recht. Sylvie Larcher bat darum, Fotos von der Leiche ihrer Tochter zu sehen. Ihre Anwältin und ihre Betreuerin in der Psychiatrie waren sehr skeptisch, doch Frau Larcher bestand darauf und setzte sich durch: Sie wollte bis zum Schluss mit ihrem Kind zusammen sein.

*

Beim Prozess musste über all das gesprochen werden. Die Gerichtsmediziner traten nacheinander in den Zeugenstand und man musste sich über Fachbegriffe verständigen, die Distanz schaffen und die Dinge unwirklich erscheinen lassen: »Chronologie der Traumata«, »Würgemechanismus«, »osteokartilaginärer Halteapparat des Halses«.

Die Fotos von Lavau und Briord mussten angeschaut werden: die abgetrennten Gliedmaßen, der schlammüberzogene Kopf voller Blutergüsse, der an den Hohlblockstein gebundene Rumpf. Man tauchte in den Teich, in den von unbewegten grünen Eichen umrandeten See des Schreckens.

Als die Fotos der Leiche vorüberziehen, wirkt Meilhons Gesicht sehr mitgenommen; man hat den Eindruck, er weint. Wird er reden? Kurz darauf beschließt der Richter, die Sitzung zu unterbrechen, um allen eine Verschnaufpause zu gönnen, und als die Verhandlung fortgesetzt wird, hat Meilhon sein Grinsen wiedergefunden.

Im Laufe der Obduktion und der Eröffnung des Prozesses hat Meilhon ein neues Szenario entworfen. Nach dem Scooterunfall habe er die leblose Laëtitia in eine Plane eingewickelt und in den Kofferraum gelegt, wo sie unglücklicherweise erstickt sei. Er gibt zu, ihr Messerstiche versetzt zu haben, aber erst, als sie schon tot gewesen sei, um das Ganze wie eine niederträchtige Entführung aussehen zu lassen. Auf ein bereits totes Opfer einstechen? Keinen Unterschied machen zwischen einer lebenden jungen Frau, einem möglicherweise ohnmächtigen Menschen und einem Kadaver? Einem leblosen Körper, einer reglosen Masse, deren Gewicht unter einem nachgibt? Meilhon verteidigt seine verkorkste Logik. Und die Würgemale? Die stammten von ihm, nach der Fellatio in Le Cassepot, aber dieser Wutausbruch habe nur einige Sekunden gedauert und nicht ihren Tod verursacht. Und die Abwehrverletzungen auf Laëtitias Händen? Sie habe sich vielleicht im Kofferraum verletzt, es sei auch Schrott darin gewesen.

Danach habe er einen Freund zu Hilfe gerufen, den er nicht verraten wolle. Dieser Herr X habe ihm erklärt, sie würden es »so wie Dexter« machen, der Held einer amerikanischen Serie, der tagsüber Gerichtsmediziner ist und nachts ein *serial killer* und der weiß, wie man Leichen verschwinden lässt. Der Komplize habe ihm geraten, eine Säge zu nehmen. Meilhon habe »beim linken Arm angefangen«, doch er sei unfähig gewesen, weiterzumachen, und so habe Herr X die Arbeit für ihn übernommen.

Meilhon gibt selbst zu: Seine Version klinge absurd, doch das

Ganze sei »ein Riesendurcheinander gewesen«. Auf jeden Fall entspricht es nicht dem Bild, das er sonst gern von sich zeichnet: einer Mischung aus Opfer, Ganove und Ritter. Nachdem er Laëtitia das Leben genommen hat, verweigert er ihr mit seinen Lügen auch noch einen Tod in Würde.

Man musste diese Show eines Kriminellen, der sich »Ruhm« erwerben will, über sich ergehen lassen. Vor dem Gerichtsgebäude stehen Leute Schlange, um dem Prozess beizuwohnen, von dem alle Medien sprechen. Der Sitzungssaal ist so voll, dass man einen weiteren Raum freigeben muss, in den die Verhandlung übertragen wird. Meilhon weiß das. Sein Stolz und sein Machtgefühl werden dadurch noch potenziert. Lustvoll spricht er von Sex und Tod. Der Bericht von der Fellatio in Le Cassepot verschafft ihm Genuss – weniger den, den er an diesem Abend empfand, als den seiner abschreckenden Wirkung auf das Publikum. Ein Psychiater: »Er weiß, dass er Angst auslösen kann, das ist eine seiner Stärken, auf die er sich stützt.« Als Meilhon hinter seiner Glasscheibe von den Messerstichen erzählt, bewegt er sein Becken rhythmisch mit.

Morde von Männern an Frauen sind oft extrem gewalttätige Nahkämpfe, erklärt mir Cécile de Oliveira: eine Art, die Frau zu besitzen, wenn die sexuelle Beziehung scheitert. Eros und Thanatos. Für den Rechtsmediziner Renaud Clément ist Erwürgen eine sexualisierte Tat. Der Fund von Prostatasekret (und nicht Sperma) in Laëtitias Mund weist darauf hin, dass es nicht zur Ejakulation kam. Der spätere Gewaltausbruch ist auf diese Frustration zurückzuführen. Der Totschlag war eine Art Rache: Weil der Mann nicht ejakuliert hat, hat er massakriert.

Meilhon antwortet mit einer Abgebrühtheit, die den Saal erstarren lässt. Als die Staatsanwältin ihm mitteilt, er habe insgesamt vierundvierzig Messerstiche ausgeführt, wundert er sich:

»Vierundvierzig? Okay ...«

Später bemerkt der Vorsitzende Richter:

»Der Rumpf des Opfers und der Hohlblockstein wiegen zusammen 51 Kilo. So ein Gewicht hebt man nicht so leicht, Herr Meilhon.«

»So viel wie ein Zementsack.«

Er bekennt nur die Fellatio und die Messerstiche. Er gesteht weder die Tötung noch die Zerstückelung und auch nicht die zweifache Versenkung der Leichenteile – die überlässt er Herrn X. Die Lust, getötet und zugesehen zu haben, wie das Leben aus Laëtitia wich, behält er für sich – ein letztes Geheimnis, das er »seinem« Opfer entrissen hat.

»Was ist Ihre schlimmste Erinnerung im Leben?«, fragt Cécile de Oliveira.

Schweigen. Nach einigen Sekunden:

»Was ich im Rahmen dieser Sache gemacht habe.«

An einem anderen Tag hakt sie nach:

»Um wie viel Uhr haben Sie zugestochen?«

»Gegen eins, halb zwei.«

»Wie sah der Mond aus?«

»Rot und hell.«

Schließlich musste der Gerichtsmediziner gefragt werden, wie sehr Laëtitia hatte leiden müssen.

»Wo würden Sie Laëtitias Schmerzen auf einer Skala von eins bis zehn verorten?«, fragt Cécile de Oliveira.

»Der Schmerz kann extrem gewesen sein, fast bei zehn«, antwortet Renaud Clément. »Doch es gibt Stresssymptome, die den Schmerz auslöschen und bis auf null absenken können.«

»War Laëtitia klar, dass sie starb?«

»Sie kann bewusstlos geworden sein. Der Todeskampf dauerte nicht lange, zwischen einer und anderthalb Minuten.«

Frau Larcher verlässt den Saal.

*

Als die Gendarmen die junge Frau zu Beginn der Fahndung in der Loire, auf Hohlwegen und sogar in Heuschobern suchten, kicherte Meilhon in seiner Zelle. Bei einem Gedenkmarsch erklärte der Anwalt der Patrons: »Wenn er die menschliche Gemeinschaft nicht endgültig verlassen hat, kann er uns nicht *nicht* sagen, wo Laëtitia ist.« – Meilhon brach sein Schweigen nicht. Der Tötung fügte er noch die Schändung, Verspottung, Verzotung und Entmenschlichung Laëtitias und die Verachtung ihrer Angehörigen hinzu.

Man muss Meilhon verteidigen. Ich meine: Man muss sich freuen, dass es Männer und Frauen gibt, die bereit sind, dieses Wesen zu verteidigen. »Alle verteidigen«, sagte der Anwalt Albert Naud. Im Jahr 1977 hatten die Anwälte Badinter und Bocquillon vor dem Schwurgericht des Departements Aube die Ehre, das Leben des Mörders eines siebenjährigen Jungen zu retten. Denn man muss sich nichts vormachen: Zu anderen Zeiten wäre Meilhon zum Tode verurteilt worden. Und ihn zu verteidigen, sich zu zwingen, ihn zu verteidigen, ist eine Art und Weise, auch eine bestimmte Idee von Gerechtigkeit zu verteidigen und sie all den Reden vom verdienten Tod, allen Rufen des Hasses und widerlichen Argumenten à la »Ich bin für …« und »Frankreich hat Angst« entgegenzusetzen.

Größenwahnsinnig, manipulativ, mehrfach transgressiv und »psychopathisch«, wie er im Prozess genannt wurde, hat Tony Meilhon die menschliche Gemeinschaft *nicht* verlassen, denn genau diese Attribute sind menschlich. Doch er hat die Gemeinschaft der freien Menschen verlassen, für immer: Er wird den Rest seiner Tage im Gefängnis verbringen. Seine Haltung während des Prozesses hat mit dieser Perspektive zu tun. Laëtitias Aufenthaltsort nicht preiszugeben, als die Fahndung auf Hochtouren läuft, ist Teil einer Verschleierungs- und Selbstentlastungstaktik. Doch den Totschlag nicht zu gestehen, als alles bereits entdeckt ist, keine Reue zu zeigen und mit Händen in den Taschen von der Zerstückelung zu berichten, das gehört zu einer anderen Logik: der Haft als einziger Zukunftsperspektive.

Meilhon sind die Gefängniscodes bestens bekannt: sich »Respekt« verschaffen, notfalls mit Gewalt; für »schwere Taten« Anerkennung ernten (die drei bewaffneten Raubüberfälle von 2003); »männlich« sein (Sexualstraftäter drangsalieren); seine Komplizen nicht »liefern« (den angeblichen Herrn X); sich über seine Opfer lustig machen (»aus dem Rest ein Steak Tartare machen«). In *France-Soir* erinnerte sich einer der Händler, die Opfer seiner Raubüberfälle geworden waren, an das spöttische Grinsen dessen, der damals nur ein Junkie auf Geldsuche war: Beim Prozess »schaute er oft auf seine Uhr. Man sah genau, dass ihm das alles völlig gleichgültig war.«

Nach der Vergewaltigung seines Mithäftlings 1997 musste Meilhon sich viel einfallen lassen, um sich keinen Ruf als Sittich einzuhandeln – und das Schicksal eines solchen zu erleiden. Im Gefängnis blieb er eine Bekanntheit, ein Hartgesottener, einer, den man nicht herausfordern sollte. Zu keinem Zeitpunkt zwischen seiner Festnahme und seinem Prozess trug er zur Auffindung der Wahrheit bei. Im Jahr 2013 nun geht es für ihn nicht darum, Verantwortung für seine Taten zu übernehmen oder zu bereuen, welches Leid er verursacht hat, sondern seine Zukunft zu gestalten: In der Maison centrale wird der Staatsfeind Nr. 1 der Sarkozy-Jahre vom Nimbus der Berühmtheit und der besonderen Grauenhaftigkeit seiner Tat umgeben sein.

Gibt es eine Skala des Schmerzes? Gibt es eine Skala des Bösen?

Tony Meilhon wurde zu einer lebenslänglichen Gefängnisstrafe von zweiundzwanzig Jahren ohne Haftminderung mit anschließender Sicherungsverwahrung verurteilt. Da er das Recht dazu hatte, ging er in Berufung.

51
Die Stille in der Nacht

Auf dem Totenschein, der vor der Bestattungsgenehmigung ausgestellt wurde, steht: »Der Tod von Fräulein Laëtitia Perrais trat am 19. Januar 2011 an einem bislang unbestimmten Ort ein und wurde am 1. Februar 2011 in Lavau-sur-Loire (44) festgestellt.«

Laëtitia ist nicht bei einem Völkermord gestorben, doch wenn ich diese Zeilen lese, kann ich nicht anders, als an die tragikomische Szene in *Das Atelier* von Jean-Claude Grumberg zu denken, in der eine junge Witwe 1949 einen Zettel bekommt, auf dem erklärt wird, ihr Mann sei »in Drancy, Seine, gestorben«. Ihre Kollegin ist entrüstet: »Warum schreibt man nicht die Wahrheit über die Deportationen nach Auschwitz?« In Laëtitias Fall hätte man die Wahrheit hingeschrieben, wenn man sie gekannt hätte. Doch man weiß weder wo noch wann sie ihr Leben verlor; man weiß nur, dass sie beinahe kein Begräbnis gehabt hätte.

Die Tötung fand zwischen dem Zeitpunkt der Entführung um 1.05 Uhr (das Handy der jungen Frau wählte sich ein letztes Mal in die Funkzelle von Pornic ein) und 2.13 Uhr statt, als Meilhons Handy sich (auf der Rückkehr nach Le Cassepot) ins Netz von Arthon-en-Retz einloggte. Das Risiko war zu groß, sie noch einmal lebend in das verschlafene Nest mitzunehmen, und sei es, um sie zu vergewaltigen.

Um 1.10 Uhr bemerken Patrick und Jeff von ihrem Auto aus den umgekippten Scooter am Straßenrand der Route de la Rogère; Laëtitia befindet sich zu diesem Zeitpunkt im Kofferraum des Peugeots, der gerade vor den Augen der letzten Gäste des Barbe Blues durch La Bernerie rast. Um 1.42 Uhr schaltet sich Laëtitias Handy ab, entweder ist der Akku leer oder Meilhon macht ihn funktionsunfähig, zum Beispiel indem er ihn aus dem Telefon nimmt. Um 1.54 Uhr schickt William Laëtitia eine letzte SMS: »hab angst um dic hab dich so gern will d n verlirn bitte ich libe dichd bist m eintsige freundin liebed zu ser umd zu verliirn ild«. Diese Nachricht ist auf Laëtitias im Schlick des Trou bleu wiedergefundenen Handy als »nicht gelesen« gekennzeichnet.

Meilhon behauptet: »Sie hatte das Handy noch bei sich, denn ich habe es ihr erst später abgenommen.« Geht man davon aus, dass er es war, der es um 1.42 Uhr ausschaltete, dann muss man annehmen, dass die Tötung gegen 1.30 Uhr stattfand. Laëtitia hätte dann mehr als zwanzig Minuten lang barfuß und mit verletztem Knöchel im Dunkel des Kofferraums gelegen. Und vielleicht gab es zuvor eine Vergewaltigung oder einen Vergewaltigungsversuch, den der zweieinhalbmonatige Aufenthalt im Étang de Briord unkenntlich gemacht hat.

Der Ort, an dem sie umgebracht wurde, ist unbekannt. Meilhon behauptet, bevor er Laëtitia in den Kofferraum geladen habe, sei er eine Straße zwischen La Bernerie und der D66 entlanggefahren und dann einen Feldweg zu einem kleinen Wald, wo er sie erstochen und erwürgt habe, um den Scooterunfall als Verbrechen eines Herumstreuners zu tarnen. Vorstellbar ist, dass Laëtitia aus dem Kofferraum geholt, auf die Erde geworfen und am Boden liegend hingemetzelt wurde, Meilhon rittlings auf ihr. Auf jeden Fall handelt es sich um einen Totschlag im Freien: Für einen solchen Gewaltausbruch und um für die tiefen Stiche weit ausholen zu können, braucht man Platz. Wäre Laëtitia direkt im Auto umgebracht worden, wären außerdem auch die oberen Teile der Fahrerkabine mit Blut bespritzt worden. Nach der Tötung wurde ihre Leiche dann in den Kofferraum gelegt, daher die Blutströme.

Laëtitia war bei Bewusstsein, wie die Abwehrverletzungen auf ihren Händen zeigen.

Ebenso kann man sich vorstellen, dass Laëtitia zwischen ihrer Entführung gegen 1.05 Uhr und ihrem Tod gegen 1.30 Uhr in dem Wäldchen oder im Kofferraum des Peugeots einen Anfall von Panik und roher Angst bekommen hat. Sie wehrt sich, schreit, trommelt mit Händen und Füßen gegen das Blech des Wagens. Meilhon hält an, springt trunken vor Hass aus dem Fahrzeug und beschließt, all dem ein Ende zu bereiten.

Alles ist vorstellbar.

*

Heute Nacht konnte ich lange nicht schlafen. Meine Nervosität rührte von der brütenden Hitze her, der Abfahrt meiner Töchter ins Ferienlager, aber auch von der Aussicht, dieses Kapitel schreiben zu müssen.

Ich setzte mich ans offene Fenster – das Fenster, das vor genau fünf Jahren bei einem Gewitter zersprang –, und in der stehenden Nachtluft warf ich einige Zeilen auf den Rücken eines Briefumschlags. Dann beschloss ich, nichts weiter zu schreiben, weil es nichts anderes zu beschreiben gab als die Lautlosigkeit der kleinen Landstraße in der eisigen Winternacht, nachdem die Schreie verstummt waren. Außerdem wissen Sie sonst schon alles.

Ich legte den Umschlag auf meinen Computer und ging wieder ins Bett, wie Jessica, Herr Patron und die Nachbarin Jahre zuvor, denn wie sie wusste ich, dass ich nichts weiter tun konnte.

52
Sphären der Ungerechtigkeit

Als ich Jessica vor zwei Jahren in der Kanzlei von Cécile de Oliveira traf, versprach ich ihr, dass ich ihr keine traurigen, sondern nur fröhliche Fragen stellen würde, Fragen über das Leben, als sitze Laëtitia ein bisschen schmollend oder auch nur eingeschüchtert etwas abseits neben uns auf einem Stuhl.

Einmal spielten wir in einem Café das Porträtspiel.

Und was wäre sie als Blume? Eine Lilie.

Und als Landschaft? Ein Meer. Laëtitia zog irgendwie Quallen an, dann badete sie plötzlich inmitten von Quallen und war so erschrocken über diese geisterhaften Wasserwesen, dass sie so lange um Hilfe rief, bis Jessica kam.

Und als Ort? Ihr Zimmer.

Als Beleidigung? Jessica stellt klar: »Bei Herrn und Frau Patron waren Schimpfwörter verboten. Aber als wir neu bei ihnen waren, sagten wir viele.«

Und als Farbe? Blau. Sie liebte Blau und auch Rot und Schwarz. Alles außer Gelb.

Als Speise? Sie hasste Rosenkohl und Chicorée mit Schinken. Von den Fertigeistüten mochte sie nur Cornetto. Man musste das Eis essen und ihr die Waffel übrig lassen.

Als Lied? Sie war der Ansicht, *Drôle de vie* sei wie für sie geschaffen.

*

Ein andermal kam Jessica gerade aus der Psychiatrie, also ließ ich meinen Computer in der Hülle und wir sprachen über sie. Sie war fröhlich. Sie hatte abgenagte Fingernägel. Sie trug eine knallblaue Hose, die sehr frühlingshaft wirkte; eine rote Locke hing an ihren kurzen schwarzen Haaren herab. Ihre Freundin hatte sie gerade verlassen, doch die Mutter der Freundin hatte ihr versprochen, dass ihr Haus immer für sie offenstünde. Im Krankenhaus nehmen die Ärzte einem das Handy und alle scharfen Gegenstände ab. Das Heim für Jugendliche, das ist vorbei: Sie ist in eine 55 Quadratmeter große Wohnung gezogen, in der sie allein lebt. Sie schläft auf einer Luftmatratze. Von ihrem Vormund erhält sie 100 Euro die Woche für Essen und Kleidung. Sie würde gern den Führerschein machen, aber sie ist noch bei der Straßenverkehrsordnung, »und das will mir nicht in den Kopf«.

Nach der Anklage gegen Herrn Patron wurde sie aus der Familie buchstäblich verstoßen. Sie wurde behandelt, als sei sie die Schuldige, eine »Schlampe«. Als sie zu Maelys' Geburtstag eine SMS schickte, erhielt sie die Antwort: »Wir haben dich schon vergessen.« Der Angriff, der am weitesten unter die Gürtellinie zielte, kam von einer Patrontochter beim Prozess ihres Vaters: »Wenn Laëtitia selbstmordgefährdet war, dann, weil Jessica eine Lesbe ist.«

Manchmal, wenn sie ihre Schwester besuchen fährt, kommt sie am Haus der Patrons vorbei. Sie wirft einen Blick übers Gartentor, um zu sehen, ob die Autos dastehen und ob es eine Veränderung gibt. Sie würde sie gern wiedersehen, aber sie wollen nicht. »Mimi« und »P'tit Loup« wurden für sie zu »Madame« und »Monsieur«, als sei sie eine Hausangestellte. Früher hatte Herrn Patrons Schwester sie dazu gebracht, an Supermarktausgängen Benefizstände mit Einkaufslisten für die Grundausstattung Bedürftiger zu betreuen. Letzte Weihnachten erinnerte sich Jessica daran, kaufte ein Gläschen Babynahrung und gab es den Leuten vom Stand.

Die Therapiesitzungen mit Frau Carr, der Psychologin in Paimbœuf, musste Jessica abbrechen, der Conseil général wollte das Taxi nicht mehr bezahlen.

Am Vorabend des Berufungsprozesses rief Jessica ihren Vater an, es sei dringend, sie müsse unbedingt Laëtitia besuchen. Mitten in der Nacht fuhren sie zum Friedhof von La Bernerie.

Jessica wird als Entschädigung 50 000 Euro für ihre Schwester und 20 000 aus dem Fall Patron bekommen.

Sie macht sich Vorwürfe, dass sie Laëtitia nicht retten konnte, dass sie sie in der Nacht der Entführung nicht um Hilfe rufen hörte. Damals, als ihr Vater Laëtitia im Leeren hängen ließ, war Jessica noch zu klein, um ihr zu helfen. Doch danach war sie erwachsen. Sie hätte es tun können.

Sie denkt jeden Tag an Laëtitia. Heiteres und Trauriges. Sie hat Lust, bei ihr zu sein, mit ihr zu reden: »Wie geht's dir, was machst du so?« Manchmal träumt sie von ihr. Es ist schönes Wetter, sie sind am Strand, sie baden, es ist wie früher. Aber auch Albträume: Jessica ist mit Meilhon und Herrn Patron auf einem Boot, Laëtitia ertrinkt gerade und die beiden Männer plaudern auf der Brücke, ohne zu reagieren. Ein anderer Albtraum: Meilhon tut ihr dasselbe an wie Laëtitia. Beim Aufwachen kneift sie sich ins Fleisch: »Uff, ich bin noch da.«

*

Jessica ist dem Feuerkreis lebend entkommen. Sie hat das Verhängnis und den Tod überwunden. Sie ist immer noch Laëtitias Zwillingsschwester, aber auf der Seite des Lebens.

Zu Mittag kommen Hunderte Beamte mit ihrem Tablett an ihr vorüber, bevor sie die Gurkenwürfel essen, die sie geschält und geschnitten, die Karotten, die sie gerieben, und die Nachspeisen, die sie sorgfältig in Gläsern in die Vitrine gestellt hat. Wüssten sie, dass sich in dieser harmlosen jungen Frau eine Heldin unserer Zeit verbirgt, deren seelische Kraft zum Vorbild für alle kleinen und großen Unglücke des Lebens gereicht, würde der ganze Speisesaal auf die Knie gehen. Neben jemandem wie Jessica ist man nicht mehr Chef von dem und dem oder Professor dort und dort, sondern ein winziges Menschlein, das mit seiner bröckeligen Seele in der Hand seinen Weg entlangtappt.

Als Mensch ist es schwer zu ertragen, was Laëtitia erleiden musste: das Baby, das von einem Schäferhund beschützt werden muss, das kleine, hin- und hergerissene Mädchen, das seine Traumata nicht benennen kann, der Teenager, der sein einziges Buch und seine Organe verschenkt, weil er die Lüge ringsum nicht mehr erträgt, die junge Frau, deren Büste von Messerstichen verwüstet in einem Teich schwimmt.

Als Mann ist es noch schwieriger. Wenn ich mich vor Jessica manchmal schäme, dann weil ich ein Mann bin und Männer ihr das ganze Leben lang Leid zugefügt haben. Männer sind die, die ihre Auseinandersetzungen mit Cutterschnitten austragen, die einen mit Faustschlägen niederstrecken, die auf die Küchenrolle ejakulieren, die man ihnen hinhalten soll, die einen erstechen, die einem den Hals brechen wie einem Huhn. Für sie ist man entweder ein Lustobjekt oder ein Blitzableiter. Oder sie sind die Minister, die Führungskräfte, diejenigen, die im Fernsehen sprechen, die wissen, befehlen, recht haben, die von einem, über einen, in einem und durch einen sprechen. Und am Ende sind es immer die Männer, die gewinnen, weil sie mit einem machen, was sie wollen.

Zum ersten Mal schäme ich mich für mein Geschlecht.

Ich spreche ein Intellektuellenfranzösisch, ein zu strenges Idiom, um in die geschmeidige Haut der sozialen Netzwerke, Tweets, Emojis und WhatsApp-Nachrichten zu schlüpfen. Jessica spricht ein Alltagsfranzösisch mit westfranzösischem Einschlag. Sie sagt »Das macht mich kirre«, »frühs« für »morgens« und benutzt den Euphemismus »als Laëtitia gegangen ist«. Ihre lapidaren und nie unterschriebenen SMS verkünden: »Wir rufen uns zusammen«, »ok für trefen, aber welche urzeit«. Ich bin ein Wortmensch, sie ein Mensch der Diskretion. Sie ist hieratisch, ich bin beweglich. Dennoch haben wir uns etwas zu sagen. Unsere Gespräche sind glückliche Momente, unsere gleichzeitige Anwesenheit macht uns ruhig.

Ich habe Jessica nie angerufen, ich habe nie erfahren, wo sie wohnt. Nachdem Cécile de Oliveira sie einmal wegen Verfahrensfragen getroffen hatte, berichtete sie mir: »Sie nennt dich ›den Schriftsteller‹, sie vertraut dir.« Das hat mich sehr erleichtert.

Ich bin stolz, Frauen wie Cécile de Oliveira und Alexandra Turcat zu kennen. Anwältin, Journalistin: angeblich keine »Frauenberufe«. Wussten Sie, dass Jeanne Chauvin, Doktorin der Rechtswissenschaft, unter Gelächter hinauskomplimentiert wurde, als sie 1897 vor das Berufungsgericht von Paris trat, um ihren Anwaltseid abzulegen? Erst im Jahr 1900 wurden Frauen zur Anwaltskammer zugelassen, und dreißig Jahre später zählt der Studiengang Rechtswissenschaft immer noch nur 18 Prozent Studentinnen. Der Richterstand hörte erst 1946 auf, ein Männerrevier zu sein, zwei Jahre nachdem Frauen Wählerinnen und wählbar geworden waren. Was ist Emanzipation? Arbeiten zu können, das Wahlrecht zu haben, über seinen Körper zu verfügen, seine sexuellen Vorlieben zu vertreten, sein Leben zu leben.

Ich denke oft an Jessica. Vor allem hat sie Angst: vor ihrem Vater, davor, abends allein nach Hause zu gehen (»bei allem, was man so hört«), davor, zu rauchen, zu trinken und zu feiern, denn das letzte Mal, dass ihre Schwester ein Glas Champagner trank, kostete sie das Leben. Ich würde ihr gern helfen, sie begleiten, sie unterstützen, sie zu Ikea fahren, damit sie sich einen Lattenrost und Möbel kauft, ihr wie unseren Kindern Kraft geben, damit sie ihren Weg allein fortsetzen kann. Doch Jessica braucht niemanden. Wenn es hart auf hart kommt, hat sie ihre Eltern und Onkel, ihren Vormund, ihre Anwältin, ihre Kollegen, ihre Geliebten und die Freundinnen in La Bernerie. Das Einzige, was Jessica fehlt, ist ihre Schwester, und die ruht in sechs Stücke zerteilt unter dem rosafarbenen Marmor. Zwillinge zu sein ist eine unendlich subtile Angelegenheit: Ohne die »Schwache« ist die »Starke« verloren.

*

Laëtitia war bis zum Schluss die Beute von Männern: Jessicas Chance bestand darin zu begreifen, dass sie nichts mehr von diesen zu erwarten hatte.

Der Fall Laëtitia offenbart das Spektrum an irregeleiteten Männerbildern im 21. Jahrhundert. Männliche Willkürherrschaften, missgestaltete Vaterschaften – das Patriarchat stirbt nicht aus. Hier der Alkoholikervater, der Nervöse, ein unbeherrschter, sentimentaler Schmierenkomödiant; da das väterliche Schwein, der Perverse mit dem offenen Blick, der Moralprediger, der in der Ecke zu fummeln anfängt; dort der drogensüchtige Ganove, der besitzergreifende Aufschneider, Einer-der-nie-Vater-sein-wird, der große Bruder, der mit bloßen Händen tötet; und dann noch der Chef, der Mann mit dem Zepter, der Präsident, der Entscheider, die einladende Macht. Delirium tremens, klebrige Lasterhaftigkeit, plötzliche Mordlust, Kriminopopulismus: vier Kulturen, vier männliche Verdorbenheiten, vier Arten der Gewaltverherrlichung.

Aber man kann doch nicht ernsthaft behaupten, Meilhon sei dasselbe wie Patron sei dasselbe wie Sarkozy, wird man sagen. Natürlich nicht. Ich spreche von der Gewalt *eines jeden in seinem Bereich*. So wic es Sphären der Gerechtigkeit gibt, gibt es auch Sphären der Ungerechtigkeit und Familien der Lüge, der Manipulationskunst und der Räume zur Nötigung. Wir leben in keiner Welt, in der Banker an der Straßenecke Mofas klauen und Kleinkriminelle im großen Stil Geldwäsche zur Steuerhinterziehung betreiben. Niemand rechnet damit, dass ein Einbrecher die Unabhängigkeit der Justiz gefährdet oder dass ein Staatspräsident mitten in der Nacht ein junges Mädchen erwürgt. Jeder verschlingt es aus seinem ganz eigenen Grund: aus Lust, Herrschsucht, für den Ruhm, das Machtgefühl. Jeder schädigt den sozialen Körper, verletzt die Gesellschaft und verstört die öffentliche Ordnung mit den ihm zur Verfügung stehenden Mitteln. Jeder scheitert auf seinem Handlungsfeld.

Der Staat ist kein patriarchales, sexistisches Monster. Während der gesamten Ermittlungen waren Männer wie Martinot, Desaunettes, Ronsin und Touchais von einer leidenschaftlichen Suche nach der Wahrheit getrieben. Und diese äußerte sich nicht in Verwünschungen oder Beleidigungen, sondern in einem durch die Regeln des Rechtsstaats gerahmten Nachdenken. So wie Ronsin sich dem Gesetz unterordnet, ist Touchais ein Mann im Schatten, und Martinot kann Tage damit verbringen, Berichte zu lesen oder Anrufe zu beantworten. Alle meinen, sie hätten nur ihre Pflicht getan. Ich glaube, es ist ihnen nie dafür gedankt worden, dass sie Laëtitia ihre Würde wiederschenkten.

Aber bin ich nicht selbst ein Mann? Mehr als ein diplomierter Mandarin bin ich ein Autor der Sozialwissenschaften. Ich tauche aus dem Nichts auf und stelle Nachforschungen über Sie und die großen Dramen Ihres Lebens an, ich stelle Ihren Geheimnissen nach, ich reiße Ihre Wunden auf, ich interviewe Ihre Angehörigen, ich behaupte, die Bedeutung Ihres Lebens erklären zu können. Nun ist aber die Tatsache, in einem Buch aufzutauchen und sich darin vergegenständlicht, auseinandergenommen, gedeutet und der Öffentlichkeit ausgeliefert zu sehen, ebenfalls eine Form von Gewalt.

Ich bin nicht nur ein Mann, ich werde auch als Autorität wahrgenommen (der angegraute Uniprof, der Pariser und so weiter). Autorisiert Autoritären gegenüber bleibt man zurückhaltend und wartet ab: Meist ist es besser, nichts mit ihnen zu tun zu haben.

Jessica sitzt immer schweigsam und aufrecht da, sie ergreift nie als Erste das Wort und wartet, was die anderen zu sagen haben. Dieses erstarrte Lächeln, dieses steife Abwarten ist die verkörperte Angst, der vor langer Zeit erworbene Reflex: das kindliche Gedächtnis als Struktur aller Verhaltensweisen. Einer Autorität verweigert man nichts. Denen, die ihr Fragen stellen – präzise, zielgerichtete Fragen mit gewissen Hintergedanken –, antwortet Jessica knapp und folgsam, denn sie ist es seit ihrer Kindheit gewöhnt, befragt, gemustert, eingeschätzt und durchschaut zu werden, sie ist durchsichtig und zerbrechlich wie ein Schmetterlingsflügel. Da waren die Familienrichter, die Sozialpädagogen, die Heimerzieher, die Psychologen, die Pflegeeltern, und dann ab 2011 die Gendarmen, die Ärzte, die Experten, die Ermittlungsrichter, die Vorsitzenden Richter der Schwurgerichte und, als Letzter auf der Liste, der Historiker und Soziologe, der mit seinem aufgeklappten Laptop eine Cola oder eine heiße Schokolade in einem Innenstadt-Café ausgibt.

Jessica und ihre Angehörigen haben mir klar ihr Einverständnis gegeben, ich habe alles getan, um ihre Worte, ihre Würde und ihren Schmerz zu respektieren; ich habe manche Namen durch Pseudonyme ersetzt; ich habe Hasstiraden und Beschimpfungen ausgelassen; bevor ich schrieb, war ich derjenige, der zuhörte. Doch ich kann nicht ausschließen, dass ich aufdringlich und ungeschickt gewesen bin. Es ist nicht einfach, diese Fehler zu vermeiden, wenn man die eigene Arbeit auf Nachforschungen stützt.

Nach Jessicas Aussage bei Meilhons Berufungsprozess bin ich auf der Treppe des Parlement de Bretagne zu ihr gegangen, um ihr zu sagen, dass sie mich zum Weinen gebracht hat. Sie antwortete mit einem verschmitzten Lächeln: »Süß, ein Mann, der weint!«

*

Jessica, unsere Tochter. Allein, dass sie morgens aufsteht, dass sie zur Arbeit geht, dass sie Judo macht, dass sie versucht, ihren Führerschein zu erhalten, dass sie eine Freundin hat, ist bereits ein Sieg über die Ordnung der Dinge, eine kaum sichtbare Abnutzungsspur in der uralten Mechanik der Unterwerfung. Eine junge, anonyme Frau, die mit ihrem Rucksack durch die Stadt zieht. Eine Widerstandskämpferin, die für zwei durchhält. Möge sie uns verzeihen können. Dieses Buch ist für sie.

53
Der nächste Tag

Beim Prozess – und im Gegensatz zu dem, was Meilhon den Ermittlungsrichtern in seinem Brief geschrieben hatte – behauptete er, die Leiche mithilfe eines Komplizen, Herrn X, zerstückelt und versenkt zu haben. Es ist meine Pflicht, dieser Verteidigungsstrategie ein wenig Raum zu geben. Doch es ist auch mein Recht, an diese Version nicht zu glauben und den Ablauf der Geschehnisse so zu präsentieren, wie ihn die Ermittler rekonstruiert haben.

Dienstag, 19. Januar 2011

Nachdem Meilhon Laëtitia eine falsche Entschuldigungs-SMS geschickt hat, dämmert er für ein paar Stunden ein. Er wacht vor Tagesanbruch auf und zieht los, um auf einem benachbarten Feld an dem Weg, auf dem er mit Bertier den gestohlenen Transporter stehen gelassen hat, eine Grube zu schaufeln. Der Boden ist zu hart.

In der Dunkelheit entdeckt Jessica den umgefallenen Scooter mit dem Zündschlüssel im Schloss.

»P'tit Loup, P'tit Loup, Laëtitias Scooter liegt am Boden!«

Jessica weint auf dem Rücksitz des Busses. Laëtitias Handy schaltet auf Mailbox. Als sie an der Schule ankommt, wirft sie sich Kévin in die Arme.

Der erschöpfte Meilhon bringt sich mit einer Linie Koks und ein paar Bier wieder auf die Beine. Laëtitias Leiche badet im Kofferraum zusammengekrümmt in ihrem Blut.

Auf der Route de la Rogère sichern die Gendarmen den Tatort. Eiligst entsendete Hundeführer beginnen die Felder zu durchkämmen. Ein Hubschrauber fliegt die Gegend ab. Frantz Touchais wird von seinen Kollegen der SR informiert.

Jessica sagt in Begleitung von Herrn und Frau Patron vor der Gendarmerie von Pornic aus.

In der Lagerhalle zwischen Farbtöpfen und verrostetem Schrott, platten Reifen und Gasflaschen zieht Meilhon Laëtitia aus. Er legt sie mit dem Gesicht nach unten in der Nähe eines mahagonifarbenen Möbels auf ein Brett.

In der Gendarmerie von Pornic vernehmen die Ermittler erst William, dann Steven, Kévin und Antony. Laut einem Gast des Hôtel de Nantes war Laëtitia am Vorabend im Barbe Blues.

Meilhon nimmt die Säge. Oberarmknochen, Halswirbel. Die Zähne klappern.

Er steckt die Teile in zwei schwarze Plastikmülleimer und hievt sie in den Kofferraum des Peugeots, wofür er die Rückbank ausgebaut hat. Der verstümmelte Rumpf bleibt mit einem Hohlblockstein zusammengebunden auf dem Brett liegen. Er ist zu sperrig, um im Auto noch neben den Mülleimern Platz zu finden.

Das Gericht von Saint-Nazaire bereitet die juristischen Grundlagen der Ermittlung vor: »Entführung und Freiheitsberaubung«.

Zwischen 13 und 14 Uhr hört eine Nachbarin in Le Cassepot aus der Lagerhalle dumpfe Geräusche. Meilhon ruft Bertier an und bestellt ihn zum Atlantis.

Er macht sich mit schwarzen Händen und Hosen voller Erde auf den Weg. Um 14 Uhr wählt sich sein Handy in die Funkzellen von Chéméré, Bouguenais, Saint-Herblain und vom Atlantis ein. »Auf Speed und paranoid« gesteht er Bertier auf dem Parkplatz des Einkaufszentrums:

»Ich habe Mist gebaut.«

Das Flugzeug des IRCGN landet auf einem lokalen Flugplatz.

Meilhon fährt zu den Teichen von Lavau, wo er in seiner Jugend so oft baden und angeln war. Kurz nach 15 Uhr schaltet sein Handy auf die Funkzelle von Couëron um.

Die Gendarmen durchsuchen das schmale Durchgangszimmer im Haus der Patrons und nehmen die Zahn- und Haarbürste von Laëtitia mit.

Gegen 15.30 Uhr baut Meilhon am Ufer des Trou bleu die Reuse: Im Gras legt er sich ein großes Stück Drahtgitter, schwarze Schnur, den Hohlblockstein, die Gliedmaßen und den Kopf zurecht. Als die Reuse fertig ist, lässt er sie vom Felsen aus herunterfallen und wirft die Hälfte des Handys weit weg. Der Teich kräuselt sich. Bis die Reuse zu Boden gesunken ist, hat sich die Wasseroberfläche wieder beruhigt.

In der Gendarmerie von Pornic ordnen die Ermittler die Überwachung von Laëtitias Handy und ihrer Bankkarte an.

Meilhon muss noch einmal nach Le Cassepot zurück, um das Rumpf-und-Hohlblockstein-Bündel zu holen. Auf dem Weg macht er eine Pause, um ein Bier zu trinken und sich ein Päckchen Zigaretten zu kaufen. In Cordemais kauft er etwa zehn Liter Diesel, den er in einen Kanister abfüllen lässt, denn an dieser Tankstelle werden die Kunden von einem Tankwart bedient, und man kann diesen schlecht seine Arbeit machen lassen, wenn man mit einem gestohlenen Auto und einem Kofferraum voller Blut herumfährt.

An der Brücke von Cheviré überquert Meilhon die Loire.

»ALARMIERENDE VERMISSTENMELDUNG: JUNGE FRAU AUS LA BERNERIE-EN-RETZ VERSCHWUNDEN«
(*Ouest-France*, 19. Januar 2011, 16.53 Uhr)

Von Le Cassepot aus fährt Meilhon unter Vermeidung der Verkehrsknotenpunkte Richtung Port-Saint-Père. Es wird dunkel. Die kleine Straße, die am Étang de Briord vorbeiführt, ist menschenleer. Der Rumpf versinkt im schwarzen Wasser.

Frau Carr kommt bei den Patrons an, um Jessica beizustehen.

Alexandra Turcat überzeugt ihre Vorgesetzten, folgende Kurzmitteilung herauszugeben:

»PORNIC: GROSSFAHNDUNG NACH JUNGER FRAU«
(AFP, 19. Januar 2011, 18.39 Uhr)

In Pornic haben die Gendarmen den Fahrer des weißen Peugeots identifiziert. Sie nehmen Kontakt zu ihren Kollegen in Couëron auf.

Zurück in Le Cassepot zündet Meilhon mit dem restlichen Diesel das Lagerfeuer an. Er verbrennt darin Laëtitias persönliche Gegenstände – die Jeans, die pinkfarbene Tunika, die fellbesetzte

Jacke, die Unterwäsche, den Helm mit den blau-weißen Ornamenten, die Ohrringe von Frau Patron – sowie das Brett und die Werkzeuge.

> »Ich habe begonnen aufzuräumen, ich habe alles mit Benzin übergossen, ich war ziemlich müde, auf dem Weg war es eiskalt gewesen, ich habe den Feueranzünder, die Kleider und alle möglichen Dinge, das Brett und all das angezündet, ich bin mich waschen und umziehen gegangen, ich habe auch meine Kleider verbrannt und mein Telefon in den Kamin geworfen, ich konnte nicht einschlafen, drei Tage lang habe ich nicht geschlafen.«

Die Gendarmen setzen darauf, dass Meilhon mit Laëtitia auf dem Grundstück seines Cousins in der Nähe von Arthon-en-Retz ist. Frantz Touchais: »Wir schlagen in Le Cassepot zu.«

Ein Generalstaatsanwalt des Berufungsgerichts von Rennes ruft in dringender Sache beim SPIP Loire-Atlantique an, um Einsicht in die Akte zu erhalten. Ein leitender Angestellter antwortet ihm, er habe keine Zeit, sich darum zu kümmern; der Generalstaatsanwalt fällt fast vom Stuhl. Xavier Ronsin schickt dem Leiter des SPIP eine SMS, um ihn über die Sache in Kenntnis zu setzen.

Patrice Gabard von RTL, Anne Patinec von France Bleu Loire-Océan und Jean-Michel de Cazes von i-Télé kommen in Pornic an. »Das roch von Anfang an nicht gut.«

Jessica verbringt den Abend mit Herrn und Frau Patron.

Wo ist Laëtitia? Gestern noch hat sie Handwerkermenüs serviert und ist inmitten der Gäste, die sie angelächelt hat, durch den Saal gewirbelt. Heute befindet sie sich am Grund schwarzer Gewässer, aber auch im besudelten Kofferraum des Peugeots und in den Flammen, die gen Himmel lodern.

Meilhon ist endlich eingeschlafen. Um 23 Uhr starten die Gendarmen einen Aufklärungseinsatz in Le Cassepot.

54
Lokalnachricht, Demokratienachricht

In manchen Milieus gehört es zum guten Ton, Lokalnachrichten über Kriminalfälle geringzuschätzen und ebenso Zeitungen, die diese zur Geschäftsbasis nehmen (wie die 1928 von Gaston Gallimard gegründete *Détective*, an der die größten Journalisten und Gerichtsreporter mitwirken). Verbrechen sind der blutige Schaum der Tage, das täglich Brot des Sadismus, der große Tratsch, der Zeitvertreib der Ungebildeten und Klatschbasen, die sich am Unglück anderer Leute weiden und deren schmutzige Intimität ausspionieren.

Die Lokalnachricht über einen Kriminalfall ist trügerisch: Sie stürzt sich auf das Außergewöhnliche und bläst kleine private Dramen auf. Sie beruft sich auf ihren Status, doch wörtlich genommen hat sie keine Bedeutung, oder wenn, dann als Illusion, als Fälschung, ein wenig wie das Catchen im Bereich des Sports.

Die Lokalnachricht ist krank, fügen Konservative hinzu: Sie rückt widerliche Taten ins Licht und taucht in die Details von Vergewaltigungen und Morden ein. Sie bedient die niederen Instinkte des Volks. Sie macht gefühllos und unmenschlich. Sie gewöhnt ans Blutrünstige. Ist die Lokalnachricht nicht sogar irgendwie subversiv?

Die Lokalnachricht ist reaktionär, korrigieren die Postmarxisten: Sie stellt sich vor die Dinge, die wirklich zählen, die »echten« Fragen, soziale Ungleichheiten, ferne Kriege, den Hunger in der Welt. Sie entwöhnt die Bürger davon, ihre demokratischen Rechte wahrzunehmen. Wie Bourdieu sagt: Sie »lenkt ab«.

Ist die Lokalnachricht also rechtsgesinnt? Als Nebenprodukt der Zuschauerquote schreckt sie die braven Leute auf und bestärkt sie in ihrer Angst und Unsicherheit, in ihrer Panik vor zwielichtigen Gestalten und im Glauben, dass an jeder Straßenecke ein Serienkiller lauert. Wenn das Verbrechen vor unserer Tür hockt, braucht man noch mehr Polizisten, noch mehr Bestrafung, noch mehr Gefängnisse. Dann brauchen wir einen starken Mann, der all das mit dem Hochdruckreiniger säubert.

Die Lokalnachricht ist das Opium des beherrschten und verratenen Volks, eine politisch-mediale Manipulation, die dringend demontiert werden muss.

*

Mitte der 1870er Jahre zieht Jeanne-Marie Le Manach, eine junge Analphabetin aus der Region Côtes-du-Nord und Arbeiterin in Le Mans, dann Hausangestellte in Paris, mit einem arbeitslosen ehemaligen Militär zusammen, der dreißig Jahre älter ist als sie, trinkt und sie sehr brutal behandelt. Ihre Liebesgeschichte geht schlecht aus: Im Jahr 1876 schlitzt er sie auf, reißt sie in Stücke, wirft ihre Eingeweide in die Toilette und die zweigeteilte, mit Steinen beschwerte Leiche in die Seine. Für den Historiker Bruno Bertherat besiegelt dieser Mord »das Scheitern des Integrationsprozesses«, da es der jungen, entwurzelten Bretonin nicht gelungen war, sich einen Platz in der Hauptstadt zu verschaffen.

Zweihunderttausend Schaulustige ziehen am zu Identifikationszwecken im Leichenschauhaus aufgebahrten Leichnam Jeanne-Maries vorbei. Im März 1877 stürmt die Menge den Verhandlungssaal des Schwurgerichts, und etwa hundert Personen müssen abgeführt werden, so aufgeheizt ist die Stimmung. Schriftsteller und Schauspielerinnen werden im Publikum gesichtet. Etwa sechzig Zeugen treten in den Zeugenstand. Der Gerichtsmediziner beschuldigt den Angeklagten, Jeanne-Marie lebendig zerstückelt zu haben. Fotos der Leiche werden an die Geschworenen ausgeteilt. Die Gerichtspresse und die auflagenstarken Zeitungen widmen dem Fall mehrere Seiten.

Im Juli 1877 wird in Marseille über einen anderen Fall geurteilt, den »berühmten Fall der zerhackten Frau«. Sofort ist bei den Zeitungshändlern für 10 Centimes ein Heftchen darüber erhältlich.

> »An der Küste wurden menschliche Gliedmaßen und unförmige, grauenerregende, in Tücher eingewickelte Körperteile ge-

> funden. Hier zwei Beine und ein Arm, da der Rumpf und der nur noch an den Halswirbeln hängende Kopf, schließlich der andere Arm; es waren die Überreste von Maria Boyers Mutter! (*Großer Schock; die Angeklagten wirken sehr bewegt; Maria bedeckt sich das Gesicht und schluchzt heftig.*)
> Der Zuschauerraum, die Tribünen und sogar der Gerichtssaal werden von einer Menschenmenge gestürmt, die hofft, beim letzten Akt dieses düsteren Dramas dabei zu sein.«

Die Leute wollen alles sehen und alles wissen. Ihre durch die öffentlichen Verhandlungen geweckte Neugier wird durch die modernen Kommunikationsmittel noch multipliziert. Von welcher Perspektive aus man auch darauf schaut, Lokalnachrichten über Kriminalfälle sind untrennbar mit dem Aufkommen der Massenpresse im 19. Jahrhundert verbunden. Robert Park und die Soziologen der Chicagoer Schule haben neben den *news*, die objektive Informationen liefern, *human interest stories* auftauchen sehen: Kriminalfälle, überfahrene Hunde und Menschen, verloren gegangene Kinder, Dramen des Alltags, deren Charakteristikum nicht unbedingt ist, dass sie betroffen machen, sondern dass sie eine sofortige Identifikation mit den Opfern hervorrufen.

Die Sogwirkung dieser wahren Tragödien zieht diese gefährlich Richtung Literatur, Richtung Fiktion und Unterhaltung. Muss man also zwischen »echtem« Journalismus, der Domäne des Wissens und der kritischen Interpretation, und »schlechtem«, dem leichten, dem der Kolumnisten, Lokalnachrichtenschreiber und anderen *muckrakers* unterscheiden, die Gefühle geschickt manipulieren? Zwischen seriösen Zeitungen und Kälteschauerblättern? Sicher ist, dass Letztere erfolgreich sind, sehr erfolgreich.

Damit kommen wir zu einer zweiten möglichen Haltung zur Lokalnachricht über Kriminalfälle neben der Verachtung: der Faszination. Cartouche, dessen Leben in einem Theaterstück verarbeitet wurde, hatte zahlreiche Fans, doch man muss bis zu den 1830er Jahren und den Verbrechen von Lacenaire und Pierre Rivière warten, um in der bürgerlichen Gesellschaft diese berauschende Woge des Entsetzens aufbranden zu sehen, den ambivalenten Skandal, den halb empörten, halb Beifall spendenden Schrei. Es ist das Reich der Gerichtszeitung *Gazette des tribunaux*. Die Augen gehen einem über von all den Blutströmen und der dämonischen Dreistigkeit dessen, der sie fließen lässt. Geschmäht und gefürchtet, wird der Verbrecher zum Helden. Man enthüllt seine schlimmsten Taten, widmet ihm Klagelieder, druckt Fotos von ihm ab: Er ist berühmt geworden.

Es folgen Jean-Baptiste Troppmann, H.H. Holmes, Jack the Ripper, Joseph Vacher, Landru, Harry Powers, Eugène Weidmann, Doktor Petiot, der Priester von Uruffe, Ted Bundy, ohne die Handvoll Frauen zu vergessen: die Giftmischerin Henriette Canaby und die Schwestern Papin. Als Kinderschänder, Totschläger, Prostituiertenschlachter und Serienwürger versetzt der Mörder in Angst und Schrecken und zieht gleichzeitig in seinen Bann, er entsetzt ebenso, wie er Interesse, wenn nicht Bewunderung weckt. Er ist der große Anti-Priester, Satan, der Verstoßene, den man verstehen muss, der Verstoßende, der es gewagt hat, das Gesetz zu missachten, sich der herkömmlichen Ordnung zu widersetzen und die bürgerlichen Konventionen mit Füßen zu treten. Weil er den Instinkt der Revolte in sich trägt, wird er von der gesamten Gesellschaft bekämpft, von Gendarmen, Polizisten, Richtern, Geschworenen, Henkern und ernsten Männern mit Schnurrbärten. Im 20. Jahrhundert entwickeln die kritischen Denker, Poetiker, Philosophen und Historiker ein gewisses Faible für ihn. Als armer Gaukler und von den Institutionen gebrochener Paria verkörpert er eine Position, die man mundtot zu machen versucht, eine Freiheit, die man gern ersticken würde. Er ist einer dieser *minores*, der von allem und allen unterdrückt wird.

Der Verbrecher ist so abscheulich und so grauenvoller Taten schuldig, dass er sich dadurch vom gemeinen Sterblichen, von den braven Familienvätern und -müttern, Studentinnen, Lebensmittelhändlern, Notarfachangestellten und all den Anonymen mit einem bescheidenen, geordneten Leben abhebt. Mit seiner Fähigkeit zum Bösen und seiner Unerschrockenheit ragt er über sie hinaus. »Weidmann erschien Euch in einer Fünf-Uhr-Ausgabe«, schreibt Jean Genet ironisch am Anfang von *Notre-Dame-des-Fleurs*. Wer kann ihn auf seinem blutigen Olymp erreichen? Der Künstler. Auch er ist ein Feind der Gesellschaft, ein Mensch, der leidet, ein Auserwählter. Ein Duell unter Titanen.

Das erklärt, warum seit der Romantik zahlreiche Schriftsteller zum Kriminalfall gegriffen haben, um die schrecklichen Kräfte, die darin am Werk sind, zu zähmen. Der »große« Verbrecher ist das Double des »großen« Schriftstellers, sein verdammter Bruder. Von daher auch das Spiegelverhältnis zwischen den Surrealisten und Violette Nozière, von Genet und Pilorge und der SS; von Truman Capote und Perry in *Kaltblütig*, von Foucault und Pierre Rivière, von Norman Mailer und Gilmore in *Gnadenlos*, von Emmanuel Carrère und Jean-Claude Romand, diesem »Widersacher«.

*

Es gibt keine »großen« Verbrecher: Jeder Verbrecher ist klein und erbärmlich, nicht, weil er oftmals ein Geringverdiener unter Kriminellen ist, ein Hochstapler, Fälscher, Plünderer alter Damen oder Mofadieb (wie Lacenaire, Romand und Meilhon), sondern *weil* er ein Verbrecher ist. Wenn das 20. Jahrhundert uns noch ein paar Tränen übrig gelassen hat, bewahren wir sie für Laëtitia auf, für Jessica, für ihre Mutter, für all die Hingemordeten, die keinen Grabhügel haben und nicht in Frieden ruhen. Möge unsere Faszination und unser Zartgefühl den Unschuldigen gelten.

Laëtitia braucht uns. Mithilfe eines *estrangements* will ich sie würdigen und zeigen, inwiefern sie sowohl unspektakulär ist als auch außergewöhnlich, so wie unsere Sonne neben anderen Sternen.

Nicht ehren, feiern und beweinen, sondern verstehen. Barthes schreibt, die Lokalnachricht über einen Kriminalfall sei eine »totale Information«. Als immanente Information sei alles Wissen um sie bereits in ihr enthalten. Es sei also nicht nötig, die Welt zu kennen, um »eine Lokalnachricht konsumieren zu können«. Doch soll man sich mit einem Mythos zufriedengeben? Das hieße, vor dem Unverständlichen zu kapitulieren. Edwy Plenel, der große Journalist und Wilderer auf dem Gebiet der Wahrheit, sprach von der »Noblesse der Lokalnachricht«, von ihrer kognitiven Schlagkraft.

Indem sie verschiedene Register mischt, Gewichtungen umdreht und die Hierarchie der Wissensbereiche ins Schleudern bringt, stellt sie das Informationschaos schlechthin dar, das »wesentlich, weil abtrünnig, und einschlägig, weil randständig« ist. Edwy Plenel hat recht, und deshalb sollte man eigentlich nie von einer »Lokal«-nachricht sprechen, denn so fürchterlich dramatisch und absolut individuell, wie sie ist, erlaubt sie, die menschliche und historische Tiefe schlechthin auszuloten.

Um eine Lokalnachricht über einen Kriminalfall als historischen Gegenstand zu verstehen, setze ich darauf, dass man sich der Gesellschaft, der Familie, dem Kind, der Situation der Frauen, der Massenkultur, den unterschiedlichen Formen von Gewalt, den Medien, der Justiz, der Politik und der Polis zuwendet – ohne die der Kriminalfall eben ein Mythos bleibt, eine schicksalhafte Bestimmung, ein Diamant von selbstbezüglicher, undurchdringlicher Bedeutung, den man mit seinen Spiegelungen von Mitleid und Sorge, Rätselhaftigkeit und Sprachlosigkeit, Zufall und Koinzidenz nur auf der Handfläche als eine Art Todeswunder bestaunen kann, das einen schaudern lässt und das man sofort wieder vergisst, damit ein nächstes es ablöst. Wie der investigative Journalist und der Reporter, wie der Gendarm und der Ermittlungsrichter stellt der Wissenschaftler Nachforschungen an. Doch auch wenn er dieselbe Methode verfolgt und von derselben Wahrheitssuche angetrieben ist, wählt er nicht dieselben Untersuchungsgegenstände. Er sagt nicht dasselbe.

Die Entführung des Lindbergh-Babys? Ein Moment von nationaler Einheit inmitten der Weltwirtschaftkrise. Die Vergiftung des Vaters durch Violette Nozière 1933? Die Geburt der Jugend und die Emanzipation der Frauen. Der Fall Dominici? Das Auseinanderbrechen des Familienclans, das Ende der Bauern. Der Fall von Bruay-en-Artois in den 1970er Jahren, bei dem ein Notar angeklagt wurde, die Tochter eines Grubenarbeiters getötet zu haben? Das Frankreich des Klassenkampfs in der Maoisten- und Bergarbeitersiedlungsversion. Der fünffache Mord von Jean-Claude Romand, dem krankhaften Lügner? Das Ergebnis einer Gesellschaft, die befürchtet, nichts als Lüge und Leere zu sein. Der Mord an Ilan

Halimi im Jahr 2006? Ein Eintauchen in die von Armut, intellektuellem Elend und Antisemitismus vergifteten Vorstädte.

Die Gesellschaft hat viel für Laëtitia getan. Die Sozialpädagogen, Familienrichter, Erzieher, Psychologen, Lehrer und Ausbilder, all diese Berufe, die man den öffentlichen Dienst nennt, haben ein kleines Mädchen begleitet, an dessen Wiege keine Feen gestanden haben. Doch sein Leben wurde durch ein Verbrechen beendet, das ganz Frankreich erschüttert und eine Krise zwischen Exekutive und Justiz heraufbeschworen hat.

Wir lieben die Stipendiaten, die Aufsteiger, die Helden der republikanischen Meritokratie, all jene, die sich selbst geholfen haben, die die Determinismen durchbrochen und die Schicksalsfügungen gewendet haben; wir möchten die Märtyrer-Kinder beschützen, die Kinder der Vierten Welt anleiten, die Jugendlichen aus den Problemvierteln integrieren, Benachteiligten eine zweite Chance geben. Oft schaffen wir es, doch im Fall von Laëtitia sind wir gescheitert. Ihre Vergangenheit hat sie eingeholt und die Waagschale, in der die Ungleichheiten liegen, ist mit großem Getöse nach unten gesackt.

Man kann über Laëtitia sagen: »Sie hatte keine Chance, sie ist an die falschen Leute geraten. Jedes Mal, wenn sie den kleinen Finger gerührt hat, wurde sie vom Leben geohrfeigt.« Man kann aber auch sagen: schleichender Prozess der Zerstörung, Serie von Unglücken, Chronik eines angekündigten Todes.

So verwandelt sich das Scheitern der Demokratie in eine griechische Tragödie. Wenn die Einrichtungen der Sozialhilfe den Erniedrigten und Beleidigten nicht mehr helfen können, stürzen diese in eine Einsamkeit, in der der größte Berserker die Schwächste ermordet. Dann kann das Volk nur noch in schweigenden Gedenkmärschen defilieren, bei denen die kollektive Verbundenheit ebenso sehr Ausdruck von Trauer wie von Misstrauen gegenüber der Politik ist. Man findet Gefallen an beruhigenden Dichotomien wie »die ermordete Reinheit« und »die absolute Grausamkeit«, doch eine Gesellschaft, die an Heilige und Monster glaubt, ist eine ängstliche Gesellschaft, die die Idee von Heiligkeit beerben muss, um Vertrauen in sich selbst zu finden. Jene Politiker, die sich bemühen, die Aura der

Opfer anzuzapfen, haben genau das verstanden. Der Mann der Macht bemächtigt sich der Frau ohne Kopf.

Wie kann man die ewige Wiederholung verhindern? Wie macht man es Kindern möglich, einen anderen Weg zu gehen als den ihres verfluchten Erbes? Ich denke an Laëtitias und Jessicas Halbschwestern und an Tony Meilhons Sohn.

*

Die Lokalnachricht über einen Kriminalfall, diese kleine bestialische Saga, die man in der Zeitung findet, dieser Luftballon von Sensation, kann mit der Schärfe einer historischen und soziologischen Untersuchung zum Platzen gebracht werden. Zunächst, indem man *den Fall* zu *verstehen* und seine individuellen und kollektiven Implikationen für Polizei, Justiz und Medien zu erkennen versucht. Indem man benennt, inwiefern der Fall Symptom, Eigenart, Prisma ist, ein störender Indikator von Alltäglichkeit, von bestimmten Abläufen und Empfindlichkeiten, eines bestimmten Verhältnisses zu den Normen.

Dann, indem man *den Fall (er)öffnet* und zeigt, dass er nicht auf eine Tat reduzierbar ist, dass er auf etwas Größeres verweist. Indem man einen bestimmten Zustand der Gesellschaft ausleuchtet, einen bestimmten Zeitpunkt herausgreift, Repräsentationsweisen, Diskurse und Konflikte ausmacht und versteht, dass es jenseits des Sichtbaren überhaupt etwas zu verstehen gibt. Indem man die Schlüssigkeit der Anomalie, die Gemeinsamkeiten der Besonderheiten erkennt, sich vom Mörder zu den Opfern hinwendet, vom Kind zu den Familien, vom Individuum zum Werdegang, von den persönlichen Beziehungen zu den sozialen Strukturen.

Und schließlich, indem man *den Fall aufklärt*. Das Ende vergisst, um das Opfer von seinem Tod zu befreien und sich selbst zurückzugeben. Trübe Gewässer klärt. Der Kriminallfall als Zeitungsmeldung stellt zahllose Fragen. Zuvorderst diese: Wie kann man das Leben eines Menschen auf seinen Tod reduzieren? Die Folklore des Schrecklichen ist schließlich weniger aufregend als das Stück Geheimnis, das jeder von uns in sich trägt.

Statt die Lokalnachricht als Symbol des schlechten Massengeschmacks oder Marotte eines würdelosen Journalismus zu verachten, sollten wir uns an ihr demokratisches Potenzial erinnern: Sie bewegt die Leute, doch vor allem erzählt sie uns von ihnen. Auf diese Weise können *human interest stories* sogar zur Materie sogenannter »Human«wissenschaften werden, denn ihre Untersuchung zielt sowohl auf den Gegenstand als auch dessen untrennbar damit verbundene Form. Die Lokalnachricht wird also nicht Richtung Fiktion gezogen, sondern Richtung dokumentarische Literatur, jene Welterkundung, die sich an den Gesellschaftswissenschaften orientiert. Als Romanautor habe ich vor zehn Jahren über Nichtwirkliches geschrieben und als Doktorand zur selben Zeit über das Wirkliche nichtgeschrieben. Heute möchte ich *über das Wirkliche schreiben*. Das ist das Geschenk, das Laëtitia mir gemacht hat.

Im Rahmen einer Ermittlung fordert der Richter den Ermittlungsleiter auf, »jedweden Hinweis« zu sammeln, »in dem sich die Wahrheit zeigen könnte«. Er beauftragt Experten, »jedwede Untersuchung durchzuführen, die der Manifestation der Wahrheit dient«. Bevor ein Zeuge aussagt, schwört er, »die Wahrheit zu sagen und nichts als die Wahrheit«, und bekennt, mit den Parteien weder verwandt noch verbündet zu sein oder in ihrem Dienst zu stehen, genau das, was Cicero im 1. Jahrhundert vor unserer Zeitrechnung vom Historiker forderte. Nach der Projektion der Fotos von Laëtitias Überresten erklärte der Vorsitzende Richter dem zusammengesunkenen Angeklagten in seinem Glaswürfel: »Unser Ziel ist es nicht nur, zu einer Strafe zu finden. Wir wollen die Wahrheit erfahren.«

Die Wahrheit über Laëtitias Tod wäre kaum von Bedeutung, würde man sie von der Wahrheit über ihr Leben, die Einsamkeit, die sie ertragen musste, die Wege, die sie für sich wählte, und über das Milieu und die Gesellschaft trennen, denen sie angehörte. Die Arbeit all dieser Ermittler, die zu verstehen erlaubt, was Laëtitia getan hat und was Männer ihr angetan haben, hat auch mit Demokratie zu tun. Man sperrt Täter ein, weil es ein Recht auf Sicherheit gibt. Man verurteilt sie im Namen des Volks. Und ich sage mir, das Leben eines Mädchens aus dem Volk zu erzählen, das im Alter von achtzehn Jahren hingeschlachtet wurde, ist auch ein Projekt von allgemeinem Interesse, eine Aufgabe des öffentlichen Dienstes.

55
Recht

Tony Meilhons Berufungsprozess fand vom 13. bis 26. Oktober 2015 im Parlement de Bretagne in Rennes statt. Ich wohnte ihm zwischen der Bank der Nebenkläger und der der Presse, wenige Meter neben dem Angeklagten und dem Gericht sitzend bei. Durch das Losverfahren für Geschworene bestand das Gericht aus zwei Männern und sieben Frauen; Meilhon erklärte, seinem »verstorbenen Opfer Gerechtigkeit widerfahren lassen« zu wollen. Dem Angeklagten wurde »Entführung mit Todesfolge« vorgeworfen, nicht Mord, Zerstückelung oder Feminizid (dieser Begriff existiert in mehreren lateinamerikanischen Strafgesetzbüchern). Das Gericht verhängte dieselbe Strafe wie die erste Instanz, allerdings ohne Sicherheitsverwahrung. Das ist zweifellos besser so.

Während dieser zwei Wochen waren die Nachrichten beherrscht von der Abriegelung der arabischen Viertel in Jerusalem, dem Beginn der Wahlkampagne in den USA und dem Prozess eines Notarztes in Frankreich, der angeklagt war, das Lebensende seiner Patienten vorzeitig herbeigeführt zu haben, dicht gefolgt von einem schweren Busunfall. Um deutlich zu machen, dass die überregionale Presse sich nicht nach Rennes begeben hatte, waren sämtliche Artikel mit dem Vermerk »mit AFP« versehen.

Ab dem zweiten Tag ist auf den kaum besetzten Bänken nur noch ein Journalist der AFP, von *Ouest-France* oder von *Presse Océan* vertreten und am Ausgang des Gerichts manchmal ein Team von France 3 Bretagne. Bei einer Sitzungsunterbrechung teile ich vor einem Kaffeeautomaten Alexandra Turcat mein Erstaunen mit. »Nein«, sagt sie, »das ist normal. Das ist ein Fall, der schon unglaublich viel Aufmerksamkeit bekommen hat im Vergleich zu anderen Nachrichten. Die Zeit vergeht, die Trauerarbeit tut ihre Wirkung, selbst bei den Journalisten. Laëtitia muss man jetzt gehen lassen.«

Der große Saal des Parlement de Bretagne erstrahlt in hellem Glanz, die Lichter der Kronleuchter spiegeln sich in den Vergoldungen, Wandteppichen und feinen Holzpaneelen, die die Wände zieren. Das Gericht nimmt an einem langen Tisch im Halbkreis Platz: der Vorsitzende Richter in Begleitung von zwei weiteren Richtern in der Mitte, zu beiden Seiten von ihnen die Geschworenen – aufmerksamen Durchschnittsbürgern und -bürgerinnen, denen die Schwierigkeit ihrer Aufgabe bewusst ist –, flankiert an einem Tischende vom Staatsanwalt und am anderen von der Gerichtsschreiberin. Der Vorsitzende Richter und der Staatsanwalt sind in Rot-schwarz gekleidet, die zwei beisitzenden Richter wie auch die Gerichtsschreiberin und die Anwälte in Schwarz. Gendarmen stehen geduldig am Ende des Saals und vor der Sicherheitsschleuse Wache.

Die Verhandlungen sind öffentlich, werden mündlich geführt und sind voller Widersprüche. Diese Regel genügt, um ein Schwurgericht zu einer faszinierenden intellektuellen Maschine zu machen. Man bekämpft sich mit Worten. Ein Experte widerlegt einen Angeklagten, der Angeklagte widerspricht einem Zeugen. Es ist eine demokratische Arena, in der das Machtwort des Vorsitzenden Richters regiert, welcher die Redeanteile nach seinem Ermessen verteilt. Der Nahkampf zwischen den vor den Familien sitzenden Anwälten der Nebenkläger und den rings um den Angeklagten platzierten Anwälten der Verteidigung könnte den Eindruck erwecken, die Guten stünden den Bösen gegenüber. Doch der Anwalt eines geschädigten Vaters kann wenige Tage später der eines in einen üblen Racheakt verwickelten Dealers sein. Die Verteidigung hat immer das letzte Wort, und das gehört zum Großartigsten, was es gibt.

»Recht« ist das herrschende Prinzip, aber es ist auch Behörde, Redeweise und Ritual. Jeder erscheint in seinem Kostüm und spielt seine Rolle. Die Feierlichkeit, die Roben, die Eide, die Gepflogenheiten (beim Hereinkommen des Gerichts aufstehen; »das Gericht!«, ruft die Gerichtsdienerin, wenn das Klingelzeichen ertönt) bilden eine einschüchternde Kulisse. Im Zeugenstand verschlägt es deshalb vielen erst einmal die Sprache.

Ein Prozess vorm Schwurgericht hat mit Filmdreharbeiten und Ferienlagern gemeinsam, dass er ein Grüppchen von Personen, die wissen, dass sie sich bald trennen werden, sehr intensive Dinge erleben lässt. Die bohrende Beschäftigung mit immer demselben, die wochenlange Abkapselung von der Welt, die gemeinsam erlebten Momente vom Morgenkaffee über die Mittagspausen und alle Verhandlungsunterbrechungen bis zum Kräutertee am Abend verleihen dieser Erfahrung jenseits des Alltäglichen und Normalen den Charakter einer Initiation.

Es sind schreckliche und erschöpfende Tage. Man wartet, friert und zittert gemeinsam. Am Freitagabend tritt man vor das Parlement de Bretagne und stellt erstaunt fest, dass da Leute auf der Straße sind, Autos, Läden und Caféterrassen, und dass das Leben weitergegangen ist, als sei nichts passiert.

*

Hinter der Gerichtsdienerin geht ein Gendarm den Hauptflur entlang. Groß, braunhaarig, breitschultrig und mit sanftem Auftreten tritt er mit militärischem Gruß vor das Gericht und legt sein Käppi auf dem Tischchen hinter dem Mikro ab: Es ist Frantz Touchais. Ohne Notizen spricht er anderthalb Stunden lang und fasst die gesamte Ermittlung zusammen – Laëtitias Beschäftigungen am 18. Januar 2011, die Festnahme des Angeklagten, die Fahndung nach der Leiche, die Prüfung der Telefonkontakte, die Feststellung, dass es keine Komplizen gibt. Vor dem Ende seiner Aussage erklärt der Staatsanwalt: »Ich habe etwa sechzig Fälle vor einem Schwurgericht verfolgt. Das ist das erste Mal, dass ich eine Arbeit von solcher Qualität erlebe.«

Jean-Philippe Depriester, ehemals Kommandant beim IRCGN, heute Oberstleutnant in einer TSK-übergreifenden Einheit, kann nachweisen, dass der Peugeot eine Vollbremsung gemacht hat, bevor er den Scooter umstieß. Auf dem Bildschirm laufen Fotos des Autos, des Scooters, der nummerierten gelben Markierungen und der unterm Mikroskop untersuchten Farbspuren und Scherben ab. Der Unfall wird auf einem großen Lageplan mit allen Entfernungen und Geschwindigkeiten und den unterschiedlichen Phasen des Zusammenpralls nachgestellt.

Bei einer Sitzungsunterbrechung gehe ich auf dem Flur auf ihn zu, während er gerade seine Papiere ordnet.

»In diesen Bericht«, sagt er und zeigt auf einen dicken, gebundenen Ordner, »sind Hunderte von Arbeitsstunden geflossen. Unser Job ist es, Indizien und Spuren zu sammeln, wie Archäologen. Wir interpretieren Zeichen. Wir betreiben praktisch Semiotik.«

Ich erwähne Roland Barthes, er korrigiert: Umberto Eco.

»Das ganze Team hat geschuftet, um diesen Bericht zu erstellen. Das ist im handwerklichen Sinn unser Meisterstück, forensische Buchmalerei. Wir produzieren eine geprüfte, auf Beweise gebaute Erzählung. Was wir der Gesellschaft und auch dem Opfer schulden, ist, Wahrheitssplitter zusammenzutragen.«

Tony Meilhon ist in dunklem Jackett und glattgebügeltem weißem Hemd erschienen. Mit rasiertem Schädel, schmalem Schnurrbart und Kinnbärtchen spricht er mit sanfter, fast müder Stimme. Er bemüht sich zu beweisen, dass er Abstand zu sich selbst gewonnen hat: »Das Ganze ist kompliziert, Herr Richter. Ich bin sehr jung in die Kriminalität gerutscht. Ich war jung, Herr Richter« und so weiter.

Vergessen ist Meilhon, der üble Denunziant, Meilhon, der Provokateur, Meilhon, der Gefängnisboss in Trainingskleidung und mit Kaugummi zwischen den Zähnen; er macht dem ruhigen Meilhon Platz, einem Meilhon, der zum Islam übergetreten ist. Doch hat er sich wirklich verändert? Mit seiner Beziehung zu einem islamistischen Terroristen, der ebenso in Vezin-le-Coquet inhaftiert ist, versucht er, sich in die »Gefängnisaristokratie« einzugliedern. Von seiner verglasten Bank aus diskutiert Meilhon beharrlich mit den Anwälten, erklärt ihre Fragen für unberechtigt, verunglimpft Zeugen und vermeldet: »Lügen ist Gold.« Als Herr X, sein Hehler, den er inzwischen namentlich genannt hat, im Zeugenstand seine Unschuld beteuert, schreit Meilhon ihn mit einer Stentorstimme an, die das Publikum aufschrecken lässt und die Gendarmen nervös macht: »Lügner!« Am nächsten Tag weigert er sich, seine Zelle zu verlassen.

Mit umständlichen philosophischen Erklärungen gesteht er, dass er Laëtitia getötet haben muss, da sie den Experten zufolge ja nach dem Unfall auf der Route de la Rogère noch lebendig war, doch er besteht darauf, dass er sie unabsichtlich angefahren hat, dass Laëtitia reglos dalag und er sie gewürgt und erstochen hat, um den Unfall wie eine Gelegenheitstat aussehen zu lassen – was darauf hinausläuft, jede kriminelle Absicht zu leugnen und damit den Vorwurf des Totschlags abzuwenden. »Ich hatte ein großes Blackout, da gibt es keine Logik.« Von der Kunst zu bereuen, ohne irgendetwas zuzugeben.

Cécile de Oliveira: »Herr Meilhon, ich weiß nicht, ob Sie erkennen, worauf ich mit meinen Fragen hinauswill. Es geht darum, die Wahrheit über diese letzte Nacht ans Licht zu bringen. Laëtitia wird sie ihren Angehörigen nicht verraten können. Ich vertrete hier nicht nur Jessica; für jeden von uns ist es wichtig zu wissen, was unsere Angehörigen Schlimmes erlebt haben. Verstehen Sie das, Herr Meilhon?«

Keine Antwort.

Cécile de Oliveira: »Was waren Laëtitias letzte Worte?«

Meilhon: »Na, ›schönen Abend‹ oder so was. Wir hatten vor, uns wiederzusehen.«

Cécile de Oliveira, fassungslos: »Laëtitias letzte Worte, bevor sie starb!«

Meilhon: »Wenn es Ihnen Spaß macht ...«

Der Richter wird zornig: »Wie können Sie so etwas sagen? Ersparen Sie uns Ihre Kommentare, Herr Meilhon! Wenn Sie auf Fragen nicht antworten wollen, dann antworten Sie nicht! Niemand ist hier zum Spaß!«

Ein Scooterunfall, der durch Prügel und Erwürgung einer bereits Toten als Tat eines Herumtreibers getarnt wird: eine unglaubwürdige Erklärung und zu dreiste Strategie, als dass sie den Tatsachen entsprechen könnte, denn wäre Laëtitia wirklich bei einem Verkehrsunfall gestorben, würde es sich für Meilhon nur um einen Verkehrsdelikt und die Verstümmelung einer Leiche handeln und gar nicht in die Zuständigkeit eines Schwurgerichts fallen. Dann hätte die Verteidigung auf Freispruch plädiert.

Laëtitias Angehörige treten nacheinander in den Zeugenstand. Herr Patron macht seine Aussage von der Haftanstalt Nantes aus per Videokonferenz: »Ich glaube, für die beiden getan zu haben, was zu tun war.«

Irgendwann ging Jessica nach vorn, schön, hochgewachsen, mit kurzen Haaren, Jeans und Hoodie, und sie ergriff mit klarer Stimme das Wort:

> »Sie fehlt mir jeden Tag. Das Einzige, was ich mir wünsche, ist, dass sie an meiner Seite wäre, dass sie mich unterstützen und mir sagen könnte: ›Los, Schwesterchen, du schaffst das, du bist stark.‹ Ich weiß, dass sie mich von da oben aus sieht, dass sie alles weiß, was ich durchgemacht habe. Heute kann ich zum ersten Mal vor Ihnen und vor Tony Meilhon aussagen, das bedeutet sehr viel für mich.«

56

Ich bin Laëtitia

Als Patrick Modiano 2014 den Literaturnobelpreis erhielt, erklärte er: »Ich habe immer daran geglaubt, dass Dichter und Romanschriftsteller Leuten, die vom Alltag vereinnahmt sind, und Dingen, die banal erscheinen, ein Geheimnis verleihen. [...] Das ist die Rolle des Dichters und des Romanciers und auch die des Malers: das Geheimnis und das Leuchten bloßzulegen, das sich in jeder Person verbirgt.« Ich würde hinzufügen, das ist auch die Rolle des Sozialhistorikers.

Ich habe mir als Heldin eine leichte, taumelnde Unbekannte ausgesucht, die nichts geerbt hat als eine Geschichte, die weit über sie hinausreicht: die der Babys, die man aussetzt, der Mädchen der öffentlichen Fürsorge, die man vergewaltigt, der Dienerinnen, die man misshandelt, der Fußgängerinnen, die man tötet, nachdem man sich ihrer bedient hat. Laëtitia ist nur achtzehn Jahre lang auf dieser Welt gewesen, doch manchmal scheint mir, sie hat jahrhundertelang gelebt.

Ich habe das zweite Kapitel im Restaurant Blue Baker in College Station, Texas, auf einer Kunstlederbank geschrieben, während ich Blaubeerkuchen aß, und das Kapitel 4 im Shuttle, der mich überstürzt zum Flughafen Houston brachte, nachdem alle anderen Flüge wegen eines Orkans gestrichen worden waren. Die anderen habe ich bei mir zu Hause, in Cafés, in der Nationalbibliothek und auch – aber nur ein paar Zeilen – in der Villa Schifanoia in Florenz nach dem Verlassen eines von der Frühlingssonne erhitzten Buchsbaumlabyrinths geschrieben. Selbst im Schwimmbad beim Kraulen habe ich im Kopf geschrieben.

In all diesen Momenten war ich bei Laëtitia, sie ging mir nicht aus dem Kopf, ich habe nach Worten gesucht, um von ihrem Schweigen zu sprechen, ich habe an die Stelle des Bruchs Kontinuität gesetzt, ich habe versucht, die Pfade der Freiheit zu verfolgen, die sie sich im Dickicht ihres Unglücks gebahnt hatte. »Folgsam, aber auch aufsässig.«

Das Leben hat uns nicht zusammengeführt. Es wäre auch unmöglich gewesen: Sie ist nie in ihrem Leben in Paris gewesen und ich war vor ihrem Tod nie in Pornic; sie hätte mich alt und fad gefunden und ich hätte nicht gewusst, was ich ihr hätte sagen sollen; sie interessierte sich vor allem für ihr Handy und für Fernsehserien, die ich nicht anschaue, meine Fragen wären ihr uninteressant erschienen. Wir haben nichts gemeinsam, und doch bin ich Laëtitia.

Sie unterschrieb mit hübschen Schnörkeln am Anfangsbuchstaben, doch ich sah auch andere Schreibweisen: Laetitia, Lætitia, Laeticia, Laëticia, Laëti, Léti und sogar Laietitia. Während meiner ganzen Nachforschungen hatte ich ein Lied von Serge Gainsbourg im Kopf:

»Mein Schmerz ist es, den ich pflege,
tipp ich die acht Tasten da,
Elaeima Teiteia

Dunkel werden jetzt die Wege,
ich geh sie gern für dich, Laëtitia
Elaeima Teiteia«

Es ist zwar nicht mein Lieblings-Truffaut, aber ich mag den Film *Das grüne Zimmer*. Als Cécile de Oliveira mir die DVD davon schenkte, sagte sie zu mir: »Das ist genau deine Art von Verrücktheit.« Der Film erzählt die Geschichte des Witwers Julien Davenne, der sich vollkommen in der Erinnerung an seine junge Ehefrau und an die Toten des Ersten Weltkriegs verliert: »In dieser grausamen, erbarmungslosen Welt will ich das Recht haben, nicht zu vergessen, selbst wenn ich der Einzige bin, der nicht vergisst.« Wenn man sich nicht um seine Toten kümmert, wenn man sie nicht liebt, sie nicht achtet, nicht beschützt, was soll dann aus ihnen werden?

Jessica, die das Grab ihrer Schwester mit Blumen schmückt, ihren Geburtstag feiert, ihren Schmuck trägt, weiß das. Tatsächlich ist Jessica zu Laëtitia geworden. Sie hat ihre Großzügigkeit, ihren Mut, ihre Schönheit und den beruflichen Erfolg, den jene nicht hatte, die Zukunft, deren jene beraubt wurde.

Heidekraut auf Mädchengräber zu setzen ist keine Vollzeitbeschäftigung. Wir haben Glück, unsere Kinder noch bei uns zu haben, und sie können sich nicht vorstellen, wie sehr wir sie lieben. Wenn ich an die Toten denke, schreibe ich für das Leben. Das ist der Unterschied zwischen mir und Davenne, diesem Verrückten, der eine zum Heulen traurige Existenz außerhalb der Welt, der Liebe und des Lebens führt und sich als unversöhnlicher Hüter der Toten zwischen den Kerzen seiner Kapelle verliert wie in einem Wald aus Flammen.

Leben wir, widerstehen wir und lieben wir, und wenn unsere Zeit erschöpft ist, erinnern wir uns daran, dass Laëtitia zuerst hinabgestiegen ist und ihre achtzehnjährige Schönheit mit Schlamm besudelt wurde. Unser Tod wird in jedem Fall weniger bitter und weniger grauenhaft sein.

57
Unsere Laëtitia-Jahre

In letzter Zeit macht meine Untersuchung mich traurig. Das ist das Zeichen, dass ich aufhören sollte. Doch vorher möchte ich mich noch von denen verabschieden, die mir geholfen haben.

Nicht einem von denen, die sich bereit erklärten, mit mir zu sprechen, ging es dabei um sich. Alle betonten, sie möchten vor allem die Verdienste ihres Teams würdigen, ohne das nichts möglich gewesen wäre. Damit entsprechen sie der Definition eines Zeugen: einer, der sich für andere zurücknimmt.

Anderthalb Monate nach den Ereignissen brach Frau Laviolette zusammen. Nach ihrer Rückkehr aus dem Krankenstand setzte sie sich an den Schreibtisch und schrieb Dutzende von Briefen an Jugendliche und Familien, an Heime und Partner, um ihnen mitzuteilen, sie werde ihren Posten verlassen. Nach zwölf Jahren als Sonderpädagogin wurde sie »Jugendreferentin« des Conseil général für das Pays de Retz: Sie begleitet die Kommunen, arbeitet mit der Mission locale, unterhält ein Netzwerk, das der sozialen Eingliederung von Jugendlichen dient. Sie betreut niemanden mehr persönlich. Laëtitias Tod bleibt eine Wunde für sie: Sie fühlt sich unendlich schuldig. Schuldig, nichts gewusst, gesehen und vermocht zu haben.

Nicht ein Journalist Westfrankreichs hat diese Wochen vergessen. Jean-Michel de Cazes von i-Télé erinnert sich noch an Xavier Ronsins Gesicht am Ufer des Trou bleu. An der Pressekonferenz hatte er nicht teilnehmen können, weil er noch hoch in den Lüften schwebte, doch am Abend schaute er Fernsehen: »Auf den Bildern sah man einen sehr mitgenommenen Staatsanwalt. Er suchte nach den präzisesten, würdevollsten Worten. Das muss nicht einfach für ihn gewesen sein. Ich hatte noch nie eine so schreckliche Nachricht.«

Drei Monate später legte Alexandra Turcat mit dem Fall Dupont de Ligonnès nach: eine Mutter und ihre vier Kinder ermordet und unter ihrem Haus begraben. Und danach gab es die Nominierung des Bürgermeisters von Nantes zum Premierminister, eine Vendée-Globe-Regatta und den Widerstand gegen das Flughafenprojekt in Notre-Dame-des-Landes. Heute ist Alexandra Turcat nicht mehr Stringerin, sondern Redaktionsleiterin des AFP-Büros Rennes, doch das Mädchen aus Pornic hat sie nie vergessen, ihre strahlenden Augen, ihr wunderbares Lachen, ihre Abschiedsbriefe, die Route de la Rogère, die Lagerhalle von Le Cassepot, den Teich von Lavau, die Spürhunde der Gendarmerie, die durchweichte Felder abschnüffeln, die Tage, die man unter tiefgrauen Wolken in eisigem Nieselregen den Fahndern gefolgt ist.

Da ein Journalist keine Gelegenheit hat, seine Gefühle zu formulieren, werde ich für Alexandra Turcat das Klagelied anstimmen, das in den Hunderten von AFP-Meldungen, die sie zwischen 2011 und 2015 verfasste, keinen Platz fand:

> »Wie die meisten Journalisten hat mich diese Geschichte ganz besonders berührt und mitgenommen.
> Die Wut der Gendarmen auf Meilhon, der Laëtitia verunglimpft, ohne ihren Aufenthaltsort preiszugeben, und der obzöne Dinge über sie daherredet.
> Die kaum geringere Wut der Richter auf Sarkozy, der auf ihrem Rücken Wahlwerbung betreibt.
> Die Wut von Patron auf die Richter, von Patron, der ihnen das Mikro aus der Hand reißt, um ihnen auf ihrer eigenen Kundgebung Laëtitias Tod anzulasten (und im Nachhinein das Ekelgefühl, wie gerade er das hatte wagen können).
> Die Wut des Präsidenten des Conseil général, der die ganze Wut der Sozialarbeiter zum Ausdruck bringt, als wöge das Scheitern in diesem Fall schwerer als all jene, mit denen sie dauernd konfrontiert sind.
> Ja, eine große Wut, und darunter Kälte und Sumpf.«

Cécile de Oliveira arbeitet mit demselben Talent und derselben Leidenschaft weiter. Sie hat einen Marokkaner ohne gültige Papiere verteidigt, der wegen eines Mordversuchs an einem alten Bauern aus der Vendée angeklagt und zum Tode verurteilt war und nach zweiundvierzig Jahren aus dem Gefängnis entlassen wurde; eine junge Frau aus Nantes, die nach einem Klubbesuch vergewaltigt wurde; einen wegen Drogenhandels angeklagten Senegalesen; ein kleines Mädchen im Kindergartenalter, das erzählte, wie ihr Lehrer sie auf der Klassenfahrt missbrauchte. Sie verbringt Zeit auf der Île d'Ouessant, reist viel, nach Alaska, nach Spitzbergen, nach Cayenne, um einen befreundeten Richter zu besuchen, nach Venedig zur Biennale (»die Ausstellung war vollgestopft mit Snobs, aber ich habe mich unter die Menge gemischt und großartige Sachen gesehen«). Ich habe ihr Schuberts *Der Tod und das Mädchen* geschenkt, aber sie hatte die CD schon.

Xavier Ronsin war ebenfalls am Fall Dupont de Ligonnès beteiligt. Die Geschichte hat ihn sehr mitgenommen: Ein Vater, der seinen Sohn in eine Falle lockt, um ihn zu ermorden … Als Direktor der Staatlichen Hochschule für das Amt des Richters und des Staatsanwalts bildet der ehemalige Oberstaatsanwalt heute Richter für ganz Frankreich und die Überseedepartements aus, bemüht sich, die Justiz in der Gesellschaft zu verankern, knüpft internationale Partnerschaften. Er vertritt Frankreich beim Europäischen Komitee zur Verhütung von Folter. Demnächst wird er Präsident des Berufungsgerichts von Rennes.

Renaud Clément war es, der Frau Dupont de Ligonnès und ihre vier Kinder obduzierte. Er erinnert sich daran mit einer Mischung aus Schmerz und Bestürzung, zum Beispiel im Fall des kleinen Jonathan: Nicht nur, dass er ein Kind war, man fand nicht einmal seinen Mörder. Als brillanter Mediziner hat Renaud Clément Professer Rodat als Kopf des gerichtsmedizinischen Instituts von Nantes abgelöst. Als ich ihn zwei Monate nach den Attentaten vom 13. November 2015 traf, musste er gerade zu einer Versammlung ins gerichtsmedizinische Institut von Paris, bei der alle Leichenschauhäuser Frankreichs auf Massenmorde vorbereitet werden sollten.

In der Abteilung »Delikte gegen die Person« der SR Angers gibt es für Frantz Touchais und seine Kollegen keine langen Pausen. Ihr Alltag sind Vergewaltigungen, Kindesentführungen, Mordversuche, Tötungen. Natürlich schafft das eine Kluft zur Familie. Wenn man nach monatelanger Arbeit erschöpft, voller Horrorbilder und dem Gefühl von erledigter Pflicht nach Hause kommt, trifft man auf die kleinen Alltagssorgen. Man kümmert sich darum, denn so ist das Leben, doch man hat Lust, seiner Frau zu sagen: »Jammere nicht, deine Kinder liegen wenigstens im Bett und schlafen.« Doch wenn der Mann nicht da ist, halten allein die Frauen die Familie zusammen. Sie akzeptieren, ihren Mann mit »der Sache« zu teilen.

Nachdem Pierre-François Martinot zwei Jahre lang Vizepräsident der Ermittlungsabteilung am Gericht von Angers gewesen war, ging er zurück ans TGI Nantes, um dort im Strafvollzug zu arbeiten. Ironie der Geschichte oder nicht: Nun ist er selbst ein »JAP aus Nantes« und hat die Stelle der Kollegin übernommen, die mit dem Fall Meilhon beauftragt gewesen war. Auf diesem Posten trifft er Gefangene, überprüft, inwieweit sie sich um Wiedereingliederung bemühen, und bewilligt Aussetzungen des Strafrests zur Bewährung. Auch wenn er nicht wenig Zeit in Gefängnissen verbringt, ist seine Arbeit zukunftsorientiert, während ein Ermittlungsrichter notgedrungen in die Vergangenheit schaut.

Einige Tage bevor er seine Arbeit als JAP aufnahm, ging er auf einen Sprung in die Ermittlungsabteilung, um seine frühere Gerichtsschreiberin zu begrüßen. Er fand sein Büro halb leer vor, vollgestellt mit Kartons für den Müll, das Büro, das die Gendarmen des PSIG mit ihren Sturmgewehren bewacht hatten, den Stuhl, auf den Meilhon sich gesetzt hatte, bevor er ihm ins Gesicht rülpste. In einer Ecke lag zwischen altem Papierkram die Chronologie der Ereignisse und der Schritte Meilhons im Januar 2011 herum, die der Fallanalytiker geduldig erstellt hatte, Tag für Tag, Verhör für Verhör, Gutachten für Gutachten. Ein riesiges Stück Papier von vier mal zwei Metern, das die Gendarmen damals an der Wand der Ermittlungszentrale studieren konnten. Martinot nahm es als Erinnerung mit.

Wie alle erst kürzlich ans TGI Nantes berufenen Richter wurde er zum Zeichen des Willkommens vom Gerichtspräsidenten empfangen. Da dieser selbst ein Neuankömmling war, wusste er nicht, dass Martinot mehrere Jahre genau hier, nur wenige Flure weiter, in der Ermittlungsabteilung gearbeitet hatte. In der Annahme, ihn zu informieren, erklärte er Martinot, das Haus sei vier, fünf Jahre zuvor von einem Fall traumatisiert worden:

»Ein schrecklicher Fall, über den damals alle Medien berichteten. Ein junges Mädchen war von einem Intensivtäter umgebracht und zerstückelt worden. Sarkozy hatte die Richter beschuldigt und damit eine riesige Streikbewegung ausgelöst.«

Martinot ließ ihn weiterreden.

»Ich glaube, es war eine Joggerin«, schloss der Präsident nachdenklich.

Martinot kehrte als Anonymer an sein Gericht zurück. Ein neues Kapitel begann. Er wird bald vierzig.

*

Franck Perrais erzählte in der Nantes-Ausgabe von *20 minutes*, wie er nach dem Tod seiner Tochter »durchdrehte«:

> »Als ich irgendwann nicht mehr aufhörte zu heulen und gegen Wände zu schlagen, nahm ich das Auto, um mich in die Loire zu werfen. Doch da ich kurz zuvor eine Kneipentour gemacht hatte, wurde ich von der Polizei angehalten. Nun werde ich demnächst vom Strafgericht wegen Trunkenheit am Steuer verurteilt.«

Inzwischen geht es ihm besser. Seine kleine Wohnung ist ein Mausoleum der Erinnerung an Laëtitia. Er engagiert sich für die Suche nach vermissten Kindern. Die Leute sehen ihn im Fernsehen und erkennen ihn auf der Straße wieder. Manchmal wirft man ihm an den Kopf: »Du versuchst, auf Kosten deiner Tochter berühmt zu werden!« Tatsächlich hat ihm Laëtitias Tod gewissermaßen zu einer Identität verholfen. Doch was auch immer seine Vergehen sein mögen, er hat auch viel verloren. Die Bilanz nach zehn Jahren Jugendamt: eine vergewaltigte und eine getötete Tochter.

Für Jessica ist er jetzt mehr und aufmerksamer da. Doch er verwechselt ständig die Vornamen und nennt sie Laëtitia. Kürzlich schenkte er ihr ein herzförmiges Medaillon mit den Porträts von Laëtitia und ihrer Halbschwester und ihm dazwischen.

Nach den Gedenkmärschen im Januar 2011 wurden einige Initiativen gegründet. Stéphane und Delphine Perrais haben die Internetseite »noubliezjamaislaetitiaperrais« angelegt – vergesst nie Laëtitia Perrais.

Sylvie Larcher leidet immer noch an Depressionen. Man gibt ihr Spritzen. Jessica beschützt sie: »Nein, Mama, geh nicht zum Prozess! Nein, Mama, schalt den Fernseher nicht an!« Ich habe nicht mit ihr gesprochen. Ihr Bruder und ihre Anwältin brachten mich davon ab, meine Fragen hätten ihr wehgetan. Frau Larcher ist das Leerzeichen zwischen den Wörtern.

Bei unserem fünften Gespräch kurz vor Weihnachten 2014 in einem Café in der Nähe der Buchhandlung FNAC – eine heiße Schokolade für sie, ein Tee für mich, den ich kalt werden ließ, ohne einen Schluck zu trinken – fragte ich Jessica, welche die glücklichste Erinnerung ist, die sie an ihre Schwester bewahrt. Sie antwortete, ohne zu zögern: »Der Nachmittag, als wir Madison tanzen lernten.« Das war im Garten der Ermonts in der Haute-Savoie am 7. Juli 2007 oder 7/7/7, nach der standesamtlichen Trauung des Ermont-Sohnes. Man übte für den großen Ball am Abend.

Der Madison ist ein Reihentanz. Man macht einen Schritt nach vorn, dann einen Seitenschritt mit jedem Bein, tritt zurück und dann wieder nach vorn. Laëtitia trug ein Kleid und war sorgfältig geschminkt. Sie lachte barfuß im Gras, es war ein strahlender Tag, sie war glücklich.

Als ich Frau Patron nach derselben Erinnerung fragte, ergänzte sie noch das Ende der Geschichte: Im Gegensatz zu Jessica tanzte Laëtitia am Abend nicht mit. Sie wollte sich keine Blöße geben und hatte Angst, ausgelacht zu werden.

»Komm, mach doch mit, niemand schaut dir zu!«

»Ich mag nicht.«

Sie war anders als andere Teenager.

Sie wäre ausgezogen. Sie hätte ihren Führerschein gemacht. Sie wäre Verkäuferin oder Kindergärtnerin geworden. Sie hätte mit

Jessica ein Restaurant eröffnet; eine hätte in der Küche gearbeitet, die andere bedient. Sie wäre eine aktive Frau gewesen. Sie wäre gern gereist. Ihre Kinder hätten eine liebvolle Mama gehabt. Ihr Mann hätte sie nicht geschlagen.

Ich möchte sie nicht alleinlassen. Möge mein Buch ihr Leuchten sein, der glitzernde Kondenzstreifen und das Lachen, das sie in der Luft eines Sommernachmitags hinterließ, eine Schleppe aus Worten, die sowohl von ihrer Grazie und Anmut als auch von ihren Rechtschreibfehlern erzählt, sowohl von ihrer Verzweiflung und ihrem Unglück als auch von ihren Facebook-Selfies und ihren Karaoke-Abenden im Girafon. Ich möchte, dass sie tanzt, tanzt und tanzt, für sich und für uns, bis ans Ende aller Zeiten, ich möchte, dass Kindheit ein Spaziergang in der Sonne an einem Kieselstrand voller Muscheln ist, und ich möchte, dass das Trou bleu kein Strudel ist, in dem man untergeht, während die Männer auf der Brücke stehen und plaudern, keine Düsternis, die Finger durch ein Drahtgitter hindurch berühren, sondern ein türkisfarbener See, dessen ruhiges, reines Wasser die Aufmerksamkeit jenes Spaziergängers auf sich zieht, der sich mit friedlicher Seele an sein Ufer gesetzt hat. Wie Laëtitia in einem ihrer Abschiedsbriefe mit der ihr eigenen Poesie gesagt hat: »so is das loben«. Ja, so kann man das Leben loben.

Bibliografie (Auswahl)

Zwillinge

Charlemaine, Christiane/Papiernik, Émile u. a.: *Le Guide des jumeaux. La conception, la grossesse, l'enfance*. Paris, Odile Jacob 2006.

Garcin, Jérôme: *Olivier*. Paris, Gallimard 2011.

Perrot, Jean: *Mythe et literature sous le signe des jumeaux*. Paris, PUF 1976.

Zazzo, René: *Le Paradoxe des jumeaux*. Paris, Stock 1984.

Verwahrloste Kinder und Fremdunterbringung

Besson, Geneviève: *Au cœur du social départemental*. Évreux, Département de l'Eure 2014.

Bowlby, John: *Bindung. Eine Analyse der Mutter-Kind-Beziehung*. Übersetzt von Gertrud Mander. Frankfurt/Main, Fischer 1985.

David, Myriam: *Le Placement familial. De la pratique à la théorie*. Paris, Dunod 2004.

Jablonka, Ivan: *Ni père ni mère. Histoire des enfants de l'Assistance publique (1874–1939)*. Paris, Seuil 2006.

Laine, Bernard/Riguet, Alexandra: *Enfants en souffrance, la honte. Le livre noir de la protection de l'enfance*. Paris, Fayard 2014.

Sonderpädagogik

Briand, Jean-Pierre/Chapoulie, Jean-Michel: *Les collèges du people. L'enseignement primaire supérieur et le développement de la scolarisation prolongée sous la Troisième République*. Paris, CNRS-INRP 1992.

Cousin, Christian: *Enseigner en SEGPA et EREA*. Paris, Delagrave 2003.

Vattier, Guy: *Introduction à l'éducation spécialisée*. Toulouse, Privat 1991.

Jugend in der Vorstadt

Coulon, Cécile: *Les grandes villes n'existent pas*. Paris, Seuil 2015.

Didier-Fèvre, Catherine: »*Être jeune et habiter les espaces périurbains: la double peine?*«, in: *Géo-Regards, No. 6: Modes de vie de proximité dans les villes contemporaines*, UTBM Belfort-Montbéliard 2014, S. 35–51.

Mills, Charles Wright: *Menschen im Büro. Ein Beitrag zur Soziologie der Angestellten*. Übersetzt von Bernt Engelmann, Köln-Deutz, Bund 1955.

Moreno Pestaña, José Luis: *Moral corporal, trastornos alimentarios y clase social*. Madrid, CIS 2010.

Renahy, Nicolas: *Les Gars du coin. Enquête sur une jeunesse rurale*. Paris, La découverte 2005.

Der atlantische Bogen

Davezies, Laurent: *La Crise qui vient. La nouvelle fracture territorial*. Paris, Seuil 2012.

Guilluy, Christophe: *La France périphérique. Comment on a sacrifié les classes populaires*. Paris, Flammarion 2014.

Informationen zum Mündungsgebiet der Loire und Luftaufnahmen auf www.loire-estuaire.org.

»Territoires de Loire-Atlantique. Pays de Retz« auf www.insee.fr.

Frauenemanzipation

Bard, Christine: *Les filles de Marianne. Histoire des feminismes 1914–1940*. Paris, Fayard 1995.

Boigeol, Anne: »*Les femmes et les Cours. La difficile mise en œuvre de l'égalité des sexes dans l'accès à la magistrature*«, in: Genèses, 22, 1996. *La ville: postures, regards, savoirs*, S. 107–129.

Lejeune, Philippe: »*Liebes Tagebuch*«*: Zur Theorie und Praxis*

des Journals. Übersetzt von Jens Hagestedt. München, Belleville 2014.
Perrot, Michelle: *Les Femmes ou les Silences de l'histoire*. Paris, Flammarion 1998.
Rennes, Juliette: *Le Mérite et la Nature. Une controverse républicaine: l'accès des femmes aux professions de prestige, 1880–1940*. Paris, Fayard 2007.

Gewalt gegen Frauen

Chambonnet, Jean-Yves u.a.: »*La violence conjugale: price en charge en médecine générale*« [im Departement Loire-Atlantique], in: *Revue du praticien de médecine générale*, Nr. 507, 2000, S. 1481–1485.
Henrion, Roger: *Les Femmes victimes de violences conjugales. Le rôle des professionnels de santé*. Paris, La Documentation française 2001.
Hirigoyen, Marie-France: *Warum tust du mir das an? Gewalt in Partnerschaften*. Übersetzt von Irmengard Maria Gabler. München, C.H. Beck 2006.
Jaspard, Maryse u.a.: *Les violences envers les femmes en France. Une enquête nationale*. Paris, La Documentation française 2003.
Radford, Jill/Russell, Diana: *The Politics of Woman Killing*. New York, Maxwell Macmillan International 1992.
Vigarello, Georges: *Histoire du viol. XVIe-XXe siècle*. Paris, Seuil 1998.

Kriminalfälle, Lokalnachrichten, Zeitungsmeldungen

Barthes, Roland: »*Structure du fait divers*«, in ders.: *Essais critiques*, Paris, Seuil 1964.
Bertherat, Bruno: »*Jeanne-Marie Le Manach, une Bretonne à Paris (1875–1876)*«, in: Gauvard, Claude/Robert, Jean-Louis: *Être parisien*. Paris, Publications de la Sorbonne 2004, S. 563–586.

Demartini, Anne-Emmanuelle: *L'Affaire Lacenaire*. Paris, Aubier 2001.

Hamon, Philippe: »*Fait divers et littérature*«, in: *Romantisme*, Nr. 97, 1997, S. 7–16.

Kalifa, Dominique: *L'Encre et le Sang. Récits de crimes et société à la Belle Époque*. Paris, Fayard 1995.

Lever, Maurice: *Canards sanglants. Naissance du fait divers*. Paris, Fayard 1993.

Matelly, Jean-Hugues: *Gendarmerie et crimes de sang*. Paris, L'Harmattan 2000.

Perrot, Michelle: »*Fait divers et histoire au XIXe siècle*«, in dies.: *Les Ombres de l'histoire. Crime et châtiment au XIXe siècle*. Paris, Flammarion 2001, S. 271–281.

Plenel, Edwy: »*Les chiens écrasés*«, in ders.: *Un temps de chien*. Paris, Stock 1994, S. 71–105.

Justiz

Arthières, Philippe: »*Les corps en morceaux. Dépeçage criminal et expertise medico-légale à la fin du XIXe siècle*«, in: Stora-Lamarre, Annie (Hrsg.): *La Cité charnelle du droit*. Besançon, Presses universitaires franc-comtoises 2002, S. 93–107.

Erner, Guillaume: *La Société des victimes*. Paris, La Découverte 2006.

Farcy, Jean-Claude/Kalifa, Dominique/Luc, Jean-Noël (Hrsg.): *L'Enquête judiciaire en Europe au XIXe siècle. Acteurs, imaginaires, pratiques*. Paris, Créaphis 2007.

Roux, Céline: *La juge de trente ans*. Paris, Seuil 2014.

Sécher, Loïc/Dupond-Moretti, Éric: *Le Calvaire et le Pardon. Les ravages d'une erreur judiciaire*. Paris, Michel Lafon 2013.

Thiel, Gilbert/Carton, Daniel: *Derniers jugements avant liquidation. Trente-cinq ans dans la magistrature*. Paris, Albin Michel 2012.

Walzer, Michael: *Sphären der Gerechtigkeit. Ein Plädoyer für Pluralität und Gleichheit*. Übersetzt von Hanne Herkommer. Frankfurt/Main, Campus 1992.

Strafe und Gefängnis

Bouagga, Yasmine: »*Le métier de conseiller d'insertion et de probation: dans les coulisses de l'État pénal?*«, in: *Sociologie du travail*, Nr. 54, 2012, S. 317–337.

Chauvenet, Antoinette u. a.: *La violence carcérale en question.* Paris, PUF 2008.

Dindo, Sarah: *Sursis avec mise à l'épreuve. Une analyse des pratiques de probation en France.* Paris, Direction de l'administration pénitentiaire, Nr. 80, 2013.

Ricourdeau, Gwénola: »*Enquêter sur l'homosexualité et les violences sexuelles en detention*«, in: *Déviance et Société*, 2004/2, Bd. 28, S. 233–253.

Schnapper, Bernard: »*La récidive, une obsession créatrice au XIXe siècle*«, in: *Voies nouvelles en histoire du droit. La justice, la famille, la repression pénale (XVIe–XXe siècles).* Paris, PUF 1991, S. 313–351.

Warsmann, Jean-Luc: *Les Peines alternatives à la détention, les modalités d'exécution des courtes peines, la préparation des détenus à la sortie de prison.* Paris, Ministère de la Justice 2003.

Macht und Demokratie

Boucheron, Patrick: *Gebannte Angst: Siena 1338. Essay über die politische Macht der Bilder.* Übersetzt von Sarah Heurtier und Sebastian Wilde. Berlin, Wolff 2017.

Cardon, Dominique: *La Démocratie Internet. Promesses et limites.* Paris, Seuil 2010.

Gandt, Marie de: *Sous la plume. Petite exploration du pouvoir politique.* Paris, Robert Laffont 2013.

Nay, Catherine: *L'Impétueux. Tourments, tourmentes, crises et tempêtes.* Paris, Grasset 2012.

Rousseau, Dominique: *Le Consulat Sarkozy.* Paris, Odile Jacob 2012.

Tandonnet, Maxime: *Au cœur du volcan. Carnets de l'Élysée, 2007–2012.* Paris, Flammarion 2014.

Journalismus

Bourdieu, Pierre: *Über das Fernsehen*. Übersetzt von Achim Russer. Frankfurt/Main, Suhrkamp 1998.

Kalifa, Dominique u. a. (Hrsg.): *La Civilisation du journal. Histoire Culturelle et littéraire de la presse française au XIXe siècle*. Paris, Nouveau Monde Éditions 2011.

Muhlmann, Géraldine: *Du journalisme en démocratie*. Paris, Payot 2004.

Park, Robert E.: »*Introduction*«, in: Hughes, Helen McGill: *News and the Human Interest Story*. Chicago, University of Chicago Press 1940.

Park, Robert E.: »*News as a Form of Knowledge: A Chapter in the Sociology of Knowledge*«, in: *American Journal of Sociology*, Bd. 45, Nr. 5, 1940.

Artikel, Reportagen, Fotos

Die Artikel und Reportagen über den Fall Laëtitia können mithilfe einer Internetsuche schnell gefunden werden, wenn man mehrere Stichwörter kombiniert (z. B. Namen der Protagonisten und Ortsnamen). So findet man auf Google-Bilder Fotos von Laëtitia, vom Zeugenaufruf, von den Gedenkmärschen, von der Entleerung des Trou bleu und von der Beerdigung; auf Google-Street-View die Route de la Rogère und die Straßen von La Bernerie; auf YouTube Erfahrungsberichte und Spezialsendungen; auf der Webseite von TF1 die Fernsehnachrichten vom Januar und Februar 2011 und so weiter.

Untersuchungen, Ermittlungen, Nachforschungen

Boltanski, Luc: *Rätsel und Komplotte. Kriminalliteratur, Paranoia, moderne Gesellschaft.* Übersetzt von Christine Pries. Berlin, Suhrkamp 2015.

Boucault, Mosco: *Un corps sans vie de 19 ans.* Dokumentarfilm. Paris, ZEK-France 3, 2007.

Corbin, Alain: *Auf den Spuren eines Unbekannten. Ein Historiker rekonstruiert ein ganz gewöhnliches Leben.* Übersetzt von Bodo Schulze. Frankfurt/Main, Campus 1999.

Enzensberger, Hans Magnus: *Hammerstein oder Der Eigensinn: eine deutsche Geschichte.* Berlin, Suhrkamp 2008.

Ginzburg, Carlo: »*Traces. Racines d'un paradigme indiciaire*«, in: *Mythes, emblèmes, traces. Morphologie et histoire.* Paris, Flammarion 1989, S. 139–180.

Jablonka, Ivan: *Histoire des grands-parents que je n'ai pas eus. Une enquête.* Paris, Seuil 2012.

Modiano, Patrick: *Dora Bruder.* Übersetzt von Elisabeth Edl, München/Wien, Hanser 1998.

Landkarten

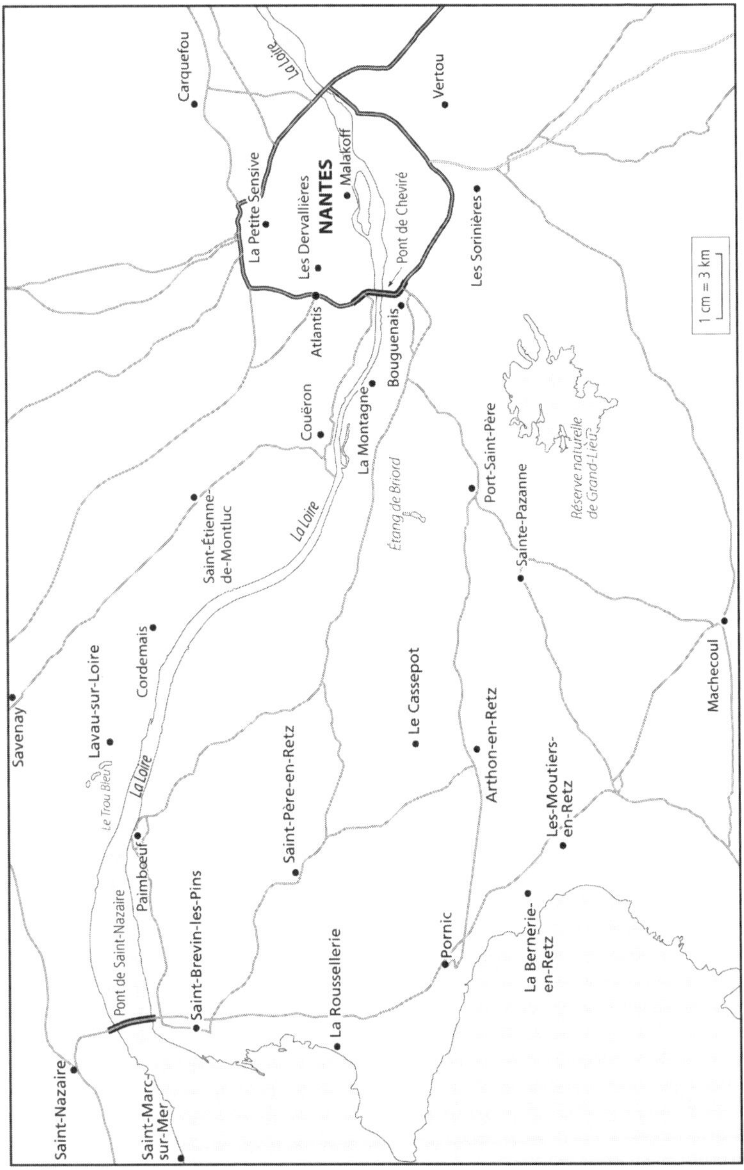

Das Mündungsgebiet der Loire

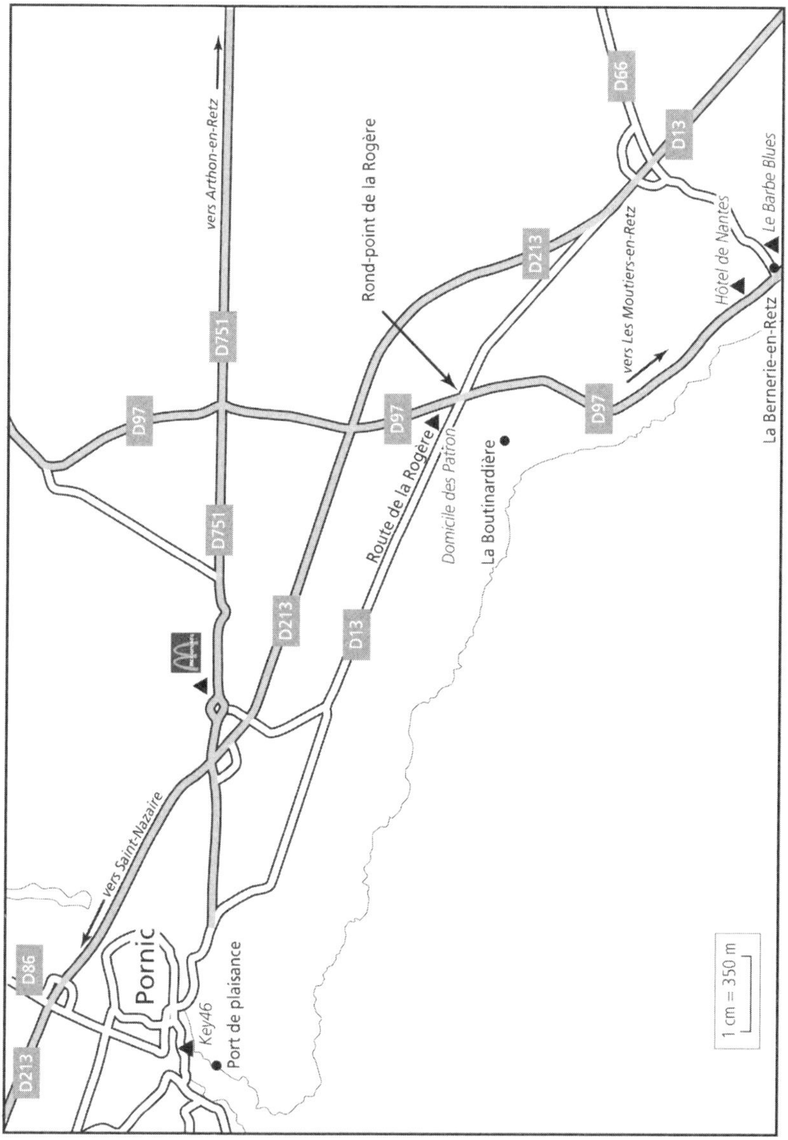

Pornic und La Bernerie-en-Retz

Abkürzungen und Fachbegriffe

Dieses Buch untersucht die Beteiligung verschiedener behördlicher, medialer und politischer Instanzen am Lebensweg und Tod von Laëtitia Perrais. Die Darstellung sowohl der staatlichen Betreuung der Zwillinge als auch der Strafverfolgung des Mörders folgt der institutionellen Organisation und Rechtsprechung in Frankreich. Diese unterscheidet sich zum Teil stark von der im deutschsprachigen Raum.

Beispielsweise werden in Frankreich Ermittlungsaufgaben, die in Deutschland ausschließlich von Kriminalpolizei und Staatsanwaltschaft wahrgenommen werden, von Ermittlungsrichtern (juges d'instruction) *verfolgt. Das Zusammenwirken der Instanzen ist in Frankreich entsprechend verschieden. Auch die Gendarmerie ist mit der deutschen Kriminalpolizei nur bedingt vergleichbar. Sie ist Teil des Heeres und untersteht damit dem Verteidigungsministerium, jedoch sind vereinzelt auch Innen- und Justizministerium weisungsbefugt. »Pflegevater«* (assistant familial) *ist in Frankreich ein Beruf, der einer Ausbildung und Zulassung bedarf. In der Übersetzung wurden die französischen Verhältnisse nicht auf deutsche übertragen. Die Namen und Funktionen der Institutionen bilden das französische System ab und sind bei Abweichungen von deutschen Verhältnissen im folgenden Verzeichnis erklärt. (Anm. d. Übers.)*

AEMO – *Assistance éducative en milieu ouvert.* Erziehungshilfe ohne Herausnahme des Kindes aus der Familie, eine Maßnahme, die vom Jugendrichter angeordnet wird. In Frankreich gewähren die Sozialbehörden entweder beantragte Hilfen oder gewähren Schutz ohne Zustimmung der Eltern. Der Schutz *ohne* Zustimmung kann entweder eine Fremdunterbringung oder besagte AEMO-Maßnahme sein.

AFMI – *Association française des magistrats instructeurs.* Französischer Verband der Staatsanwälte.
AFP – *Agence France Presse.* Französische Nachrichtenagentur.
APR – *Agent polyvalent de restauration.* Gastronomiefachmann/-frau.
ASE – *Aide sociale à l'enfance.* Jugendamt.
Assemblée nationale – Nationalversammlung. Entspricht dem Bundestag.
assistant(e) familial(e) – umgangssprachlich *père/mère d'accueil.* Pflegevater/-mutter. In Frankreich ein Beruf im Rahmen einer Anstellung beim Conseil général. Nach einer 60-stündigen Grundausbildung wird die Zulassung erteilt, in den darauffolgenden drei Jahren ist eine 240-stündige Weiterbildung obligatorisch. Die Zulassung muss alle fünf Jahre neu beantragt werden, sofern keine Prüfung für das *Diplôme d'État d'Assistant Familial* abgelegt wird. Pflegeväter/-mütter werden behördlich als Teil eines pluridisziplinären Betreuungsteams verstanden.
Bewährungs- und Eingliederungshelfer – *conseiller pénitentiaire d'insertion et de probation.* Als Angestellter eines SPIP ist der *conseiller d'insertion et de probation* in Frankreich sowohl Wiedereingliederungscoach als auch Bewährungshelfer. Auch nach vollständig verbüßter, nicht auf Bewährung ausgesetzter Strafe werden Entlassene zur Resozialisierung weiter betreut. Der Bewährungshelfer hat insofern sowohl eine Kontroll- als auch Beraterfunktion. Seine Hauptaufgabe ist die Verhinderung von Strafrückfälligkeit.
BTS – *Brevet de technicien supérieur.* Technikerdiplom, entspricht Fachhochschulabschluss nach zweijährigem Studium.
CAP – *Certificat d'aptitude professionelle.* Facharbeiterbrief.
Cartouche – Spitzname des französischen Räubers, Mörders und Bandenchefs Louis Dominique Garthausen (1693–1721).
Certificat de formation générale – unterster allgemeinbildender Schulabschluss. Entspricht etwa dem deutschen Hauptschulabschluss.
CGT – *Confédération générale du travail.* Allgemeiner Arbeitsbund. Französischer Gewerkschaftsbund, der in den Jahrzehnten

nach dem Zweiten Weltkrieg bis zum Zerfall der Sowjetunion der Kommunistischen Partei (PCF) nahestand.

CHU – *Centre hospitalier et universitaire*. Universitätsklinikum.

CIFAM – *Centre interprofessionnel de formation pour l'artisanat et les métiers*. Gewerbefachschule.

CLAD – *Classe d'adaptation au collège*. Anpassungs- und Vorbereitungsklasse in der Grundschule. Spezialklasse mit verminderter Schüleranzahl zur Aufholung des Lernniveaus im Rahmen eines speziellen Hilfsnetzwerks für Schüler mit Lernschwierigkeiten. Ziel ist die Vorbereitung auf die Mittelschule (Collège = 6.–9. Klasse).

Code civil – Bürgerliches Gesetzbuch.

Conseil général – Generalrat. Das oberste gewählte Kollegialorgan eines französischen Departements. Seit der Reform der Gebietskörperschaften mit der Reduzierung der Regionen und der Schaffung von Metropolen und neuen Kommunalverbünden im Jahr 2015 heißt der *Conseil général Conseil départemental*.

Conseil national des barreaux – Nationalrat der Anwaltskammern. Dachverband, der sämtliche, in einer der 164 Anwaltskammern eingetragenen Anwälte repräsentiert. Der *Conseil national des barreaux* repräsentiert den Beruf des Anwalts auf nationaler und internationaler Ebene. Er ist Ansprechpartner für die öffentliche Hand, vertritt die wirtschaftlichen und politischen Interessen der Anwaltschaft, nimmt standesrechtliche Aufgaben wahr wie die Vereinheitlichung von Verhaltensregeln und beruflichen Gepflogenheiten, stellt Informationsangebote für die Mitglieder und deren Aus- und Weiterbildung zur Verfügung und regelt u. a. den Zugang ausländischer Anwälte zu einer französischen Anwaltskammer.

CSAJ – *Contrat de soutien à l'autonomie des jeunes*. Vertrag zur Unterstützung der Verselbstständigung junger Menschen. Eine Betreuungsvereinbarung mit dem Jugendamt, ähnlich der Vollzeitpflege eines jungen Volljährigen in Deutschland. Auf seinen Antrag kann dieser auch nach Eintritt der Volljährigkeit in einer anderen Familie leben.

DAVC – *Diagnostic à visée criminologique*. Diagnose zu kriminologischen Zwecken.

DDASS – *Direction départementale des affaires sanitaires et sociales.* Regionaldirektion für Gesundheit und Soziales.
ENM – *École nationale de la magistrature.* Staatliche Hochschule für das Amt des Richters und des Staatsanwalts.
Entführung – *enlèvement.* In Frankreich (im Gegensatz zu Deutschland) ist Entführung ein Straftatbestand, der als »Bemächtigung des Körpers einer Person gegen ihren Willen« definiert ist (Freiheitsberaubung dagegen bedeutet im französischen Strafrecht: »eine Person gegen ihren Willen festhalten und sie so daran hindern, nach freiem Ermessen zu kommen und zu gehen«).
Ermittlungsrichter – *juge d'instruction.* Ermittlungsrichter übernehmen in Frankreich (wie u.a. auch in Österreich) Ermittlungsaufgaben, die in Deutschland die Staatsanwaltschaft im Zusammenwirken mit anderen Strafverfolgungsbehörden wahrnimmt. Er verfolgt seine Ermittlungen von belastenden und entlastenden Indizien in Abstimmung mit und auf Weisung des Oberstaatsanwalts (*procureur de la République*), dem »Herrn des Verfahrens«, und in Zusammenarbeit mit den kriminalpolizeilichen, gerichtsmedizinischen oder begutachtenden Stellen. Bei hinreichend belastendem Material verfügt er eine Verweisung an die Staatsanwaltschaft, bei unzureichenden Beweisen eine Einstellungsverfügung. Vom Ermittlungsrichter zu unterscheiden ist der Ermittlungsleiter (*directeur d'enquête*), der der Kriminalpolizei bzw. Gendarmerie angehört.
Fait divers – Ein *fait divers* bezeichnet eine Nachricht in der Rubrik »Vermischtes«, insbesondere aber auch Kriminalfälle. Im vorliegenden Text wird *fait divers* je nach Bedeutungsschwerpunkt mit »Lokalnachricht«, »Zeitungsmeldung«, »Nachricht in der Rubrik Vermischtes« oder »Kriminalfall« übersetzt.
FIJAIS – *Fichier judiciaire des auteurs d'infractions sexuelles.* Strafregister für Sexualstraftäter.
Gendarmerie – Teil des Heeres mit Polizeiaufgaben (= Militärpolizei), zu denen die Kriminalistik gehört. Untersteht dem Verteidigungs- und dem Innenministerium.
GIGN – *Groupe d'intervention de la gendarmerie nationale.* Spezialeinsatzkommando der Nationalgendarmerie mit den Aufgaben

Einsatz, Überwachung und Schutz. Vergleichbar mit der deutschen GSG 9. Andere Spezialeinheiten gehören der Polizei an, nicht der Gendarmerie.

HP – *Hôpital psychiatrique*. Psychiatrisches Krankenhaus.

INSEE – *Institut national de la statistique et des études économiques*. Nationales Institut für Statistik und Wirtschaftsstudien. Entspricht dem deutschen Statistischen Bundesamt.

Inspecteurs de l'adminstration pénitentiaire – Beamte der Dienststelle für die Überprüfung der Strafvollzugsverwaltung.

Inspection des services pénitentiaires – Dienststelle für die Überprüfung der Strafvollzugsdienste.

Inspection générale des services judiciaires – Dienststelle für die Überprüfung der Justizdienste.

IQ – Intelligenzquotient.

IRCGN – *Institut de recherche criminelle de la gendarmerie nationale*. Ermittlungsinstitut der Nationalgendarmerie. Entspricht dem deutschen Bundeskriminalamt.

IUT – *Institut universitaire de technologie*. Technische Universität.

JAP – *juge d'application de peines*. Strafvollstreckungsrichter.

Kassationsgericht – *cour de cassation*. Entspricht dem deutschen Bundesgerichtshof.

Maison centrale – Justizvollzugsanstalt für die Verbüßung langer Haftstrafen und für Häftlinge mit geringen Wiedereingliederungschancen.

Mission locale – Stelle zur Ausbildungs- und Berufsberatung von Jugendlichen zwischen 16 und 25 Jahren.

Mord – *assassinat*. Zu unterscheiden von Totschlag/vorsätzlicher Tötung (*meurtre*). Die Abgrenzung von *assassinat* und *meurtre* im französischen Strafrecht stimmt allerdings nicht mit der zwischen Mord und Totschlag im deutschen Strafrecht überein. Mordmerkmale sind ebenfalls verschieden. Ein *meurtre aggravé* oder *assassinat* ist in Frankreich die Tötung eines Menschen mit Vorbedacht oder aus dem Hinterhalt. Tony Meilhon wurde vorsätzliche Tötung, nicht Mord vorgeworfen. Im Text ist dennoch von Mord und Mörder die Rede, wenn es, etwa in einer argumentativen Polemik von Nichtjuristen, nicht um die juristisch exakte Begrifflichkeit geht.

NRBC – *Cellule nationale nucléaire, radiologique, biologique et chimique*. Einheit der französischen Gendarmerie, spezialisiert auf nukleare, biologische, chemische und Strahlengefahr.
OPP – *Ordonnance de placement provisiore*. Anordnung zur vorübergehenden Fremdunterbringung.
PME – *Petites et moyennes entreprises*. Kleine und mittelständische Betriebe.
PSIG – *Peloton de surveillance et d'intervention de la gendarmerie*. Überwachungs- und Einsatztruppe der Gendarmerie. Gendarmerieeinheit zur Bekämpfung von Kriminalität und jeglicher Störung der öffentlichen Ordnung, zum Teil auch mit kriminalpolizeilichen Aufgaben wie Hausdurchsuchungen.
RSA – *Revenu de solidarité active*. Sozialleistung in Frankreich, entspricht etwa Hartz IV in Deutschland.
SEGPA – *Section d'enseignement général et professionnel adapté*. Allgemeinbildende und berufsbildende Speziallerngruppe. Sonderklasse in der französischen Mittelschule (Collège) für Schüler mit Lernschwierigkeiten.
Service social de protection de l'enfance – Sozialdienst für Jugendschutz.
SME – *Sursis avec mise à l'épreuve*. Strafaussetzung zur Bewährung mit Auflagen.
SMIC – *Salaire minimum interprofessionnel de croissance*. Berufsübergreifender, anwachsender Mindestlohn. Gesetzlich festgelegter allgemeiner Mindestlohn.
Sorgerecht/elterliche Sorge – *autorité parentale* (juristisch) bzw. *droit de garde* (umgangssprachlich). Rechtsbegriff im Familienrecht. In Deutschland 1980 mit der Reform der elterlichen Sorge eingeführt, hat das »Sorgerecht« dienenden Pflichtcharakter. Vorher benutzte das Gesetz den Begriff »elterliche Gewalt«.
SPIP – *Service pénitentiaire d'insertion et de probation*. Stelle für Wiedereingliederung und Bewährungshilfe, die sowohl Aufsichtsfunktionen übernimmt als auch Unterstützung anbietet.
SR – *Section de recherches*. Ermittlungskommission.
Strafvollzugsverwaltung – *administration pénitentiaire*. Verwaltungsstelle der Strafvollzugsdienste (*services pénitentiaires*). *Direc-*

teur de l'administration pénitentiaire (Direktor im Vollzugsdienst) ist ein Dienstgrad im höheren Dienst der Strafvollzugsverwaltung, aus dem u. a. die Leiter der Haftanstalten rekrutiert werden.

TGI – *Tribunal de grande instance*. Französisches Zivilgericht der ersten Instanz, entspricht etwa dem Landgericht.

Totschlag – *meurtre*. Unterschied zu Mord (*meurtre aggravé*) siehe Eintrag »Mord«.

TSK – Teilstreitkraft. Bestandteil des Militärs mit spezifischem Wehrmaterial.

UL – Ultraleichtflugzeug. Dazu gehören Leichtflugzeuge für zwei Personen, Hubschrauber und Gyrocopter, motorisierte Hängegleiter oder auch Gleitschirme.

UMP – *Union pour un mouvement populaire*. Union für eine Volksbewegung. 2002 gegründete politische Partei des Mitte-Rechts-Spektrums in der Tradition des Gaullismus, die von 2007 bis 2012 mit Nicolas Sarkozy zum zweiten Mal (nach Jacques Chirac) den Staatspräsidenten stellte. Seit Ende Mai 2015 trägt sie den Namen *Les Républicains* (LR), die Republikaner.

USM – *Union syndicale des magistrats*. Eine von drei Richtergewerkschaften in Frankreich.

Liste der Pseudonyme

Die Protagonisten in diesem Fall und die Experten, die zur Ermittlung beigetragen haben oder eine offizielle Funktion innehatten, sowie die Nebenkläger und Zeugen, die in öffentlichen Sitzungen ausgesagt haben und in der Presse zitiert wurden, erscheinen unter ihrem echten Namen.

Die anderen Namen und Vornamen sind Pseudonyme.

Anaé
Arnaud
Bertier
Carr (Frau)
Clémentine
Cléo
Daniela
Ermont (Herr und Frau)
Fabian
Fatima
Gaël
Gérald
Jeff
Jérôme
Jonathan
Justine
Lola
Loulou
Lydia
Maelys
Manola
Maout (Herr)
Marie
Maxime
Mélissa
Patrick
Yvan

Inhalt

Die Arbeit der Übersetzerin am vorliegenden Text
wurde vom Deutschen Übersetzerfonds
großzügig unterstützt. Herzlichen Dank.

Für die Beratung hinsichtlich der rechtlichen und
journalistischen Fachbegriffe dankt die Übersetzerin
sehr herzlich Ulrike Körner, Familienrichterin in
Frankfurt/Main, und Oliver Junker von der AFP Berlin.

Erste Auflage Berlin 2019

MSB Matthes & Seitz Berlin Verlagsgesellschaft mbH
Göhrener Str. 7 | 10437 Berlin
info@matthes-seitz-berlin.de

Umschlaggestaltung: Dirk Lebahn, Berlin
Lektorat und Satz: Martin Kölbel, Berlin
Druck und Bindung: Pustet, Regensburg
ISBN 978-3-95757-699-6
www.matthes-seitz-berlin.de

Emmanuel Carrère

Der Widersacher

Aus dem Französischen von Claudia Hamm

195 Seiten, gebunden mit Schutzumschlag
ISBN 978-3-95757-612-5

Jean-Claude Romand scheint sein Leben im Griff zu haben. Nachbarn und Bekannte schätzen den erfolgreichen Arzt, seine Bescheidenheit und Intelligenz. Doch plötzlich ermordet er seine Frau und seine beiden kleinen Kinder, seine Eltern und deren Hund. Der Versuch, seine Geliebte und sich selbst zu töten, misslingt, möglicherweise gewollt. Die Ermittlungen der Polizei lassen innerhalb von wenigen Stunden die äußere Fassade einstürzen, dahinter gähnt Leere: Romands Leben ist seit 17 Jahren auf Lügen und Betrug gebaut. Und niemand hatte je Verdacht geschöpft. Doch nicht die Fakten ziehen Carrère in den Bann, sondern die dunklen Triebkräfte dahinter. Er schreibt Romand, trifft ihn, wohnt seinem Prozess bei, befragt ehemalige Freunde, versucht zu verstehen. Mit einem schonungslosen Blick für die Abgründe unserer Psyche und die Rolle des Sprechens und Schweigens zeigt Emmanuel Carrère die Zerbrechlichkeit unserer sozialen Maske – in einer direkten, rohen Sprache, die seine eigene Fassungslosigkeit spürbar macht.

»Ein Buch über Schwächen, die wir alle kennen, über Lügen, die wir alle erzählen und die sich zur Katastrophe verhärten.«

– Sophie Jung, taz

»Carrères Werk ist voller psychischer Extreme. Zu diesen gehört auch seine eigene Arbeitsweise. Die Verstrickung seiner eigenen Lebensgeschichte mit der seiner Figuren hat sich mit jedem seiner Bücher zugespitzt. Er studiert die intimsten Eigenschaften seiner Figuren ebenso intensiv wie seine eigenen.«

– Hanna Engelmeier, Süddeutsche Zeitung

Matthes & Seitz Berlin

Emmanuel Carrère

Limonow

Aus dem Französischen von Claudia Hamm

414 Seiten, gebunden mit Schutzumschlag
ISBN 978-3-88221-995-1

Eduard Limonow, spätestens seit der Gründung der Nationalbolschewistischen Partei eine der umstrittensten und widersprüchlichsten Figuren Russlands, lebt sein abenteuerliches Leben mit einer schwindelerregenden Intensität. Er hatte Sex mit unzähligen Männern und Frauen, verführte Minderjährige, wurde Familienvater, lebte als hungerleidender und partyfeiernder Dandy in den USA und in Paris, gründete eine Partei, kämpfte als Freiwilliger in diversen Kriegen, tötete und saß im Gefängnis. Seine politische Wandlung vollzog sich von extrem links nach extrem rechts – bis hin zur Auflösung dieser Begriffe. Carrère erzählt in dieser alle Genres sprengenden Romanbiografie, die den Leser von der ersten Seite an in gefesselte Aufmerksamkeit versetzt, die schillernde Geschichte Eduard Limonows, rekonstruiert ein Leben, das ihn fasziniert und auch abstößt – und skizziert wie nebenbei seine eigene Annäherung an das heutige Russland.

Éric Vuillard

Ballade vom Abendland

Aus dem Französischen von Nicola Denis

166 Seiten, Paperback
ISBN 978-3-95757-648-4

Wir kennen alle Details des Ersten Weltkriegs, seinen Beginn, seinen Verlauf, sein Ende. Doch die Wahrheit über diese fundamentale Erschütterung des Abendlandes kennen wir nicht. Vuillard führt uns diese Unkenntnis mit seiner grandiosen literarischen Geschichtsrhapsodie vor Augen. Er vermischt die sonst säuberlich getrennten Perspektiven und fügt sie zu einem neuen Ganzen zusammen. Mit atemberaubenden, musikalisch komponierten Assoziationen verbindet er die große Politik mit dem Elend der Schützengräben, die Detonationen der Gasgranaten mit den gemeinsamen Tänzen der Mächtigen jenseits der Front. In der *Ballade vom Abendland* wird die Geschichte zum Handelnden, erkennbar im Mosaik der Bilder, Vuillard will uns befreien, ernüchtern vom trunkenen Schwelgen in Tod, Opfer, Schlachten, Zerstörung und Heldentum.

Matthes & Seitz Berlin